“十二五”国家重点图书出版规划项目
21世纪普通高等教育法学精品教材

法律语言学

◆主　编　潘庆云

◆撰稿人（以撰写章节顺序排列）

潘庆云　张少敏　徐优平

刘蔚铭

中国政法大学出版社

2017・北京

图书在版编目（ＣＩＰ）数据

法律语言学/潘庆云主编.—北京：中国政法大学出版社，2017.2
ISBN 978-7-5620-7284-3

Ⅰ.①法…　Ⅱ.①潘…　Ⅲ.①法律语言学　Ⅳ.①D90-055

中国版本图书馆CIP数据核字(2017)第024470号

出版者　中国政法大学出版社
地　址　北京市海淀区西土城路25号
邮　箱　fadapress@163.com
网　址　http://www.cuplpress.com（网络实名：中国政法大学出版社）
电　话　010-58908435(第一编辑部)　58908334(邮购部)
承　印　固安华明印业有限公司
开　本　720mm×960mm　1/16
印　张　21
字　数　388千字
版　次　2017年2月第1版
印　次　2017年2月第1次印刷
印　数　1～4000册
定　价　46.00元

出版说明

“十二五”国家重点图书出版规划项目是由国家新闻出版总署组织出版的国家级重点图书。列入该规划项目的各类选题，是经严格审查选定的，代表了当今中国图书出版的最高水平。

中国政法大学出版社作为国家良好出版社，有幸入选承担规划项目中系列法学教材的出版，这是一项光荣而艰巨的时代任务。

本系列教材的出版，凝结了众多知名法学家多年来的理论研究成果，全面系统地反映了现今法学教学研究的最高水准。它以法学“基本概念、基本原理、基本知识”为主要内容，既注重本学科领域的基础理论和发展动态，又注重理论联系实际满足读者对象的多层次需要；既追求教材的理论深度与学术价值，又追求教材在体系、风格、逻辑上的一致性；它以灵活多样的体例形式阐释教材内容，既加强了法学教材的多样化发展，又加强了教材对读者学习方法与兴趣的正确引导。它的出版也是中国政法大学出版社多年来对法学教材深入研究与探索的职业体现。

中国政法大学出版社长期以来始终以法学教材的品质建设为首任，我们坚信“十二五”国家重点图书出版规划项目的出版，定能以其独具特色的高文化含量与创新性意识成为法学教材的权威品牌。

中国政法大学出版社

前 言

法律语言学以司法公正与效率、社会公平正义为其终极目标，重在探索立法、司法等一切法律活动中所用语言的体系性特征及运用技巧。

在我国，对这个领域的开拓，肇始于20世纪80年代，三十多年来，已经取得了不俗的成果，形成了相当规模的教学平台。北京、上海、重庆、广州、西安已有多所政法、外语外贸类大学开创了以法律语言学为研究方向的博、硕士点和本科专业，以这门学科作为必修课、通识课、选修课的政法、公安、警官院校更是越来越多。但是，作为法律语言学研究生的主干学科《法律语言学》和其他层次学生的法律语言学教材，至今尚无跨院校的规划教材。

历年来，我国已有众多学者加入国际法律语言学家协会（IAFL）并参加了该会两年一次的年会。中外学者的互动拓宽了中国法律语言学研究者的视野，也促进了这门国际性学科的发展。

目前，中国应当是世界各国中涉猎法律语言教学人数最多的国家。但涉猎者大多为外语院校或政法大学外语院系的师生，他们与外国学者的沟通比较方便，但他们对中国法律和司法实践尚不熟知，致使其研究成果很难被我国的法学界接受或认可。另有一些从事汉语教学的教师执教这门学科，由于不谙法律，也存在不少问题。改善、提高法律语言学的教学效果，关键是相关教学人员要补习法律、参加司法实践，编著若干既密切联系中国司法实践又反映世界研究前沿成果的相关教材势在必行。

主编早年曾取得理论语言学学位，后在华东政法大学工作，在修习法律、参加法庭审理等司法实践后执教法律。1982年开始探讨法律语言学，后又通过律考取得律师从业资格并执业至今。迄今为止，除发表了大量论文外，先后出版了《法律语言艺术》（1989）、《法律修辞》（1989）[1]、《法律语体探索》（1991）、《跨世纪的中国法律语言》（1997）、《中国法律语言鉴衡》（2004）等专著。期间，也参加过《实用法律口才学教程》（高等教育出版社1991年

〔1〕 吴士文、唐松波主编：《公共关系修辞学》，辽宁教育出版社1989年版，第106～171页。

版）和《法律语言学教程》（法律出版社1997年版）等高校教材的编著。从20世纪80年代中期开始，给法学本科、研究生先后开设过《法律口才学》《法庭论辩学》《应用法律语言交际学》等课程。21世纪初，主编访问香港期间，受香港特区司法人员培训委员会邀请，给香港的大法官、律师、警官等主讲题为“法律语言与司法公正”的讲座。

近些年来，笔者先后赴香港、澳洲与域外专家广泛交流，并在上海、重庆、西安、广州等地多次参加国际学术会议，并对少年庭刑事案件被告人及其他弱势群体在法律面前的不利地位的语言根源和救济手段开展研究，对法律语言学的探讨有若干新的体会和相关成果。

鉴于上述情况，主编经长期酝酿和筹备，并邀请西北政法大学、广东外语外贸大学等知名院校中具有丰富法律语言学教学经验的同行，计划写出一本既能反映中国法律语言的深厚文化底蕴，体现21世纪中国法律语言研究在全面推进依法治国、追求司法公正和效率的进程中所取得的成果，又能反映域外学者前沿研究的理论与实践的法律语言学教程。当然，我们更会考虑使这本教程能最大限度地满足广大师生和各类读者的需求。

我们的撰写计划确立后，得到中国政法大学出版社张越总编和第一编辑室马旭先生的大力支持和勉励。一年来，我们四位合作者群策群力，经过交流沟通、切磋探讨，都已如期完成了各自分担的写稿任务。

本教材共十二章。第一章介绍法律语言和法律语言研究的概况；第二、三章从历史的角度简要介绍中国和西方对法律语言的认知、探索和研究的历程；第四章是对作为构建法律和负载法律信息的法律语言的静态风格和语言特征的剖析；第五、六章对交际互动中的法律语言进行动态的机制和结构分析；第七、八、九章对法律语言下属的三个最重要的子范畴——立法语言、法庭语言和法律文书语言进行阐述、探讨；第十章探讨各个弱势群体在法律面前处于不利地位的语言根源和语言表现，并讨论如何通过语言权利和话语权利保护等途径，对于他们的不利地位进行改善和救济，以促进和实现司法公正与效率的法律价值取向；第十一章从原则、内容、就业人员的素质和培训等角度对法律翻译这一十分重要的跨文化法律语言交际的理论与实践进行探讨；第十二章对中国大陆及港澳台地区，以及域外主要国家在法律语言和法律语言学方面的教学与培训进行介绍和阐释，总结我们自身的经验、优点与不足，借鉴域外的成功经验为我所用。

法律语言学是一门新颖的应用性很强的法学和语言学之间的交叉学科，除了传授科学先进的学术理念外，还能提高学习者在司法实践和法律实务中的法律语言运用技艺。为此，我们在各章之后留有若干思考题，并且在“立法语言”“法庭语言”“法律文书的语言”诸章之后，除了思考题外还有练习与实践题。如“法庭语言”一章之后有关于刑事、民事案件模拟法庭的练习（由上海外国语大学贤达经济人文学院法律系系主任陈星老师命题）。限于篇幅，我们把字数较多的“练习与实践”置于书中思考题后，借用二维码形式体现。

编著这样一本涉及中国法律语言各个重要方面，期望学习者在理论和实践方面均有较大收获的法律语言学教材，在国内尚无先例可循。限于编者的学术水平和实践经验，一定还存在不少错舛与不足之处，希望海内外专家学者不吝赐教。我们一定虚心接受，通过不懈努力来提高本书的科学性、可读性和作为统编教材的实用性。

本教材的读者群，包括从事法律语言学研究与教学的教师，本科、硕士、博士等各层次的学习者，法官，检察官，公安警官，律师，公证、仲裁等机构的从业者及广大法律和法律语言爱好者。

本教材的作者简况和分工情况：

潘庆云（华东政法大学法律学院教授，IAFL 成员，中国法律语言学研究会副会长，上海中信正义律师事务所律师）：担任主编，撰写第一章、第二章、第三章一至三节、第四章、第五章、第六章、第七章、第八章、第九章、第十章。

张少敏（广东外语外贸大学国际商务英语学院讲师，法律语言学博士，IAFL 成员）：撰写第三章第四、五节。

徐优平（广东外语外贸大学国际商务英语学院副教授，法律语言学博士，IAFL 成员，中国法律语言学研究会副会长兼秘书长）：撰写第十一章。

刘蔚铭（西北政法大学外国语学院教授，IAFL 成员，中国法律语言学研究会副会长）：撰写第十二章。

本书由主编设计总体框架及各章内容，并负责全书的修改和润色。

特别感谢中国政法大学出版社张越总编、马旭先生对本书的大力支持、悉心指导和无私帮助。成书过程中，华东政法大学的王勇、向阳、陈嘉仪、杜文君、张满、郭夏菁、苏晓欣、陈军辉、杜吉祥、李超、孔方杰、吴玉珍、杨皓、刘富城、王志明等研究生同学以及上海外国语大学贤达经济人文学院的张心玥同学在繁忙的课业、社团工作之余将本书的初稿逐步输入电脑并协助我反复修改和润色，付出了十分艰辛的劳动，在此表示感谢。

最后，对国内外众多的同行学者表示深深的感谢！他们的著作和论文给了我很多启发与帮助，我在本书中引用了他们许多真知灼见和精辟论断。

潘庆云

2016 年 9 月 30 日

于华东政法大学长宁校区

常用法律、法规、司法解释简称与全称对照表

简称	全称
宪法	中华人民共和国宪法
宪法修正案	中华人民共和国宪法修正案
立法法	中华人民共和国立法法
香港基本法	中华人民共和国香港特别行政区基本法
澳门基本法	中华人民共和国澳门特别行政区基本法
民族区域自治法	中华人民共和国民族区域自治法
文物保护法	中华人民共和国文物保护法
刑法	中华人民共和国刑法
审理未成年人刑事案件法释〔2006〕1号	最高人民法院关于审理未成年人刑事案件具体应用法律若干问题的解释
审理抢劫案法释〔2000〕35号	最高人民法院关于审理抢劫案具体应用法律若干问题的解释
刑事诉讼法	中华人民共和国刑事诉讼法
刑事诉讼法法释〔2012〕21号	最高人民法院关于适用《中华人民共和国刑事诉讼法》的解释
行政诉讼法	中华人民共和国行政诉讼法
治安管理处罚法	中华人民共和国治安管理处罚法
民法通则	中华人民共和国民法通则

续表

简称	全称
民通意见法释〔1988〕6号	最高人民法院关于贯彻执行《中华人民共和国民法通则》若干问题的意见（试行）
合同法	中华人民共和国合同法
婚姻法	中华人民共和国婚姻法
婚姻法法释〔2001〕30号	最高人民法院关于适用《中华人民共和国婚姻法》若干问题的解释（一）
婚姻法法释〔2003〕19号	最高人民法院关于适用《中华人民共和国婚姻法》若干问题的解释（二）
婚姻法法释〔2011〕18号	最高人民法院关于适用《中华人民共和国婚姻法》若干问题的解释（三）
继承法	中华人民共和国继承法
民事诉讼法	中华人民共和国民事诉讼法
民事诉讼法法释〔2015〕5号	最高人民法院关于适用《中华人民共和国民事诉讼法》的解释
民事诉讼证据法释〔2001〕33号	最高人民法院关于民事诉讼证据的若干规定

目 录

第一章
法律语言和法律语言研究概述

第一节　法律语言是法律和司法公正的有效载体

一、语言是人类最重要的交际工具

美国著名学者布龙菲尔德在其著作《语言论》中开宗明义地说："也许由于太平淡无奇了，我们对语言很少注意，把它只看得像呼吸或者走路那样理所当然的事。[1]"的确，在大千世界中，如果说存在一种最凡俗无奇而又最瑰丽繁复的现象，那就是人类的语言。

语言是平淡无奇的。人无论贵贱智愚男女，除了有聋哑等残疾外，呱呱坠地后不用几载，就可学得一口地道的母语。语言是复杂神奇的。它伴随人类已有千万年，但人类对它的科学意义上的研究，还只有一百多年历史，对它的起源、结构、类属、生理心理机制等至今知之不多，在语言研究中还存在许多类似于数学中"哥德巴赫猜想"的奥秘。语言的作用是有限的。终日唠叨也创造不出半片面包，一万句美妙的空话抵不上一个具体切实的行动。语言的威力又是可惊的。一场生动的演说可以改变人们的主张或信仰，酒筵上的巧辩能折服千里之外的百万大军，真可谓是"决胜于樽俎之间"。

那么，究竟什么是语言呢？

作为语言学研究的基本对象，各派语言学家从各自不同的角度探索"语言"这一概念，并对之作出界定，如现代语言学的奠基者，瑞士语言学家索绪尔（F. de Saussure，1857～1913），美国人类语言学家萨丕尔（E. Sapir，1884～1939），行为语言学家布龙菲尔德（L. Bloomfield，1887～1949），转换一生成学派语言学家乔姆斯基（N. Chomsky）对之均有不同的阐释[2]。其他人

---

〔1〕［美］布龙菲尔德：《语言论》，袁家骅等译，商务印书馆1980年版，第1页。

〔2〕索绪尔认为语言包括两个方面，语言（language）和言语（parole），前者指语言集团言语的总模式，即代代相传的语言系统，言语则是个人的说话活动。萨丕尔的定义是：语言是人类独有的，用任意创造出来的符号系统进行交流思想、感情和愿望的非本能的方法。布龙菲尔德认为语言是由一系列的刺激—反应构成的。乔姆斯基则认为语言是说本族语的人理解和构成合乎语法句子的先天能力，是在某一时期内说出的实际话语。

文学科对语言这一概念的界定那就更大异其旨趣，如人类学家认为语言是文化行为的形式；社会学家认为语言是社会集团成员之间的互相作用；文学家认为语言是艺术媒介；哲学家认为语言是解释人类经验的工具；语言教师则认为语言是一套技能；等等。

撇开各派语言学家和众多相关人文学科对“语言”这个概念的纷争，我们给语言下一个“中立”的，社会公众能够普遍认同的定义。首先，语言是人类最简捷、最有效、从而也是最重要的交际工具。它是人类在社会生活中交流思想、传播信息，用以组织一切社会活动、协调一切社会关系的有效手段，也是人类传承文明成果的重要载体。语言是人类区别于其他动物的本质特点之一。语言是随人类社会的滥觞而产生，随人类社会的沿革而发展的一种特殊的社会现象。就其本身机制而言，语言是社会约定俗成的音义结合的符号体系。一种语言是使用这种语言的民族或语言社团的共同财富，它一视同仁地为社会各个成员服务。然而社会各阶级、阶层、界别或群体会对语言施加影响，从而形成语言在使用上的不同特点或差异。

二、法律语言是一种有别于日常语言〔1〕的技术语言

那么，什么是法律语言呢？

法律语言（Legal Language）这一术语源于西方，在英语中它原指表述法律科学概念以及用于诉讼和非诉讼法律事务时所选用的语种或选用某一语种的部分用语，后来亦指某些具有法定法律意义的词语，并且扩展到语言的其他层面，如“法律文句”“法庭诉讼语言”等。我国对法律语言的关注与研究源远流长，而“法律语言”这一术语的提出和逐渐明确界定，则反映在近三十年陆续出版的法律语言著作中。20 世纪 80 年代初，随着我国社会主义法制的全面恢复和逐步健全，立法与司法工作面临着大量与语言运用有关的问题，政法干部和公安、政法院系学生亦面临着提高语言修养和加强语言学习的任务，这就对法律语言的实践和理论研究提出了迫切的要求。随着社会应用的需要和研究的深入，在我国，法律语言逐步被定义为：法律语言是民族共同语在一切法律活动（包括立法、司法和法律科学阐释）中具体运用的语言。换言之，法律语言是民族共同语在长期的法律科学和法律实践中逐步形成的、服务于一切法律活动而且具有法律专业特色的一种社会方言。它包括表述各种法律规范的立法用语和为诉讼活动服务的司法用语和为非诉讼法律事务服务的法律事务用语。

---

〔1〕 日常语言也称自然语言。但是，“自然语言”和“日常语言”这两种提法的趣向不同。日常语言通常和文学语言、科学语言等名称相对举，自然语言则主要和人工语言对举。实际上正是由于提出了逻辑语言的设想，才以“自然语言”这一术语与之相匹配。

司法用语又表现为司法口语和司法书面语。司法书面语主要表现为诉讼和非诉讼法律活动中普遍运用的具有法律效力或法律意义的非规范性的法律文书的语言。

法律语言与其他科学技术语言一样，是由全民族语言演变而来。我国的法律语言自古代绵延至今，由于法律在当今社会生活中的作用不断增强，法律语言成为更令人注目的一个语言使用领域。由于一定的交际领域及与之相应的交际目的、交际内容等多种语境因素的制约，决定了该语言使用领域中对语言材料、表达手段的选择和组合形成了比较稳固的系统性特征。通过长期运用和演变的积累，法律语言这一使用领域已经形成了比较稳固的系统性特征，成为一个区别于其他语言使用领域的语言功能变体，即法律语体。当然，作为一个内部"同质"的语体范畴，法律语体必须排除司法与法律事务中的非法律专业人员的日常口语等不合体的言语成分。

总之，法律语言是在法制发展过程中，按法律活动（立法、司法、法律科研）的要求逐步磨砺、逐步构建的一种有别于日常语言的"技术语言"，是全民语言的一个社会功能变体。

作为技术语言之一的法律语言，对全民语言的吸收与选用，有下列三种不同的情形：

（一）以古代书面语、外族语为法律语言

以古书面语、外族语作为学科（行业）技术语言的情况比较普遍，例如我国中医至今以古代汉语书面语作为技术语言，而世界各国生物、化学、（西）医学至今仍以拉丁语（欧洲古书面语）作为技术语言。

拉丁语属印欧语系罗曼语族，公元前6世纪起有文献随古罗马的扩张而传布到欧洲西南等部分。又因罗马帝国的崩溃，各地拉丁语逐渐演化，最终导致罗曼语族诸语言在文艺复兴时期分化为法语、意大利语、西班牙语、葡萄牙语、罗马尼亚语等近代语言。中世纪欧洲各国均存在文言与俗语之分。文言指的就是拉丁语，用于宗教、文化、科学研究等方面的共同书面语，俗语则是各民族的民间自然语。很自然，在中世纪欧洲各国均采用拉丁语为法律语言。

以前我国有一部电视剧《康熙大帝》中有一情节：康熙二十八年（即1689年）清帝国与沙俄签订《中俄尼布楚条约》。尼布楚，城名，在黑龙江北源石勒喀河与尼布楚河（今石勒喀河支流涅尔查河）交界处，本系中国蒙古族茂明安部游牧地，17世纪40年代被沙俄侵占。据中俄《尼布楚条约》，划归沙俄管辖，即今俄罗斯涅尔琴斯克（Hepruck），康熙委派当时在华传教的传教士赴俄担任使节，这些使节用俄语与沙俄方面交涉、谈判、签约。这是不符合事理与历史事实的。事实上，对欧洲各国来说，用拉丁语进行法律活动是驾轻就熟之举，更何况，西欧传教士未必、也没有必要熟习俄语。

我国1949年之前及目前台湾地区沿袭文言文（古汉语）作为法律语言，与中世纪欧洲各国以拉丁语作法律语言相仿。以外族语作为法律语言的有：前非洲法属殖民地以法语为法律语言，亚洲的印度、巴基斯坦等国以及香港回归以前以英语为法律语言。当代以葡萄牙语作为法律语言的国家（地区）有安哥拉、巴西、佛得角、莫桑比克、葡萄牙、圣多美、普林西比、东帝汶等国及我国澳门特别行政区，它们遍及拉丁美洲、亚洲和非洲。除葡萄牙等国外，其余大部分国家（地区）的本族语均非葡萄牙语。

（二）以本族通用语为法律语言，形成法律语言的系列性特点

近现代欧洲各国逐步建立本国本民族的标准语言，例如1549年法国近代文学奠基人之一约瓦辛·杜伯勒（Joachin du Belly）发表的《法兰西语言的维护与光辉化》光辉化：指规范与提高。对法语的统一规范，对欧洲其他民族语言的形成发展，影响很大；俄国伟大的浪漫主义诗人普希金（1799～1837）以他的理论和创作实践确立了俄罗斯文学语言的规范。近现代欧洲各国用本民族语作为法律语言，均形成有别于本民族自然语言的法律技术语言的系列性特征。中华民族历史文化悠久，历代均属于以统一为主的主权国家，当然以本民族语汉语为法律语言，几千年来，汉语法律语言已成为一种有别于自然语言的法律技术语言。目前大陆以语体文（现代汉语普通话）为底蕴的法律语言就是如此，台湾地区文言法律语言沿袭了1949年之前的传统且有所发展与变异，与一般的古汉语也已有所差异。

（三）法定双语法律语言

我国香港被英国占领后，在引进英语、英国文化的同时也引进了英国法，实施英国法的载体语言当然也是英语，于是英语成了香港的法律语言。香港回归后，按照《香港基本法》第9条“香港特别行政区的行政机关、立法机关和司法机关，除使用中文外，还可使用英文，英文也是正式语言”的规定，实行中英双语法律语言制。这是一个与“一国两制”伟大构想相匹配的历史性创举。同样，澳门回归后，按照《澳门基本法》的相关规定，实行中葡双语法律语言制。这种法定的双语法律语言制度与现象，必将大大推进我国广袤的版图之内不同法域间的交流与融合，极大地丰富和发展法律与法律语言的理论和实践。

三、法律语言是法律和司法公正的有效载体

有史以来，人类对法律语言的关注和重视，是超时空的、永恒的。为什么呢？因为法律是调整各种社会关系、保障人类社会有序运行、健康发展的重要手段，但法律及立法、司法、执法等一切法律活动，必须依赖语言。美国法学家 Peter M. Tiersma 在《法律语言》（*Legal language*）一书中感慨：“没有多少

职业像法律那样离不开语言”。澳洲法律语言学家 John Gibbons 在《法律语言学导论》（*Forensic Linguistics：An Introduction to Language in the Justice System*）一书的“导论”中说：“法律是一种语言机构。”他还撰有一篇题为《语言构建了法律》（*Language Constructing Law*）作为他主编的一本论文集《语言与法律》（*Language And the Law*）第一部分的引论。这种例子很多，说明人类对法律语言的关注与敬畏是由来已久，发自内心并且是无法或缺的。

从世界范围看，人类进入法制时代后，公正或正义乃是社会制度或法律规范所不可或缺的基本价值蕴涵，是法律所追求的一个永恒价值目标。而司法公正的目标，则是在进行诉讼和非诉讼的法律事务中，自始至终地贯彻和实现法律所设计的内容和价值。

法律语言，是一个随法律制度的滥觞而产生，随法律制度的沿革而发展的语言使用领域。

在当代，法律语言是指公安、安全、检察、法院、监狱诸国家司法机关，行政执法机关，律师、公证、仲裁等法律中介机构以及自然人、法人和其他组织，在诉讼和非诉讼的法律事务中按照法定程序，就具体案件或法律事务适用法律而制作的具有法律效力或者法律意义的非规范性法律文件中的书面语言和上述主体在诉讼和非诉讼活动中依法进行的口头表述语言。语言构建了法律，而法律有赖于司法、执法机关等国家机器的运用，法律语言则是法律和保障体现法律实施的最直接也是最终的表现形式。法律语言具有承载法律、实施法律，进行法律活动，明确当事人的权利义务，体现国家法制建设水准等作用。我们运用法律语言的终极目标，应当是也只能是贯彻和实现法律所设计的价值目标，即司法公正与效率。

鉴于法律和立法、司法等法律活动及其社会功能的特殊性，法律语言，而且只有法律语言，才是法律和司法公正与效率的唯一有效载体。

第二节　人类社会对法律语言尤为关注并对之持续施加影响

一、人类社会十分重视语言和语言运用

语言不是基础的上层建筑，语言没有阶级性，“语言有阶级性的公式是错误的，非马克思主义的公式”〔1〕。这个观点还是公允的。

---

〔1〕 参见［苏联］斯大林：“马克思主义和语言学问题”，载《斯大林选集》（下卷），人民出版社1979年版。

语言随人类社会的滥觞而产生，伴随着人类社会的发展而沿革。有无语言，是划分人类与动物的一条鸿沟。语言现象天长地久、十分古老，但人类对自身语言的科学意义上的研究肇始于19世纪的历史比较语言学，迄今才一百多年，人类对自己的语言知之甚少。但是人类对语言和语言运用远非漠不关心。如：

《论语·子路》："一言而兴邦"；"一言而可丧邦"。《史记·平原君虞卿列传》："毛先生（毛遂）一至楚而使赵重于九鼎大吕。"古人曰："决胜于樽俎之间。"

希腊先哲亚里士多德在其名著《修辞学》（大约撰著于公元前335年）中指出："修辞学（演讲与说服的艺术）是有用的，可以使真理和正义获得胜利。"[1] 西方有人说：原子弹、金钱与舌头（指语言能力）是20世纪人类世界的三大财富。这些，都是人类重视语言和关注语言运用的明证。

中外古今历代各个阶级、各社会群体对语言的力量十分关注，从未停止对语言的干预，并竭力施加影响。

在墨西哥，皇帝叫tlatoani，意即发话的人，与动词tlatoa（说话）、名词tlatoll（语言）拥有同一词根，tlatocayotl（政权）也是如此，tlatoacan（最高国务会议）则是讲话的地方，即权力所出之所。

斯大林曾对语言问题倾注了相当多的精力。1939年，他以过于倾向土耳其语和敌视当时占统治地位的尼·雅·马尔语言学派的罪名，将语言学家波利瓦诺夫（Polivanof）处以极刑。14年以后，即1950年，还是这位斯大林，又借《真理报》这块阵地，从5月~7月，开展了长达几个月的语言学问题讨论，他本人发表了《论语言学中的马克思主义》等三篇文稿，最后以《马克思主义和语言学问题》为题结集出版，从而一举捣毁了马尔学派。与此相适应，在当时苏联的官方文件里，动词的出现频率大大低于从动词中派生出来的名词。由于动词是现实状态的反映，大量使用名词形式可以把既不明显的也尚未完成的东西说得似乎十分明显和已经完成了似的。这种语言使用手段正是为了使人暂时避开与现实的正面冲突，以维护和巩固被称为"一言堂"的斯大林政治体制。

二、人类尤为关注法律语言运用

在语言使用的各个方面，"法律语言"可以说是一个尤为引人关注的领域。

如上所述，法律语言指的是全民语言在制定和实施法律以及法律科学研究

---

[1] 参见［古希腊］亚里士多德：《修辞学》，罗念生译，生活·读书·新知三联书店1991年版，第7页。

中的具体运用。法是体现统治阶级意志，由国家制定或认可，由国家强制力保证实施的行为规范的总称。因此，依法进行的刑狱诉讼和其他法律事务关涉到个人和群体的毁誉荣辱、财产得失、生命予夺乃至国家民族的权益和尊严。语言的特点之一就是具有藏而不露的力量。古往今来，因一字之差、一语之误而使判决等法律活动的结果毫厘千里、阴差阳错的案件，屡见不鲜，往往令人感慨、惊叹和震撼。这已是众所周知的事实。对于诉讼和非诉讼法律事务中语言运用的重要性，大概是不会有人持不同意见的。应该说，随着文明和法制的肇始，从总体上来说，人们对这一领域的语言运用，即法律语言的关注是超时空的、永恒的。

历史上，许多才华横溢的诗人、作家，杰出的政治家、法学家等对法律语言的推崇、赞誉或刻苦钻研是人类关心法律语言的一个印迹。中世纪意大利大诗人但丁（1265～1321）在他的著作《论俗语》中，将“法庭的”语言与“光辉的”（经过筛沥的）语言、“中心的”（标准性的）、“宫廷的”（上层阶级通用的）语言并列为“理想的语言”，并指出法庭的语言是“准确的、经过权衡斟酌的”[1] 纯净语言。法国大作家司汤达（Stendhal，一译斯丹达尔，原名 Marie Henri Beyle，1783～1842）在创作长篇小说《巴尔玛修道院》[2] 期间，每天清晨必读几页《法国民法典》，从中获得运用艺术语言的灵感与启迪。长篇巨著《战争与和平》的作者、俄国伟大作家列夫·托尔斯泰（1823～1910），除了从“故事里、歌曲里”学习语言外，还通过法律诉讼中的“供词的纪录”中“研究俄罗斯民间的语言”，使他作品里每个人物的言语都符合其特定身份，显得栩栩如生。当托翁的作品涉及法律诉讼事务时，十分得心应手。例如，《复活》第一部八至十一节、二十至二十四节写法庭审判马斯洛娃谋害商人斯梅利科夫一案时，十分老练、“专业”，使该作品对旧俄政府、法庭、监狱等的批判更加深刻有力。美国总统林肯（1809～1865）亦是一位造诣很高的演说家，早年攻读法律并任律师，在他学习辩才时，曾头顶烈日、徒步往返 30 英里，到一个法院去旁听庭审与辩论。其运用法律语言方面的造诣，与他日后任总统期间一些重要演说在美国历史上产生重要影响并被视为演讲史上的珍品很有关系。我国明末清初著名戏剧家、文学家李渔曾任金华知府的幕僚，处理刑狱诉讼，对法律语言颇有见地；清代著名法学家、幕僚王又槐也就诉讼和法律语言所用语言发表过许多精辟、独到的见解。

在当代，二战后英国最大的法律改革家和享有世界声誉的法学家、前英国

---

〔1〕 朱光潜：《西方美学史》上册，人民文学出版社 1964 年版，第 128 页。

〔2〕《巴尔玛修道院》发表于 1839 年，以 19 世纪初意大利巴尔玛公国为背景，暴露封建专制的罪恶。

上诉法院院长阿尔弗雷德·丹宁爵士，在回顾他长达半个多世纪的法律生涯时，深有感触地说："要想在与法律有关的职业中取得成功，你必须尽力培养自己掌握语言的能力[1]。"另一位著名英国法学家、著名法官曼斯斐尔德勋爵（Lord Mansfield）曾经指出："世界上的大多数纠纷都是由词语所引起的[2]。"1993年7月，第一届国际法律语言学家学会（International Association of Forensic Linguists，缩写IAFL）在德国波恩举行。这次会议的召开，意味着法律语言研究在国际上已经取得了一门独立学科的身份，人类对法律语言的研究已经进入一个新纪元。而对运用于科技、药学、农业、外交、经贸、艺术等专业领域的技术语言的研究，迄今尚未充分地开展。凡此种种，都说明在语言的各个使用领域，人类尤其关注法律语言的运用。

三、法律语言本身就是历代主流社会和法律人通过法律对语言持续施加影响的结果

如上所述，语言本身没有阶级性，作为人类社会最重要的交际工具，均等地为社会一切阶级、阶层服务。但是人们，每个阶级和社会群体对于语言远不是漠不关心的。他们竭力设法利用语言为自己的利益服务，把自己设置的特别词汇、特别的用语、特别的术语，强加到语言中去。在这方面，历代的统治阶级表现得特别突出。历史上奴隶社会和封建社会的贵族和封建官吏、士大夫阶层都有他们自己创造的一些阶级的习惯语，西方资产阶级也有自己的雅语（所谓"沙龙语言"）。此外，秘密社团和犯罪团伙有自己的隐语或切口，各个行帮有自己的同行语等。

历代统治阶级，主流社会在法律语言的萌芽与发展中所起的作用更加不可忽视。简言之，法是由国家制定或认可，并以国家强制力保证其实施的行为规则的总和。在人民当家作主之前，历史上的法都是剥削阶级的法，它当然要集中反映统治阶级的意旨，竭力维护剥削阶级的利益。他们当然十分明白掌握法律方面的发言权是加强镇压、巩固统治地位的必由之路。对这一领域的语言运用，统治阶级必然格外重视并更加不遗余力地施加影响。为了掌握法律的话语权，统治阶级首先要控制立法权。统治者任命一些政治家、法学家进行立法活动，如商鞅、李斯、李悝（著有《法经》），直至清末沈家本（主持修订《大清律例》为《大清现行刑律》）。法律文本确定法律规范，立法语言是法律语言的核心部分，对整个法律语言有导向和规范作用。对此，历代统治阶级是心知肚明的，他们通过参加立法的官吏，甚至亲自指导、干预法律语言的运用。

---

〔1〕［英］丹宁勋爵：《法律的训诫》，杨白揆等译，群众出版社1985年版，第2页。

〔2〕陈忠诚选编：《法律英语五十篇》，中国对外翻译出版公司1987年版，第5页。

他们的某些言论也有其积极的一面，对当时法律语言的规范与优化，对中国法律语言的逐步形成与成熟，有一定的促进与推动作用。例如春秋战国时期政治家商鞅曰："圣人为法，必使之明白易知。"唐高祖李渊让大臣删改开皇律令时说："本设法令，使人共解，而往代相承，多为隐语，执法之官，缘此舞弄，宜更刊定，务使易知[1]。"唐太宗李世民也强调说："国家法令，惟须简约，不可一罪作数种条[2]。"明太祖朱元璋于1367年令左丞相李善长等二十人草拟律令时，对他们说："法贵简当，使人易晓，若头绪繁多，或一事两端，可轻可重，吏得为奸，非法意也。"清末思想家梁启超曾说："法律之文辞有三要件，一曰明，二曰确，三曰弹力性，明确就法文之用语言之，弹力性就法文之意义言之。若用艰深之文，非妇孺所能晓解者，是曰不明。……确也者，用语之正确也……弹力性，其法文之内包甚广，有可以容受解释之余地也。确之一义与弹力性一义，似不相容，实乃不然，弹力性以言夫其义，确以言夫其文也。培根又曰：'最良之法律者，存最小之余地，以供判官伸缩之用也。'存最小之余地，则其为确可见；能供判官伸缩之用，则其有弹力性可见。然则两者之可以相兼，明矣[3]。"诸如这些对立法语言的论点，还有司法官员对刑狱诉讼用语的阐述[4]均有其可供借鉴之处，这些也都是历代统治阶级通过法律和法律人对语言施加影响的明证。

历代凡有作为的统治者，在改进吏治、重视法律的同时，必然同时重视对法律语言的建设。可以这么说，统治阶级或法律人若对法律语言掉以轻心，法律语言作品（包括法律文本、司法文件、法庭语言等）质量滥恶，不仅仅是一个技术问题。如果不是出于政治上的"故意"，至少是政治上的失误，若走向极端，则是对历史的犯罪。对此，有史为鉴，教训深刻，如唐、宋的昌盛时期，对法律文本及判词等均颇为重视，元代公牍、判词等法律文书质量低劣、吏治腐败，政权迅速垮台，明、清上升时期采用多种举措解决这一问题，对稳定政局、繁荣经济功不可没。再联系"四人帮"专权及之前的法律虚无主义时期，对法律语言的藐视成为导致公民权利遭受侵害、冤假错案多如牛毛的一个直接的技术原因，亦十分发人深思。1926年版苏联《刑法典》第58条以14个款项各规定一种刑事犯罪，由于语义不清、包罗万象，致使千千万万的无辜百姓陷入了政治迫害的网罗，难怪苏联著名文学家、思想家亚历山大·索尔仁

[1] 《旧唐书·刘文静传》。

[2] 《贞观政要》卷八。

[3] 梁启超：《中国成文法编制之沿革》，台湾中华书局1957年版，第59～60页。

[4] 参见本书第二章第四节的相关内容。

尼琴在其纪实性文学巨著《古拉格群岛》中涉及《刑法典》第58条时发出了如下的感慨：

我们当中有谁没有亲身体验过它的囊括一切的拥抱，说真的，普天之下没有一样过失、念头、作为或不作为是58条的手掌所不能惩治的。

事实上，在一些朝代的上升时期，法律能缓和一些社会矛盾，改善百姓的生存条件，促进生产力和经济的发展，符合历史发展的需求，法律语言和法律语言作品也就比较精良，促进和推动了法律语言的优化与发展。反之，在一些依靠专制暴力的淫威维持统治的国家或时代，法律话语权威与法律语言受到藐视，恶法往往与滥恶的法律语言互为因果、形影不离。

历代的法律语言，正是统治阶级或主流社会通过法律和法律人对全民语言进行干预、施加影响的结果。

现阶段的中国法律语言是各种技术行业语言中最受青睐的一种。国家权力机关、司法领导机关、学术界对法律和法律语言的重视在历史上也是空前的，众多的法律人正在思索和探讨法律语言问题，中国法律语言亦当有望更趋丰富、规范与精湛。

第三节　法律语言的属性与特点

一、法律语言的属性

从不同的文化学术视角去观察，法律语言具有多重属性。首先，从法律文化角度看，法律语言是法律文化的重要组成部分；从语言社会属性的角度看，它是社会方言的一种；从语用学角度去审视，法律语言是一个特殊的语用域范畴。由于本书旨在对法律语言进行深入审视、科学探测，其研究重心当是在一定的社会文化背景下对研究本体进行全方位的结构功能机制探索，因此，关于“法律语言是一个特殊语域范畴”的理念并从语用学角度探讨其内部的结构规律和运行机制就显得尤为重要。

（一）法律语言是法律文化的重要组成部分

用文化语言学的眼光看，法律语言与法律文化关系密切：它既是法律文化的产物，又是纪录法律文化的工具和载体。

本书所研究的法律语言，重心是现代汉民族法律语言，它与世界其他民族法律语言、本民族的古代法律语言都不尽相同。仅以古代汉民族法律语言而论，它是中华法系的独特法律文化的产物和一种独特的表现形式，同时又是这种法律文化的纪录、表述工具，使中华法系的法律文化精髓得以保存、流传并得以在全世界范围内进行交流。古代汉民族法律语言中的一整套古色古香的法律和法学的概念、术语，应看作是它的一大基本特色。律、令、科、比、五刑、五听、狱、判、囹圄、录囚、八议、城旦、鬼薪、凌迟、车裂、腰斩……这些词语与现代汉民族法律语言的词汇系统，虽说不无联系，但差异甚巨。这种巨大差异，正是中国法律文化在不同的发展阶段上的固有特征的反映，同时又通过语言纪录、表述了这迥然有别的特征。

我国法律语言的现代化，不是它自身在封闭状态下的裂变而实现的，而是在中外法律文化的交流与碰撞中实现的，其要义有如在中华古代法律文化（包括古代法律语言）的砧木上嫁接了外来法律文化的枝条。如此一来，中国现代法律语言与世界各国法律语言才有了较多的一致性的东西。

（二）法律语言是社会方言之一

社会方言，是社会语言学的概念。在传统语言学中只有“方言”的概念。在社会语言学看来，这种“方言”实际上是地域方言，它是全民语言的地方变体。如果把引起全民语言变化的社会因素如行业、性别、年龄、文化教养等因素加以考察，就能看到不同行业、不同性别、不同年龄、不同文化教养的人们所使用的语言并不完全相同。这种因社会诸因素所造成的语言变体，社会语言学家称之为社会方言。显然，法律语言是社会方言之一。

社会方言的形成取决于使用语言的人们的社会属性。命名为法律语言的社会方言形成的决定因素是立法、司法、执法人员的社会职责及其工作性质和诉讼程序的特殊性。法、法律的总概念的诞生，其他法律术语的问世和系统化，是法律社会方言赖以存在的基石。在口头、书面两种不同渠道的运行传播过程中，派生出来的语言特征、方法、技巧逐渐发展、定型，于是乎法律语言作为社会方言便异军突起，自成系统了。

社会方言的各种变体自身的发展及其相应的学科研究，不是平衡发展、齐头并进的。目前研究较多的是语言的政治变体、语言的经济变体、语言的法律变体等三个方面。然而，以“法律语言”概括法律与语言的关系、命名语言的法律变体是三者中仅见的。迄今我们还没有见到政治语言、经济语言的正式命名，更没有以此相称的专门语言学出现。这一事实，只能证明法律与语言的联系更为密切，所表现出来的语言现象更为丰富、典型，更有自身的特点与价值。

还应看到，法律语言尽管是一种社会方言，然而同地域方言仍有一定联系。这是因为，地域方言带上了社会、政治色彩以后，就具有社会方言的意义，从而向社会方言发生倾斜和渗透。例如，我国大陆与我国台湾地区的语言差异，既有地域方言的原因，又有社会方言的原因。两岸有不少关于法律的术语、概念的不同，就是由这两方面的原因造成的。大陆的“劳教所”“刑事警察”“夫妻”“再婚”，在台湾地区被称作“生教所”“刑事”“翁某”“接脚”。唯有引进社会方言的概念和理论，才能解释这类法律语言现象。

（三）法律语言是一个特定语域

如上所述，法律语言和科技语言、文学语言等一样，并不是一种具有特殊的语言材料和独立的结构体系的语言，而是全民语言的一个语域（register），即具有一种具体用途的语言变体（variety）。

那么，是否能进而认为整个法律语域具有内部大体一致的区别性特征呢？换言之，从语言特征角度来看，法律语言是不是一个大体同质的整体。

法律语言随着法律制度的产生、沿革而滥觞、发展。我国从夏代开始有了最早的法律，从夏商到春秋后期，有了较为完备的诉讼制度，有了专职的司法人员，因此，不但有了最早的法律规范文件，还有了非规范性的诉讼文书（诉状、勘验文书、判词等）。由于当时诉讼以原被告双方的供词为判决的主要依据，遂产生了“辞”这一概念。据考，“辞”即口头供词，后来引申为“舌端之文”，通用为“言说之文”。可见当时已经产生包括书面、口头两种形式的“法律语言”。几千年来，随着时代的前进和法律制度的沿革，特别是到了当代的法制建设新时期，法律在政治、经济、科学、文化、家庭婚姻等各个方面对国家、自然人、法人和非法人组织之间以及它们相互之间的法律关系起着越来越大的调节和巩固作用，法律语言更成了全民语言中一个不可或缺的重要的使用领域，法律语言在长期的使用过程中，必然会形成自身特点的系列。

事实正是如此。根据我们对湖北云梦睡虎地出土的秦代竹简等有关文史资料的考察证实，随着诉讼制度的发展，最迟在秦代，法律语言已形成区别于公文语言和其他语言使用领域的词语、句式和结构程式方面的明显特征，具有正确、客观、平实和简练的风格格调。例如，睡虎地秦代竹简《封诊式》“穴盗”篇是秦代一份盗窃案现场的勘察笔录，整篇笔录叙写勘察过程有条不紊，对现场遗留痕迹的状摹准确精当，讯问人证巨细不漏，时间、地点、人物及其相互关系都确切明白，交待清楚。《封诊式》中其他一些篇目，如“贼死（被杀）”“经死（自杀）”“出子（伤害堕胎）”也具有同样的言语特征。这类语言材料与同期的诗赋类文艺作品的词语特征迥然有异，与当时文史类著作及相去不远的诸子百家言论的用词艰深、句式偏长的言语特征也相去甚远。这说明在秦代，作为一种独立语体的法律语体当已初步形成。

古代法律语言到了明、清到达成熟期。清末以后，随着西方资产阶级法律思想和法律制度的引进，司法机关与其他政府机构的进一步分离，法律语言有了较大的发展。新中国成立后，随着社会主义法制的建立和发展，法律已不仅是惩罚犯罪、实行人民民主专政的工具，也是全体人民用来维护自身正当权益、调节各种社会关系的重要手段。我们的法律语言彻底改变了半殖民地半封建旧中国时期半文不白、文白夹用的习俗，而代之以具有准确、凝练、庄重、朴实等风格色彩的规范的现代汉语。在词语、句法结构和句式选择乃至语篇结构程式方面，都形成了区别于其他语言使用领域或语体的特殊结构规律和选择规律。总之，法律语体作为一个语体范畴是客观存在的。

过去，有些修辞、语体论著曾把法律语言作为公文语体的一部分来处理。这是不妥当的。我国国务院 1981 年 2 月颁发的《国家行政机关公文处理暂行办法》明确规定，通用于国家机关、社会团体的公文是：①命令、令，②指令，③决定，④决议，⑤指示，⑥布告，⑦公告，⑧通告，⑨通知，⑩通报，⑪报告，⑫请示，⑬批复，⑭函。用于立法，诉讼和非诉讼法律事务的各种规范性文件和非规范性法律文书显然不能包括在公文这一概念的外延中。事实上，它们与公文语体也存在较大的语言差别。显然，以各种公文文种为存在基础的公文语体无法囊括使用于诉讼和非诉讼法律事务中的书面语言，更不用说去统领法律语言中的法律口语、法庭论辩等非书面语了。法律语言日益成熟和体系化，形成一个独立的语用域，早已是一个客观存在的事实。把法律语言从公文语体中分离出来，正是语体学向前发展、趋向成熟的结果和标志。

二、法律语言的特点

前面讲过，法律语言包括立法语言、司法语言和法律事务语言。司法语言又可分为司法书面语和司法口语，法律事务用语亦可分为书面语和口语两种形式。由于功能不同，书面语和口语的传播媒体和传播方式大相径庭，因此法律语言内部各部分之间的差异和偏离就客观存在。那么，我们如何来确定法律语言的普遍性特点呢？

解决方式很简单。因为在法律这一特殊语用域里，书面语占绝对的主导地位。作为法制社会最高法律行为准则的法律、法规必须用书面语表述，一切司法活动和非诉讼的法律事务必须遵循宪法、法律和法规，每一项活动从启动到结束均要以各种具有法律效力或法律意义的法律文书或法律事务文件作为依据和凭证，最后得出的结果，更要形成准确无误、一丝不苟的文字凭据。司法、法律事务口语固然与同类语言的书面语有一定差别，但是它们与日常口语的区别更是不容忽视。因为法律活动场合的口语必然受以立法语言为核心的法律书面语的规制和影响。司法干部和法律人在法庭上的口语十分接近法律书面语。各类案件的当事人，特别是各个社会弱势群体，他们不是不会“讲话”，但是在诉讼和法律事务场合，明显地处于语言不利地位，原因很多，但其中很显著的一个原因就是因为他们对立法、司法中常用的术语和法律书面语恍如隔世。

近年来，国内也有法律语言学著述指出：法庭语言具有“口头书卷语体特征”，“但非法律职业人员多使用口头谈话语体”。[1]

既然在法律语言中，书面语对口语具有强大的主导作用，我们就应该以其为主要依据来寻求法律语言的特点。

由此，可以认为法律语言属于一个具有内部大体一致的区别性特征的语域范畴，那么我们可以依据现代语言学和语用学的理论与方法，从言语结构和表述结构两个层次概要阐述和归纳其特点：

（一）言语层次（Verbal Level）的特点

言语层次的特点大体包括法律语言的词语，句法结构和句式、句类选择，篇章结构三个层面的不同特点。如词语方面特别强调对一些貌似相类却各具不同法律意义的法律术语和法律常用语的严格甄别与选用，对一般词语的运用比其他语体范畴更严格区分其含义、性质、使用范围和褒贬色彩诸方面的细微差别。句法结构方面多用并列结构和复杂同位成分，宁可牺牲“可读性”也要保证表述的准确与严谨。在句式选择方面多用结构紧密又不带艺术色彩的句式。在句类选择方面多用陈述句回溯法律事实、界定法律属性等，对疑问句、祈使句、感叹句的使用有较为严格的限制。在整体或篇章结构方面，法律语言特别注意前后层次、埋伏照应、结构严谨、简详得当并具有特殊而严格的程式性，这些程式的各要素都包含着特定的法律事项或法律意义。

（二）表述层次（Expression level）的特点

语体内部的表述层次又可以分为表述结构和风格结构两个体系。兹分述如下：

1. 表述结构。表述，指的是用语言进行表达、传播与交际。一般语体的表述方式有五种：叙述、说明、论证、描写和抒情。由于法律语言用于制定或实施法律，它的实用性使它不同于给人以审美愉悦的文艺作品，它的法律性又决定了它主要以理服人，不必以情感人，因此它对生动的描写和抒情是排斥的。在法律语言表述结构中，主要包括叙述、说明和论证三大手段：

（1）叙述，指陈述和回溯案情或有关的法律事实。案情或法律事实不同于一般意义上的“（客观）事实”，它必须与案件的裁断、处理密切相关，且其中的关键特别是有争议的情节必须有相关证据证明。由于法律叙述旨在表明所叙事件事理及其适用法律间的关系，不像记叙文那样单纯地进行叙述或主要是进行叙述，以生动再现事件全过程，因此，法律叙述多用概述。这是法律叙述的特点之一。除了概括之外当然还要求准确切实，不能虚妄疏漏，因此它具有

---

〔1〕余素青：《法庭言语研究》，北京大学出版社2010年版，第90～91页。

严格的要素性。法律叙述的要素是由各种案件及法律事务本身的构成要素及特点决定的。以刑事案件来说，除了要确定犯罪的行为主体外，还要根据本案犯罪客体、犯罪的客观方面和犯罪的主观方面等犯罪构成叙清案件的时间、地点、动机、目的、手段、情节和结果这七大要素。民事案件的叙述则必须在交待各方当事人关系的前提下，包括纠纷发生的时间、地点、原因、情节、经过及关系人、当事人争执的焦点和实质性分歧诸要素。

（2）说明，指的是用言简意赅的语言对客观事物或情况以及法律的适用进行介绍解释，使人了解事物的性质、特征、情况、内在的规律性以及法律后果。法律语言中对实体事物的说明，不可用生动的描绘；对抽象事理的说明，千万不能夹杂不必要的议论。它要求交际者排除主观的假设和见解、个人的感情和想象，严格按照案件或法律事务本身的情况和特点予以说明，忠实于事实真相，正确无误、明晰如实地反映案件的本来面貌。因此，法律说明必须具有客观翔实、简而得要、言之有序和科学周密的特征。

（3）论证，也叫议论、说理，就是据事论理，对客观事物进行分析、评论，以表明自己的观点、态度、主张和立场。在法律活动中，论证是与叙述密切相关的。在用叙述客观、准确地反映具体案件的事实后，只有通过论证才能解决对案件性质和特点的认识并最后作出处理决定。法律论证必须做到论据充足、论证充分、严密有力和无懈可击，所得出的结论与所依据的事实、法律之间协调一致，存在内在的逻辑联系，不可互相矛盾和违背。

2. 风格结构。语言风格是语言运用中某种特点或某些特点的综合及其所具有的格调、气氛和色彩。一切言语交际除了要文从字顺即符合一般的词汇和语法规律外，更要使它具备一定的风格格调，以顺应特定的题旨情境，从而达到预期的交际效果。

因为法律语言必须具有威慑敌对势力、惩罚犯罪、保护人民，宣传法制和调整自然人、法人和其他组织之间以及它们相互之间的法律关系，着力维护全体公民合法权益的作用。法律规定公民享有的权利和承担的义务，案件所认定的事实和得出的结论分别用规范性的法律文件和非规范性的法律文书来表述，因此法律语言的一切言语材料（包括立法文件和司法文书在内）必然引起有关当事人乃至全社会的密切关注。显然，任何的含混和义有两歧，在法律语言中都是无容身之地的。所以，准确性是法律语言的灵魂与生命，也是法律语言的基本风格格调。除准确之外，法律语言在长期的运用过程中，还因为准确性的要求，形成了严谨、庄重、凝练、朴实等为实现准确性服务的风格格调。因此，在法律语言的风格结构中，准确性永远是起主导作用的首要要素。由于法律语言的风格属于功能类风格，它的实用性与法律性决定了法律语言一般不要求表现作者的个性，个人的语言风格如能体现也是相对微弱甚至是极微弱的，所以法律语言各个分支之间的比较统一的风格特色也是每个交际者必须严格遵循的规范与准则。

第四节 法律语言学的对象、范围、研究方法以及依法治国视野下的研究课题

一、法律语言的研究对象和范围

虽然法律语言这一特殊语言使用领域或语体范畴源远流长并曾受到过历代有识之士的重视与关注，历史上，如李渔的《资治新书·慎狱刍言》、王又槐的《办案要略》等著述对法律语言曾发表过一些真知灼见，但是限于特定的历史条件和当时的学术、科学水平，法律语言研究一直没能形成一个完整的体系。

据笔者所知，国外把法律语言列为一个独立的语言使用领域并进行研究也是近四十多年的事情。例如，英国克里斯托尔和戴维合著的《英语语体调查》[1]把“法律文件语言”和“日常会话”“现场评述”“教堂布道”“新闻报道”并列为现代英语五种使用领域进行调查研究。稍后，苏联的米哈依洛夫突破该国学术界的定见，把“诉讼语体”从“公文事务语体”中分离出来，认为现代俄语存在七种“语体范畴”：口语语体，文艺语体，科学语体，政论语体，公文语体，讲演语体，诉讼语体。

当代中国，人们对法律语言的关注和研究肇始于十一届三中全会以来中国法制建设新时期的来临，立法和司法等法律活动对法律语言提出了新要求。从20世纪80年代至今，已有不少论著涉及法律语言研究和法律语言学科学体系的建立，由于各人的实践和考虑问题的角度不同，提出的建议和设想也不尽相同。

在回顾法律语言研究历程和总结法律语言研究的现状与成果的基础上，拟对法律语言学的对象和范围作出归纳与界定，实际上也就是这本《法律语言学》前三章所涉猎的大体内容。

我们认为，法律语言研究旨在探讨法律科学研究、立法、司法、诉讼活动和非诉讼法律事务中顺应特定的题旨情境，有效、完美地进行言语交际和表达的规律。为了开阔视野，我们要回顾法律语言的渊源和历史沿革，当然，法律语言研究的着眼点还是当代。从总体上来说，它要进行法律语言的概念、性

---

[1] David Crystal, Derek Davy, *Investigating English Style*, Longman Group limited, 1969.

质、特点、研究方法及其法律语言的微观结构、表述结构和风格结构等方面的研究。为了促进对法律语言这些总规律的研究和探讨，也为了加强这一学科的应用性和实践性，还要对法律语言的各下属范畴逐一进行探讨与研究。这些范畴包括立法语言，司法文书语言，讯问和查证，调解、谈判和法律咨询，法律演讲论辩，法律语言识别等。

二、法律语言学的研究方法

法律语言受到普遍关注，数千年来成为朝野共同青睐的一个热点，对此也曾出现过某些真知灼见，但是对法律语言开展系统、专门的研究，那还是近几十年的事。而且时至今日，国内外对法律语言进行独立、系统的研究且获得客观、详尽、科学成果的著述尚不多见。究其原因，除了由于人类对语言的结构体系、对语言的生理、心理机制知之不多，对语言运用、言语传播交际的一般规律尚不熟知以外，法律语言又是一个为诉讼和非诉讼法律事务以及立法活动服务的特殊语言使用领域，法学家、司法官员和其他法律工作者不少曾受到语言的困扰或受惠于语言的成功运用，但是他们不可能潜心于语言研究，语言学家若不谙法律和缺乏对司法活动的感性认识，对法律语言的阐释只能隔靴搔痒，不着边际，除此之外，主要还是因为研究方法方面的问题。

过去由于人们在观念上没有把法律语言看作一个独特的语言运用领域，一个语用概念上的独立结构系统，不想或不能探求法律语言特点的系列，方法上又缺少一整套完整的客观评价标准和行之有效的科学研究程序，使大部分研究者停留在对法律语言运用中个别词句得失优劣的孤立权衡阶段，或仅对总体结构冠以“准确、明晰、庄严”之类的印象式评点了事。刚开始的若干年，以法律语言（或口才、论辩、演讲）等为题的著述、教材已有多种，但开始阶段有不少著述局限于对法律语言或某一交际角色运用于某一诉讼阶段或法律事务的言语（如公诉人的论辩言语、法官的审讯言语等等）仅仅归结为“明白简洁”“精确严谨”等，使人不得要领。还有些论著教材只是一般性地强调“熟悉标点符号”“正确辨析词义”“注意句子通顺”“分辨逻辑关系”“提高表达能力”或者大讲汉字结构、词汇语法、方言分布，一讲论辩就是希腊罗马、春秋战国，而对法律语言，特别是现代汉语法律语言本身的特点却很少触及或根本不着边际，使人感到云雾缭绕、不知路在何方。

英国著名法学家丹宁勋爵虽然提出“要想在与法律有关的职业中取得成功，你必须尽力培养自己掌握语言的能力”的精辟见解，然而他对“获得技能”的途径却阐释为：①掌握丰富的词汇，并深刻地理解它们的精义。②说出任何一个特殊的词在任何特殊的情况下所具有的意义。③写的时候，要逐句推敲、反复修改。要不惜任何代价力求使你的意见明确；使观点确定和确切，不要模糊或模棱两可[1]。殊不知，这些原则和途径同时也适用于科技、学术、商贸、新闻等多种社会活动领域，因此它们根本没有揭示出掌握法律语言、取得与法律有关的职业成功的要义。由此可见，用传统语文学的观点、通过语文课的教学方法，最后得出一些貌似正确、“放之四海而皆准”，实质十分粗疏、随意的结论，对立法技术、司法文书、法庭论辩、法律谈判交际、政法干部语言修养和语言教学方面暴露出来的诸多问题、困窘的解决和摆脱收效甚微或丝毫无助。

也曾有人提出把法律语言当作一个结构体系进行科学的研究，例如有人设想建立比较法律语言学、历史法律语言学和描写法律语言学等学科体系。在具体的或微观的研究方面，有人提出从法律语言的内部结构的分析与研究入手，对法律语言的各个层面、各种问题进行探索。例如在法律语言的口语表达方面涉及传令语言、预审语言、审判语言、论辩语言、朗读技巧等。司法书面语的表达方面，涉及词语运用、句子调配、程式用语、修辞手段、篇章结构，更为具体化的研究有确切词语、模糊词语、简称、数量词语、法律术语、罪名运用、文明用语以及语义、构词、个别句法结构的研究，此外还有法律语言的用词特点及法律语言的语体风格等具体项目，内容几乎涉及法律语言的方方面面[2]。应该说，这些设想大体是科学合理，也是切实可行的。但是真正按这种设想撰写的著述似乎尚不多见。我认为，这是法律研究方面的一大憾事。

笔者经过长期的探索，特别是通过《法律语言艺术》（学林出版社 1989 年版)，《法律修辞》（辽宁教育出版社 1989 年版)、《法律语体探索》（云南人民出版社 1991 年版)、《跨世纪的中国法律语言》（华东理工大学出版社 1997 年版)、《中国法律语言鉴衡》（汉语大词典出版社 2004 年版）等专著及大量论文的撰著，笔者坚定地认为，既然法律语言是一个具有内部大体一致性特征的语域范畴，就不妨采用语体学的已有成果和方法进行处理与研究。除了语体学的一般方法外，还要确立一套适合法律语域的专用原则与方法。那么，什么是文体学研究的一般方法？法律语域语体研究的专用原则又是什么呢？

语体学是 20 世纪初由瑞士语言学家巴依（Charles Bally，1865 ~ 1947）所创立的一门研究语言社会使用的学科，其奠基之作是《法语文体学》（1909），巴依的文体学以带有不同“感情内容”的词、词组和一些语法结构的同义结构作为主要的研究对象。几十年来，随着学科对象、范围的变化拓展，文体学研究方法也在不断发展变化之中。目前各国文体学界不同流派学者的评价标准与研究方法互有差异。但一般来说，文体（Style 或 Linguistic Style）是指同一语

---

〔1〕 参见［英］丹宁勋爵：《法律的训诫》，杨白揆等译，群众出版社 1985 年版，第 4 ~ 5 页。

〔2〕 参见陈炯：“法律语言学探略”，载《安徽大学学报》1985 年第 1 期。

言品种（标准语、方言、社会方言等）的使用者在不同的场合中所典型地使用的该语言品种的变体，文体学研究的正是同一语言社团的人在同类语境中的语体特点；一般认为系统的文体分析应首先以语言在社会生活中的实际应用为对象[1]。既然文体存在于语言品种之中，是语言的一种动态结构，语言品种和文体并没有自己的专门的物质标志，对它们本质特征的研究分析要通过对语言成分的选择和选择频率表现出来，对话语的文体学描写归根到底是对其全部语言特征的勾画。目前对文体的语言特征描写可以分两个层次进行：一是言语或话语层次（the level of the utterance）；二是表达层次（the level of the enuciation）。前者又可分为音位、词素、词、句、篇章等若干层次，后者是从语法转换、词素分布等角度进行表述方面的性与量的互相关系的探讨。前者是静态的微观结构分析，后者则是对表述平面的宏观动态考察。

但是，语言是一种兼具自然和社会属性的极其复杂的文化现象，一定的语言特征并非与某种语言变体一一机械对应。因此，对一定语域的语体学特性的描述只能是相对的，大体近似的。目前处理材料的方法有两种：一种是通过自然观察，对作为特征的语言材料，尽可能作“专用”“多用”“少用”等评注，在此基础上进一步概括出该语体的一般特征。另一种方法是精密研究，可用数理统计方法并借助计算机来统计和描写某一语体的客观定量特征。具体做法是对该语体各类书面语材料和口语话语进行搜集录音，再对这些材料进行词汇、语义、语法、篇章各层次的分析研究，对口语材料还要进行语音、音位和“韵律特征”（包括语调、音渡[2]、声调、重音等）的分析，然后，用各类对比数据精密地描写出这一文体的特征。自然观察和精密研究两种方法的适当配合可以比较全面、合理地概括出特定语域的文体状貌，便于人们从感性、理性两方面洞悉和掌握该语体的语言特征。

语体学是一门脱胎于修辞学又反过来促进传统修辞学发展的新兴学科。进行语体分析时，可以吸取修辞学的某些成果与方法，如表述平面的分析，从汉语特点和中国文化底蕴出发似可采用辞格、辞规[3]的某些方法。在西方，话语分析（discourse analysis）代替了修辞学作为总的话语学科的地位。话语分析与诗歌学（poetics）等构成了上下位关系，与语体学则成为同一层次的相邻学科。话语分析包括古老讲演术（elucutio）的基本范围，包括语境中所有的言

---

〔1〕程雨民：《英语语体学》，上海外语教育出版社1989年版，第1～3页。

〔2〕音渡，又称“转接”“过渡”“断续度”。指音位（音素）、语素、词以及短语、小句等单位分界处的语音特点。在语素等意义单位相连时，这些语音特点多与意义的区分有关，故属超音段音位。

〔3〕辞规，指消极修辞的各种特定的结构格式，与积极修辞的“辞格”相对应，具体来讲有“换述”“比较”“引语”“因果”“面中显点”等种类。

语方面，旨在找出带有相似语境（对等类别）的话语系列并确定其分布规律。西方学者在研究语体时也借用话语分析的一些方法。

所有这些方法，对法律语域的研究都是适用的或者可资法律语域研究借鉴的。那么，什么是法律语域的特殊研究方法呢？那就是在“多学科性”方法中贯彻单一的评价标准。

法律语言学的多学科性方法，是由法律语言的多结构性决定的。以侦查讯问言语来说，它的多结构性表现在：从刑事诉讼和侦察角度看，它是收集证据的过程；从司法心理学角度看，侦查讯问是侦察人员与刑事案件犯罪嫌疑人之间特殊的心理接触；从信息论角度看，它是收集对于案件有意义的信息的过程；从修辞学角度看，它是适应特定“题旨”（查清犯罪嫌疑人的全部犯罪事实或证实犯罪嫌疑人并不构成犯罪等）、顺应一定的“情境”（犯罪嫌疑人特定的经历、气质、心理文化素质，犯罪嫌疑人的涉嫌的犯罪特征与构成，侦查过程中瞬息万变的情势等）进行表达和言语交际的过程；如此等等。因此，我们必须对侦查讯问言语进行多角度多学科的考察，才能更深刻更完整地揭示侦查讯问言语的语言特点及其运用规律。法律语言下属的其他分支语体也无不具有多结构性，唯有采用多学科的方法，才能正确认识和深入考察法律语体的动态结构。法律语域范围颇为广阔，各分支语体之间存在一定差异，必须从不同角度采用不同学科的方法与成果进行多角度、全方位的过细考察研究。

当然，引进相关学科的知识和方法，是为了更准确地认定有关的语境，力求更深刻、详尽地揭示该分支语体的语言特征和言语传播规律，从而增强研究成果的科学性和实用性。在语体研究中应始终贯彻揭示语言特点和运用规律为主要和终极目的的根本原则，绝不可用其他学科的研究来取代语言研究，用其他学科的结论来淹没法律语言学的结论。有些题为法律语言、口才或论辩之类的著述、教材在论述中涉及道德、法律、语境、文体、体态、动作等的一般介绍而不涉及法律语言本体，始终在法律语言的语言特点之外徘徊，这种研究方法是不可取的。

从汉语研究现状和汉语法律语言的实际出发，本学科对法律语言可以进行两个层次的探讨：第一层次即话语层次，我们从词语、句、超句结构等平面着手（由于法律文书语言是一种比较典型的法律语言，我们通过对法律文书语言的探讨去揭示法律语言的静态结构规律）；第二个层次即表达层次，鉴于法律语言特点的非个人化，法律语言要求话语（或文本）的严密、程式化、篇章性（大多以篇章为传播单位），我们以语言材料和表述手法方面大体的数量关系为物质依据，力求客观、准确地阐明法律语言的风格色彩，并讨论由于传播内容、表述主体、交际对象和条件以及交际方式的差异而出现的不同的语言特点以及我们可以采用的表达技艺。

三、全面推进依法治国视野下的法律语言研究新课题

十一届三中全会以来，中国走上了依法治国的道路，以四项基本原则为政治方向，开始了民主与法制建设的新历程。在而后的三十余年时间里修订颁布了国家根本大法《宪法》和《刑法》《刑事诉讼法》《民事诉讼法》，制定了《民法通则》《行政诉讼法》等一系列重要法律。目前，国家的法律、国务院行政法规和地方法规总数已经超过9500部，涵盖了政治、经济、军事、文化、科技、教育、婚姻，家庭等社会生活的方方面面。同时，司法机关和各种行政执法机关及法律机构相继恢复、健全和设立，大大增强并不断扩大对国家安全、人民生命财产和各种合法权益的法律保护和对自然人、法人、非法人组织的各种法律关系的调节。在这种背景下，中国法律语言得以复苏，法律语言交际十分活跃，中国法律语言研究也开始呈现出一派欣欣向荣的气象。

进入了21世纪后，依法治国的方略得到了进一步的加强与深化，2004年我国《宪法》修订后，对“国家尊重和保障人权”“公民的合法私有财产不受侵犯”的明确表述，某些滞后法律法规的废除，立法程序的民主化。特别是2014年10月23日，党的十八届四中全会作出了“关于全面推进依法治国若干重大问题的决定”，第二部分“完善以宪法为核心的中国特色社会主义法律体系，加强宪法实施”，其中之四“保证公正司法，提高司法公信力”中五“加强人权司法保障”，六“加强对司法活动的监督”等，对我国的立法、司法都具有现实的指导作用和深远的历史意义。凡此种种，都预示着中国的法制建设也必将登上一个新台阶。中国的法律工作者和司法干部面临着新的任务、新的考验，作为法律科学和实践重要领域之一的中国法律语言研究与实践，当然也面临着新的机遇、新的挑战，有许多新的领域、新的课题等待我们去实践、探索和解决。例如：

1.《刑事诉讼法》于1996年和2012年先后进行了两次重大修改。2014年最高人民检察院颁布修订后的《人民检察院复查刑事申诉案件规定》。犯罪嫌疑人、被告人的合法权益，被害人的民事权利有了更完善的保障。2008年最高人民法院对其2001年颁发的《关于民事诉讼证据的若干规定》作了重大修改。2012年《民事诉讼法》也作了重大修改。由于诉讼程序和庭审方式的变化与改进，刑事诉讼中“罪从判定”“疑罪从无”等一系列新法律观念得到体现，民事诉讼中证据规则等进一步科学化，参加诉讼的各方在法律语言运用方面都遇到一些新问题，诸如法官如何用科学、规范的言辞组织和指挥庭审，控、辩双方如何举证、质证、论辩，还有，缘于英美法系法庭的交叉讯问如何在中国的法庭上运用，等等。

2. 1996 年的《刑事诉讼法》第 96 条规定："犯罪嫌疑人在被侦查机关第一次讯问后或者采取强制措施之日起，可以聘请律师为其提供法律咨询、代理申诉、控告。" 2012 年修改《刑事诉讼法》时，删去了上述第 96 条，增加了第 36 条："辩护律师在侦查期间可以为犯罪嫌疑人提供法律帮助；代理申诉、控告；申请变更强制措施；向侦查机关了解犯罪嫌疑人涉嫌的罪名和案件有关情况，提出意见。" 对于律师在法庭审理中担任刑事案件被告人的辩护人、民事案件当事人的诉讼代理人的法律语言运用，人们已不陌生，现在，律师要担任侦察阶段犯罪嫌疑人的辩护人，其语言运用不能不说是一个新的值得探讨的问题。1996 年的《刑事诉讼法》第 96 条规定："犯罪嫌疑人在被侦查机关第一次讯问后或者采取强制措施之日起，可以聘请律师为其提供法律咨询，代理申诉、控告。犯罪嫌疑人被逮捕的，聘请的律师可以为其申请取保候审。……" 但是具体实施相当困难，这与没有建立各种特殊情况下的法律语言运用规则有关。

3. 由于《刑事诉讼法》的修改，修订后《人民检察院复查刑事申诉案件规定》的颁行以及《民事诉讼法》的修改和证据规则的进一步优化等进展，法律观念和法律的沿革除引起诉讼言辞的发展变化外，对各类司法文书的格式内容及一些程式化用语亦提出新的要求，必须改革、规范与确定。

4. 香港、澳门回归祖国后法律语言双语制等问题。1997 年 7 月 1 日，我国已对香港恢复行使主权，成立香港特别行政区。按 1990 年七届人大三次会议通过的《香港基本法》规定，香港特别行政区将以中英文双语立法、司法与行政，香港将成为世界上首个使用汉英双语制法律语言的城市。1999 年 12 月 20 日我国已对澳门恢复行使主权，也面临同样的问题。对推行汉语立法、司法，维护民族自尊，双语并用中的种种问题必须加以仔细审察、研究和探索。对于这个问题，笔者曾在《中国法律语言鉴衡》（2004）一书中，依据当时港、澳法律语言双语制的建设情况和对香港司法的实地考察专设两章予以讨论。如今，港、澳已先后回归祖国分别历时 19 年和 17 年，双语司法制度因为有两地基本法的保障，肯定会持续运作下去。但是如何进一步完善、优化，预防港独势力的干扰、阻碍，似乎鲜有政府官员或学者加以关注和研究。今年在一次国际学术会议上，我的香港同行对该地的法律英语讲得头头是道，但当我问起香港的法律语言双语制、汉语司法等问题时，却知之甚少。

5. 我国台湾地区法律语言问题。一国两制、统一祖国的方针符合中华民族的根本利益，也顺应了海峡两岸中国人的共同意愿。多年来，海峡两岸人员往来日趋频繁，经济、文化交流继续发展。我们已经实现海峡两岸直接"三通"，以促进和期待祖国的统一。由于长期的分离和法律制度和法律渊源的差异，海峡两岸的法律语言有很大的差别。多年以来，我们接受了台湾地区的某些法律术语，如“公序良俗”等，对该地判决书等法律文书的制作质量也颇有好评。但对台湾地区法律语言运用的全貌，似乎知之甚少。为了加强联系、合作与交流，为了及时、有效地进行涉及两岸的诉讼和各类非诉讼法律活动，也为了两岸的融合和祖国的统一，必须把台湾地区法律语言摆上中国法律语言研究的日程表。

6. 国际法律语言交际问题。改革开放后，由于国际经济文化交流日益发展，涉外经贸、诉讼、谈判等种种法律活动日趋频繁，我们已经遇到国际法律语言交际中的种种问题，诸如法律文件翻译、新的法律理念和法律概念的引进介绍、法律语言与文化，还有国际法律语言学的一些新理念，新成果和某些可供借鉴的实践经验，例如在已实行多年的语辞证据和专家证人等诉讼制度。今后还将出现更多的问题，我们都必须学习、研究。

7. 若干业已提出尚未充分研究的问题。还有若干法律语言学的问题，例如前文提及的自然观察与精密研究两种方法适当配合以提高法律语言研究成效；改革、优化各类法律语言作品，最大化地实现司法公正与效率；法律语言交际中的副语言问题（包括法律口语交际的态势语和法律书面语中的视觉手段等）；法律语言和中华文化问题等，这些问题，笔者等已在相关著述中提出并作过初步探讨，期盼这类问题在以后能得到大家的关注与研究并有所突破，以促进、完善和提高中国法律语言的总体研究水平。

8. 关于弱势群体在法律面前的语言权利保护问题。笔者通过信息检索、参加国际学术会议和赴澳洲交流访问，得悉西方国家在经济发展、法制完善的前提下，都较重视对儿童、妇女、智障者、少数民族的正当权利保护。与此相应，西方法律语言专家详尽调查了各种弱势人群在法律面前的劣势地位（Language disadvantage before the law）并提出一些可行的救济手段。与澳洲等国相比，我国更是一个多民族多元文化的国家，除了生理残疾等原因外，在社会经济转型时期更有不少社会弱势群体，他们在诉讼和法律事务中必然会遭遇语言不利的状况。正视他们的语言困窘，采取各种有效的措施，保护他们的语言权利，是我们推进全面依法治国，实现司法公正和社会公平、正义的题中应有之义，更是保障弱势人群平等享受诉讼等宪法权利，加强和完善人权司法保障，防止冤假错案的前提和基础工程。

凡此种种，都说明在全面推进依法治国的视野下，中国法律语言学面临着种种新的问题、新的挑战。为了加深我们的研究，有必要回溯中华四千年法制史，并且面对当代国际法律语言交际的现实，全面考量和深入探索中国法律语言。

在这本书中，我们将在简要回眸过去，审视往昔的法律语言和前人对法律语言的认知、研究的前提下，对中国法律语言总体和法律语言各下属范畴进行结构规律和运用技艺的探索之后，还要对弱势群体在法律面前的语言权利保护、跨文化的法律语言交际（法律翻译）和法律语言教学与培训进行学习和探讨，使每一位学习者能掌握法律语言这一利器，更加顺利地步入法律殿堂，使每一位读者能更加顺利地从事自己的司法、执法或者律师、公证、仲裁等法律业务，也可以帮助其他各行各业的读者在法治社会中更加成功地依法从事自己的职业，更有效地保护自己的各项法律权利。

【思考题】

1. 什么是法律语言？为什么说法律语言是法律和司法公正的有效载体？

2. 试试用你知道的立法或司法中的实例，证明“人类社会尤为关注法律语言运用”。

3. 简述从语言层次和表述层次考察，法律语言的主要特点有哪些。

4. 综述法律语言学的研究对象和范围。关于全面推进依法治国视野下的新研究课题，你认为除了书上列述的以外，还有什么课题值得我们去探讨的？

第二章 中国法律语言的滥觞沿革和探索研究简述

第一节 上古至中古时期法律语言的滥觞与沿革

中国古代法律语言是随着法律制度的产生、发展而滥觞、沿革的。我们利用中国法制史的已有成果和某些史料，特别是古代法律文件，拨开几千年的历史烟云，通过考察、研究，试图勾画和再现中国法律语言的大体走向与轨迹。

我们认为中国古代法律语言大体上可分为滥觞阶段（夏、商至春秋后期）、形成阶段（秦、汉两代）、发展阶段（唐、宋两代）、完善阶段（明、清两代）这样四个历史阶段，最后发展为近、现代法律语言。下面，对这四个阶段法律语言的形态与特征试加阐述：

一、滥觞阶段（夏、商至春秋后期）

相传早在夏代我国已有了比较完善的刑律：夏刑，亦称“禹刑”。《尚书·大传》有“夏刑三千条”的记叙。[1]《左传·昭公十四年》引《夏书》说：“昏、墨、贼、杀。皋陶[2]之刑也。”又说：“己恶而掠美为昏，贪以败官为墨，杀人不忌为贼。”《礼记·王制》中有关于殷商时代诉讼程序、审判制度、执行刑杀、监禁羁押等记载，在近代河南安阳小屯村殷墟（系当年商朝盘庚迁殷后的国都遗址）发现的殷代甲骨文字中得到了印证。

在周代，周王的“誓[3]”“诰[4]”“命[5]”具有最高的法律效力，如尚书中的康诰、酒诰等篇，可以看作当时重要的法律规范文件。诸侯在他们封邑内发布的誓、命等，也具有法律效力。如《尚书·费誓》就是鲁侯伯禽奉命征

---

〔1〕据郑玄《周礼·秋官·司刑》注，夏刑三千条是“大辟二百，膑辟三百，宫辟五百，劓、墨各千”。

〔2〕皋陶是夏禹时代黄淮地区一些氏族部落的首领，长期担任“士”（司法官）的职务。

〔3〕《文体通释》：“誓者，约束也，谨也，束军众使谨也。”又《周官》：“不涉军旅而束谨，亦为誓也。”

〔4〕《文体通释》：“诰者，告也，觉也，……刘熙曰：‘上敕下曰告，使觉悟之意也。’”

〔5〕《文心雕龙·书记》：“命者，令也。出命申禁，有若自天……使民从也。”

伐淮夷、徐戎之前发布的一篇法律文告，全文言简意赅、结构严谨、内容完备，初具法律语言特点。

周代尚无成文法典，但有供司法官员内部参阅的刑书，史称“刑书九篇”，也是当时的法律规范文书。

西周已有一套较为完备的诉讼、审理制度。法律规定，除轻微案件可以口头陈诉外，一般要具状告官。周代原告诉状称为“剂”，法律笔录为“供”。在诉讼提起后，还要经过侦查、调查与勘验。《礼记·月令》曰：“命理瞻伤、察伤、视折。”可见，周代断案中已有验看伤害制度。在诉讼各阶段，一般都要制作相应的法律文书作为诉讼活动的纪录、凭证和实施法律的重要手段，只是因为年代过于久远，很少流传至今罢了。1976 年陕西出土的一件青铜器，其上铸有一篇铭文，系西周晚期的判决书[1]，是由一位名叫伯杨父的法官，对一个叫牧牛的人所作的判决，判词写明如何定刑科罪，本刑当如何，减轻后当如何，这是我国至今发现最早的诉讼文书实物。

春秋后期，随着封建制度的萌芽，法制比奴隶制社会更趋完备，一些诸侯国陆续制定和颁布成文法。公元前 536 年“郑人铸刑书”事见《左传·昭公六年》。把成文法铸于鼎上，公之于世，这是我国法制史上第一部公开的成文法典。随后，郑、晋等诸侯国纷纷效法。后来魏国丞相李悝（前 455 ~ 前 395）又集辑当时各国法律编成了中国历史上第一部完整系统的法典著作《法经》。

总之，从夏商到春秋后期，随着法律制度的产生、发展，有了较为完备的诉讼制度，有了专职的司法官员，因此，不但有了我国最早的法律规范文书，还有了非规范性的诉讼文书（诉状、笔录、判词等）。由于当时以原被告双方供词为判决的主要依据，产生了“辞”《书·吕刑》：“民之乱，罔不中听狱之两辞。”这一概念，审讯要听“两辞”（双方口供）。据考，辞即是口头供词，后来引申为“舌端之文”，通用为“言说之文”[2]。可见，当时也存在法律语言的口语形式，并已引起重视。这说明当时法律语言（包括书面与口头两种形式）已经开始萌芽。最早的法律规范文书如誓、诰、命等往往散见于文史哲等诸子百家著作中，诉讼文书流传至今的又凤毛麟角。因此，根据目前已有的史料，我们认为这一时期为古代法律语言的滥觞时期。

二、形成阶段（秦、汉两代）

早在素始皇统一六国之前，秦孝公任用商鞅（前 390 ~ 前 338）为左庶长，于纪元前 256 年实行变法，采用李悝《法经》，对法律制度进行了重大变革，

---

〔1〕 周代的判决叫作“劾”，作出判决为“成”。判决书叫“书劾”，宣布判决称“读书”。

〔2〕 见《文心雕龙·书记》。

改“法”为“律”，为秦代封建法律的发展奠定了基础。

秦始皇三十四年在丞相李斯（？～前208年）的主持下，“明法度，定律令”，把原有的法律加以改进与完善，颁行全国。秦代的法律文本，除皇帝诏令、朝廷律令外，还有官吏在执法过程中对律令的统一阐述（如湖北云梦出土秦简中的“法律答问”），各级官吏在其职权范围内也颁布法令，各级司法官在审案中还积累成例。所有这些，都为法律语言的形成提供了条件。按秦律，司法官受理案件途径有三：原告起诉、官员检举、犯人自首，这就相应地产生了自诉状（称为“帖”）、公诉书（称“纠举”）和自首书，在断案中，既重口供（“供”）又重勘验（勘查笔录称为“爰”）。

1975年，湖北云梦县睡虎地秦代墓葬第十一号墓出土的秦代竹简1155支和残片80块，内容多是法律规范文书的摘抄和阐释法律的文书以及司法文书，计有《秦律十八种》《秦律杂抄》《法律答问》《语书》《封诊式》等篇目。从云梦竹简知道，秦律除刑事法律外，还包括萌芽状态的民法、诉讼法、经济法、行政法、军法等法律部门，法律的调节面已涉及社会生活的诸多方面。其中《封诊式》通过一些隐去真姓实名的案例，介绍说明一些诉讼活动的模式和一些文书制作的规格，即有关查封、勘验、调查文书的样式，故称“封诊式”。《封诊式》中“穴盗”“贼死”“经死”“出子”等刑事勘查文书制作水平已达到相当高度，连同上述的法律规范文书，不仅是刑事法律文献方面的重大发现，也是考察秦代法律语言的珍贵资料。下面通过《秦律十八种》“田律”中的一段文字和《封诊式》篇中的“穴盗”管窥秦代法律语言的某些特征。

春二月，毋敢伐材木山村及雍（壅）水隄。不夏月，毋敢夜草为灰，取生荔、麛䴡（卵）鷇，毋□□□□□□□毒鱼鳖，置穽罔（网），到七月而纵之。唯不幸死而伐绾（棺）享（椁）者，是不用时。邑之紤（近）皂及它禁苑者，麛时毋敢将犬以之田。百姓犬入禁苑中而不追曾及捕善者，勿敢杀；其追兽及捕兽者，杀之。河（呵）禁所杀犬，皆完入公；其它禁苑杀者，食其肉而入皮。（《田律》）

［译文］

春天二月，不准到山林中砍伐木材，不准堵塞水道。不到夏季，不准烧草作为肥料，不准采取刚发芽的植物，或捉取幼兽、鸟卵和幼鸟，不准……毒杀鱼鳖，不准设置捕捉鸟兽的陷阱和网罟，到七月解除禁令。只有因有死亡而需伐木制造棺椁的，不受季节限制。居邑靠近养牛马的皂和其他禁苑的，幼兽繁殖时不准带着狗去狩猎。百姓的狗进入禁苑而没有追兽和捕导的，不准打死；如追兽和捕兽，要打死。在专门设置警戒的地区打死的狗，都要完整地上缴官府；其他禁苑打死的，可以吃掉狗肉而上缴狗皮。

田律是有关农田生产和水利灌溉方面的律文，这段律文包括禁止性和义务性两类规范，禁止性规范在违法行为的表述之前，冠以“毋敢”“勿敢”等表示坚决制止的意义。“其追兽及捕兽者”之后属义务性规范，由于表示强制意义的（类似现代的“必须”“要”）词语和表示或然性的（类似“可以”）词语尚未形成，应该履行的行为（如“完入公”）与行为对象（如“河禁所杀犬”）直接相衔接，用“皆”等副词强调语气和法律的规范性。这段律文除词语平实、简洁外，用了示禁止等程式化词语和动词性非主谓句，使语气庄重、威严。

穴盗爰书：某里士五（伍）乙告曰：“自宵臧（藏）乙复（複）结衣一乙房内中，闭其户，乙独与妻丙晦卧堂上。今旦起启户取衣，人已穴房内，彻（彻）内中，结衣不得，不智（知）穴盗者可（何）人、人数，毋（无）它亡殹（也），来告。”即令令史某往诊，求其盗。令史某爰书：与乡□□隶臣某即乙、典丁诊乙房内。房内在其大内东，比大内，南乡（向）有户。内后有小堂，内中央有新穴，穴彻（彻）内中。穴下齐小堂，上高二尺三寸，下广二尺五寸，上如猪窦状。其所以埱者类旁凿，迹广□寸大半寸。其穴壤在小堂上，直穴播壤，柀（破）入内中。内中及穴中外壤上有厀（膝）、手迹，厀（膝）、手各六所。外壤秦綦履迹四所，袤尺二寸。其前稠袤四寸，其中央稀者五寸，其歱（踵）稠者三寸。其履迹类故履。内北有垣，垣高七尺，垣北即巷殹（也）。垣北去小堂北唇丈，垣东去内五步，其上有新小坏，坏直中外，类足歫之之迹，皆不可为广袤。小堂下及垣外地坚，不可迹。不智（知）盗人数及之所。内中有竹柖，柖在内东北，东、北去各廦四尺，高一尺。乙曰：“□结衣中央。”讯乙、丙，皆言曰：“乙以迺二月为此衣，五十尺，帛里，丝絮五斤䘮（装），缪缯五尺缘及殿（纯）。不智（智）盗者可（何）人及蚤（早）莫（暮），毋（无）意殹（也）。”讯丁、乙伍人士五（伍）□，曰：“见乙有复（複），缪缘及殿（纯），新殹（也）。不智（知）其里□可（何）物及亡状。”以次直（值）衣贾（价）。

[译文]

爰书：某里士伍乙报告说：“昨晚乙将本人绵裾衣一件收在自己的居室侧房中，关好门，乙自己和妻丙夜间睡在正房。今早起来开门取衣，有人已在侧房挖洞，直通房中，裾衣失去，不知挖洞盗窃的是谁，有几个人，没有丢失其他东西，前来报告。”当即命令史某前往查看，搜捕窃犯。今史某爰书：本人和乡某、牢隶臣某随乙及里典丁查看乙的侧房。侧房在其正房东面，与正房相连，朝南有门。房后有小堂，墙的中央有新挖的洞，洞通房中。洞下面与小堂地面齐，上高二尺三寸、下宽二尺五寸，上面像猪洞的形状。用来挖洞的工具像是宽刃的凿，凿的痕迹宽二（?）又三分之二寸。挖下的土在小堂上，散布的土都对着洞，是由这里钻进房中的。房中和洞里外土上有膝部和手的印痕，膝、手的痕迹各六处。外面土上有秦履的印痕四处，长一尺二寸。履印前部花纹密，长四寸；中部花纹稀，长五寸；跟部花纹密，长三寸。履印像是旧履。房的北面有墙，墙高七尺，墙的北面就是街巷。北墙距小堂的北部边缘一丈，东墙距房五步的地方，墙上有不大的新缺口，缺口顺着内外的方向，好像人脚越墙的痕迹，都不能量定长宽。小堂下和墙外的地面坚硬，不能查知人的痕迹。不知道窃犯人数和到什么地方去了。房中有竹床，床在房的东北部，床东面、北面各距墙四尺，床高一尺。乙说："把裾衣放在床中心了。"讯问乙、丙，都声称："乙在本年二月做的这件衣服，用料五十尺、用帛做里，装了棉絮五斤，用缪缯五尺做镶边。不知道窃犯是谁和盗窃的时间，没有怀疑的对象。"讯问丁和乙的邻居士伍某，说："曾见过乙有一件绵裾衣，用缪缯镶边，是新的。不知道衣里是什么做的，也不知丢失的情形。"据此估计衣服的价值。

"穴盗"是秦代一份盗窃案的现场勘查笔录，从中不难窥见秦代法律语言之一斑。这篇笔录记叙委派县级司法人员去现场勘查一件失窃衣服小案的经过事实情况。在这篇记录中，首先说明案件性质、来源，接着点明勘查者、被查现场的户主及现场环境，然后依先外后内、先静（态）后动（态）的次序写明房舍情况，接着又查验窃贼挖的墙洞和推究挖洞所用工具，并进一步叙写挖出的土和土上所留的痕迹（手迹、膝迹、履迹）。写痕迹时对履迹的描述颇为精当，分前掌、中段、后跟三部分叙写，与现代鞋印侦查的程序基本一致。这篇文书对于未能查明的处所也都一一记录在案，如"坏直中外，类足（距）之之迹。皆不可为广袤"和"小堂下及垣外地坚，不可迹。不智（知）盗人数及之所"。整篇笔录叙写勘查过程有条不紊，掌握勘查对象切中要害，询问人证巨细不漏。时间、地点、人物及相互关系都确切明白，交待清楚。"穴盗"总的语言特征是简洁、平实、洗练与客观。《封诊式》中另几篇勘查笔录"贼死（被杀）""经死（自杀）""出子（伤害堕胎）"也具有同样的语言特点。综合考察《封诊式》等用于诉讼的司法文书及《秦律十八种》等法律规范文书，在与同时代的其他文种，例如秦代李斯的《谏逐客书》相比（两者同属应用文体，但《谏逐客书》系当时臣属论谏政事的奏议类文书，语言形象、生动、音节短促铿锵，运用铺陈、排比诸手法）说明在秦代，作为一种具有独特语言特点系列的法律语体范畴已初步形成。

汉代实行州、郡、县三级司法体制，逐级上告。起诉后经过"鞫狱"（审讯）、"断狱"（判决）、"读鞫"（宣判）、"乞鞫"（上诉）等程序，均有相应的文书。但总的来说，先秦直至两汉魏晋南北朝，完整保留下来的司法文书极少见。这恐怕和当时主流社会对各类应用问题的观念有关。南朝梁代刘勰《文心雕龙·书记》云："虽政事之先务，然艺文之末品。"意思是说：各类文书（包括司法文书）是处理政治事务所急需、必不可少的，但从文学价值上看，又是属于末流的，因此认为它并无多大的审美、保留价值。根据现有资料，认为秦汉直至其后的魏晋南北朝是中国法律语言的形成阶段，大约还是比较客观的。

三、发展阶段（唐、宋两代）

唐代开国三十多年后，封建经济发展到了鼎盛时期。唐高宗李治于永徽初年命长孙无忌、李、于志宁等人，以原有的武德、贞观两律为基础，制定《永徽律》12篇、502条，于翌年颁行全国。后又命长孙无忌、李等人对永徽律逐条逐句作注，叫作"疏议"，于永徽四年颁行，附于律文之下，与律文具有同等法律效力。两者统称为"永徽律疏"，即后世所称的《唐律疏义》。唐律在世界法律发展史上曾大放异彩，占有重要地位，它作为一种法律规范文书，在规范古代法律语言，推动古代法律语言的发展方面也起着不可忽视的作用。

由于法制的发展，各类诉讼文书也有了很大的拓展与进步。而其中特别受重视的是"判"。所谓判，就是断案之语，上古已有，周代称为"劾（审决讼案）"。从初唐起大兴科举，在"拔萃"一科中增加了"试判三则"的规定，统治者把"判"作为遴选官吏考试的"身、言、书、判"四大标准之一〔1〕，规定"凡选入人选"，撰写判词必须"文理忧长"〔2〕。由于统治者以判为贵，士大夫也就格外重视，对它"无不习熟"，以作为登上仕途的手段。由于判在官场和文苑的广泛流行，使它成为一种独立的文章体式：判体。唐宋两代判体的兴盛对中国法律语言的发展有很大的推进作用。

唐代的判词，均为骈体，即所谓"语必骈俪，文必四六"，我们称之为骈体判。《文苑英华·判》为现存收录唐判最多的集子。唐判中流传至令而最有影响的代表性作品有张鷟〔3〕的《龙筋凤髓判》和白居易〔4〕的《甲乙判》。《龙筋凤髓判》四卷，是我国现存判决书专著中最早的一部。全书共100篇，按职官比排。由内到外，从省台寺监百司到州县，条分件析、组织严密。《甲乙判》见于《白氏长庆集》卷49和卷50，凡100则。判中都用甲、乙、丙、丁等代替姓名，可见这些只是选举备考的"拟判"之作。这两本判词有不同的风格，

---

〔1〕 明代徐师曾《文体明辨序说》："唐制，选士判居其一。"又《旧唐志·选举志》称："凡择人之法有四：一曰身，体貌丰伟；二曰言，言辞辩正；三曰书，楷法遒美；四曰判，文理优长。"又曰："凡试判登科谓之'入等'，其拙者谓之'蓝缕'。选未满而试文三篇，谓之'宏辞'；试判三条，谓之'拔萃'。中者则授官。"

〔2〕 （明）吴纳：《文章辨体序说》。

〔3〕 张鷟，字文成，号浮休子，盛唐时著名文学家，高宗调露初，登进士第。

〔4〕 白居易，772～846，字乐天，中晚唐时大诗人兼政治家。贞元十六年中进士。

后人的评价也不一致，但都“执法据理，参以人情”。请看白居易《甲乙判》中一则判词《甲去妻后，妻请用子荫，甲怒不许》：

［原题］

得甲去妻后，妻犯罪，请用子荫赎罪，甲怒不许。

［原判］

二姓好合，义有时绝；三年生育，恩不可遗。凤虽阻于和鸣，乌岂忘于返哺。旋观怨偶，遽抵明刑。王吉去妻，断弦未续；孔氏出母，疏网将加。诚鞠育之可思，何患难之不救？况不安尔室，尽孝犹慰母心；薄送我畿，赎罪宁辞子荫？纵“下山”之有怒，曷“陟屺”之无情？想《苢》之歌，且闻乐有其子；念《葛》之义，岂不忍庇于根？难抑其辞，请敦不匮。

［译题］

查某甲与妻离婚后，妻犯了罪，她请求根据儿子的“恩荫权”赎罪，某甲怀怒，不允许妻子的请求。

［译判］

两姓结成婚姻，夫妻的情谊有时会破裂；儿子对母亲多年生育扶养的恩情仍需牢记。有如凤凰虽因失偶尔不能和鸣，乌鸦却永远不会忘记反哺。某甲离婚后不久，他的怨偶犯了罪，遭到国法的制裁。从前王吉和妻子离异，没有再娶；子思不让儿子参与已离婚的母亲的丧事，礼制的执行，还是要酌情处理。实际上抚育的恩惠不容许忘怀，母亲有难，怎么可以置之不救呢？何况夫妻虽已离异，儿子还得尽孝，怀着安慰母亲的心意。夫妻离婚时，丈夫只把妻子送到大门边，便恩尽义绝。但怎么可以拒绝她“藉子荫赎罪”的请求？即使丈夫在离婚后还有放不下的怒气，儿子怎么会没有陟屺〔1〕望母的感情想到《芣苢》〔2〕之歌，将会理解母亲高兴有个亲儿子的心情；深思《葛藟》〔3〕的含义，难道会忍心不让儿子庇护自己的本根——母亲？不应该压制妻子提出的请求，希望发扬孝道进行处理。

文字全用骈体，词语典雅简练，说理质实明畅。宋代洪迈《容斋续笔》称其判“不背人情，合于法意，比喻甚明”。白居易《与元九书》也说道：“日

〔1〕 陟屺（qǐ）：屺，无草木的山。《诗·魏风·陟岵》：“陟彼屺兮，瞻望母兮。”《毛诗序》：“孝子行役，思念父母也。”

〔2〕 《芣苢》（fú yǐ）：即车前，古人以为它的种子可以治妇人不孕。苢之歌，指《诗经·周南·芣苢》篇。《毛诗序》：“芣苢，后妃之美也。和平，则妇人乐有子矣。”

〔3〕 葛藟（lěi）：见《诗·国风·王风·葛藟》：“绵绵葛，在河之浒。”《毛诗序》：“《葛》，王族刺平王也。周室道衰，弃其九族焉。”《左传》称：“葛（藤本植物）犹能庇其本根，故君子以为比”与《序》意相近。《葛》之义意为儿子总是会思念父母的。

者又闻亲友间说，礼、吏部举选人，多以仆私试赋判，传为准的。”可见时人对他的“判”是十分重视的。但后人指出这类骈体判缺点在于“其文堆垛故事，不切于蔽（审判）罪；拈弄辞华，不归于律格”。[1] 基于法律语言构建法律、实施法律的特定功能，这种批评应当说是十分中肯的。

五代时的判牍，沿袭唐代骈体程式，例如《全唐文》载后唐张希崇的《郭氏义子与亲子争财判》：父在已离，母死不在。止称假子，孤二十年抚养之恩；倪曰亲儿，犯三千条悖逆之罪，颇为伤害名教，安敢理认田园？其生涯并付亲子。所讼人与朋奸者，委法官以律定刑。

宋代也以判选人，科举试判之词，以“文采俪偶为工”，沿袭了唐判“骈四俪六”的体式。元符（宋哲宗年号，公元1096～1100年）年间王回首先打破了骈体的束缚，开始用散体作判。徐师曾《文体明辨序说》对此举的评价是：“脱去四六（指骈体），纯用古文，庶乎能起二代之衰。”王回的判词摆脱了骈体的束缚，从文艺语体的桎梏中解放出来，语言平实简洁，适合官府断案和当事人履行判决的需要，这无疑是古代法律语言发展史上的一件大事。其后散体判逐渐盛行，近年从日本发现而影印回国出版的宋本《名公书判清明集》，其中所收之判均为散体，每一书判均有具体时间、地点、当事人姓氏，书判反映的事实，皆包括诉讼双方的诉求、供对和官府的查证认定，最后援引法律，斟酌本案的实际情况及情理，作出判决。可见此时的判已经不再是唐代和北宋的拟判，而是确实存在过的案件实例。

不过，由于科举取士的影响，尽管散体判词在司法实践中显示了优越性，但直到元明骈体判仍有市场（这是后话）。对此徐师曾在《文体明辨序说》中感慨道：“而后人不能用（散体判），愚不知其何意也。”这也说明法律语言要彻底挣脱文艺语体的羁绊，以准确、平实、贴近社会公众为其价值取向，必须经过长期曲折的过程。

后人将唐宋狱讼断案中实际常用的判词分为十二类：“科罪”“评允”“辩雪”“番异”“判罢”“判留”“驳正”“驳审”“末减”“案寝”“案候”“褒嘉”。这些实际使用的判词语言比较平实、简洁和严谨。虽然它们大多不用于科举，没有引起士大夫阶层的充分注意，但平心而论这倒正是唐宋判词和法律语言的主流。

作为法律语言作品，从结构上看，唐宋判词一般分为两部分：①“原题”；②“原判”。作为法律语言作品，原题往往简要概括案件来源和案由，原判则叙写案件事实、判决所依据的法律、逻辑事理和情理以及判决结果。这说明唐

[1] 参见（明）吴纳：《文章辨体·判》。

宋判词已形成固定程式，而结构程式化正是法律语言和法律语言作品的本质特征之一。

总之，唐宋以判为主要表现形式的司法文书的兴盛沿革并逐步摆脱文艺语体的羁绊，采用语体文为法律语言，使准确、平实、有固定程式的法律语体特征更加显著，标志着这一时期的中国法律语言正处于发展阶段。

四、成熟阶段（明、清两代）

明代官场应试的判词仍沿袭骈体，但在实际运用中，多已克服“堆垛故事、拈弄辞华”的陈习，而以“精当为贵”。对后世影响颇深的李清（1602～1683）《折狱新语》大抵根据他任宁波府推官时所审案狱文牍整理而成，分为婚姻、承袭、产业、诈伪、淫奸、贼情、钱粮、失误、重犯、冤犯十类，分别成卷。他的判牍运用散体，语言流畅明晰，间或采用若干骈偶文句，偶尔亦引用一二典故，但那是为了阐明事由、推究情理，作出判断，从而增强说服力，与前人判词拈弄辞华、哗众取宠显然有别。李清判牍中首先使用一些程式化词语，如判首使用“审得”（审查到、追究到）。这类标志性术语的使用，是法律文体进一步程式化的需要。[1]

除判词外，明清还有诉状专集。明代刻本《肖曹遗笔》四卷中除诉状外，还有肖曹对诉状的精辟论述，他说，为了击败对手、取得诉讼胜利，要做到“字字超群，句句脱俗，款款合律，言语紧切，事理贯串”，为此，撰写诉状要把握十大要领（“十段锦”）：①“石朱书”（案由），“石硃”是“诛”的假借，要用最简练的词语概括案情，作出断语。②“缘由”（由来），要简要叙述事情的发生。③“期由”（时间），要按时间先后顺序叙述事实经过。④“计由”（犯罪发端），要很好斟酌，既不能繁琐，也不得空洞含糊。⑤“成败”（犯罪的发展和构成），要瞻前顾后，经得起辩驳。这是攻势状子。⑥“得失”（讲究计谋），要详写，并留退路。这是守势状子。⑦“证由”（证据），在论述了“成败”或“得失”之后，要列举证据，加以说明。⑧“截语”（论断），必须句句紧扣法律，字字经过锤炼，如果状子中有此段，叫“关门状”，这样官府容易决断；如果没有此段。叫“开门状”，就使人犯有空子可钻。截语不易写。因此，一般是状子不可太关门，也不可太开门，最好是半开半关，留有余地，不能说得太死。⑨“结尾”（要求），依照法律规定，要求解决什么问题，要明确具体。⑩“事释”（目的），写在状子的最后面，用几个字说明告状的目的何在，如写“除害”“安民”“正俗”等。

清代判词的程式化程度更高。如卷首以“审得”开始写出案件事实，用

---

〔1〕法律文体程式化的初步标志是法律语言作品篇章结构上分为特定的几个组成部分。

“判道”表示判决部分开始，还有“此判”来结束判决部分和判词全文。清代著名的判牍专著有李渔的《资治新书》、蒯德模的《吴中判牍》等。清判已较彻底地改变了古判追求语言艺术化的倾向，对古判词中常用的积极修辞手法如用典、比喻、夸张、双关、示现等均予排斥，而力求语言的准确、简练与谨严。

除了判牍外，清代还有“批发呈词”（官府批示诉状，晓谕各当事人的文告）、“详案”（事主或地保向官府报案的呈词）、“供”（办案官员呈给上司的案情报告中的事实部分）、“看”（地方官审案后，依法拟定的判断语）、“禀”（下级官员呈给上级官员辨析疑难案情或评述重大案件，拟具处理意见和请示的司法文书）、“驳案”（上司认为下司审案有错误、驳回重审的文书）、“详报”（下级向上级呈报全案处理经过）等文书。这些文书都有严格的程式和格局单一而较长的句式、严谨的篇章组织结构，还有大量含义明确的单义法律术语。如清末杨乃武案的刑部（审结）《奏折》，是一份刑部案件审理终结报告，记叙了这一清末著名冤狱的事实以及从同治十二年 10 月 11 日余杭县开始受理起，到光绪三年 2 月 16 日刑部审结上奏止，前后历经 3 年零 4 个月，中经县、府、省多次审讯及家属两次“京控”的过程，分析了冤案产生的原委，提出了处理意见。这样一件曲折跌宕、头绪纷繁的冤案，制作者叙写得眉目清晰、详略得当，全文语言准确、简练、严谨。语言的准确、简洁、严谨，与法律术语的大量使用有密切关系。这篇文书中的“信谳”（审实的案件）、“胡勘”（胡乱勘问）、“鸣保”（鸣告地保）、“呈词”（诉状）、“仵作”（旧时官署中检验死伤的吏役）、“质对”（对质）、“详情”（向上级陈报请示）、“察夺”（详审裁夺）、“督审”（主持审讯）、“诬服”（冤屈服罪）、“枷责”（枷号责罪，即用木枷枷在犯人颈上，表明罪状，号令示众）、“无干谕帖”（证明与案狱并无牵连的手谕帖子）、“混供”（胡乱供认）、“凌迟”（俗称“剐刑”，始于五代）、“杖责”（杖刑）、“翻异”（翻案）、“勘题”（勘验题奏）、“串诬”（串通诬告）、“遣抱”（委托抱着状子控告）、“咨解”（行咨文并解送）、“拟结”（拟罪结案）、“臬司”（明清的按察使，掌管一省刑狱，别称“臬台”）、“奏结”（奏报结案）、“骨殖”（蒸煮后的骸骨）、“刑求”（刑讯逼供）、“故勘故入”（勘问时即有存心而故意将轻罪判成重罪）、“查监御史”（检查牢狱的御史官）、“失入”（误将轻刑重判或将无罪判为有罪）、“徒役”（徒刑服劳役）、“罗织”（虚构罪名，陷害无辜）、“收赎”（以财物赎罪）、“辟”（大辟，死刑）、“不应重律”（不应为而为之者，事理重的打 80 大板）、“重科”（重行科罪）、“折责”（折算笞杖）、“饬坊递籍”（命令派当地人员到京押送回原籍）等都是有特定含义的法律术语。大量法律术语的运用、特定的句式及语篇的严格程式，使法律语言不仅与非公文类的其他语言（如文艺语言）迥然有别，与公文类的其他语言（如行政公文语言）也大相径庭。这说明当时的法律语言已大体包括该语体的区别性特征。

清末法制改革，在引进大陆法系国家的实体法、程序法的同时，也引进这些国家法律文书的结构模式。宣统年间由奕、沈家本编纂的《考试法官必要》吸收了国外法律文书的经验，对刑民判决书的结构内容作了统一的规定。主要内容如下：

刑事判决书须载明：①罪犯之姓名、籍贯、年龄、住所、职业；②犯罪之事实；③证明犯罪之理由；④援引法律某条；⑤援引法律之理由。

民事判决书须载明：①诉讼人之姓名、籍贯、年龄、住所、职业；②呈诉事项；③证明理由之缘由；④判之理由。

这种判决书的结构程式将刑事与民事裁判文书分离，反映了西方近代的司法理念与司法模式，从而为我国现代判决书奠定了基础。

清代法律语言的完善还反映在当时人们对法律语言的论述中。如果说，有的论述如《资治新书》的《慎狱刍言》只是在治狱过程中兼及法律语言，虽有一些真知灼见，但算不上法律语言专论的话，而王又槐《办案要略》的不少章节则是当之无愧的有关治牍和运用法律语言的精辟论著。

古代法律语言到明清渐趋成熟后，又随着现代汉语的产生和规范，随着现代法律制度、法律文化的产生和发展，逐渐演化为中国现代法律语言。

第二节　法律词汇的渊源与演变

词汇是构成语言的建筑材料，是语言中所有建筑材料（包括词素、词、熟语）的总汇。这个总汇不是众多成员之间彼此孤立地简单堆积，而是一个互相对立、互相联系、互相制约的完整的体系，因此，词汇是许许多多词汇成分的聚合体，是一个集体概念。除一种语言中所有的词汇成分外，一本书、一个人、语言的一个使用域或一个语体范畴所拥有的所有词、语，都可以称为“词汇”。法律语言是民族共同语在立法、司法、法律科学研究以及诉讼和非诉讼法律事务中的一个分支或变体，因此它必然拥有与全民语言共同的语音、词汇、语义和语法方面的要素与结构规律，否则它就不能完成其特定的社会交际功能。法律语体的词汇包括两大部分：法律词语（法律术语）和全民共同语中的一般词汇，前者又包括法律语域专用术语（如“脱逃”“比对”“标的”“训诫”“羁押”等）和“人工法律术语”（这些词汇成员由民族共同语进入法律语言，被赋予特定的法律涵义，其自身地位与价值迥然有变，如“事实”“证据”“委托”“告诉”“故意”等），后者则包括民族共同语中其他的基本词与非基本词。我们这儿的法律词汇专指法律语域中的法律专用术语和人工法律术语。这部分词语与法律语言中之全民语的一般词汇相比数量相对较少，然而在法律语言交际中使用频率很高、能量很大，享有独特的地位。因此，继“古代法律语言的滥觞与沿革”之后，我们对法律词汇问题专门进行讨论，以图比较全面地探寻和再现中国法律语言四千年来的发展运行轨迹。

作为人类交际工具的语言和一切社会现象一样，永远处于发展演变的状态之中，而语言词汇是具备着称谓功能和造句功能的一套音义结合的符号系统，与社会各个领域的发展变化有着更直接、更密切的联系。一种语言的词汇是随着该语言的产生、发展，随着社会的进步、演变而逐渐丰富、纷繁起来的，法律词汇则是随着法制的滥觞、沿革，律令的颁布、法律活动的不断拓展而逐步发展演变、日趋繁丰和完备的。那么，法律词汇是怎样具体发展演变的？法律词汇的发展变化又有哪些特点呢？

几千年来，中国法律词语呈现数量剧增的趋势。

原始社会不存在法律，人们把一些习俗和惯例作为社会生活的规范。这些原始习俗虽对社会成员有共同的约束力，但还不是成文的法律，因为法律必须反映统治集团的意志，还要动用国家机器、以国家的强制力保证其实施。再说在奴隶时代以前的远古时代，由于语言尚不发达，基本词汇和一般词汇几乎可以说是没有差别的。在甲骨文时代，这两者之间的界限也还是不大的。因此，可以推断，原始社会只存在尚不丰富的一般语言词汇，并不存在适用于诉讼和非诉讼法律事务这一使用域的法律词汇。

法律是一个历史的范畴。随着生产力的提高、阶级的分化和国家的逐步形成，原始习俗和惯例，神明裁判等惩戒方式已不能适合统治者治理国家、维护和巩固自身统治地位的需要，他们陆续制定反映本阶级利益的新的社会规范。《尚书·吕刑》曰：“伯夷降典，折民惟刑”，说明早期奴隶制国家已有了最早的法律。但是，因为早期法律的粗疏、法制的社会调节面尚比较狭窄，法律词汇的成素也必然为数不多，体系也颇为简单。这一点，在我国较早的一部古汉语词书《尔雅》中有所反映。

《尔雅》是汉初学者为了讲授经书的需要，根据《易经》《诗经》《尚书》《春秋》《左传》《国语》《论语》等各种经典及周代至汉代的常语通言和方言俗语缀辑而成的一个古代典籍词语的总汇，所收词语和专用名词计有 2091 条，共 4300 多个词。其中常用词语共收 623 条，2000 多个词，分列于《释诂》《释言》和《释训》三篇内。《尔雅》是我国古代语言学、训诂学的第一部专著，是研究汉语词汇和词汇发展史的重要资料，我想也可以是探索中国法律词汇的历史渊源和发展演变的一个依据。

据作者统计，在《尔雅》中，属于法律活动使用领域的词语共有 14 条 72 个词。它们是：

典彝法则刑范矩庸恒律戛秩，常也。（《释诂》上）

柯宪刑范辟律矩则，法也。（同上）

辜辟戾，罪也。（同上）

命令禧畛祈请谒讯诰，告也。（同上）

疆界卫圉，垂也。（《释诂》下）

秉拱，执也。（同上）

乱靖神弗，治也。（同上）

诰誓，谨也。（同上）

御圉，禁也。（《释言》）

坎律，铨也。（同上）

矢，誓也。（同上）

囚，拘也。（同上）

讻，讼也。（同上）

典，经也；威，则也。（同上）

因为《尔雅》的编纂是为了解经的需要，它所收集的词语以儒家的诗、书一类著作为主，并没有注意周遍地编入春秋战国至秦汉诸代法律活动中实际使用的词语，因此《尔雅》恐怕只能反映上古法律词汇的一个侧面，并不是它的全貌。如《左传·昭公十四年》“叔向刑不隐亲”一段，记叙叔向断狱一事，二三百字篇幅里就有“成”（定案）、“理”（司法官）、“断”（审狱）、“狱”（案件）、“罪”（理屈）、“蔽”（断案）、“赂”（贿赂）、“鬻狱”（贪赃枉法，曲断案狱）、“昏”（乱，罪名之一）、“墨”（贪污，罪名之一）、“贼”（违法乱纪、犯上作乱，罪名之一）、“杀”（死刑）、“尸”（暴尸示众）等十几个法律专用词语。1975 年湖北云梦睡虎地出土的秦代竹简《封诊式·穴盗》篇这一文书中就有“穴盗”（挖洞行窃）、“爰书”（勘查笔录）、“诊”（侦查）、“讯”（讯问）、“自告”（自诉）、“告”（控告）、“式”（文书程式）等法律词语，而这些词语并不见于《尔雅》。当然，秦代之前法律词语还相当贫乏，也是不可否认的事实。将上面提到的两篇文献与后代法律文献，如明清两代的一些判牍或前文中清代刑部审结杨乃武案《奏折》比较一下，就很清楚了。

总之，上古法制产生伊始，法律调节的社会生活面相对狭窄，法律活动也比较简单，还没有形成独立的法律语言使用域，因此法律词语也比较贫乏。战国后期，尤其是到了秦代，随着法治的强化，法律制度的日趋完备，法律语言体系开始初步形成，法律词汇也日趋繁丰。自那以后两千余年以来，随着社会的发展，法律制度的沿革，特别是近百余年来社会的急剧变化、西方法制的影响，近六十几年来社会主义法制的产生与健全，特别是改革开放后三十多年来法制的改革，依法治国方略的实施，与域外法律诉讼制度的撞击与融合，汉语法律词汇已经发生了沧海桑田的巨大演变。今天的法律词语已数以万计，一本中型法学辞典收词也有四千多条。

汉语法律词汇发展的过程是旧质要素不断消亡和新质要素不断产生的历程，是一个新陈代谢的过程。因此形成了法律词汇发展演变的两种形式：

一、旧词语的消亡

随着法律制度的沿革，一些陈旧的法律概念随着新的法律、法规的颁布不再使用于法律活动，逐渐被淘汰。如随着奴隶制和封建法律制度的消亡，“昏”“墨”“贼”“公坐”（官员因公犯罪）、“谋大逆”（谋划毁坏帝王的宗庙、坟墓或宫室）等罪名，“劓”“刖”“膑”“黥”“宫”“凌迟”“车裂”“笞”“杖”“流”“斩”“弃市”等刑种，“秋审”“热审”“京控”“谒杀”（父母向官府请求处死不孝子女，主人请求处死悍主奴婢）等控告方式或审判程序，皇帝的“钦定”“恩诏”等特别程序都已荡然无存，这些词语也逐渐被人遗忘。随着半殖民地半封建制度的死亡、新中国的诞生，标志着中国丧失独立主权的“会审公廨”，中国官员只能“观审”，帝国主义者在租界设立的“西牢”，象征国民党政府反动法治的所谓“保甲制度”“连坐”“思想犯”“阴谋犯”“危害民国罪”“戡乱”等也都灰飞烟灭了。

国内革命战争时期，随着苏区法制的建立也曾涌现大量新的法律词语，后来其中部分词语的消亡则标志着社会主义法制的发展与健全，而这种演变也正符合汉语词语规范化的规律。如苏区审判机关原有“法院”“法庭”“裁判部”“裁判所”等不同名称，后来统一为“人民法院”，法院分设刑（民）事审判庭，基层法院下设派出机构即人民法庭。边区检察机关的“抗议”程序，后改为“抗诉”，以和“公诉”“自诉”“上诉”“申诉”等相关词语结构体例划一，便于记忆与运用；“公审”后来被“公开审理”所取代，使之与属于另一系列的“公判”（大会）等词语结构有别，而与“不公开审理”相对称，使含义更明确、表述更方便。又如边区法院“刑事判决书”证据部分的“检察机关所提出的各种确凿证据证明罪案成立”，现在一般表述为：“事实清楚、证据确实”，也是规范化的一个例子。

二、新词语的产生

法律词汇新词语的产生，首先是在上古原有法律词语的基础上利用汉语既有的构词材料与方式，创造出大批新词语。

词语是语言的造句单位，但并不是最小的语言单位。语素是最小的语音、语义结合体，是语言的最小的单位。由一个语素构成的词叫单纯词，由两个或两个以上的语素构成的词叫合成词。上古时代多单纯词，单纯词又可分为单音节词和多音节的联绵词，联绵词按构成方法的不同又包含双声词和叠韵词。以《诗经》为例，单音节词有桃、心、世、鹑、氓等，叠音词有浩浩（《小雅·雨无正》：浩浩昊天）、温温（《小雅·小宛》又《大雅·抑》：温温恭人）、佻佻（《小雅·大东》：佻佻公子），双声联绵词有邂逅（《郑风·野有蔓草》：邂逅相遇）、踟蹰（《邶风·静女》：搔首踟蹰）、匍匐（《邶风·谷风》：匍匐救之），叠韵联绵词有绸缪（《唐风·绸缪》）、蜉蝣（《曹风·蜉蝣》）、逍遥（《桧风·羔裘》：羔裘逍遥）。

由两个或两个以上的语素构成的词叫合成词。按照合成词里语素的不同情况，合成词可以分为两种：一种是由自由或半自由语素组合成的合成词即“词根+词根”型；另一种是由自由半自由语素和虚化而成的不自由语素组合成的合成词，即由词根与词缀结合的合成词。

自由、半自由语素构成的合成词又可分为并列式（如道路、甘苦、法律）、偏正式（如教室、刑法、铁路）、支配式（如中肯、表态、动员）、述补式（如打倒、撕毁）、主谓式（如头痛、眼花、心虚等）。

自由或半自由语素和不自由语素构成的合成词即附加式合成词又可分为词根+词缀式（如桌子、老头、头儿）、词缀+词根式（如老师、初三、老王）、词缀+词根+词缀（如老乡们）、嵌入式（如流里流气、糊里糊涂）。

上古时代，也有复合词，仍以《诗经》为例，其中有许多偏正式复合词（如圣人、文人、狂夫、男子）、联合式复合词（如典刑《大雅·荡》：“虽无老成人，尚有典刑。”典、制度、法则；刑，亦指法式，法则。京师《曹风·下泉》：“念彼京师。”《公羊传·桓公九年》：“京师者，天子之居也。京者何？大也。师者何？众也。”干戈《周颂·时迈》：“载干戈。”干戈皆兵器名，可以表示一切兵器，又用以借指兵事。），但构词方式不多，复合词的数量也不可与现代汉语相提并论。

上古时代产生的一些法律词语具有很大的稳定性和极强的构造新词的能力。如《尔雅》中的“法”“则”“刑”“罚”“律”“宪”“诉”“讼”“狱”等，至今仍大体上保持了原本的语义，又循着汉语词汇双音节、多音节化的发展规律，产生了大量的合成词。这些合成词的构词方式多“词根+词根”类的复合词，没有现代汉语词汇中颇为多见的“词根+词缀”“词缀+词根”“词缀+词根+词缀”及嵌入式之类的派生式附加词。而在复合词中，又以“偏正”“并列”“支配”三种方式为多，一般词汇中常见的“主谓”式在法律词语中少见。请看：

偏正：宪法、法理、刑讯、刑期、刑罚、刑鼎、刑书、法奸、重罪、轻罪、死罪、杀刑、肉刑、极刑、大刑、中刑、常刑、五刑、狱词、讼源、法治。

并列：法律、律令、法则、法规、法令、法度、诛罚、诉讼、刑罚、刑狱。

支配：蔽罪、立法、守法、变法、执法、行刑、鬻狱、冤狱、行罚、案律、纵罪、废法、罪等、伏罪、伏法、听讼、用刑、书讼、唆讼、起诉、上诉、申诉。

上面列举的是从上古到清末以《尔雅》中的法律词语为基础构成的一部分法律词语。到现代随着法制沿革、法律新概念的猛增和语体文的普遍使用，又增加了大批新法律词语，并向多音节化方向发展，但构词方式仍以偏正、支配和并列居多，如“法律顾问”“刑事责任”“不当得利”“制衡原则”“无罪推定”属偏正式，“挪用公款”“扣留人质”“危害国家安全”属支配式，“贿赂”“淫秽”“逼、供、信”“造谣惑众”属并列式，其中尤以偏正结构的法律词语居多。

近百余年来，汉语法律词语激增与大量吸收域外法律概念、吸收外来词语也是分不开的。鸦片战争以后，中国社会起了急剧的变化。随着资本主义的萌芽，社会交际、沟通活动要求语言用切合时代变革需要的新的词语来充实它的词汇。尤其是1898年戊戌资产阶级改良主义运动前后，变法的核心人物和一些开明人士曾经把西方民主思想和西方科技文化介绍到国内来，于是汉语更需大量包括法律在内的人文科学和自然科学方面的名词术语。对外来词语的吸取，有三种方式：一是译音，如“沙发”“扑克”“白兰地”“鸦片（opium）”“勒克司（照明度单位）”等沿用至今；二是译音与译意结合，如“安培计”“卡车”“芭蕾舞”“欧姆定律”；三是意译词，如“青霉素”“电话”“火车”等。目前，在日常生活领域、科技领域等语域仍有相当数量的音译词。近年来，在一部分人中，甚至把一些有确切译意名称的事物又用上了洋名，如“克力架（饼干）”“恤（衬衣）”等，当然，这是一种不正常的语言现象，有待整治与规范。而中国法律语言使用或吸收外来词语有其本身的特点，即多用意译法，不用音译结合或音译法。如1870年西方法律书籍传入中国后，“议会”“出庭”“债权”“债务”等种种新概念多用意译法引进，在意译中还常常利用日本原有的译名，如“经济（economics）”“封建（feudal）”“专制（autocracy）”“保险（insurance）”“政策（policy）”“政党（party）”“独裁（dictatorship)”“警察（police）”，其实，这些词原系日语中的汉语借词，日本人用以翻译西方政治、法律词语，我们又把这些词语引进了。当然，我们是作为法律术语引进的。这些术语在日、汉两个语种中涵义颇为一致。这类术语据《法律语言学》（刘红婴，2003）一书的列举，有76个之多。而在王健《输出与回归：法学名词在中日之间（上）》（刊《人民法院报》2004年1月14日）一文中列举了“人权”“代理”“刑法”“权利”等59个从汉语中输出复又回归的法律词语。还有一些法律词语借用了日语原有的词语，如“取缔”“引渡”“见习”“手续”等。

中国法律词语的词义演变也有其自身特有的规律。从符号学观点看，词语是能指（它能表示一个概念），概念是所指（词语所表示的正是它）。能指与所指的关系不是天然的，而是在一定历史条件下约定俗成的，因此，它们之间的关系并非一成不变，而是可以演化的，当然词义的演变也要受一定的规律制约。词义的变迁，一般有三种情况：词义的扩大、词义的缩小和词义的转移。词义的扩大就是所指概念的扩大，如“江”“河”原特指长江、黄河，后世扩大词义泛指一切江、河。词义的缩小就是概念外延的缩小，如“瓦”，说文：“瓦，土器已烧之总名。”这是瓦的本义，后来缩小为专指屋顶所盖之瓦。谷，说文：“谷，百谷之总名。”这是本义，后世却只指稻子的果实。词义的转移，包括甚广，凡词义演化既不属于扩大，又不属于缩小的，都可以认为是转移，例如“脚”，它的原义是“小腿”，后来转移为“身体最下部接触地面的肢体”。在法律词语的词义演变中由专用法律词义扩大其概念内涵或外延而成为非法律的普通词语的很少见，相反，法律词语由普通词语缩小内涵或外延而转移、演化而来的却很常见。如“律”，原义是“均布也”，引申为“法律”，原来的义项脱落；“理”，原义是“治玉也”，引申为“治也，如理狱”，原有义项脱落；“蔽”，原义是“遮挡、遮蔽”，后引申为“概括”，最后又引申为“审断，断狱”，如《书·康诰》：“丕蔽要囚”，《蔡沈集传》：“要囚，狱词之要者也。蔽，断也”；又如“标的”，原义是“鹄的，靶子”，韩愈的《国子助教河东薛君墓志铭》：“后九月九日大会射，设标的，高出百数十尺”，后又引申为目标、方向，这种用法在“五四”以后的白话文著作中还很普遍，但当代此词已成为法律活动语用域的一个专门术语，用来指当事人双方权利和义务指向的对象，如民事纠纷中双方争执的财物或权利称“诉讼标的”，合同中双方拟定支付的钱款、物资、能源、劳务等称为“标的（物）”。还有一些专用法律词语则是由普通词语变形、缩合后并赋予特定的含义而成的，如“给付”，可能是缩合供给、支付而成；“灭失”，可能由“毁灭”“遗失”缩合而成；“脱逃”，则显然由“逃脱”演化而成，“比对”（法医学或刑事勘查术语）由对比演化而来。由法律词语扩大外延或转移词义成为普通词的不多见，但不能说没有，“辞”即为一例。《说文》：“辞，讼也。”原意为用于诉讼的狱讼之词、供词，《书·吕刑》：“民之乱，罔不中听狱之两辞”，后来却扩大为“演说之词”，即口语表达、论辩。不过在民国时期的旧法律中仍保留“辞”作为狱讼之词这一古义，如用于法庭抗辩的言语称为“言辞论辩”，至今在我国台湾地区司法实务中仍普遍使用。这说明包括法律词语在内的所有词语，词义的演化是曲折复杂的，在特定条件下还可能有反复。

法律词语和一般词语一样，总的趋势是日趋丰富和纷繁。这是毫无疑义的。在发展中对法律词语的规范化要求高于语言的其他使用领域（如日常交谈、文化艺术、讲演宣传等）。由于诉讼和非诉讼法律事务的特殊要求，法律词语必须内涵精确、外延清晰，不容许表述含混、义有多歧，因此在日趋繁丰的进程中特别要受规范化规律的约束，即要求每个词语形式规范，表示相关法律概念的词语形式相对协调。例如，在我国新民主主义法制史上，不同时期的法律词语就曾有差异。1931 年以前，各根据地的地方政府，把审判机关称为“革命法庭”或“裁判部”，1932 年中华苏维埃共和国成立后，中央设临时“最高法院”，地方省、县、区设“裁判部”，红军中设初级、高级“军事裁判所”，各裁判部的公职人员设有“部长”“副部长”“裁判员”“巡视员”“秘书”“文书”，各裁判部皆设“裁判委员会”。各裁判部下设“刑事法庭”和“民事法庭”。抗战时期在陕甘宁边区，原设的“司法部”与各省、县、区“裁判部”撤销，建立边区“高等法院”，各县设“裁判处”（后改司法处），高等法院内设“刑事法庭”“民事法庭”，各庭设“庭长”“推事”和“书记员”。1949 年新中国成立后，审判机关从中央、省（直辖市）到地（市）、县（市）分别设立“最高人民法院”“高级人民法院”“中级人民法院”和区县“人民法院”，各级法院均设“民事审判庭”“刑事审判庭”，近年又增加了“经济审判庭”“行政审判庭”“知识产权审判庭”等，法院公职人员为“院长”“副院长”“庭长”“审判员”“书记员”等。另外，在行使审判职能中，“刑（民）审判庭”“审判委员会”“审判长（员）”“审判程序”等表示相关概念的词语，形式上也颇为协调和划一。

中国法律词语的发展还充分体现了汉语词语语音双音化和多音化的历史规律。如以“法”开始的法律词语，衍生出了“法人”“法令”“法系”“法规”“法典”“法制”“法学”“法官”“法庭”“法律”“法院”“法统”“法案”“法理”“法条”“法曹”等大量双音词外，还有“法医学”“法治国”“法定刑”“法哲学”“法理学”“法制观念”“法制宣传”“法律行为”“法律关系”“法律文件”“法律效力”“法律适用”“法律类推”“法律意义”“法四时行刑”“法定继承人”“法人登记地说”“法律监督机构”“法律关系本座说”等大量的多音词。

中国法律词语与普通词与相比，发展过程中还有一个很显著的特点，那就是稳定性。国外法律词汇中保留了许多古词语，或沿用某些词语的古典义项，成为法律语体一个引人注目的话题，国外有人把它称为法律词语的“惰性”（保守性）。我们认为，既然中国法律词汇和其他词汇一样迅速发展、日益丰繁，语音形式从《尔雅》时代以单音词为主发展到现代产生众多的双音、多音词，怎能认为它是一种“惰性”的词语？只是法律本身的强制性、稳定性和严肃性要求法律语言表达准确、色彩庄重，这就要求法律词语在迅猛发展中保持规范之外还要有相对的延续性和稳定性。其稳定性表现在两方面：

第一，文言词语的沿用。某些文言词语，如“终结”“容留”“羁押”“渎职”“徇私”“舞弊”“惩治”“罚金”“审核”“提审”“提押”等词语在其他使用域中很少出现，而在法律活动中，无论是立法文件还是司法工作中却频繁使用，习以为常。还有一些带文言色彩的成语或非成语的“四字格”词语，如“法网恢恢”“寻衅滋事”“十恶不赦”“仓皇逃窜”“肆无忌惮”“实施暴力”“抢劫财物”“举证不能”“非法出售”等，在司法活动中也经常使用。这些词语的使用，都能使语言简洁、有力，营造庄重、肃穆的氛围。当然，对文言词语和带有文言色彩的其他词语的使用，应当是有选择、有限制地使用，要使用那些含义明确、具有生命力的词语，在使用中，要保证公众能准确理解尔后主动履行其法律职责，又能增强表达效果。对那些十分古奥、绝大多数人已无法理解的词语不宜再用，还有，也不可再去使用某些词语的古代义项，如以“脚”指“小腿”，用“汤”表示“热水”等。如果那样做，不仅不能提高交际、表达效果，简直是在人为地设置“语言障碍”。

第二，对政治、社会生活中出现的“时髦词语”、流行语的排斥。在政治、社会生活中，尤其是在政治经济时期，有些词语，如20世纪50年代后期的“大跃进”“三面红旗”“一平二调”“又红又专”，20世纪60~70年代的“拉练”“清队”“学工学农”“上山下乡”；80年代后的“巴士”“白领”“蓝领”“个体户”“农转非”“高富帅”；近些年来，由于社会科技的发展，网络词语十分流行，有些已经进入公众视野和新闻传媒，如“给力”（有帮助，作用显著）、“点赞”（赞同、支持、加油）、“屌丝”（自嘲贫穷，与车、房等无缘）、“套路”（应对方法，带含贬义）、“狗带”（英语go die的谐音，去死）、网红（网络红人）、“卖萌”（故作可爱状、作秀）、“坑爹”（与原来的意愿出入很大，欺骗）、“浮云”（无法得到或不值一提的东西）、“蛮拼的”（很卖劲，尽责尽力）、辣眼睛（不忍直视，惨不忍睹）、“不明觉厉”（虽不明白，但感觉很厉害)、“喜大普奔”(喜闻乐见，大快人心)，但这些词语目前与法律事务并未沾边。这些词语往往很短时间人所尽知甚至风靡全国，而且连续若干年出现在口语和书面语中，但随着运动的平息、政治形势的转变、时势的变迁，这些词语又逐渐销声匿迹，随之又会出现另一批“时髦词语”。如果说，普通词汇对这类词语还能“宽大为怀”的话，法律词汇对这类词语却应该是“无动于衷”的。在1980年开始施行的《刑法》，第145条中有“大字报”“小字报”等词语，我们注意到，1997年3月14日修订、公布的刑法法典中，第145条改为第246条，“以大字报、小字报……”已归进“其他方法”中。这个例子清楚地证明：法律词汇对政治、社会生活中出现的一些“时髦词语”和“流行词语”即使不得已而用之，当这些词语所指称的概念在社会生活中成为陈迹或很少使用后，它们就会在法律活动中逐渐销声匿迹。这也正说明了法律词语具有稳定性。

第三节 明清“幕府”制度与法律语言探索研究

在长达数千年的中国封建法制史上，统治阶级和知识阶层中的一些有识之士虽曾对立法和司法中的语言运用发表过某些独到见解，但有关法律文书制作和法律语言的较为成熟的著述，直至清季才问世。根据已经掌握的史料，其中较有代表性的是王又槐《办案要略》中的许多章节和李渔《资治新书》的部分章节等。

清代出现有关法律文书制作和法律语言的成熟论著是以其政治、历史背景和学术氛围并遴选专人治牍作为保证的。清廷入关以后适应明制制定了大清律并经过多次修订，要求百官“精思熟习法律”，命令“自通都大邑至偏壤穷乡……时为解说(法律)”。清代统治者还认识到：“徒法不能以自行”，“治天下惟以用人为本，其余皆枝节耳”[1]。由于同时重视任人与任法，客观上加强了清代的封建法治并扩大了封建法律的调节面。这是其一。其二，清初统治者为了巩固封建统治，加强对汉族知识分子的思想控制，实行了高压和怀柔两手政策，怀柔政策的举措有三：一举山林隐逸；二荐博学鸿儒；三于康熙十八年开明史馆。开明史馆一着相当成功，许多学者眷恋故国文献，同意参加了。清代统治者的两手政策，使当时的传统语言学和文章写作学与其他学科相比有更适应其发展的政治和社会气候。清代一些语言学者继承了古文经学的训诂方法

〔1〕 参见《大清律例通考》卷一。

而加以条分缕析，并纠正了汉学的“墨守”和宋学的“凿空”之弊，改进了治学方法，形成所谓“朴学”，从而促成了中国传统语言学史上第二个高峰（第一个高峰是汉代）的到来。中国传统文章学是另一个成果丰硕、名家蜂起的领域，从魏晋的《典论·论文》（曹丕）、《文赋》（陆机）、《文心雕龙》（刘勰）开始，历代有关文章学的著述可说是琳琅满目，珍宝纷呈，到了明代，这门学科已到了成熟期。在清初的特定政治与学术氛围下，不长的时期内，就涌现了《金石要例》（黄宗羲）、《闲情偶记》（李渔）、《日知录》（顾炎武）、《伯子论文》（魏际瑞）、《日录·论文》（魏禧）等有关文章学的著述。语言学和文章写作学的兴盛，为法律文书制作和法律语言研究营造了学术氛围、提供了理论基础。但清代法律文书和法律语言研究取得显著成果更直接、更巨大的动因却是源于明代、盛行于清代的幕府制度。

所谓幕府就是官府正式聘任的佐政治牍官吏。中国古代把包括法律文书在内的各种发布政令、处理公务的文件、文书统称为公牍。历代封建统治阶级都把公牍作为统治人民、巩固政权、镇压革命、排除异己的武器，一般来说，对治牍的人选也比较重视。历代掌管公牍者职称不同。周代以“史”掌管文书以佐政。秦代“以吏为师”，兼管公牍。汉代的治牍者则称为“史书”“令史”，遴选者要经过严格考试，必须熟练掌握大篆、小篆、刻符、虫书、摹印、署书、殳书和隶书等各种字体。汉律还规定官吏治牍书写不端正者要受法律制裁。魏晋之朝由“典签官”治牍（当时州府内部文牍，末尾云“谨签”，年月日后并署“某官某签”，故名），规定遴选者须“通才敏思”“性情勤密”。唐代制作公牍的叫“行军”“司马”，颇受上峰器重，节度使缺额时，有以之补缺的。宋代称为“推官”“判官”，尊为“幕宾”。总之，治牍之官自古有之，宋代以前有一定的录选制度，社会地位比较优上，“姓名达于台阁，禄秩注于铨部”。

元、明两代，废除了专职治牍的官衔，府、州、县衙门有办事员负责文书的照磨、经历、检校之类的工作，但事实上他们的职权仅限于“受发上下文移，磨勘六房宗卷”而已。明代还曾有“典史”一职，也仅掌管文移收发。他们不受重视，待遇微薄，被视为社会“杂流”。元代和明代前期，尤其是元代，吏牍无人讲求，公牍质量滥恶，制度混乱，这固然有其深层的政治、历史根源，而取消了委派得力的专职治牍官员制度恐怕是其直接原因之一。明季中叶以后，统治者不满于公牍混乱质劣的状况，开始重视吏牍，又深感于当时掌管文牍移送的“佐杂微员”，不足与语“朝章国故”，欲别求胜任之人，决定提高待遇，隆其礼貌，不敢再以丞薄相屈，而用延请宾师的态度、礼节，征求治牍佐政人才。于是“幕友”之名起焉。

清代各级统治者对幕友的推崇与青睐在整个封建社会发展史和法制史上是空前的。从下述几例可见一斑：

康熙初年，靳辅总督黄河道，专任幕友陈潢。潢注重上游的治理并提出兴修西北水利的计划，前后历时十七载，黄河得以大治。靳辅向皇帝上奏时称“径治上游实出陈潢一人之见”，潢遂被任命为暂理河务佥事。

康熙年间另有一名幕友李恕谷，河北蠡县人，在浙江桐乡佐政时，因挈眷不便，县令郭子坚为他纳妾吕素娟，筑“留春楼”以居之。后来他又在富平佐政，一年后离任他往，县令杨慎苦苦挽留，甚至以血书哀请，约期三日不回，即以死殉。

雍正年间，河南巡抚田文镜尊邬先生为幕中上客，报酬为每日馆饩白银一锭，凡是由他拟定的题本，奏本，都使雍正帝十分满意。一次，邬先生因细故拂袖而去，田文镜只得亲自治牍，结果是立遭皇上谴诃。田只好向邬让步，将他迎回。雍正十分重视幕友，例如，雍正元年三月谕吏部曰：“各省督抚衙门事繁，非一手一足所能办，势必延请幕宾相助。”

幕友的职责是协助官府进行狱讼和财税两方面的工作（时称“刑名钱谷”）。当时有种传说：幕友藏有“秘本”，据以处世断案。这种说法并不确切。那么，他们断案理事的依据又是什么呢？当时，官府据以理狱的有两种“律例”：一种是部颁律例，还有一种为局本“律例汇刻便览”。当时所颁律例都还比较简略粗疏，但律文之下，往往用蝇头小楷写着句疏、节解、眉批。这些便是幕友的劳作，也是幕友据以治事之本。因当时“例案”随时颁行，刻本修订不易，所以幕友要随时抄录新定章程，通行成案，以备查览。幕友传习弟子时，亦让其照录抄本，随时增益。等到新本律例颁布刊行后，旧抄本便弃置不用，幕友又开始在新本律例上陆续批注。此外，前人经办审结的疑难重案审理精当可作范例的，幕友亦或抄全案，或摘其大略，藏之箧笥，以备查考。后世编刻的所谓“驳案新编”就是据幕友收集全案的抄本刊行的。而《正绪刑案汇览》之类则是据摘录大略的案例刻印的。

关于财务税务，有《赋役全书》之类的官书，但因列朝法制沿革，这类官书可以参考而难以依据。钱粮方面要求收支平衡，不能亏损，前后任之间还要交割妥帖。因各省情况各异，因此都有各自的章程条例。幕友须博考该省历任的专章，随时抄录部院颁行的各种有关文件。

总之，幕友手中并无所谓现成的秘本，主要赖于平日抄录文献，积累司法经验，有的还据此编纂有关著述。清代幕友著书立说者不少，笔者拟对李渔的《资治新书》和王又槐的《办案要略》在法律文书制作技艺特别是法律语言研究方面的建树略作评述。

李渔（1610～1680），原名仙侣，字谪丸，号笠翁，又号天徒。笔名新亭樵客、湖上笠翁、笠道人、随庵主人等。浙江兰溪县（现兰溪市）下李村人。崇祯十年27岁考入金华府庠，此后几次科举均未考上。1644年明末溃兵战乱中李渔寓所被焚，乱后无家，任婺州府（今金华市）同知许檄彩之幕友。他著有《风筝误》《慎鸾交》等剧作18种和长篇小说及短篇小说集多种，有关文章写作理论的《闲情偶记》一书后来汇集在《笠翁一家言》之内。他的《资治新书》是一部政治法律资料汇编，共有正集14卷、二集20卷。各集都分为文移部、文告部、条议部、判语部，部下分门，门下又分类，分列较有条理，便于检阅。各类下胪陈有关材料，并在目录中著明作者，有的还简述作者职务、籍贯。所举材料多是清代文告、判牍，反映当时的政令、法制与民情，为后人提供了丰富的研究资料。李渔的突出成就在戏剧与戏剧理论方面，世人对他的《资治新书》及其在研究时政法制方面的价值不太注意，对他在明末的一段幕友生涯和清季的道员〔1〕身份知之不多。其实《资治新书》除了其本身政治法律方面的价值外，该书卷首《慎狱刍言》中和其他有关部分一系列篇章对刑狱诉讼中的许多问题，提出了不少独到的见解，同时兼及中国法律语言的一些重要原则。笔者以为，李渔既有从事司法工作的经历又有成熟的治狱著述，作为杰出戏剧理论家、文学家的同时，完全堪称法学家。

在《慎狱刍言》“论人命”中，李渔认为对这种案件的有关材料必须“详核确情，揣摩校勘”（悉意探求，对所有的有关内容互相核对，比勘其各方面的异同，以订正错误），不可“误执臆见，刑求株连”，对所有的言辞供证都要“认得真，站得稳”，使自己立于不败之地。鉴于状词中多有虚妄不实之词，为官者要遵照先哲“谋于野则获（在乡野案发地找人询问可得真情），谋于邑（城市）则否”，放下架子，打破对小民的成见，亲临现场细听各种陈述，据实断案，则能使“狱无冤民，案无留牍”。他提出，法律文书与诉讼言语的程式与内容当视案件性质的不同而有所区别，以状词来说，“一切奸盗诈伪诸重情，以及田土婚姻诸细务”，都“照寻常状格”，而人命案所用状纸则应“另出新裁（新的体例、格式）”，“并柱语亦为刊定”（规范诉状中的分栏项目名称及填写方式及内容要素）。状词之后还要填上该案的“凶犯”“凶器”“伤痕”“处所”“时日”“干证”（有关证人）等内容，“六项之中，如有一项不填，不遵此式，即系诬诳，必不准理”。他还指出：“人命不同他狱，谳者

〔1〕道员：明初季协助布政、按察两司的长官分理刑名、钱谷事务的佐官，分理刑名的叫分巡道，分理钱谷的叫分守道。清季道员，除设分巡、分守外，多兼兵备衔，管辖府、州，成为省以下府、州以上的高级行政长官。清代别称“道台”。

（审判定案的人）不厌精详。”审理过程，包括所有司法文书的撰制，要慎重、精细、详明，一丝不苟，判断须出于己见，不可“观望上司之批语以定从违”，也不可“摹写历年成案以了故事”。

“论盗案”指出盗案初审时，要细察被审者的不同情绪状态决定采用“示以震怒”或“平心静气以鞫之”等不同审讯方法；要通过察言观色，“审视再三”，反对不问情由即“痛加棰楚（杖刑）”，“一语偶合又令招扳伙伴”、以讹传讹，炮制冤假错案。对盗贼供指的盗伙要持慎重态度，要重赃证，防止诬扳（扳通“攀”，挽引，援引）：

官长之于盗贼之口，只宜抑之使闭，不当导之使开。即云盗伙未获，真赃未起，难以定招结案，势必责令自供。然于此时此际，亦当内存不得已之心，外示无可奈何之色。每闻供报一人，必详审数四而后落笔，但以又害一民为忧，勿以又获一盗而喜。……良民供吐之言，尚不足信，何况天理蔑亡、良心丧尽而为盗者哉！

“论奸情”篇先叙奸情案分为强奸与和奸两种，和奸“以捉奸必于奸所”认定，至于强奸案则难以认定和审理，有些官吏以“不断断之”[1]，“讯其以他事致争之由”，作者则主张若证据确凿则应予严惩。而后作者论及审理奸情案件，态度当持重，语言要庄重、严正，不得态度轻侮、言辞亵。制作这类案件的审判定案的各类法律文书更要慎重从事：

凡审奸情，最宜持重。切勿因其事涉风流，遂设风流之局以听之。语近亵，亦为亵之词以讯之。当思平时之举动，原系观瞻，而此际之威仪，尤关风教。稍涉诙谐，略假颦笑，在我原无成见，不过因其可谑而谑之。彼从旁睨视者，谬谓官长喜说风情，乐于见此。无论奸者不悔其奸，且有不奸而强饰为奸，思以阿其所好者矣。至于亵渎之间，更宜慎重，切勿用绮语代庄，嬉笑当骂，一涉于此，则非小民犯奸之罪状，反是官府诲淫之供招矣。

在《资治新书》二集卷二《文移部·词讼三》中，李渔引岭北守宪祖汉若向所属各县提出把听讼（审理案件）放在吏治的首位的饬令，概括批斥了听讼时六种不该有的情状（毋移于利口[2]；毋惑于旁言[3]；毋听断于盛怒之时而迁于两造[4]；毋决狱[5]于沉醉之后而滥用五刑[6]；毋畏势而忍恨纵奸；毋

---

〔1〕 不以奸情判决而以其他案件来判决他。

〔2〕 全句指不要为那些能言善辩的话而产生游移。

〔3〕 全句指不要为旁观者的言辞所迷乱。

〔4〕 迁于两造：指盛怒之时，难免迁怒，很容易将成见加之于诉讼当事人双方。

〔5〕 决狱：判决狱案。

〔6〕 滥：放纵，滥。五刑：笞、杖、徒、流、死。

徇情而含泪罚善）。他还指出，对“山谷细民”（山乡弱小百姓）的言辞举止，要体恤他们因为从未到过衙门，一旦涉案会胆战心惊，张口结舌，难以讲情，加上方言土语难以辨听，所以为官者一定要仔细听讼，不使小百姓沉冤莫白，蒙受苦难（“若夫山谷细民，自幼至老未见一官，骤至讼庭，胆摇舌讷，兼之各地乡语鴃舌难明。此时若不细心，定将曲直颠倒，置民于覆盆之下”）；既要对“山谷细民”加以保护，还要对诬陷好人的健讼刁民严审反坐。最后指出：“本道以谳狱之当否，验从政之优劣，勿谓今日做官止以粮钱兵马为重，词狱为轻也”即今后“本道”将以处理案件是否得当，作为下属从政优劣的主要依据。

从上述论述不难看出，李渔在探讨、总结司法官员进行狱讼的成功技巧与经验的同时，涉及了司法文书与法律语言的不少重要问题。其一，在观念上，李渔把词讼狱案作为评判官员政绩的主要依据（《文移部·词讼三》），而为了获取有关案件的有价值的信息，必须深入现场，过细调查（“谋于野则获”），不可高高在上，闭门造车（“谋于邑则否”）（《论人命》）。其二，在态度上，对法律语言的运用要十分严肃、认真，要“持重”，不得“亵嫚”（《论奸情》）。其三，要根据不同案件的不同犯罪特征与构成要件，决定案件的叙述要素、法律语言的内容和相关法律文书的格式与结构（《论人命》）；在案件审理中要根据受审者的不同状况和当时的情景，决定言辞运用和审讯方式（酌定“词色之喜怒”，或“示以震怒，加以严刑”，或“平心静气以鞠之，且勿遽加刑拷”）（《论盗案》）。其四，从封建法律的“风教”功能和司法官员的执法功能及狱讼涉及某些社会阴暗面出发，李渔提出“凡审奸情，最宜持重”，“至于谳牍之间，更宜持重，切勿用绮语代庄，嬉笑当骂”（《论奸情》），说明他已经认识到庄重是法律语言的本质特点之一。其五，除有声语言外，李渔还认识到无声的“体态语言”在法律活动中实在是一种重要的策略信息：“强盗初执到官，当察其私下受拷之形，狼狈与否，以为刑罚之宽严，词色之喜怒。”而对于那些并未证实构成犯罪的，则“霁威曲讯[1]，审视再三，彼真情不露于言词，必露于神色，俟其有瑕[2]可攻而后绳以三尺[3]”。（《论盗案》）可见，李渔在捕捉体态语言信息为法律活动服务方面相当成熟和成功。总之，李渔在法律和中国法律语言方面的声誉固然不能与他在戏剧和文学方

---

〔1〕霁（jí）威：和颜悦色的意思。霁，雨止天晴，比喻为怒气消释。

〔2〕瑕（xiá）：本义为玉的疵病，引申为缝隙、漏洞。

〔3〕绳以三尺：用法律来纠正治罪。三尺，这里指法律。古时把法律条文写在三尺长的竹简上，故称为“三尺法”或“三尺”。

面的“知名度”相提并论，但他的贡献也是值得赞誉的。今天有的法律工作者文理不通又不思上进，用那些事实不清、说理前后矛盾、结论不公的言词或文书“草菅人命”、糊弄上级，在我们的前辈司法官李渔面前当感到羞愧。

如果说李渔的《资治新书》只是在探讨治狱时多方涉及法律语言的话，王又槐《办案要略》的许多章节则是关于法律文书和法律语言的扎实专论。

王又槐，字荫庭，浙江钱塘人，是乾隆中期的法学家，著有《刑钱必览》《钱古备要》《政治集要》和《洗冤录集注》等书，后又参与修订《大清律例统纂集成》。其身世事迹被载入《清史稿·艺文志》。《办案要略》选自《政治集要》一书，原文 14 篇，分为两部分。第一部分有《论命案》《论犯奸及因奸致命案》《论强窃盗案》《论抢夺》《论杂案》《论枷杖加减》《论六赃》等篇目，是关于审案、析案方面的经验介绍，在分析案情、认定事实、核明犯罪性质及正确定罪量刑等方面，即使在今天，也是有参考价值的。第二部分是关于清代法律文书方面的经验总结，其中的《论批呈词》批呈词：官府批示诉状、晓喻各涉案人的一种法律文告，张贴在衙门外。《论详案》详案：事主或地保向官府报案的呈词。《叙供》供：办案官员呈给上司报告涉案者所供述的案情材料，犹今案件审理报告的事实部分。《作看》看：地方官审案后，依律例拟定的判断语，犹今案件审理报告的拟处意见部分。《论作禀》禀：下级官员呈给上司辨析疑难案情或详述重大案件、拟具处理意见的请示文书。《论驳案》驳案：上司认为下级审案有差错，驳回重审的文书。《论详报》详报：或称“详”，下级向上级呈报全案处理经过的文书。上述诸篇都是关于法律文书的专论，也是关于我国法律语言的第一部较为成熟的论著。

下面，我们以《叙供》篇为例来探讨《办案要略》这部著作的有关章节在法律文书和法律语言研究方面的重要突破和杰出建树。

所谓“叙供”，是清代司法官员向上级呈报案件受审者所供述的犯罪事实等案件情况的司法文书，相当于现在的“案件审理终结报告”的事实部分。本篇一开始就指出叙供旨在“代庸俗以达意”（代替涉案人表达意思），与“代圣人立言”的“文章”同中有异，以此为全文论述的出发点，说明作者认识到因为交际的对象、目的、内容诸因素的不同，在语言上就必须有与之相适应的特点，这与现代修辞学的主旨与观念是相一致的。在具体的研究方法上，作者兼及篇章结构、词句、语义等各个语言层面，比较系统、科学地勾勒了该类法律文书语言特点的系列，亦即语体特征。

在词句方面，《叙供》提出了九点要求：

1. 供不可文。句句要像谚语[1]，字字人皆能解，方合口吻。若用经书文字和古奥词语，则与“村夫俗人口气”不符。

2. 供不可野。如骂人侮辱俗语、奸案秽浊情事等，切勿直叙，只以“混骂”“成奸”等字样括之。

3. 供不可混。半菇半吐，似是而非，以及左遮右掩者，大病也。

4. 供不可多。多则眉目不清，荆棘丛生。……苟遇紧要关键处所，必须多句而始道得透彻者，则又不妨多叙。

5. 供固宜简。言简而意该（赅），方得其当。

6. 供不可偏。顺乎清理则信，不顺乎清理则不信也。

7. 供不可奇。履于平坦则安，悬于虚险则危也。

8. 供不可假。事有根据则固，话不真实则败也。

9. 供不可忽。一二字句不细心磨勘[2]，微有罅隙则驳诘至矣。

其中1、3、6、7、8、9诸条要求语言准确无误、平实朴素，强调字斟句酌、绝无错舛（“细心磨勘”），禁绝含混、古奥的词语和蕴藉曲折或铺张扬励的表述方式，这就保证了法律语言的准确性和朴实性。4、5要求语言简要而要素齐全、内容完备，这就是法律语言的凝练性。6、7、8、9则强调语义顺乎情理，有逻辑性，杜绝任何“罅隙”与谬误。二是要求禁绝污词秽句，讲究语言的文明，连同上面的6、7、8、9，保证了法律语言的谨严与庄重。

在篇章结构方面，《叙供》继承和运用了中国传统文章学的成果与方法，指出必须注意六个方面：①前后层次；②起承转合；③埋伏照应（伏笔呼应）；④点题过脉（点明题意及清晰交待案件的来踪去迹）；⑤消纳补斡（综合概括，补充调整）；⑥布局运笔。篇章结构的这六个方面是密切相关、相辅相成、缺一不可的。若分开考察，1侧重强调“叙供”要注意“叙次”，先叙何事，次叙何事，有严格规定，不可打乱前后层次，这就是法律文书和法律语言表述的程式化特点；2强调的是案内的时间、地点、当事人姓名、人数、情节等，前后必须一致，做到对“团伙案”内各犯的叙供“分而视之，词不重复，合而观之，理无差参，一气呵成，俨然无缝天衣也”，头绪纷纭、内容繁复，从头至尾，剪裁布置都井井有条、层次不乱，比较具体地揭示了法律语言的科学与严谨；3、4、5、6则着重保证了法律语言的准确与严谨。

---

〔1〕所谓谚语，指的是最平实无华的语言，《文心雕龙》“书记”：“谚者，直语也……廛路浅言，有实无华……夫文辞鄙俗，莫过于谚”可证。

〔2〕磨勘：琢磨校对。

由此可见，《叙供》在词句、语义方面提出的九点要求和篇章结构方面的六大环节是当时条件下对这种法律文书语体特征比较全面、科学地描写与归纳。这种描写与研究之所以比较科学与系统，在于王又槐既继承和运用了中国传统文章学的成果与经验，又能突破传统文章学、文体论的桎梏，将之运用于阐释法律语言的运用规律。

中国文章学有数千年的传统与历史，历代文人视文章为“经国之大业，不朽之盛事”，焚膏继晷、皓首穷经，代代相传。作者认为叙供与“代圣贤立言”的那些高雅文章功能确有不同，但传统文章学中一些有生命力的行之有效的理论与方法仍可借用，因此，他用上述的“前后层次”等六种文章学的理论结合“叙供”的特定功能，对之加以考察探索，比较妥帖、科学地论证了法律文书和法律语言的篇章运作规律即动态的宏观结构规律。但作者又不拘泥于传统文章学的一些条条框框，他采用了类似今天所说的微观结构分析的方法，紧扣字、词、句、语义这些语言层次的特点进行科学探索，在他那个时代应该说是很大胆、很独特的。

在《办案要略》《叙供》之外的其他各司法文书专论中，作者从它们各自特定的内容、目的和对象出发，阐明了每一文书各自的语言特点，如：

《论批呈词》写道：“批发呈词……笔简而该（赅），文明而顺，方能语言中肯，事事适当”，使得“奸顽（奸诈刁顽的人）可以折服其心，讼师（讼棍）不敢尝试其伎”。还强调在批审事件中令当事人到案时要注意术语的使用，如“拘”（拘拿、逮捕）与“唤”（传唤、通知）要视案件及对象不同恰当运用，绝不容许混用。他还在两可之间斟酌使用“严传”字样。

《论详案》写道：“从来难结之案，半由报词不实而起”，“报词者乃通案之纲领，要与口供针孔相对，贵于简明、切实，最怕牵扯缠扰”，在具体操作中，无论是叙勘情形、填注尸伤、检验尸骨等都“要认得真切，说得确当”，不可任意推翻、改变原供。

《作看》写道：“供果明净简练，则看易成；供若驳杂牵混[1]，则看难成”，即案件的事实经过写得明白简要，那么拟处意见一类的判断语写起来也得心应手，说明各类法律文书间的关联性，也说明在法律语言表述中，“事实”是裁断案件的主要依据。指出“看”内词句“要有文体”（符合法律文书、法律语言的语体要求），不可过于俚俗鄙野，“亦不可过于文饰，致令以辞害意”，在篇章结构方面，与叙供一样，必须兼顾前后层次、起承转合等六个方面。

---

〔1〕 驳杂牵混：指呈叙供词斑驳不纯、杂乱无章、牵扯他事、混淆不清等毛病。

《论作禀》指出作为呈给上司辨析疑难案件、拟具处理意见和请求指示的禀文，其语言与下级官员禀报本身私事的禀文不同，与看语亦迥异，必须简明扼要、重点突出地将案件“根由曲折详陈无遗”，并客观具体地写述，不可“徒执己见，托诸空言”。从另一角度强调了只有抓住案件关键，紧扣律例，狠下苦功才能制作出语言准确、结构严谨的合格文书。

《论驳案》指出下级文书中若有文辞不妥帖、不周密、用语草率含混，捉摸不定，叙供不周密，有疏忽遗漏，定会受到上司驳案（驳令重查复审）。下级对上司驳回重审的案件，要按上司所批驳责问缘由，一层层审明答复。倘若答非所问、节外生枝，那就会再次受到驳诘。

王又槐的《叙供》等篇对法律语言的描写与探究在今天看来当然还有一些不足之处，比方说限于当时对语言层次、结构的认识，还不可能将法律语言分为词汇、语法、语义等层次逐一进行科学研究；对词句九点要求的划分还缺乏统一的标准和依据，如“供不可文”“供不可野”“供不可混”是对词汇和语义的要求，“供不可偏”“供不可假”则是逻辑、事理方面的标准，“供不可奇”似乎又是修辞、文风方面的要求。尽管如此，这些专论中，存在缺点与所取得成就相比，毕竟还是瑕不掩瑜的。值得一提的是，西方对“法律语言”的研究起始于1843年乔治·库德的题为《论立法表达》（‘*On Legislative Expression*’）[1] 的备忘录，则文中提出了“法律句式”（Legal Sentences）的概念，文章侧重于逻辑方面的探讨，即使是这种研究，比《办案要略》（成书于乾隆年间）也差不多迟了100年。

因此，我认为《办案要略》中《叙供》等有关司法文书的篇章不仅是我国法律语言论的嚆始，也是值得世界司法界和语言学界重视的珍贵文献。

幕友中有品学兼优、出类拔萃的，但也有不少人依附贪官污吏，或勾结官府内外，肆行作弊，或狱讼中曲直倒置，上下其手。如处理“命”“盗”两类狱案时，多有徇私枉法的陋习。鸦片战争后，外国人在中国横行不法，教案迭出，幕友佐政制更显得捉襟见肘、腐朽落后了。光绪庚子年间，八国联军焚杀抢掠，各部文牍散失。皇帝下旨令令六部各衙门堂官责成各司员亲自办理例案，不准再行假手幕友，将现行各例删繁就简，弃案就例。光绪三十年，吏部奏裁书吏数百人，给予出路。部务均督饬司员处理，择勤能者给津贴，缮写由士人担任。至此，延续多年的幕友制度佐政制度遂告寿终正寝。

---

〔1〕 参见 David Crystal & Derek Davy（1969）p. 217.

第四节 新时期依法治国进程中的法律语言研究

中国法律语言曾受到历代司法官员和有识之士的普遍关注，古代亦曾出现过《办案要略》《慎狱刍言》等卓越的法律语言论著，但限于当时的历史条件、认识水平和科学水平，也由于古代学者重实用（“经世致用”）、轻理论，擅直观思辨思维，不善于科学逻辑思维等原因，法律语言研究未能引起普遍的兴趣，对法律语言的一些见解，往往散见于各类文史资料中。这些史料多从诉讼用语中的个别言辞出发权衡法律语言的得失成败，强调字斟句酌对刑狱诉讼的重要作用，总的来说，还缺乏科学性和可操作性。这种状况可以说一直持续到当代。由于研究语言的不谙法律和不接触法律活动，法学家和司法工作者又极少去全面探究法律语言的真谛，所以多年来现代法律语言研究几乎成了大家都有兴趣而且颇多感慨，但是谁也不事耕耘的“处女地”。

十一届三中全会之后，随着社会主义法制建设新时期的到来，随着社会主义民主和法制的逐步健全，全国和省、直辖市、自治区人民代表大会等立法主体、司法机关、公安机关、行政执法机关、律师、公证、仲裁等各种法律机构以及各级法律院校面临着大量与语言运用有关的问题，诸如立法技术、法律文书制作，诉讼与非诉讼法律事务口语、司法干部和法律工作者的语言修养、法律院校学生的语言和法律文书教学等，都亟需深入探讨和妥善解决。这就对法律语言研究提出了迫切要求。同时，现代语言学及其各分支学科的深入研究，特别是与语言的社会运用有关的社会语言学、应用语言学、修辞学、语体学、语用学的发展，为法律语言的研究提供了动力和方法。

十年文革之后，较早涉猎法律语言研究领域的，当推全国各法律院系的语文和法律文书教师。在各法律院系合作编写的《语文教程》[1]的《修辞》一章（邱世华执笔）中，从制作法律文书（当时称为“司法文书”）出发，就“词语要准确妥帖”“文句要通顺”“文句要简练”“法律词语的风格特点”“文风要朴实通俗”等角度对法律语言的特点进行了初步探讨。该书附录《几种常用的表达方式》（葛世钦执笔）则对“司法文书”语言中常用的表达方式：叙述、说明和议论的运用规律进行了初步研究。独立成册的，还有20世纪80年代初北京政法学院内部编印的《关于司法文书中的语法修辞问题》等。这是法律语言研究文稿中较早的一批。

---

〔1〕 高潮主编：《语文教程》，法律出版社1982年版，第100～146页。

当然，这类著述还不是科学意义上的法律语言论著。对此，陆俭明的意见是："这还算不上真正的法律语言研究成果，因为那本书（指《关于司法文书中的语法修辞问题》）主要的还不是用语言学知识来研究、分析、说明法律语言所特有的语言现象，主要的还是用法律文书中的实例来说明汉语语法修辞规律。[1]"还有人调侃说：这些文稿只是在展示汉语语法、修辞规律时，撒上一些"法律的胡椒粉"。但不管怎么说，它们向人们提示了法律与语言之间有某种关系，对后来的法律语言研究有一定的启迪、推动作用。

上述文稿已经涉猎了法律语言的一个分支——司法文书的语言。对法律语言进行比较全面的考虑，并最早提出建立法律语言学科学体系的是潘庆云的《关于法律语体的几个问题》（《华东政法学院院报》1983 年 7 月 7 日）等论稿。

作者攻读语言学理论硕士学位后于 20 世纪 80 年代初被分配到华东政法学院，在人民法院任一年助理审判员后担任法学课程的教学，注意搜集古今中外有关刑狱诉讼的文史资料及语言作品，萌生了系统探索法律语言的意念。经过一段时间的实践与思索，明确提出加强法律语言研究，建立法律语言学科学体系的设想与建议。《关于法律语体的几个问题》一文指出："法律语言是全民语言在诉讼和非诉讼法律事务这一特殊社会交际领域中的运用，在长期的使用过程中形成了内部大体一致且有别于其他语言使用领域的语言特点的系列，因此它是一个语体范畴，即法律语体。研究法律语体的学科叫作'法律语体学'。法律语体学的研究对象是法律语言的整个体系。"并进一步从词汇、语法、语义、篇章等各层次用语言材料和表述手法上的"数量"和"选择"来简略说明法律语体的"质量"，并提出采用现代科学方法对法律语体各下属分支书面语和口语材料进行精确统计和研究的设想。

同时，潘氏还在上海社联学报《探索与争鸣》《上海大学学报（社科版）》等刊物及中国司法、行政文书研究会年会上分别发表了《汉语法律语言初探》《试论汉语法律语言的一般特征》《关于建立汉语法律语言（语体）学学科体系的设想与建议》等文稿。对法律语言的定义，法律语言学的学科性质、研究对象、研究内容、研究方法等都提出了自己的意见，并进行了初步的梳理、探讨与研究。

如果说，在 20 世纪 80 年代初、中期，学术界对法律语言研究感到陌生、好奇，既无人响应亦无人反对，法学界则感到漠然与无动于衷，但到了 90 年代中后期后，情况有了变化，已经有一批学者或司法干部在从事这方面的研

---

〔1〕 廖美珍：《法庭语言及其互动研究·序》，法律出版社 2003 年版，第 1 页。

究、探索。学人的探索踪迹，在总结20世纪修辞学、语言应用的著述中也有所反映[1]，虽然反映得不够全面或挂一漏万，但从语言学视角看，法律语言研究已被确认为一个新的独立的领域，或小天地。

目前，法律语言从21世纪初以来的十余年间，由于全国性学会的成立，诸多高校硕、博士法律语言学研究方向的设立，法律语言研究有了更大的进展。作为一片新开垦的“处女地”，经过许多专家学者和司法干部的辛勤耕耘，也已略具规模，颇为可观。总的来说，法律语言研究具有三个特点：

1. 建立了一批学术基地，形成一支数量相当可观的学术队伍。21世纪初建立了几个国家性或跨省市的法律语言学研究会，定期举办研讨会，每次会议都有拟定的主旨，平时还通过秘书处，通过会刊、网络与各地会友保持联系，凝聚了数百名法律语言研究者，博、硕士生和其他部门的法律语言爱好者。京、沪、粤、渝、陕西等省市有一批政法、外语、师范类大学先后建立了博、硕士生法律语言学研究方向。据我所知，其中广东外语外贸大学国际商务英语学院的法律语言学研究方向本科—硕士—博士—博士后研究基地肇始于2002年。这些学校已经培养了一支数量相当可观的研究队伍。

2. 拓展了法律语言学的研究领域，夯实了法律语言学的理论基础。十余年来，有一批学者任在持续对法律语言整体和法律语言学的科学体系进行研究，但有更多的学者和博、硕士生对法律语言学进行了包括法庭语言、侦查语言、律师语言法律翻译、法庭口译等方面的专题研究。所有这些研究，拓展了法律语言学的研究领域，夯实了法律语言学的理论基础。近十余年来，从事法律语言学研究的多为外语出身的师生，他们经常参与国际学术会议，频繁地与外国同行交流，再加上有较好的语言学基础，他们学到外国学者的一些先进理念和治学方法，并以之探讨中国法律语言问题。只要他们持之以恒，必然会对中国法律语言学的发展做出更大的贡献。

3. 法律语言学者们运用研究成果直接为我国的司法公正与效率服务。近年来，有不少法律语言学学者从事应用研究，以其研究成果与技艺直接为我国的司法实践服务，例如有的学者以其文体作者鉴别、语言鉴别的专长为公安部门的侦查破案确定证据；有的学者为法院的涉外案件提供专家报告，更多的学者以法律翻译的技能为法庭提供口译或为来自境外的法律文书、证据提供笔译。他们的应用研究结合中国的司法实践，并直接为我国的司法公正和社会公平正

[1] 例如书海出版社于2000年组织各学科知名专家学者编写出版了一套《二十世纪中国语言学丛书》，其中《二十世纪的汉语修辞学》《二十世纪的汉语语言应用》《二十世纪的汉语词汇学》均不同程度地涉及中国法律语言研究的现状与成果。

义服务。

据笔者不完全统计，近二十多年来出版的较有影响的法律语言方面的专著（按出版日期排列）有：《语言识别》（邱大任，群众出版社 1985 年版）、《法律语言艺术》（潘庆云，学林出版社 1989 年版）、《法律修辞》（潘庆云，辽宁教育出版社 1989 年版）、《法律语言》（邱实，中国展望出版社 1990 年版）、《法律语体探索》（潘庆云，云南人民出版社 1991 年版，七·五国家教委复旦大学博士后哲、社重点项目研究成果）、《法律语言：立法与司法的艺术》（刘愫贞，陕西人民出版社 1990 年版）、《法律语言学》（余致纯等，陕西人民教育出版社 1990 年版）、《实用法律口才学》（邓天杰等主编，高等教育出版社 1991 年版）、《法律用词技巧》（周广然等，中国检察出版社 1992 年版）、《法律语言概论》（华尔赓等，中国政法大学出版社 1995 年版）、《法律语用教程》（彭京宜，南海出版社 1996 年版）、《法律语言学教程》（王洁等，法律出版社 1997 年版）、《跨世纪的中国法律语言》（潘庆云，华东理工大学出版社 1997 年版）、《法律语言学初探》（李振宇，法律出版社 1998 年版）、《法律语言学概论》（陈炯，山西人民出版社 1998 年版）、《法律语言研究》（王洁，广东教育出版社 1999 年版）、《法律语言学》（孙懿华等编著，中国政法大学出版社 2001 年版）、《法律语言学》（刘红婴，北京大学出版社 2003 年版）、《法庭问答及其互动研究》（廖美珍，法律出版社 2003 年版）、《法律语言学研究》（刘蔚铭，中国经济出版社 2003 年版）《语言与法律研究的新视野》（周庆生等主编，法律出版社 2003 年版）、《法律语言学》（杜金榜，上海外语教育出版社 2004 年版）、《中国法律语言鉴衡》（潘庆云，汉语大辞典出版社 2004 年版）、《法律语言学》（孙懿华，湖南人民出版社 2006 年版）、《法律语言学新说》（李振宇，人民检察院出版社 2006 年版）、《法律语言学》（刘红婴，北京大学出版社 2007 年版）、《中国法律语言学展望》（杜金榜主编，对外经济贸易大学出版社 2007 年版）、《法律语言学引论》（马晓燕、史灿方，安徽人民出版社 2008 年版）、《法律语言学史》（李振宇，中国经济出版社 2008 年版）、《法律语言学研究新进展》（杜金榜主编，对外经济贸易大学出版社 2010 年版）、《英汉对比法律语言学：法律翻译英语进阶》（宋雷、张绍全，北京大学出版社 2010 年版）、《法庭言语研究》（余素青，北京大学出版社 2010 年版）、《法律语言》（宋北平，中国政法大学出版社 2012 年版）、《审讯语言学》（吴克利，中国检察出版社 2012 年版）、《立法语音研究》（黄震运、张燕，长春出版社 2013 年版）等。

法律语言从一个鲜为人知的"冷门"，成了一个拥有众多研究者和大量著述以及专门研究学会的独立研究园地，这本身反映了党的十一届三中全会以来法制建设和法学研究的逐步繁荣。这些成果是在依法治国的进程中，经过众多学者的努力探索和研究所取得的。

法律语言研究固然已经取得了颇为可观的成果，但与全面推进依法治国形势对我国的要求相比，或者与先进国家的同行相比，我们还必须不断努力。为了中国法律语言学的繁荣昌盛，我认为，还要加强下列几个方面的工作：

1. 进一步加强和稳定研究团队。我国从事法律语言学研究的学者与研究生人数相当可观，可以说全球没有一个国家能与我们相比。但我发现，已经留校的博士和青年教师，因课时量多等原因，没有多少时间可以从事法律语言学方面的研究，而且大部分硕、博士毕业后的工作与法律语言学没有什么关系。当然要保证每个攻读过法律语言学方向的研究生都专门从事这项工作是不可能的，但是可以设法让更多的人从事该项研究。我以为，广外从本科直至博士后的一条龙培养方式，最后可以培养出拔尖的人才，并把他们留下，从岗位设置和时间安排上保证他们能集中时间、精力从事这方面的研究。另外，在研究生课程中安排一定比例的法学课和司法实践，让他们毕业后能通过司法考试进入法院、公证处、仲裁委、律师等行业，那么他们以后还有条件从事这项工作。

2. 加强法律语言学的基本理论研究。我认为个人研究也好、研究生课程也好，都要加强法律语言学的基本理论研究，明确法律语言学的性质、特点、对象、研究方法，这样，有利于加深对中国法律语言总体的认识，在此基础上开展法律语言学的专题研究，成效也会更大。作为一门独立的学科，法律语言学必须形成自己的学科体系，应用型研究毕竟不能涵盖对整个法律语言学的研究。只有建立法律语言学的学科体系，它才能更迅速健康地发展，从而为中国的法治做出更大的贡献。

3. 密切联系司法实践，顺应全面推进依法治国的大势。法律语言学的终极目标，应当是司法公正与效率，社会的公平正义。为了实现这一价值取向，我们必须通晓中国的法律和司法实践，了解中国的国情。原来学法的，又学习了语言学再从事法律语言学研究，那就十分顺利。我们学中文、学外语出身的，为了搞好这门学科，那就得补习法律与司法实践。现在法学的分支学科多如牛毛，那么如何着手呢？根据我的亲历，先把几部最基本、最常用的实体法、程序法（刑法、民法、刑事诉讼法和民事诉讼法）学一下，再旁听几个刑事和民事案件，这样先粗略了解法律，接着去探讨律语言问题就能抓住要领，不会讲违悖法律原则的“外行话”。这件事，大约半年到一年即可完成。通晓法律和司法实践后，才有可能密切联系司法实践，用我们的苦干巧干，用我们的研究成果，为实现司法公正与效率，全面推进依法治国做出应有的贡献。

4. 与国际同行良性互动，共同促进这门世界性学科的健康发展。目前，我国法律语言学学者及研究生与西方学者，尤其是英语国家的学者接触频繁，除了出境与会外，有不少国际研讨会就在中国境内召开。在向他们学习的同时，我们不要忘了更要在扎实探索的基础上，把我们对本土法律语言研究的出色成果奉献给世界。在汲取西方学术理念、研究成果精华的同时，把中国法律语言的深厚文化底蕴和研究成果推向世界，与世界同行共同促进这门学科的发展并且升华中国法律语言学在世界的地位。

为了建立一门具有中国特色和世界先进水平，并能有效地服务于司法实践和全面推进依法治国方略的系统科学的法律语言学，我们法律语言研究者要不断学习、汲取语言学和法学的新成果、新观念，进一步深入司法实践，认真调查、详尽占有法律语言材料，并在此基础上做出系统完整而科学的分析与综合。只要我们团结奋斗、群策群力，法律语言学研究的前景必然是十分美好的。

【思考题】

1. 中国古代法律语言经历了那几个发展阶段？各有哪些标志性的文化遗存？

2. 为什么法律词语在日趋丰繁的进程中还要保持相对的稳定性？其稳定性又表现在哪些方面？

3. 以李渔的《慎狱刍言》或王又槐的《办案要略》为例，简要说明明、清两代在各级官府中承担治读佐政任务的幕府在法律文书和法律语言研究方面的重要突破和杰出建树。

4. 改革开放新时期三十多年来，中国法律语言研究空前繁荣。请问这一研究呈现了哪些特点？今后还有哪些方面的工作应当加强？

第三章 国外法律语言研究概述

第一节 希腊—罗马时代的法律语言认知研究

西欧的法律语言研究发端于古代希腊，绝非偶然。

古代希腊是巴尔干半岛南部、爱琴海诸岛及小亚细亚西岸一群奴隶制城邦的总称。公元前5世纪中叶，希腊的奴隶制民主政治、经济与文化已达到高度发展。由于西欧商品经济在奴隶制社会后期已经相当发达，以及上层建筑中各种因素的相互作用，决定并形成了与东方迥然不同的法律体系，较早地形成了具有民法、商法、刑法、诉讼法、宪法等独立部门法的法律体系。罗马法通常被认为是古罗马奴隶制国家的法律的总称，其中最为完备、对后世影响最大的是私法，故法学家常用罗马法来指称罗马私法，即西欧商品经济基础上产生的最早的民法，它渊源于希腊时代。公元前27年到公元284年，罗马法已自成体系，它对商品生产的各种法律关系，如所有权、债、契约等，都作了极为详尽的规定。由于民法、商法等部门法的萌芽与发展，希腊时代法律事务与诉讼活动调节面广，法律语言引起社会各方面极为广泛的关注。

另一方面，欧洲的科学语言学有其广义的语言科学（Linguistic science）传统，而欧洲古代的语言科学是由希腊思想家对语言及与语言有关问题的探索开始的。与其他民族相比，"古希腊人有一种善于对别人认为当然的事加以怀疑的才能[1]" 他们大胆地、不断地推测语言的起源、语言的历史和语言的结构。他们把语言作为人类生活的一个部分来探究。如早在公元前5世纪，赫罗多特斯（Herodotus）在他的著作中记叙了埃及的沙密梯克斯王（King Psammetichus）对人类语言的探究；古希腊哲学家柏拉图学派的创始人柏拉图（Plato 427～347 B. C.）在他的对话集《Cratylus篇》里讨论了词的来源、名与实等诸多语言问题。

希腊时代，法律语言的诉讼语言部分最受重视。诉讼语言研究和渊源与希

---

〔1〕［美］布龙菲尔德：《语言论》，袁家骅等译，商务印书馆1980年版，第4页。

腊时代的西方传统修辞学具有十分密切的双向关系：诉讼活动的频繁进行是修辞学产生的强大动因，修辞学建立后把法庭论辩作为其重要的研究对象，从而又促进了法律语言的研究。

公元前6世纪，希腊各地先后出现了一些政治野心家，他们借民众的力量推翻寡头派，夺取政权，成为独裁君主。后来这些独裁君主又被一一推翻，民主政府相继建立。公元前5世纪中叶，西西里一带的民主政权成立之后，众多的民事权益纠纷，诸如工商业界的钱财争讼，民间遗产继承和分析，在独裁制度下被放逐的奴隶主重归故里后收复田产的要求，都要通过诉讼等法律手段来解决。于是，专门传授诉讼知识的职业便应运而生。最早问世的诉讼知识课本也就是最早的修辞术课本。最早出现的修辞术课本，由叙拉古城的科勒克斯和他的弟子提西阿斯编写，是以传授诉讼知识，教人如何以论证取胜为主要目的的。

古希腊的修辞学与演说术又是密切相关的，修辞术往往运用于演说、论辩。演说在古希腊政治社会生活中起着十分重要的作用。古希腊演说是随着希腊城邦奴隶主民主政治的产生而发展的，奴隶主民主政治的确立为演说的繁荣提供了条件。当时的政界人士必须在各种议事会上发表演说，阐明自己的政见与主张，说服听众，获得拥护者。政治活动的成败与演讲的效果直接相关。当时的著名政治家同时也是出色的演说家。在民主政体下，豪富子弟为了谋求前程，往往把学习修辞学与演说术作为通往政界的必由之路。

古希腊演说通常分三类：政治演说[1]、诉讼演说和典礼演说。在当时的民主制度下，诉讼很频繁，雅典国家法庭采用陪审制，每天可多达十个法庭同时开审。当时法律规定，开庭时当事人必须亲自出庭控告和答辩，起诉状和答辩状之类的演说辞则可由他人代书。由于诉讼的频繁，当时流传下来的诉讼演说词也较多。公元前5世纪至前4世纪是古希腊演说鼎盛时期，当时产生了吕西阿斯、伊索格拉底、狄摩西尼、安提丰、安多喀得斯、伊赛俄斯、吕库耳戈斯、埃斯喀涅斯、许佩里得斯、得那耳科斯等十大演说家。其中吕西阿斯（约纪元前450～纪元前380）、伊赛俄斯（约纪元前420～纪元前350）擅长诉讼言语，一生专为他人撰写诉讼词，写作技巧深受时人赞誉。以吕西阿斯来说，其讼词的语言风格质朴、简洁、清晰、生动，他的文词色彩还随案件性质和当事人的身份性格而变化。他多用通用词语，不用或少用时人惯用的诗的词汇和

---

〔1〕政治演说，亚里士多德称之为“审议式演说”，演说者在这种演说中对政治问题加以审议，提出劝告，这实际上就是政治演说。参见［古希腊］亚里士多德：《修辞学》，罗念生译，生活·读书·新知三联书店1991年版，第30页。

夸张的辞藻，修辞技巧臻于极致而不露雕琢的痕迹，语言质朴、得体而能发挥最大的功效。目前已译成汉语的有《控告忒翁涅托斯辞》[1]这篇起诉词是吕西阿斯的杰作，全文雄辩有力而从容不迫，从中不难窥见吕西阿斯的风格。十大修辞名家中的另一位伊索格拉底（公元前436~公元前338），也曾写过大量诉讼词，享有很高声誉。

按照当时的诉讼程序，原、被告两造在法庭上必须先后讲演起诉词与答辩词，然后民事案再由审判官投票表决判决结果，刑事案则由审判官投票表决有罪无罪。若表决有罪，先由原告提议他所认为相当的刑罚，并说明理由；然后由被告提议所甘愿承受的较轻刑罚，也说明理由。双方提议之后，审判官必须在双方所提的刑罚中任择一种，也是用投票决定。法庭对两造致起诉词与答辩词所用时间有严格限制，用漏壶计算，大约各占半小时。所以讼词都要求言简意赅，用最经济的语言材料发挥最大的诉讼功能。

希腊时代诉讼言语的广泛运用和对理想诉讼言辞的普遍追求为诉讼言语研究提供了基础。当时的一些修辞大家，不但工于撰拟诉讼文书，而且对诉讼言语研究有其独到见解。曾有一位诉讼当事人对吕西阿斯说："你代书的讼词，读第一遍觉得文笔很好，但多读几遍，却感到平淡无奇。"吕氏回答说："你在法庭上不是只讲一遍吗?"这个回答反映了他已认识到适合需要的言辞就是好的言辞。这种见解类似于刘勰有关"或全任质素，或杂用文绮，随事立体，贵乎精要"的论述（《文心雕龙·书记》）。这与现代修辞学关于言语表达必须适合特定的题旨与情境的修辞理论亦是吻合的。吕氏为了适合法庭论辩的特殊需要，运用语言宁质毋华，看似平淡无奇，实在是有的放矢，击中要害，是一种十分成功有效的言辞技巧。

古希腊流传至今的某些讼词在有关论辩中，也涉及对法律语言的一些见解。还是以吕西阿斯为例，在他替原告拟写的《控告忒翁涅托斯辞》中有这样一段：

……忒翁涅托斯还控告我杀死了我自己的父亲。他若是控告我杀死了他自己的父亲，我倒可以饶恕他信口开河，认为他是一个卑鄙的人，不值半文钱。即使我听见他把别的禁止说的词儿雅典法庭禁止两造用"杀人凶手""打父者""抛弃盾牌"等罪名指责对方。加在我身上，我也不至于对他起诉，因为我认为为了受诽谤而诉诸法律未免气量狭窄，太爱打官司了。但是目前的案件涉及我的父亲——我父亲是应该受到你们和城邦的尊重的——我如果不对说这

[1] 参见潘庆云：《中国法律语言鉴衡》，汉语大词典出版社2004年出版，第98~99页。

句话的人进行报复，就会感到羞耻。……他（被告）曾厚颜无耻地向仲裁人[1]这样陈述，控告某人杀死了自己的父亲，并不算是用了那种禁止说的词儿，因为法律并不禁止人使用“杀死”这个词儿，而只是禁止说“杀人凶手”。我认为，诸位陪审员，你们所争议的不会是字眼，而是字眼的含义。……要求立法者写出所有具有同一意义的字眼，那就太费事了；他只是提起其中一个以示全部字眼的意义。忒翁涅托斯，如果有人说你是“打父者”或“打母者”，你一定希望他败诉，赔偿你所受的损害，那么，如果有人说你出手打了你的生父或你的生母，你决不会认为，他既然没有使用那种禁止说的词儿，当然可以不受惩罚。……你曾经控告吕西透斯诽谤你，因为他说你扔下了盾牌。但是法律上并没有提起“扔下”这个词儿；然而如果有人说某某人抛弃了盾牌，就得罚他五百块德拉克马[2]。当你对仇人的诽谤进行报复的时候，你是像我现在这样理解法律的意义，而当你违反法律诽谤别人的时候，你却可以不受惩罚，这不是奇怪吗？……

从这段讼词不难看出作者对诉讼和立法语言的一些认识：立法词语具有很强的概括性，它“只是提起其中一个以示全部字眼的意义”，把代表同一事物或一种罪名的各种不同情况写入法典不仅不可能，也没有必要。雅典法律规定，涉讼两造不得用“杀人凶手”“偷衣者”等法典中规定的罪名来控告或反诉对方，而必须说“杀死××人”“脱去××的外衣”，即尽可能用所触犯罪名的同义结构来代替，定罪的权力由司法机构掌握。但是作为涉案者则应该严格选择和谨慎使用词语，力求准确反映对方行为的实际情况。尽管他所采用的同义结构与立法语言中有关术语形式不同，诉讼人也不能不承担因为误用词语或故意颠倒黑白而造成的控告失实、诬告等行为的法律责任。最后，作为司法官（陪审员、仲裁人等）审议两造的讼词时，不能被讼词中字眼的形式所迷惑，而必须追究这些词语所表达概念的实质，即“字眼的含义”。这样才能公正断案。

然而，毋庸讳言，这些演说大家的诉讼演说和对诉讼言语的零星评述还反映不出他们对法律语言有什么完整、系统的见解。最早对法律语言进行比较系统阐释的，是亚里士多德的名著《修辞学》。

《修辞学》的作者亚里士多德，公元前384年生于马其顿卡尔息狄栖半岛

---

〔1〕本案曾由40个陪审员预审，然后交给了仲裁人，这人决定把案件移交给法院，由50个陪审员正式审判。审判结果不详。

〔2〕德拉克马（drakhma），雅典货币单位，每德拉克马合六俄波罗斯（Obolos）。当时一般劳动人民每天收入约四个俄波罗斯。

上的斯塔革拉城。公元前367年他到雅典，做了柏拉图的门徒并兼任讲学任务。公元前347年柏拉图死后，他离开雅典。公元前342年，他接受马其顿国王腓力的邀请，作王子亚历山大的师傅。公元前335年，亚氏重赴雅典，创办吕刻翁学院，讲授哲学、自然科学、政治学、伦理学、修辞学、诗学等课程。《修辞学》和另一部名著《诗学》大约完成于这一时期。

《修辞学》与它以前的一些修辞术课本不同，是一本科学论著。它的成书年代，正当古代希腊的演说与写作技艺达到一个光辉的顶峰，亚氏又用当时的科学方法和哲学理论系统地研究语言运用和写作的原则，使这本著作成为欧洲学术史上第一部系统的修辞学理论的专著，同时，也开创了欧洲法律语言科学研究的先河。

在《修辞学》中，他指责时人抛弃对实质性规律的探讨，一味片面追求打动陪审员的情感，以求胜诉或得到有利判决的结果。他还指责当时众多的修辞术课本只谈诉讼演说，而不谈更加重要的政治演说技巧。另外，据传亚氏在吕刻翁学院讲学期间曾表示看不起伊索格拉底的一些讼词。然而，亚氏上述种种言论的本意并非企图削弱对法律语言的研究。事实上，他在这本著作中对诉讼语言探讨做了开创性贡献。首先，这本著作对语言运用和演讲的基本原则作了科学的阐述（如语言运用中的或然式证明，演说的分类等），使诉讼言语研究立足于新的理论基础，扩大了研究视野，在此基础上对诉讼语言本身进行的研究就更有成效。亚氏《修辞学》对法律语言研究的主要贡献如下：

1. 对修辞功能的新阐释。以前一些修辞教师给修辞下的定义是“说服的技巧”，他们的所谓技巧实际上是诡辩与欺诈。亚氏给修辞下了新定义：“一种能在任何一个问题上找出可能的说服方法的功能。”亚氏所谓的说服方法，是指言之成理、合乎逻辑的表达方式。在诉讼领域里掌握修辞术，可以使真理或正义获得胜利，使判决公正。

2. 对诉讼语言风格的研究。亚氏认为诉讼言语应当在简洁、朴实的基础上追求精确与完美。诉讼言语风格是与其他领域的言语相比较而存在的，如政治演说的风格完全像一幅浓淡色调的风景画，群众越多，景色越远，所以在这种风格和图画里，过于精确是浪费笔墨，效果适得其反。他认为用于论辩的文章应适合口头发表，与供阅读的典礼演词不同：前者质朴，后者典雅。通过对比研究，亚氏第一次较准确、全面地勾勒了诉讼言语的风格格调。

3. 关于诉讼演说内容要素的规定。亚氏曾批评诉讼演说一味沉湎于打动陪审员情感的倾向，宣称：“我们应当根据事实进行论战，除了证明事实究竟如何而外，其余的活动都是多余。”但是他也并不反对诉讼论辩要顺应、利用听众的心理。他还强调诉讼讲演要抓住犯罪者的动机、心理，受害者的性格诸要素，还要画清正当行为与不正当行为的界限。现代的法庭论辩中，民事案件要抓住是否侵犯民事权益这一关键；刑事案件则要根据犯罪构成要件，（包括①犯罪客体，②犯罪主体，③犯罪的客观方面要件，④犯罪的主观方面要件）理论区别罪与非罪、此罪与彼罪的标准和界限。通过比较可以发现，亚氏在二千三百多年前提出的这些诉讼论辩内容要素是很有价值的。

此外，亚氏在演说的句式、格律、节奏、结构安排方面的许多真知灼见，对诉讼言语都是适用的。

句式。亚氏认为讲演应当采用紧凑的环形句，摈弃松弛的“串联句”。所谓环形句指意思完整，有头有尾，其中也适当运用对比、反衬的句子，这种句式表达的内容比较容易理解与记忆。所谓串联句，指那种企图在一个句子中包罗万象，要等到没有什么说了才结束的句子，这种句子听起来没完没了，十分冗长，令人生厌。采用环形句的原则是伊索格拉底最先提出的，但亚氏对这种句式作了更深入的分析，发掘了更多优点。环形句的运用符合人的听觉特点与心理机制，从而能提高语言表达效果。

格律和节奏。亚氏认为讲演不应当有格律，但不能没有节奏。演说有了格律，就没有说服力，还会分散听众的注意力，使他期待同样格律的重复。可是没有节奏，又太没有限制。演说应当有限制，因为没有限制的话不讨人欢喜，不好懂。后来，这成了西方各国非韵文体语言运用中的一条重要原则。

结构安排。亚氏认为篇章结构要合理才有利听众理解。他提出了许多结构原则，例如，应当先反驳对方可能提出的论点，然后再提出自己的论点，又如在某些场合不必把所有事实连续列述，因为这种叙述不易被听众记住。

公元前2世纪中期，希腊被罗马征服，成为罗马的一个行省。在罗马统治时期，希腊虽然在政治上处于从属地位，但是对罗马的文化发展产生了深远的影响。在罗马时期，演说也曾一度十分繁荣。罗马时期修辞学与演讲术的成就，集中体现在西赛罗的著作中，他通过《论演说术》《论演说家》《论选材》《布鲁图斯》等著作，在继承、借鉴希腊修辞学成就的基础上，建立了更富于实践意义的修辞新理论。作为一位政治家与演说家，他发表过一百多篇政治演说和诉讼演说，现存58篇（其中有的有残缺）。他的演说辞比较著名的有《为阿墨利亚城的罗斯基乌斯的辩护词》（纪元前81年）、《控告维勒斯词》（纪元前70年）、《控告卡提利那词》（纪元前63年）、《为弥洛辩护词》等。他写的诉讼词，程式严谨，案情叙述简洁准确，论证充分全面，辩驳机智有力，是留给后代的一笔珍贵的法律文化遗产。

随着共和制的覆灭和帝制的建立，古罗马演说，特别是政治演说，开始走向衰微。不过，诉讼演说却仍旧保持一定的生机。这与希腊、罗马历代政治家、演说家在这一领域中的悉心研究，罗马法的发展和法律调节面的扩展，以及诉讼语言所具有的特殊社会功能都是有关的。

第二节 英美法律语言探索

英国是法律制度比较悠久，法律语言研究也开展得较早的一个西方国家。英国法最早渊源于日耳曼习惯法，公元1066年诺曼底公爵威廉征服英国以后，国王委派法官巡回审判，把原来的地方习惯法有选择地通过判例的形式发展为通行全国的普通法。随着商品经济的繁荣，于公元14世纪又形成了与普通法并列的衡平法。两者都是判例法的形式，采用“遵守先例”的原则。随着近代资本主义民主制度的建立，法律的调节面越来越广阔，公民不但在刑、民事案件涉讼时离不开法律，即使日常的购物、租赁、保险等也要借助于法律的保护或制约。

美国独立战争后一度表示与英国法的传统决裂，后又重新确定采用英国法，但又有自己的特点——制定成文宪法。这种以判例法为主要渊源，并制定成文宪法的法律结构形式为很多资本主义国家所仿效。从法律体系的形态和结构来看，英美同属英美法系（又称“普通法系”或“海洋法系”）。由于美国法与英国法有渊源关系，语言文字又基本相同，现代和当代两国法律语言研究方面有许多相通之处。所以本节将英、美法律语言研究合并概述。了解了英美法律语言研究概貌，对我们掌握同属英美法系的新西兰、澳大利亚、加拿大和亚、非一些采用英语作为正式语文的国家和地区的法律语言状况及其运用规律，也有一定的帮助。

一切科学萌发于人类对自身及其周围世界的强烈兴趣和求知的渴望。法律语言是关于语言的科学，当然不能例外。法律语言是历代的法律人在长期的法律实践中建立起来的一种全民语言的功能变体。最早对法律语言产生兴趣、进行认真思考的也是这些法律人。他们发现普通场合人们运用的“日常语言”一般都是歧义丛生的，若将这种话语用于诉讼，特别是写进法律文件，便会漏洞百出，因此他们常常绞尽脑汁，追求一种适用于法律活动的理想“语言”。他们逐渐把法律语言改造为一种与普通话语迥然有别的“视觉语言”，这种语言适宜于写进法律文书，供人们仔细阅读、推敲，而不得不摈弃一般语言表达所要求的自然和优美。

法律文书所用的语言是比较典型的法律语言。英国法律文书有着特殊的传统，形成和发展了一套特殊的程式并一直延续到当代，英语法律文书的语言也形成了一系列特点。早期对法律语言的研究，首先是从对法律书面语的研究开始的。

科学意义上的英美法律语言研究是以1843年乔治·库德撰写的一篇题为《论立法表达》（详见第七章《立法语言》）为序幕的。自那以后一百多年来，两国的学者在这方面的成果蔚为大观，论著林立。在这些著作中，有一部分以“法律语言”或“法律和语言”为题，讨论法律活动中语言运用的一般规律。但更多的是关于法律文书拟写和解释，法律写作，法律文件撰拟，具体法律、法典的语言、和制定研究等。这些著作都注意理论与实践的结合，并吸收语言学各分支学科和其他学科的成果与方法。早期的一些法律语言著述，往往吸收逻辑学、传统语法学的成就来阐述法律语言的结构与运用，近几十年的法律语言论著，都不同程度地吸取语义学、文体学、语用学、信息论等学科的成果。比如近年美国出版的一本题为《法律起草基础》的专著中，作者从交际和信息传递的角度来阐述法律文书的语言学本质：

许多撰拟者显然并未认识到法律文书既是权力、权利、责任和法律关系的具体化，又是一种交际。在后一种作用中，它受制于交际原则。大多的律师撰写文书仅仅是为了履行职权，他们认为把他们头脑中的法律事务用符号反映出来，他们自己能理解，就完全履行了自己的责任。但他们这样做，却往往不能传递委托人的信息。……在法律、法令和法规和其他反映意旨的文书中……为了有效地表达委托者的意图，……必须对文书的起草者和执行者传递同样的意义。对于事关双边或多边的契约、条约之类情况亦然。……所以，文书拟写人必须遵循各项交际原则（参见该书第三节“起草与交际”第一节“法律文书作为一种交际”）。

作者又进一步指出，作为一种交际和交换信息的法律文书，必须全面兼顾交际的各基本要件，即作者、读者、书面话语、相关语境或环境。显然，作者深谙并能灵活运用语用学的一些基本原则来阐释法律文书的撰拟原则。在关于法律文书的“条款定义”和“词汇定义”的论述中，作者又吸收了语义学的一些基本理论和成果。

由于英美法制和现代语言学的普及，法律语言已引起教育界和全社会的普遍关心。标志之一是20世纪六七十年代以来的英语教学，出现了一些新的课程、教科书、唱片、录音带，往往根据文体分类原则编成“英语的各类变体”（Varieties of English）。英美学者谈英语现状，也往往兼及“英语的各类变体”的论题。课本与学者讲学涉及的各类英语，分类大同小异，即总要列举并分析日常会话、教堂布道、法律诉讼、体育比赛现场解说、科学著作、商业广告等。法律诉讼往往占有相当的比重。在英美一些大学的法学院，也已将法律语言教学与研究列入教育计划。以美国哥伦比亚大学法学院来说，在20世纪80年代中期就已经设有“语言和法律”“法律写作”和“立法发展”等三个关于法律语言研究和运用的研习班。

法律语言研究引起社会普遍关心的标志之二是一些语言学家，从社会语言学或语体学（stylistics）的角度对法律语言（包括书面语和口头表达）进行分析研究。其中，英国语言学家 David Crystal 和 Derek Davy 在1969年出版的《英语语体调查》（*Investigating English Style*）一书，从具体实例出发对英语书面法律语言和法律口语都进行了比较科学、扎实的论述，大体上能反映当时英美学术界对法律语言的研究概貌。

为了探讨法律语言的文体特征，该书选用了英美社会生活中常见的契约类法律文书：一是一份“人寿保险条款”；二是一份“分期付款购买契约[1]”。两位作者对此作了词汇，语法，语义和排版方式、字体形貌方面的视觉手段诸方面的考察阐释。我们再随机选用同时代 Advanced English（The Linguaphone Institute，London，1971，p. 143）一份房屋租赁合约，进行参酌。三份文书及中文译文如下：

Ⅰ. 人寿保险条款

Whereas a proposal[2]to effect with the Society an assurance on the Life Insured[3]named in the Schedule hereto[4]has been duly made and sighed[5]as a basis of such assurance and a declaration has been made agreeing that this policy shall be subject to the Society's Registered Rules (which shall be deemed to form part of this policy) to the Table of Insurance printed hereon and to the terms and conditions[6]of the said Table and that the date of entrance started hereon [7]shall be deemed to be the date of this contract AND such proposal has been accepted by the Society on the conditions as set forth in the proposal

NOW this policy issued by the Society on payment of the first premium stated in the Schedule hereto subject to the Registered Rules of the Society

WITNESSETH that if the Life Insured shall pay or cause to be paid to the Society

---

〔1〕 这两份法律文书在 Investigating English Style 一书的195～197页。

〔2〕 proposal 在原书第1行。

〔3〕 the Life 在原书第2行。

〔4〕 hereto 在原书第2、14行。

〔5〕 made and sighed 在原书第3行。

〔6〕 terms and conditions 在原书第8行。

〔7〕 hereon 在原书第8行。

or to the duly authorized Agent or Collector[1] thereof[2] every subsequent premium at the due date thereof the funds of the Society shall on the expiration of the term of years specified in the Schedule hereto or on the previous death of the Life Insured become and be liable[3] to pay to him/her or to his/her personal representative or next-of-kin or assigns as the case maybe the sum due and payable hereunder[4] in accordance with the Table of Insurance printed hereon and the terms and conditions of the said Table[5] (including any sum which may have accrued by way of reversionary bonus) subject to any authorized endorsement appearing hereon and to the production of this policy premium receipts and such other evidence of title as may be required

IF UPON THE DEATH OR THE LIFE INSURED

There shall be no duly constituted personal representative or nominee or assignee of the Life Insured able and willing[6] to give a valid receipt for the sum payable such sum may in the discretion of the Committee of Management be paid to one or more of the next-of-kin of the Life Insured whose receipt shall effectually discharge the Society from all liability under this policy

IN WITNESS WHEREOF we the Secretary and two of the Committee of Management of the Society have hereunto[7] attached our signatures

事由——为保险公司承保人寿保险投保人（其姓名见本单附件）事，已有建议提出并经签署作为此类保险之基础；并有声明宣布同意本保险单将从属于保险公司已注册之规则（这些规则将视为本保险单之一部分），从属于本单备载之保险表，并从属于该保险表规定之各项条件，并同意本单载明之填保日即为本合约起始日；又鉴于该建议已由保险公司按建议载明之条件加以接受。

本保险单在缴付首期保险费后由保险公司颁发，有关保险费详情载于附件并从属于保险公司已注册之规则。本保险单规定如投保人按期向保险公司或公司授权之代理人或收款人缴付或委托缴付以后各期保险费，一俟本单附表阐明之年限到期或一旦投保人早于期满前去世，根据本单印载之保险表及该保险表规定之条件，保险公司之经费将负有责任根据情况向投保人或其代表、至亲、

〔1〕 Agent or Collector 在原书第 17 行。

〔2〕 thereof 在原书第 18 行。

〔3〕 Liable 在原书第 22 行。

〔4〕 thereunder 在原书第 25 行。

〔5〕 the said Table 在原书第 25 行。

〔6〕 able and willing 在原书第 35 行。

〔7〕 hereunto 在原书第 43 行。

受让人支付到期应付之款额（包括任何以复归津贴方式累积之款额），其条件是须有本单显示之授权签字并出示本保险单保险费付款收据以及可能需要之其他类似资格证据。

投保人去世时如无适当委任之个人代表或指定人或代理人能够并愿意为取得应付款额出示有效收据，此笔款额可由管理会酌情付与投保人之最近亲属；一旦最近亲属接受付款后保险公司即不再负有本保险单规定之责任。

为昭信守起见，管理会秘书一人及成员两人特此签字立据。

Ⅱ. 分期付款购买契约（节选）

（2）……

7. Notwithstanding the termination of the hiring under Clause 6 the Hirer shall pay all rent accrued due in respect of the hiring up to the date of such termination and shall be or remain liable in respect of any damage caused to the Owner by reason of any breach by the Hirer of any stipulation herein[1]contained and on the part of the Hirer to be performed or observed.

8. At any time before the Owner shall have recovered possession of the goods and before the Hirer shall have terminated the hiring under Section 4 of the Hire-Purchase Act 1938 (as amended) the Hirer may on the payment to the Owner of the total amount of any instalments then remaining unpaid of the rent hereinbefore[2]reserved and agreed to be paid during the term and the further sum of ten shillings purchase the goods:

Provided[3]that such payment as aforesaid shall be a condition precedent to the exercise of the option to purchase so conferred (this agrecment not being an undertaking by the Owner to sell the goods on credit or without such payment as aforesaid being first made) and accordingly any notice unaccompanied by such payment as aforesaid of an intention to exercise the said option shall be void and shall not constitute a biding agreement to purchase or sell[4] the goods.

（2）……

7. 如若赊购人按第 6 款中止赊购，赊购人仍须支付至中止赊购日止之全部累计欠金，凡因违背赊购人理应履行遵守之任何条款（详情备载于后）而引起

---

〔1〕 herein 在原书第 49 行。

〔2〕 hereinbefone 在原书第 58 行。

〔3〕 provided 在原书第 61 行。

〔4〕 purchase or sell 在原书第 69 行。

之各种损坏并对主权人造成损失者，赊购人仍须负有赔偿责任。

8. 在主权人收回货物前之任何时候，或在赊购人依据1938年《赊购法》（依修正本）之第四部分中止赊购之前任何时候，赊购人如向主权人付清此前已承诺在赊购期内支付而尚未支付之各期付款之总额，并另付10先令之款额，赊购人即可购得货物。

其条件是，上文所述之付款应先于实行协议授予之购买特权（本合约中主权人并不承诺凭信贷出售货物，非经上文所述之付款手续皆不出售货物）；因此，凡不支付上文所述之款项者，任何意欲实施上文所述购买特权之通知均属无效，并不构成具有约束力的买卖协议。

Ⅲ. 房屋租赁合约（节选）

（3）This LEASE made the fourth day of December one thousand nine hundred and seventy BETWEEN RESIDENTIAL PROPERTIES LIMITED of Clarendon Square in the County of London (hereinafter called 'the Lessors'[1]) of the one part and Stephen Jackson of 25 potter Street London N16 (hereinafter called 'the Tenant') of the other part

WITNESSETH as follows: —

1. In consideration of the rents hereinafter reserved and of the covenants and agreements[2]on the part of the Tenant and conditions hereinafter contained the Lessors hereby demise unto[3]the Tenant ALL THAT flat or suite of rooms known as Number Six in the mansion or building (hereinafter called the said mansion[4]) known as The Towers Carlton Road N16 in the County of London (all which flat is hereinafter called 'the demised premises') Together with right for the Tenant and the servants friends and visitors of the Tenant in common with the Lessors and the Lessors' other tenants of the said mansion and their servants friends and visitors to use the entrances courtyards passages staircases and lifts of any of the said mansion for the lawful purposes of ingress and egress to and from the demised premises but subject to the stipulations reservations and convenants[5]hereinafter and in the Schedule hereto contained TO HOLD the demised premises unto the Tenant for the term of FOUR YEARS from the first day of January one thousand nine hundred and seventy one PAYING therefore 100 yearly

---

〔1〕 the Lessors 在原书第75行。

〔2〕 covenants and agreements 在原书第80行。

〔3〕 从此行开始共9行系原书的第82~96行，用以规定承租人的权利。

〔4〕 the said mansion 在原书第85行。

〔5〕 stipulations reservations and convenants 在原书第95行。

during the said term the rent for five hundred pounds in advance the first payment to be made on the signing hereof[1] and each subsequent payment to be made on the first day of January of each year of the duration of the lease…

本合约订立于公元1970年12月4日，以伦敦郡克拉蓝顿广场之房产有限公司为一方（以下简称出租人），以现寓于伦敦北16区伯特街25号之斯蒂芬·杰克逊为另一方（以下简称承租人）

本合约规定如下：

1. 鉴于下文保留之租金、承租人之保证承诺以及规定之条件（其详情备载于下），出租人乃将房宅（下文称为涉约房屋）内六号之整套公寓或全套房间，让渡于承租人，该涉约房屋称为伦敦郡北区卡尔顿路楼宇，其中之套房下文称为让渡房屋；此项让渡乃包括承租人及其佣仆、朋友、访客和出租人以及该涉约房屋内出租人之其他租户以及其佣仆、朋友、访客共同有权使用涉约房屋内任何入口、院落、过道、楼梯及电梯，为法律允许之目的出入往来于让渡房屋之内；但此项权利须服从于本约下文及附件之各项规定、保留及承诺；承租人在自1971年1月1日起之4年期内有权保有让渡房屋，在此期间按年预先缴付租金500英镑整，首笔租金于签约当日付清，尔后每笔租金于合约生效期内之每年1月1日支付。

……

概括英国学者就文书Ⅰ、Ⅱ的调查分析，并参酌文书Ⅲ，大体上有下述研究结论：

一、法律语体的词汇特征

1. 从词源学角度来看，英语法律语体中法语借词数量很多是11世纪诺曼底人征服英国后逐渐从法语的法律词语中借用来的。以“保险条款”的前半部为例，除了几个用来表示语法关系的词来自古英语外，共有31个实词，其中法语借词20个，如proposal，effect，society，assurance，insured，schedule，duly，signed，agreeing，policy，subject，rules，from，terms，condition，date，entrance，contract和accepted等均来自法语。当然这些词的历史渊源是拉丁文。在文书Ⅰ中，只有life，named，made，deemed和said诸词是从古英语沿袭下来的。法语借词占全部实词的64%强。这种情况在其他语体中是罕见的。这些借词进入英语法律语体后，在形式上不受“归化”（naturalized），成了英语法律词汇的具有区别性的核心部分。

2. 词语并列使用。在法律文书中，用同义词或近义词并列使用的例子比比

[1] hereof在原书第102行。

皆是，如 make and signed（第 3 行），terms and condition（第 8 行），Agent or Collector（第 17 行），able and willing（第 35 行），purchase or sell（第 69 行），covenants and agreements（第 80 行），stipulations reservation and covenants（第 95 行）。法律语体往往将指同一事物的原有英语词和法语借词两两并用、互相限定，除泥守传统外，更重要的是力求更高的准确性，如 breaking and entering（闯入），goods and chattels（私人财产，有形动产）等。文书之Ⅲ82－96 行规定承租人权益时，词语并列现象更为典型。

3. 古体词语的使用。如文书中常用 Witnesseth（证明），保留着古英动词单数第三人称—eth 这个词尾（其他语体通用 witnesses）。法律语体还普遍使用其他语体早已不用的古语词，如 hereto（第 2 行、第 14 行），hereon（第 8 行），thereof（第 18 行），hereunder（第 25 行），hereunto（第 43 行），herein（第 49 行），hereinbefore（第 58 行），hereof（第 102 行）等。这些古体词及古体语法形式的大量运用使文书合乎“礼仪”，增加“正式性”。

4. 法律术语的大量运用。英语法律语言的正式性、专业性首先体现在法律术语的使用方面。法律术语又可分为两类：一类为法律专用词汇，仅出现或绝大部分出现于法律文件中，如 tort 一词，专指民事侵权行为，不包括其他行为。文书中 the life insured（第 2 行），the Lessors（第 75 行），convenant（第 80 行）均属法律专用术语。另一类是非专用法律术语，又有两种情况：一是普通词语被采用为法律用语后，在法律语言中规定其特定的含义，如 proposal（第 1 行），life（第 2 行），provided（第 61 行）等均属之；二是法律词语转用为普通词语，词义有所引申、扩大，如 Liable（第 22 行）原属法律术语，意思是“负有法律责任或义务”，后来 Liable 进入普通使用场合，可以用来表示“having a tendency（to do something）”的意思，在口语中它还可以表示对某种可能性的推测，如 He’s liable to be there.（她很可能在那里）。法律术语的使用，可以传递法律语体的信息，一个不谙法律的人，仅凭一些专门法律词语的频繁出现，就不难判断其语体类别。

二、法律语体的语法特征

1. 对代词的严格限制。在一般文体中，往往用替代来避免重复，比如用 he，she，it（他，她，它）来替换上文出现过的人、物，用动词 do，指示代词 this（这）、that（那）代替分句、句子、一段话语。而在法律语体中，词项或者更大的单位往往郑重地一再重复，以保证准确性。如 the tenant，the hirer，the lessor，the Life Insured 等词一再出现；the said table（第 25 行），the said mansion（第 85 行）等则使用确切而简略的方式重复名词。至于用 the same 来指代上文已提及的名词，更是法律文书所特有的。即使在不致引起混淆的语境中，代词也罕见。在《法律语体调查》一书所选的两份文书中，使用代词只有两处：一是以 him/her（他/她，宾格）替代 the Life Insured（人寿投保人），由于是泛指的，不会产生岐解。二是第 41 行用了 we，但其后的同位语明确限定其为公司管理会的秘书及成员。在文书中 it 有时倒是使用的。但只出现在 It is agreed as follows（达成如下协议）这种句式中。不过，在这种句式中 it 是形式主语，并没有替代什么。人称代词出现的低频率也是法律语言区别于其他功能语体的特征之一。

2. 法律语体多用长句。一般的语体，尤其是自由会话，往往用一系列短句来传递互相关联的信息，法律语体则倾向于运用具有长状语、长定语的复杂句式来表达一个完整的意思。由于要求传递完整、周详的信息，句子结构复杂，法律语体的句子（下称“法律句式”）比其他各种语体的句子都要长得多。

3. 状语的特殊运用。大多数法律语体的句式，可以简化为“如果 x，那么 z 就是 y”或者“如果 x，那么 z 可以做 y”这种逻辑结构。因为从法律的观点来看，某一行为或要求的兑现，必须首先满足一系列的条件。也就是说，享受某种权利，得以履行一定的义务作为前提和条件。而“如果 x”这一前提即关于义务的表述多由条件或让步状语（或状语从句）构成，因此状语与状语从句的大量运用，从而构成复合句是法律句式的特征之一。为了避免歧义，法律文书很少将状语置于句子的不同部位而达到特定的修辞效果。比如在“保险条款”中有这样一个短语：a proposal to effect with the Society an assurance（保险的要求由公司采纳），这个结构如改为 a proposal to effect an assurance with the Society 更符合普通的习惯。可是文书有意将 with the Society（由公司）和公司的行为 to effect（采纳）紧接在一起，使意义更明确。法律句式状语的另一个特征是状语内部并列结构多见，如 on the expiration…or on the previous death…（当届期时……或当受保人亡故……），on credit or without such payment（赊欠或没有此项付款）。

法律句式中状语从句的内容结构层次通常也十分复杂。文书 I 从第 1 ~ 第 7 行 whereas（ = considering that）引起的状语部分包含三个并列的分句：

whereas a proposal…has been duly made and signed…

a declaration has been made（agreeing）…

AND such proposal has been accepted…

此例说明，法律语句在句首便从句丛生，而状语从句在主句后出现的情况少见。在法律语句中，不仅句首（或句末）的状语从句冗长而复杂，主句或从句内部又可以包孕各种状语成分。而且，主句内的谓语动词或动词的各种非谓语形式均可能带有状语。状语的篇幅冗长、结构盘根错节，以及它对法律交际的重要性，亦是法律语言的一个重要特征。

4. “法律句式”中名词性词组占主导地位。这种名词性词组往往又带有复杂的后修饰成分，如“分期付款购买契约”中有这样一个名词词组：the payment to the Owner of the total amount of any instalments then remaining unpaid of the rent hereinbefore reserved and agreed to be paid during the term and the further sum of the ten shillings（上述的余下的租金和已商定的此期间的付款中尚未给付的当期款项的总额中支付给物主的款项和此外的10先令款额）。这个名词词组的结构关系如下表：

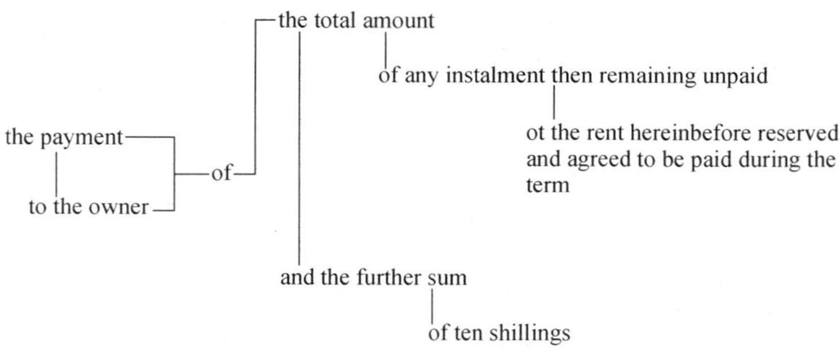

图3－1　法律句式中复杂名词词组的结构关系示意图

从上表可以看出，名词 payment 之后有四个层次的后置修饰语，它们之间的关系又纷纭复杂。例如在第一层次上有两个修饰语（the total amount，the further sum）是并列的，用以界定 payment 的内容，而另一个修饰语（to the owner）表示 payment 的对象，在形式上虽属同一层次，但内容上并非平行并列。同样，第三层次上的两个修饰语在内容上亦不属于同一类别。

法律语言中的名词性词组不仅修饰语之间关系复杂，而且它们的位置又与普通语体迥异，很不便于阅读理解。但是为了表述的严谨、周密，这类句式结构又是必不可少的。这类带复杂后修饰成分的名词性词组的大量运用是造成“法律句式”结构复杂和冗长的主要原因之一。这又是法律语言的一个特征。

5. “法律句式”语序特殊。法律语体对准确和避免歧义的需要远远超过对语言流畅、文笔典雅的追求，因此就产生了一些特殊的语序。例如，上述结构中的 the payment to the Owner of the total amount（总额中给物主的付款），正常的语序应是 the payment（付款）与后面的 of the total amount（总额的）相连。尤为特殊的是，上述短语中 the further sum of the ten shillings（此外是10先令款额）位于相当长的结构 of the total amount…during the term（此期间……的总额）之后，粗粗一看会误认为 the further sum（此外的款额）与它之前的 the term（此期间）互为并列关系。这个例子说明："法律句式"为了保证逻辑严密和语意准确，宁可损害行文的流畅性。

6. "法律句式"动词词组的特殊使用。法律语言的职能决定了动词词组的词义范围相对狭隘，谓语动词中表示"申述""承诺"一类意思的动词较为多见，除 witness 之外，还有 declare，agree，state，issue，deem，accept，require，authorize，consititute，perform，observe，exercise 等也较常用。在法律句式中，动词词组比名词词组少得多，在动词使用时，不定式动词的使用频率比一般语体高得多。定式动词以"情态动词（多用 shall）+ be + 过去分词"为多。在这里 shall 不像其他语体中那样主要用作将来时态的标志，而总是用来表示法律文书的强制性。此外，动词词项与助词之间有时表现了相当程度的可分离性。如 may purchase（可以购买）在其他语体中不可分离，而在上述的"分期付款购买契约"里，may 与 purchase 分别位于上述语法特点之四所列的那个短语的首尾，表示"可以"用那个复杂名词词组表示的两项款项"购买"物品。这种在情态动词（或助动词）与主要动词之间插进很长的状语成分，从而使谓语动词的两个部分相距甚远的情况在法律句式中颇常见，在文书第 19 行的 shall 与第 22 行的动词 become and be liable 之间也插进很长的状语。这也是法律语言的一个特点。

7. 为了论证的严密性和列举的周遍性，"法律句式"中多用并列结构。在三件文书中，各类词相和短语并列的现象比比皆是。如 the hirer shall be or remain liable（买方应当负责或继续负责），强调了买方所负法律责任的一贯性；performed or observed（履行或遵守）则强调买方不仅购买前应"履行"必要的手续，购买后还要"遵守"所有的条款。

三、法律语体的语义特征

1. 法律语体中 splended（极妙的），marvellous（奇异的），fantasitic（异想天开的），wise（聪慧的），disgusting（讨厌的），happy（快乐的）这类带有爱憎及其他感情色彩的形容词和形象性词语很少使用。语义模糊的程度副词如 very（非常）、rather（相当）等，在其他场合使用极广，而在法律文体中几乎是"绝踪"的。

2. 许多名词，被前（后）修饰成分所限定，排斥了原来的表示物质客体的语义而用来表示狭义上的抽象意义。这类名词有 proposal（建议），condition（条件），possession（所有物，财产，所有权）等。

长期来，律师们洞悉了某些语义规律，遵循着这些规律。比如他们很重视相关词项的语义搭配，强调动词的语境中只能配置那些与它的意义有关的语言单位等。

四、法律语体的视觉手段

英国早期的法律文书写在长宽约在二尺以上的羊皮纸上，为了节约（羊皮纸价格昂贵），也为了杜绝增删句子的欺诈行为，法律文书在羊皮纸上写成囫囵的一大块，不分段落，没有首行缩写，不用标点，四周也不留任何间隙。

造纸与印刷术由东方传入后，虽然文书的制作手段与材料有了改革，而法律文书的传统格式却仍沿袭下来。直到今日，许多法律文书仍不分段落，不用标点。但是法律语体已形成一套超语言的视觉手段，即在格局方面用文字的字体、形貌变化的方法来显示文书的结构、内容和逻辑上的关联性。比如文书制作者把他认为最重要一句的中心词放在开头，用全大写表示以引起重视。如文书Ⅰ与Ⅲ中的 witnesseth（第 16 行、第 78 行）是最重要句子的主要动词，用全大写表示。第 96 行的 to hold，第 97 行的租借期限 four years 等都是重要的词，均用大写。此外，对契约双方的有关名称（如 the society，the Life Insured，Agent，Collector，the committee of Management，Owner，Hirer，the Lessors，the Tenant 等）以及契约内容部分的名称（如 the Schedule，Registered Rules，the Table of Insurance 等）均用词首大写加以突出。文书Ⅰ中投保人去世是一个重要转折点，第 32 行整个短语用全大写印出起了强调与提示作用。至于文书Ⅰ开头的 whereas 用粗歌德体印刷和每段起首大写均有装饰作用。讲究版面装饰，是英美法律文书的一个传统做法。将一些关联词用粗体字大写如 AND、NOW 等，以强调他们所联结的语言单位间的联系；将主要动词大写，以突出文书的主要内容；又将涉案团体或个人大写（这些词并非专门名词，在其他场合均不必大写）达到醒目和庄重的效果。

不过，法规一类的法律文件，因为它们通常包括数目较多的互相独立的条款，必须顺序罗列才便于参阅，因此，这类文书多采用字母或数码标明文书的几个部分或细目，但标点符号仍很少使用，甚至不用。目前种类繁多的商务文书也倾向于采用这种格局。

从《英语语体调查》一书对英语书面法律语言的研究探索并参酌同时代的其他法律书面语语言的状况进行探讨，印象与结论大体如上。《英语语体调查》一书在 Suggestion for Further Analysis〔1〕一章中也对包括法律语言在内的各语用域进行口语表述特点的调查、探讨。在“口头法律语言”一节中对一段法庭录音进行了详尽描写，从词汇、语音、语调、音强、节奏、语渡、语速等多方面

〔1〕 Davicl Crystal，Derek Davy，*lnvestigating English style*，Longman Group Limited，London，1969，pp. 244～246.

进行分析、调查，得出了如下初步结论：口头法律语言与书面法律语言有一定差异，但用于法庭等特殊交际场合的这种口头法律语言与其他领域的口头表述似乎区别更大，尤其是法官的表述在准确性、非个人性、正式性方面颇为突出，口头法律语言深受书面法律语言的影响，或者说可以看作深深烙上法律规则印记的交际会话，等等。由于涉猎的口语语料有限，作者提出的印象、观点也是初步的并带有商榷的口吻（全部用问句表述）。我认为这种研究为尔后的法庭语言等法律口语的研究开创了先例，值得肯定。

如果说 David Crystal 等的《英语语体调查》一书对法律语言（特别是书面体），进行了较为全面、系统的研究、描写，有助于非法律人理解法律语言的话，那么大卫·梅林科夫（David Mellinkoff）出版于 1963 年的《法律语言》(The Language of the Law[1]) 一书在勾勒了法律语言的诸多特征之后还指出其存在的若干弊端及其成因和改进的方向，从而对英美"简明的英语运动"(Plain English Movement) 起了很大的推动作用。

Mellinkoff 在其著述的第一部分第二章、第三章分别归纳了英语法律语言的特征和风格。他认为，法律语言有九个主要特征：①经常使用常用词的冷僻意义；②经常使用古英语和中古英语中常用但现在罕见的词；③频繁使用拉丁词和短语；④使用不属于普通词汇的古法语词；⑤使用行业术语；⑥使用行话(隐语)；⑦经常使用仪式性的正式用语；⑧故意使用有歧义的词语和表达法；⑨追求语言的极端准确性。这些特征标志着法律语言有别于日常语言和其他行业语言。由此，法律语言形成了律师必须遵循的风格特色。那就是：冗余拖沓；晦涩不明；夸张奢华；枯燥乏味。

那么法律语言的这种现状是如何形成的呢？作者在本书的第二部分：第四章至第十一章，用浩繁的篇幅阐明法律语言的历史。英国本土二千多年来也发生过不少故事：凯尔特人入侵、盎格鲁—萨克逊起源、诺曼征服等，而法律与各时代的语言，诸如古英语、古罗马语、萨克逊语、丹麦语或诺曼语互相交织。英国的普通法和法律语言可以以此为线索探寻渊源和嬗变的路径，当然其中还交杂了不少社会文化因素。由于历史原因，法语注入英国，13 世纪中期，法律语法成为法庭语言，致使更多的法律语言融入英语，15 世纪后法语在法律语言中主体语言地位逐渐衰微，但法律法语的影响恒久，在英国法律语言中留下了大量的英语词和法语词两两并用的现象。17 世纪后法语在法庭上越来越少用，1732 年一项律师必须使用英语的法案正式生效，嗣后进入了"现代英语的三百年"。在这几百年中，种种社会原因（包括行业陋习）对法律语言

[1] David Mellinkoff, *The Language of the Law*, Little Brown and Company, 1963.

产生不同程度的影响，例如律师和书记员按制作文件的字数多寡计薪，造成法律语言中冗词赘句的充斥；大量的法律文件由不谙法律的书记员、文件起草人以及事务律师起草，缺失标点符号，遣词造句不当。当然，还有英语本身的原因，倒如公元1100年～公元1500年间的中古英语处于无序状态，可以任由个人随意拼写，直至中古英语末期，才有了一部英语—拉丁语词典；法院书写体和缩写成为其时法律谜团一个组成部分的同时也留下若干语言痕迹（如hon，no.）。凡此种种，交互缠结，造成现当代法律语言的特征、风格和弊端。

英语、英国法随英国殖民者一起进入美洲。由于政治、地理诸方面的差异，美国英语产生了一些特殊的词。美国盛行法律格式，普遍忽视标点符号。至20世纪初，法律人都擅于冗词赘句，致使法律语体呆滞、混乱、单调且冗赘。

为了使法律语言更好地服务于其目的，作者提出如下建议（也可认为是改进的方向）：更精确、更简短、更易懂、更持久（容易记住、印象深刻）。作者还强调，律师与法律语言的存在和使用，关系十分密切。

20世纪70年代之后，英美等国的法律语言研究进入了一个新的阶段，学术视野在立法语言和法律文本等法律书面语研究的基础上扩展了法律活动（包括法庭审理）中的交往互动式的口语活动，语料多为法庭言语活动的录音。研究的内容包括：①法庭话语的特征研究；②法律语言与权力的研究；③语言证据和法律翻译在法庭审判中的应用研究等。这些方面的研究成果为20世纪末作为国际性独立学科西方法律语言学的诞生奠定了学术上的基础[1]。

总观其时英美法律语言研究，还存在不够深入、全面等问题。专业法律工作者往往从司法实践出发，对法律文书拟撰等考虑较多，对法律语言的基础理论和普遍规律往往研究不深，浅尝辄止；而语言学家又往往受学科的限制和对司法实践的隔阂，只能对法律语言中的个别实例进行分析研究，还不能全面揭示法律语言的规律。英美法律语言学科学体系的建立，也要经过法律工作者和语言学家的共同努力。而此项目标也只能在法律语言学成为独立学科之后才能实现。

第三节　苏俄法律语言认知研究

革命导师列宁很重视法律语言，十月革命后，列宁不仅亲自起草了苏维埃

〔1〕 关于Mellinkoff的研究成果的综述等内容参见廖美珍：《法庭问答及其互动研究》，法律出版社2003年版，第4～5页。

政权最初的一批法令，而且对法律的修辞很重视。他指出："制定法律必须再三斟酌。要三思而行！"在论及苏维埃刑法典草案时指出："既然是草案，当然需要反复推敲和修改"，他认为立法语言"应该更通俗一些"。[1] 不过，苏联对法律语言的系统研究，是20世纪七八十年代以来随着语体学的发展而逐步开展的。较多的苏联语体学者认为，各种语体是与各类社会活动中的交际领域相对应的。而某一种类型的社会活动本身，又是同社会意识的某一具体形态，如政治、法律、科学、艺术等联系在一起的。这样，就可以相应地划分出人们熟悉的一些功能语体：政论语体、法律语体、科学语体、艺术语体等。由于苏联语体学者大体上按语言交际功能及语言外部因素来划分语体范畴，因此语体的分类结果也大同小异。大多语体学专著把法律事务这一领域的语言运用划归公文语体（也有把公文语体叫作"事务语体""公文事务语体""行政语体""公务语体"的）。也有的专著把法律语体单独列为一个语体范畴，这又可分为两种情况：一是法律语体仅仅包括法律事务领域的语言运用；二是用法律语体这一名目囊括法律、行政事务等范畴的语言运用。还有的学者，如M.M.米哈伊洛夫，把法律事务中的规范性公文语言划在公文语体中，另外再划出一个诉讼语体，研究诉讼活动中的非规范的法律文书和其他书面语。不过，大多语体学著作把法律语言当作公文语体的主流与重心，在具体的阐述中又以立法语言作为主要对象。

下面，我们以M.H.科仁娜20世纪70年代末著述的《俄语修辞学》（стидистика русского языка）为例介绍苏联对法律语言的研究。这本著作反映了苏联修辞学的发展概貌和现状，重点研究了功能文体问题，该书曾由苏联教育部核定作为师范院校俄罗斯语言学习本科教材，该书当年在苏联学术界和教育界有一定的影响。

科仁娜主张区分五种重要的、"基础的"功能语体：科学语体、公文事务语体、政论语体、艺术语体和日常口语体。她认为，所有功能语体都可以包括书面和口头两种形式。然而，公文事务语体一类的语体以书面为主，用口头形式表述终究有限度；反之，日常口语体尽管也会以书面形式出现，但最典型的仍然是口头形式。语体是一个历史的范畴，18世纪末至19世纪初标准俄语处于较早发展阶段时，语体是一种封闭状态，即各语体间（如事务语言与其他语言间，语言的笔头形式和口头形式之间）界限分明。但是现代俄语各语体都不再是封闭的，即使公文事务这种修辞材料最单一最严整的功能文体都是如此。

---

[1] 参见《列宁全集》（俄文版）第33、36卷，第320、541页，转引自吴大英、任允正、李林：《比较立法制度》，群众出版社1992年版，第702页。

在公文事务文体中，除了纯属法制、公事方面的术语之外，还相当大量地采用纯粹的科学术语（特别是在条约、协议等文件中），反之，在科学著述中相当普遍地使用所谓公文文体特有的词汇。因之，除了几种基本的功能文体外，语言中还存在“边缘”现象和“过渡”现象。所以各功能文体间的划界是复杂的。此外，一种文体内部的再分类也是复杂的。

《俄语修辞学》一书认为“公文事务文体研究，法制关系领域里的交际，目的在于实现法制的基本功能”。从这个定义可以看出，作者所谓公文事务文体，就本质来说就是法律语言。作者认为这一领域最重要的文体特点是“用语言表达意志的方式和用语言体现法制调整功能”的“独特”方法。用于这一领域中各种语言单位所共有的典型特征是“命令的性质”和“强制性指令的意味”。所以，总的来说，公文事务语言（法律语言）具有强制性的语言色彩。

此外，这一文体还具有准确性（不允许产生歧义）、非个人性质（这一领域中交际者、表述者或执笔者在大多数情况下并非以个人身份出现，而是代表国家）。因受特定的交际条件制约，还产生程式化、公式化这一典型特点。

法律有强制指令的性质，必须形成条文形式，所以这一文体具有独特的行文方式，也有特殊的表达方式，排除了其他语言环境中常用的陈述、议论和描写。国家法令文件中一般不需要论证，而是必须作出规定、订出准则，所以这种文字中一般不发议论。陈述性的叙述方式也不典型，没有纯粹的描写，只有特殊的指令性纪实性的叙述。

上述文体特征都使用语言材料的选择和运用，即一定的修辞手段（俄语中的修辞手段有语言的形象手段即辞格，还有词汇、语音、构词法、词法、句法等手段）来描写、论证的。如指令性这一语体特点通过下列修辞手段来实现：

1. 常常运用一长串互相联系的原形动词、有时多达二十个之多。

2. 原形动词常与 прикасываю（我命令），постанов ляю（我决定），нужно（应该），необходимо（必须），слодует（应该），должен（应），обясан（有责任），сбязуется（负有义务），может（可能），имеет право（有权）等连用，表示命令意义和规定意义；为了加强命令或规定的绝对性，还可添加一些其他的词汇手段，通常是副词性词汇。如：необходимо рещителъно устранятъ недостатки（必须坚决克服缺点）。

3. 用现在时形式表示指令（或强制）的意味和意义。如：наниmателъ отвечает завред дричиненныи нанятому иму ществу его домащними（承担人须对其家人给所租财物造成的损失承担责任。引自《民法典》）。

4. 完成体形式常与带应该意味的情态词连用，表示绝对的命令、核准：

вправе предписатъ（有权命令）、обязую сбеспечитъ（责成保证）等。

5. 高频率地运用带有应该意味意义的情态动词。这类词有 должен（应该）、обязателен（必须）、поАотчетен（应向……报告）、подсуден（归……管辖的）等。例如 вызов экспертов вбязатален для установлония причин смерти（必须请专家确定死因。引自《刑事诉讼法》）。

又如准确性、不允许有歧解这一文体特点，首先表现在运用专门性的术语，表现在非术语性词汇的单义性和无形象性方面。为求准确，就得限制同义结构替换的可能性，因为同义替换一般都会引起细微含义的变化。所以，事务语言就具有同样的词汇（主要是术语）大量重复出现的特点。此外，为了表达的准确，导致独立短语的大量运用，其中包括形动词短语和副动词短语，运用条件句、连词结构多于无连词结构。结果，这一切都使句子（包括简单句）长度大为增加。严格限制同义结构的换用等特点，在立法语言中表现得最为典型。

总之，这本专著对公文事务文体的语体特征的描述比较全面、系统，又由于运用语言材料（修辞手段）的特点来论证这些文体特征，比较科学具体，具有较强的说服力。不过，对这个文体的研究实际上较多地举了法律语言中的立法语言，未免有点名实不符、以偏概全之弊。其他一些著作也有类似的倾向。作者在《俄语修辞学》中指出："事务语言是功能修辞方面研究得最差的一个领域。"（见该书中译本《俄语功能修辞学》第 246 页）这种评述是符合苏联文体研究状况的。看来，为了研究的深入，必须先纠正文体分类粗疏的倾向，如可根据不同的社会生活领域，把公文事务这一比较庞杂的活动范围根据性质的不同分为行政公文、法律、一般事务等不同文体，法律文体内部还可粗分为立法文体和司法文体。对上述各文体分别进行科学研究有利于文体学的深入发展，也有利于法律语言研究的进一步深入。

除了语言学界外，苏联法学界对法律语言也很重视，对法律语言开展研究的不乏其人，有的法学家还运用信息论和控制论的学说来研究审讯问题，内中多有涉及语言运用问题。

近二十多年来，随着苏联的解体，俄罗斯社会各个方面包括法律领域在内经历了剧烈的变革。俄罗斯从 1992 至今，先后颁布了许多新的法律法规，法律已经渗透到社会生活的各个领域。而对作为俄联邦法律意志和法律概念载体的俄语法律语言研究也活跃了起来。其中较著名的研究者有伊凡基娜（Иванкина）、古芭也娃（Губаева）、加列夫（Голев）。

伊凡基娜对法律语言的研究是从提高法律职业者的语言素质，改善其运用语言能力的角度出发，研究了法律语言本体的特点。她的主要著作有《法学家职业语言》。古芭也娃的著作有教材《应用俄语教程》和《语言与法律》(2004) 等，后者对法律语言的用词、选词方面的技巧做了详尽的语言理论分析，其中包括将司法讯问、法庭问答等口头语转换成书面语的方法及提问的规律，可以说是一部介绍法律语言运用技巧的著作。加列夫教授是俄巴尔瑙尔国立大学法律语言实验室创始人。该室在 2000 年还创办了一个以研究法律语言为主的学术刊物《法律语言学》。该刊物研究的对象是法律语言、法律与语言的关系。他还从事语言鉴定方面的研究，其主要内容是分析名誉损害案件中，被告方的言论是否造成侵权和损害。因为俄罗斯实行多党制并提倡言论自由，因此在媒体上经常出现攻击他人的言论，难免言语过激，由此产生大量名誉侵权案件。语言学家的工作就是辨析语言材料中是否有侮辱性的成分。[1]

近些年来，在一些以英语为工作语言的法律语言学的国际学术会议上，常有俄罗斯学者参加。看来，这门学科在俄罗斯大有发展潜力。

第四节　IAFL 与西方当代法律语言学

一、IAFL

IAFL (The International Association of Forensic Linguists) 即国际法律语言学家协会（以下简称协会），成立于 1993 年。协会主要由语言学家组成，他们的工作涉及语言和法律事务，这些工作主要指法庭上的语言证据，涉及文本作者鉴别、有争议的口供等。另外，协会还希望其他语言（如广义法律语言、法律程序中的语言以及证据语言等）和法律相关的人员，特别是法律专业人员，加入协会。

协会致力于在全世界范围内通过建立语言与法律的沟通桥梁来改善法律制度的实施。协会的宗旨是：促进包括立法和法庭文书、警察语言以及监狱语言在内的法律语言的研究；促进语言学证据（如音系学、形态句法学以及语篇语用学等）在作者身份分析、抄袭鉴定、说话人识别、语言画像、法庭供述以及消费品警示信息中的使用；推进语言证据在民事案件（如商标侵权纠纷、合同纠纷、名誉侵权、版权纠纷）中的使用；从语言层面推进司法公平，帮助语言弱势群体；促进法律界和语言学界的交流；推进司法实践中专家证人证言以及法庭口译和翻译的研究；帮助公众更好地理解语言和法律之间的交互关系。协会作为一个国际性的法律语言研究会，还制定了自身的发展目标：向全世界宣传语言分析及其法律应用的知识和成果；推进法庭作证、撰写官方案件报告等

---

〔1〕 此段内容参考窦可昫：“中外法律语言学研究述评”，载《中国市场》2006 年第 8 期。

工作的执业守则的出台；创建法律语言学重大事件语料库（如法庭口供语料库、自杀信息语料库以及警察讯问语料库等）并让所有法律语言学者共享。

协会为国际法律语言学研究者提供了一个交流和分享成果的舞台，大会每两年举行一次，迄今为止已经举办了12届国际法律语言学大会，第12届国际法律语言学大会于2014年7月在广东外语外贸大学举办，这是迄今为止亚洲国家首次承办该协会的大会。

协会的官方会刊从1994年创刊初期《法律语言学》（*Forensic Linguistics*）到2003年更名为《话语、语言与法律国际期刊》（*The International Journal of Speech, Language and the Law*）[1] 并一直沿用至今，使该期刊能够涉及法律语言学研究的更多方面。

二、西方当代法律语言学

从1993年第一届IAFL举办的国际法律语言学大会（在德国伯恩举行），直到2013年十一届国际法律语言学大会（墨西哥），法律语言学研究的主流和焦点落在西方。

（一）研究历史与现状

据悉，西方法律语言学始于1968年Jan Svartvik发表的*The Evans Statements: A Case for Forensic Linguistics*，即“伊万斯陈述：法律语言学案例”[2]。J. Svartvik的研究是基于1950年的伊万斯谋杀案。伊万斯在1950年因谋杀妻子和女儿而获绞刑。三年后，发现真凶另有其人。为此，J. Svartvik开始对伊万斯的四份供述展开词法和句法等语言学方面的研究，最终发现文体表达不一致的两段供述不是出自伊万斯本人。在这一分析中，J. Svartvik首次把自己的分析定义为法律语言学案件分析（case for forensic linguistics）。

最初，西方法律语言学的研究零散而不成系统。也没有涉及对方法论的研究，直到1993年，国际法律语言学家协会的成立即标志着法律语言学作为一门独立的交叉学科正式诞生（潘庆云，2004[3]）。自此，西方法律语言学有了迅猛的发展，英国和美国等多国都开始在法庭审理中听取语言学专家意见。由此产生了很多兼职或者专职的语言学专家证人，法律语言学方法论也不断地被深入研究。

那么，法律语言学究竟是什么？新一届的IAFL会长Tim Grant（2015）在接受广东电视台专访时声称：“法律语言学是语言学在所有可能的法律语境中

---

〔1〕 Malcolm Coulthard & Alison Johnson, *An Introduction to Forensic Linguistics: Language in Evidence*. London and New York: Routledge, 2007.

〔2〕 JanSvartvik, *The Evans statements*. University of Goteburg, 1968.

〔3〕 潘庆云：“西方法律语言学初探”，载《修辞学习》2004年第1期。

的应用。”而这些可能的语境有哪些呢？总的来说，这些语境可以体现在以下三个方面（Coulthard & Johnson，2010）：

1. 法律书面语研究。包括各种法律文件的研究，如合同、判决书、法官对陪审团的指示、羁押通告、产品警示语、警察警告、法律条文、商标以及遗嘱等。

2. 法律过程的互动研究。在法律互动中既有书面语，也有口语即语音材料。互动中由于知识背景、地位等权力的不对等，必然产生法律面前的弱势群体，对他们的语言的研究，是法律语言学互动研究的重要方面。

3. 专家证人的法庭语言证据。作为语言学家的专家证人，要把自己的语言研究工作展示给法律专业人员并让他们认同其对案件的重要性。比如，文本作者鉴别的过程中产生的大量数据，随后以概率的方式确定一致性得出结论，并尽力让法庭采信。

以上三方面的法律情景及相关研究，就是西方法律语言学的三个主要领域并形成相关的分支学科。

（二）研究方法

法律语言学最突出的特点就是其应用性和跨学科性，应用性要求其研究成果直接用于解决法律问题，这就决定了法律语言学要与时俱进地针对法律领域中出现的各种问题进行研究。为此，采用相关领域的新方法势在必行。跨学科性指法律语言学所涵盖的研究对象既涉及法学领域的各个分支，也涉及语言学各个重要研究领域，因此单纯的法学研究方法或语言学研究方法就不能满足法律语言学研究的需要。如文本作者鉴别研究中，既涉及语言学中的语篇分析、社会语言学、心理语言学的分析方法，同时需要统计分析方法和证据法学的支撑。因此各种研究方法的综合应用是法律语言学的必然选择。以下概括西方当代法律语言学的主要研究方法。

1. 语篇分析法。语篇分析法是语言学的重要研究方法之一。Coulthard（1994）[1] 和 McMenamin（2002）[2] 就曾利用语篇分析的方法对文本进行分析，常用的分析角度有：连贯、重复、信件称呼语、信件结束语、个性开篇语、思维顺序、直接引语及间接引语的使用、提问习惯、段落长短等。另外，语篇分析可以宏观信息结构入手，洞察语篇信息组织结构特点、信息密度、信息发展特点等；也可以从微观信息结构入手，发现语言使用者的微观语言使用

---

〔1〕 Malcolm Coulthard，“Powerful evidence for the defence：an exercise in forensic discourse analysis”，In Gibbons，J.（Ed.），Language and the Law，New York：Longman Publishing，1994，pp. 414～427.

〔2〕 Gerald R. McMenamin，*Forensic Linguistics*：*Advances in Forensic Stylistics*，Boca Raton and New York：CRC Press，2002.

特点，如主客观信息使用的频率、惯用信息组合方式等。语篇分析的这些方法适用于文本作者分析的各个领域，通过分析文本的大量语篇特征，来概括和推测文本作者的语言使用特点和习惯。

2. 多模态分析法。多模态的分析方法是语篇分析的进一步发展。当语篇中除了文字还包括画面、声音等其他多模态的信息符号时，要想充分理解语篇，就必须对语篇进行多模态分析。对语篇的多模态分析包括对画面中说话人眼神、手势、身体姿态等的分析以及画面中场景布局的分析（Matoesian，2010）[1]，也包括对说话人声音各项指标的分析，然后再结合对文字语篇的分析，便能对整个语篇进行深度解构。多模态分析法适用于庭审话语分析等场合。

3. 实验法。实验法也是法律语言学研究中常用的方法。比如在实验法律心理学研究中，根据案件编写好题目后，利用测谎仪对嫌疑人进行测谎实验，从而判断嫌疑人供词的真假或是锁定真正的犯罪嫌疑人。实验法虽然是法律语言研究中常用的方法，但是每个实验法都有其局限性，研究者应该熟知不同实验法在处理人的因素时的局限性。比如，测谎仪就有可能因为嫌疑人的精力不集中、紧张等原因而导致测量结果不准确或者无效。

4. 统计分析法。统计分析法也越来越多地应用于法律语言学研究的各个领域。最初在法律语言学研究领域的统计分析法主要是对所采集数据的单因素的统计分析，所能处理和解释的因素比较有限，因此很难对研究对象有全局的分析和认识。现阶段更多采用多变量统计分析，可以更加全面完整地对统计数据进行归纳，帮助研究者总结研究模型，从而更加系统全面地认知研究对象。统计分析法适用于文本作者分析、说话人识别、法律语言心理学研究多个领域。

5. 物理检验法。物理检验法（国内司法鉴定业内称“微量物质鉴定法”）主要是指用物理手段进行分析的方法，如用显微照相机对匿名威胁信文本进行处理后进行字体、墨迹、笔迹、纸质材料等物理分析，从而鉴定可疑文本材质特点、形成时间等，为确定犯罪嫌疑人提供线索和依据。

6. 调查分析法。调查分析法是针对所研究的对象和问题，通过各种调查手段如采访、问卷调查等收集材料并进行分析的过程。比如在对各类警示语（家暴警示语、吸烟警示语等）的适切性、有效性或者可接受度的研究中，就可以通过调查分析的方法，发现警示语的不同影响效力和可接受度，为警示语设计者提供参考，以提高警示语的有效性。

---

[1] Gregory M. Matoesian，“Multimodality and forensic linguistics：Multimodal aspects of victim’s narrative in-direct examination”，In Coulthard，M. & Johnson，A.（Ed.），The Routledge Handbook of Forensic Linguistics，London and New York：Routledge，2010，pp. 541～557.

7. 个案分析法。个案分析法主要针对某个案件进行分析，给出结论。虽然个案研究既有其特殊性，也会有一定的普遍意义，因此研究结论往往可以成为后续相关研究的借鉴。比如前文中提到的“伊万斯陈述：法律语言学案例”。近期 Grant 就通过语言学特征分析，为一封困扰了很多英国人的匿名种族威胁信做了文本作者画像，结论认为威胁信的作者应该是60 岁以上的年长女性。同时，警方在信件上提取到了犯罪嫌疑人的 DNA，DNA 同样检测发现犯罪嫌疑人是女性。最终根据这些线索成功锁定了犯罪嫌疑人。

如前所述，法律语言学研究的方法众多，但在实际办案中往往是多种方法并用，如文本作者鉴别中使用定性和定量的方法，具体采用语篇分析法、实验法以及统计分析法。这样才能提高研究结果的可信度和有效度。

（三）研究意义

1. 理论意义。法律语言学研究对法律语言的使用及其他法律实践具有指导意义（杜金榜，2004）。法律语言学研究跟其他很多应用性研究一样，通过描述法律现象，解释法律语言现象和揭示法律语言本质最终来解决法律问题。在这个过程中，人们通过对法律语言本身以及相关的现象进行不断的探究，对其产生深入的认识，从而指导法律语言使用。

2. 实践意义。法律语言学的应用性决定了法律语言学在法律实践中能起指导作用。以文本作者鉴别（authorship attribution）研究为例，文本作者鉴别研究已经在英国的数起重大刑事案件的侦查和审理中起到不可或缺的指导作用，最著名的就是 Danielle Jones 和 Jenny Nicholl 的谋杀案。总之，法律语言学可以让语言更好地服务法律，促进司法公正。

第五节　西方法律语言学应用

基于法律语言学的研究对象，西方法律语言学的应用也可以从以下三个方面来探究。

一、法律书面语研究的应用

（一）简易英语运动

另外一个语言学家对法律系统做出极大贡献的领域就是简易英语运动。现代的简易英语运动起始于 20 世纪起始年代。从 20 世纪 70 年代到 80 年代，出现了很多文件制定者跟语言学家合作的项目，共同致力于提高法律文件对普通读者的可读性和易懂性。在此期间，在理论层面，David Mellinkoff 在其 The language of the law 中指出了业已存在的很多传统法律术语的荒诞之处。在现实层面，Richard Wydick 所著的 Plain English for Lawyers[1] 被广泛用于教授法律专业学生“法律文书写作”课程。从那时起，在英美等西方国家，简易英语原则（plain English principles）就已经被纳入绝大多数的法律院校的法律文书写作课程设置中了。最近的研究开始探究简易英语如何进入庭审过程，比如米兰达警告、法官的法庭指令、陪审团指令以及法庭最终的审判语言等。

（二）针对大众的法律文件复杂度的研究

在商业社会中，很多法律文件面对大众消费者，比如保险公司的各种保单条款等，这类法律文件的复杂度应该符合非法律专业人员的认知水平，而不该过于“法言法语”。但现实情况却是法律文件中充满了生涩词汇、长句、复杂句、嵌套句、法律术语、金融术语以及无法识别的组织机构的名称（Stygall, 2010）[2]。由于此类法律文件的可读性问题所引起的诉讼和纠纷越来越多。相关机构（比如银行、保险公司等）针对此类案件的咨询工作也越来越多地落到了法律语言学家的身上。为此，法律语言学家针对这类法律文书的研究主要集中在对法律文件难度的把控以及可读性的研究上。在不断丰富的经济生活中将成为各大经济实体不可或缺的法律文件撰写指南。

二、法律过程中的互动研究

（一）弱势群体语言研究

弱势群体语言研究主要指对儿童和语言障碍受害人或证人的语言研究，除此之外，还包括对非本族语被扣押者语言能力评估以及如何在庭审和询问中避免对女性受害者的二次伤害的研究。研究通过对警察询问受害人或证人以及法庭作证的过程分析，评估弱势群体的语言能力、语言对策以及是否存在被歧视的现象。最终通过立法以及程序改变来保障这些弱势群体在警察询问和庭审中的合法权益不会受到侵害和践踏。下面以儿童证人为例，来说明如何研究弱势群体的语言并应用于法律实践。

从 2002 年，英格兰和威尔士就明确了在案件中作为证人的弱势群体的定义，即 17 岁以下的青少年以及有精神障碍、智力障碍以及身体残疾的证人（Aldridge，2010）[3]。这一明确的规定并非一蹴而就，而是在不断的研究和

---

〔1〕 Richard C. Wydick，“Plain English for lawyers”，*California Law Review*，Vol. 1978，No. 66.

〔2〕 Gail Stygall，“Legal writing：complexity：Complex documents/averageand not – so – average readers”，In Coulthard，M. & Johnson，A.（Ed.），*The Routledge Handbook of Forensic Linguistics*. London and New York：Routledge，2010，pp. 51 ~ 64.

〔3〕 Michelle Aldridge，“Vulnerable witnesses：Vulnerable witnesses in the Criminal Justice System”，In Coulthard，M. & Johnson，A.（Ed.），*The Routledge Handbook of Forensic Linguistics*. London and New York：Routledge，2010，pp. 296 ~ 314.

实践中最终确立的。最初，研究认为儿童是最危险的证人，因为他们特别容易受暗示，也无法分清什么是自己的幻觉什么是现实。在20世纪80和90年代，随着研究的深入，发现儿童证人不可信，跟成人对他们的沟通能力和技巧相关，并不都是由于儿童本身的原因造成的。儿童的认知和语言能力显然无法应付现有的审判和询问程序，为此，有儿童证人的刑事审判程序和询问开始改变，鼓励在询问中使用录像，然后把询问录像作为主要证据在法庭审判中呈现。再后来，针对儿童证人的询问程序更加细化为四个阶段：rapport（建立和谐关系），free narrative（自由陈述），questioning（提问）和close（终止）。同时，对儿童证人的询问准备工作、询问时间长度、如何询问给予指导和建议，比如使用适合儿童年龄的语言，要学会倾听他们讲话而不要直接按照常规的问题直接提问他们，尽量让他们自由回忆重要的事情而不要打断他们的思路，让他们用自己的语言按照自己习惯的节奏和速度来陈述事件经过等。

（二）警察询问研究

警察询问主要指警察对犯罪嫌疑人就涉及的案件进行提问。警察对犯罪嫌疑人的询问结果具有刑事侦查的作用以及可以在庭审中作为证据。警察对犯罪嫌疑人询问的初始形态是口语问答形式，但是为了方便后续作为庭审口供，会把口语的问答转写为书面的笔录。文体的转换会带来很多的问题，比如笔录没有忠实记录犯罪嫌疑人的回答甚至有意或无意地扭曲犯罪嫌疑人的回答等。因此，很多法律语言学研究针对这类问题，希望通过对比同一询问过程的不同笔录语篇，还原真实的警察询问过程及转写过程，保证作为证据的询问笔录能够真实、客观地再现警察询问的全过程，保障证据的质量和价值，保障庭审公正（Haworth，2010〔1〕；Rock，2010〔2〕）。

三、语言证据及语言学专家证人作证

（一）说话人识别

说话人识别（speaker identification）根据有无录音以及有无确定的少数犯

〔1〕 Kate Haworth，"Police interviews in the judicial process：Police interviews as evidence"，In Coulthard，M. & Johnson，A.（Ed.），*The Routledge Handbook of Forensic Linguistics*，London and New York：Routledge，2010，pp. 169 ~ 181.

〔2〕 FrancesRock，"Witnesses and suspects in interviews：Collecting oral evidence：the police，thepublic and the written word"，In Coulthard，M. & Johnson，A.（Ed.），*The Routledge Handbook of Forensic Linguistics*，London and New York：Routledge，2010，pp. 126 ~ 138.

罪嫌疑人，可以分为四种不同的任务（Jessen，2010[1]）：第一种任务是将少数犯罪嫌疑人录音进行比对，并将比对结果作为证据提供到法庭，以证实真正的罪犯。第二种任务是虽然有匿名罪犯的录音，但是没有确定的犯罪嫌疑人，这时可以通过录音给罪犯进行语音分析或者语音画像，如果能得到罪犯相关的性别、年龄、地区、社会阶层或者外语背景等信息，将会给警察刑侦带来极大的帮助。第三种任务是没有任何录音但是有犯罪嫌疑人，证人如果对罪犯熟悉，那么可以根据证人的供述来锁定犯罪嫌疑人；如果对罪犯不熟悉，那么可以让证人根据案件当时对声音的记忆，从犯罪嫌疑人声音列队（voice line - up/identification parade）中辨认罪犯的声音。第四种是既没有犯罪嫌疑人也没有录音资料只有证人，在这种情况下，专家证人就难以进行分析，只能希望以后能通过证人描述的语音特征以及声音合成技术来还原罪犯的声音。

（二）文本作者分析

文本作者分析主要针对匿名的文本，比如匿名威胁信等。文本作者分析主要可以分为文本作者画像和文本作者鉴别两类。跟声音画像类似，文本作者画像主要是通过对匿名文本的分析，对文本作者从性别、年龄、来自的地区、社会阶层等方面进行概括描画，从而帮助警察搜索和锁定罪犯。文本作者鉴别是通过对匿名文本的分析和不同犯罪嫌疑人文本的比对，在几个可能的犯罪嫌疑人中确定罪犯的过程。

（三）抄袭文本研究

广义上讲，抄袭文本的研究也属于文本作者分析的领域。在抄袭文本研究中，主要是对可疑文本进行相似度检测，以确认抄袭是否存在。这里的相似度不仅有抄袭数量多少的分析和检测，还包括抄袭质量的分析和检测。在抄袭数量的基础上分析可疑文本间抄袭的质量，很容易鉴别抄袭是否存在，比如查看可疑文本间相同词汇的高百分比，文中只出现过一次的罕见词汇重复数量以及罕见词的低频相似性（Johnson，1997[2]；Coulthard，Johnson，Kredens & Woolls，2010[3]）。专家在进行文本相似度的检测时，除了人工的分析，往往

---

〔1〕 MichaelJessen，"The forensic phonetician：Forensic speaker identification by experts"，In Coulthard，M. & Johnson，A.（Ed.），*The Routledge Handbook of Forensic Linguistics*，London and New York：Routledge，2010，pp. 378～394.

〔2〕 Alison Johnson，"Textual kidnapping：a case of plagiarism among three studenttexts"，*InternationalJournal of Speech*，*Language and the Law*，Vol. 1997，No. 4.

〔3〕 Malcolm Coulthard，Alison Johnson，Krzysztof Kredens &David Woolls，"Plagiarism：Four forensic linguists' responses to suspected plagiarism"，In Coulthard，M. & Johnson，A.（Ed.），*The Routledge Handbook of Forensic Linguistics*，London and New York：Routledge，2010，pp. 523～538.

还会利用计算机软件输出的结果进行阐释和说明，这就是抄袭文本的相似度检测中专家证人的职责所在。

（四）商标侵权

商标侵权的诉讼在西方非常常见，是法律语言学专家证人最常涉足的一个研究领域。在商标侵权案件中，最常见的咨询问题和法庭证据问题集中在两个方面，即商标引起混淆的可能性（likelihood of confusion）以及商标属性的强弱（strength of the mark）（Butters，2010[1]）。如果一个已有商标同另外一个新商标易混淆，那么已有商标的拥有人便会阻止这一新商标的使用。那么如何判定两个商标是不是具有容易引起混淆的相似度呢？一般要从两个商标的视觉、听觉、意义以及使用的相似度来分别加以分析（Butters，2010）。商标属性强弱是由其宜于获得商标保护的适格程度和保护强度来决定的。商标属性越强，越容易收到法律保护。根据其属性强弱，商标可以分为五种（彭学龙，2007[2]；张少敏，2016[3]）：①通用名称（generic），指某一类或某一种产品或服务的名称，比如“洗衣机”，通常不能注册为商标；②描述性词汇（descriptive），是对所标示商品或服务质量或特征的直接描述，如“美味可口”对于食品，一般也很难注册为商标；③暗示性词汇（suggestive），由常用词构成，它与商品或服务虽然没有直接、明显的联系，但以隐喻、暗示的手法提示商品的属性或某一特点，如饮料商标“健力宝”，钙片商标“盖天力”，一般可注册为商标；④随意词汇（fanciful），由常用词构成，但与商品或服务的特点没有明显联系，如牛仔裤和电脑的商标“苹果”，墨水商标“鸵鸟”；⑤臆造词汇（arbitrary），又称无字典含义商标，是由杜撰的文字、词汇所构成的无特定含义的商标，它与第④类随意商标最大的不同在于随意商标是一个现成的、具有字典含义的词汇。五种商标中，①是属性最弱的，而⑤是商标属性最强的。如果商标属性为③～⑤中的任一种，那么商标很容易受到法律保护而不被其他商标侵权（Butters，2010）。

（五）产品警示语研究

产品警示语研究主要针对警示语的适切性（adequacy）以及有效性（effectiveness）来进行分析。比如，香烟的烟盒上根据要求必须要出现像“caution”“danger”“warning”这样的字样。但是即使出现了这样的字样，是不是具体警

---

〔1〕 Ronald R. Butters，“Trademark linguistics：Trademarks：Language that one owns”，In Coulthard，M. & Johnson，A.（Ed.），*The Routledge Handbook of Forensic Linguistics*，London and New York：Routledge，2010，pp. 351～364.

〔2〕 彭学龙：《商标法的符号学分析》，法律出版社 2007 年出版，第 130 页。

〔3〕 张少敏：“对臆造类商标专名通用化的哲学思考”，载《广东外语外贸大学学报》2016 年第 1 期。

示内容就是真正的警示语呢？从语用学角度的研究发现，很多警示语其实本质上的言语行为是“许诺（promise）”而非“警示（warning）”。同时，还会通过实验法、调查分析法等来评估不同商品警示语的适切性的强弱，然后给出改进产品警示语和增强某些产品安全信息适切性的建议。

【思考题】

1. 为什么说西欧的法律语言发端于古希腊绝非偶然？亚里士多德的《修辞学》在法律语言研究方面有哪些建树？

2. 现、当代英美学者是从哪几个方面开展对法律语言的本体研究的？试分别简述之。

3. 作为一个国际学术组织IAFL对当代法律语言学的发展做出了哪些贡献？

4. 语言证据和专家证人制度在西方法院各类诉讼中是如何运用的？对我国的司法改革有什么启示？

第四章
中国法律语言的风格特征

第一节　法律语言风格概述

一、风格和语言风格研究

“风格”一词，在中外各种语言中含义都很复杂纷纭。外国语言中有这么一个词：style（英语），стилъ（俄语），stil（德语），le style（法语）。这些词都渊源于希腊文，本指在涂蜡的木板上写字用的一种削尖的小棒（多为骨质），它的另一头是小铲的形状，改动语言文字时就用这一头把已写好的刮掉。这词儿的引申义是“对文字的修改”。这个词在亚里士多德的《修辞学》中则讨论了各种演说的风格，认为风格是与所表现的情感和性格以及题材相适应的表现方式〔1〕。后来在西方语言中，这个词具有风格、文体、式样、方式等多种涵义。

汉语中风格一词出现于晋代，葛洪（284～364）《抱朴子·疾谬》：“以风格端严者为田舍朴”，风格指的是人的风格品度。《文心雕龙·议对》在论述应劭、傅咸、陆机三位作家在阐述议论、对策文章方面的得失之后说：“亦各有美，风格存焉。”即各有优点，保持了各自的风格。风格指的是风教规范，即议事的标准。大约到唐代，风格一词才表示一定艺术特征的意思。张怀《书断·中》：“宪章小王，风格秀异。”意思是说取法王献之，字体清秀优异。

近代由于翻译外国文献，风格一词愈来愈多见。在艺术、文学、语言三个领域中，style一词都会被译成“风格”。然而在西方语言中style一词除指风格外，还指语体、文体、文风等，因此在翻译时要根据其特定的上下文来确定其确切含义。

从现代语言学的意义上来说，我们认为：语言风格是语言运用中某种特点或某些特点的综合及其所具有的格调、气氛和色彩。语言风格，从不同角度可

---

〔1〕 亚里士多德声称：“风格如果能表现情感和性格，又和题材相适应，就是适合的。”见［古希腊］亚里士多德：《修辞学》，罗念生译，生活·读书·新知三联书店1991年版，第164页。

以分为多种类型，例如可分为个人的或流派的，功能的或文体的，表现的或艺术的，但无论是哪种类型都是由一定的语言材料和表现手段体现出来的。但是语言风格又不等于语言材料和表现手段本身。语言材料有语音、词语和语法等，表现手段是对这些材料的具体选择与调遣，因此对语言材料和表现手段的研究是对语言的微观研究。而语言风格是宏观的，所谓“宏观”就是说语言风格始终是各种风格要素集合体的产物，离开了各个要素的总和作用就没有风格可言。语言风格又是动态的，所谓“动态”，就是说语言风格必须与特定表现者的主观条件和客观方面的表达内容和意图相依存。在研究语言风格时，我们可以从“宏观”和“动态”这两个特点出发，把语言风格分为三级单位：格类、格位和格素〔1〕。

格类即风格类，是语言风格研究的上限单位，格类是在一定的格位、格素综合作用下形成的。从功能或文体的角度出发，我们可以把法律语言作为一个独立的风格类。每一个风格类都有与之相应的格调。

二、法律语言风格及其风格格调

上面说过，语言风格有各种类型，法律语言既然是全民共同语在诉讼和非诉讼法律事务以及法律科学研究领域中形成的带有明显特征的一种社会变体，那么法律语言风格当属功能类型的语言风格。因此，法律语言一般不要求表现作者的个性，个人语言风格如能体现也是比较微弱的。所以法律语言作为一种功能的风格类，有比较统一的格调。那么，法律语言的格调有什么特色呢？为了讨论这个问题，我们从歌德的一次失败的辩护讲起。

以《少年维特之烦恼》《浮士德》等不朽名著蜚声世界文坛的德国大诗人歌德〔2〕，青年时代曾攻读法律，先后在两所大学完成学业，取得博士学位，旋即被委任为法兰克福一所法庭的律师，尔后以律师的身份在 4 年中受理过 28 件诉讼案。他踏上律师生涯后，受理的第一个案件是一位父亲为了收回其在病重期间被儿子接管的一家工厂而起诉儿子。歌德代理被告，为了捍卫儿子的权益，在他的发言中倾注了尽可能多的热情。他的演讲韵味奇异，伴随着夸张的表情和浑厚的嗓音，宛若一位演员在舞台上吟诵台词：

啊！如果喋喋不休和自负竟能预先决定明智的法院的判决，而大胆和愚蠢

〔1〕 我们把格位分为音律位、句法位、修辞位和篇章位。格素就是构成风格的基本单位，与各级语言单位相应。

〔2〕 歌德（Johann Wolfgang Von Goethe，1749～1832）德国诗人、剧作家、思想家。生于莱茵河畔法兰克福富裕市民家庭。曾获斯特拉斯堡大学法学博士学位。书信体小说《少年维特之烦恼》是他早期作品之一，诗剧《浮士德》是他的代表作之一。他的抒情诗是德国诗歌的瑰宝。其作品对德国和世界文学影响深远。

能推翻业经得到证明的真理……简直很难相信，对方居然敢向你提出这样的文件，它们不过是无限的仇恨和最下流的谩骂热情的产物……啊！在最无耻的谎言、最不知节制的仇恨和最肮脏的诽谤的角逐中受孕的丑陋而发育不全的低能儿！……

那么，这篇非同凡响的演讲词反响如何呢？据记载，在歌德进行讲演时，法官们“不由微笑地摇着头”，流露了“不敢苟同”或“不以为然”的情绪。这种“充满诗意”的“辩护”理所当然地引起听众的不满和对方律师的反驳。对此，这位诗坛巨人十分愤慨，他回答原告律师的反驳，还穿插了一段“戏剧性的感叹”：

我不能再继续我的发言，我不能用类似这种渎神的话玷污自己的嘴……对这样的对手还能指望什么呢？……需要有一种超人的力量，才能使生下来就瞎眼的人复明。而制止住疯子们的疯狂——这是警察的事。

这一次，法官们再也不能保持缄默了，他们终止了歌德的发言，对案件作出了判决。这位从少年时代起就傲视一切的诗坛巨星，第一次行使律师职责时就遭到了法庭的指责，不能不说是一件憾事。那年，他 22 岁。[1]

歌德从小才华横溢，这两次讲演在遣词造句方面也并无差错，为什么却会成为诗人律师生涯中一次失败的记录呢？

闻一多先生论诗说：“情感是诗的主人，而理智则是不速之客。”对于“辩护词”一类的法律语言来说，这句话正好可以颠倒过来，即“理智是法律语言的主人，而情感则是不速之客”。从语言风格的角度来说，诗的语言和法律语言属于不同的风格类，具有迥然不同的格调和色彩。歌德的发言充满激情和“一股奇特的韵味”，而法律语言是不需要“激情”和“韵味”的。他的辩护之所以失败，究其原因就是不符合特定的风格特色，违反了语言运用规律。

无论说话还是撰文都是为了交流情况、传递信息，为了取得预期的效果，首先，要使你的表述适应特定的题旨情境，那就要符合一定的语言体式即风格的要求。《尚书》中的“辞尚体要”指的就是交际言辞（讲话）要适应特定的言语环境，要得体。刘勰《文心雕龙 · 定势》：“因情立体，即体成势”（根据要表达的情思内容来确定体制，根据体制来确定写法），说的也是这个意思。明代吴纳《文章辨体 · 序说》则说得更明白：“文章以体制为先，精工次之。失其体制，虽浮声切响，抽黄对白，极其精工，不可谓之文矣。”意思是说：符合一定的体式是撰文的头等大事，调配文采，讲求声律则是其次的问题。古人所说的“体”或“体式”，相当于今天的语言风格。对此，刘勰《文心雕

〔1〕 金大业：《歌德》，中国少年儿童出版社 2003 年版，第 26～27 页。

龙·体性》已把各类文章的语言分为八种风格类型，称为“八体”：“一曰典雅，二曰远奥，三曰精约，四曰显附，五曰繁缛，六曰壮丽，七曰新奇，八曰轻靡。”他归纳的八种风格兼包形式与内容、文辞与义理，而且指出这八种风格具有对立统一关系。

语言风格的这种属性分类一直沿用到现代，陈望道先生《修辞学发凡》把语言风格分为四组八类：简约—繁丰，刚健—柔婉，平淡—绚丽，严谨—疏放。四组八体，互相对立，相辅相成，同等重要。

根据以上阐述，前引吴纳《文章辨体·序说》中的话可以理解为：撰文首先要符合一定的语言风格，若不顾文章特定的风格与体式，文字音韵“极其精工”，最终也会南辕北辙，导致失败。“辩护词”等用于诉讼中的法庭论辩，应以具体确切地运用客观事实与证据进行论证取胜，以准确精练、字斟句酌、没有疏漏见长。歌德的讲演在语言形象、文字华丽方面确很“精工”（歌德的德语法庭演辞经翻译后原有的韵味、色彩已不复存在），但其语言风格却与“辩护词”的要求“反其道而行之”，坦率地说，它根本不是辩护词，对法庭来说，它只是一堆于事无补的废话。因此，它的失败并不出于意料之外。歌德很快结束了他的律师生涯，心无旁骛地专门从事小说、诗歌、戏剧的创作，成为流芳百世的作家和诗人。后人对此评论曰：他的才华、性格、情趣决定了他成为一代文豪，而不适合从事法律工作，并庆幸地说：从此，德国法兰克福少了一名平庸的律师，世界文坛多了一颗璀璨的巨星。这话当然也不无道理。但是纵观我国历史，从唐代的王维、白居易直至清初的李渔，他们都是蜚声文坛的大诗人、大剧作家，但他们充当司法官员或充当幕僚时，不都写过中规中矩的判词或编撰过政治法律方面的著述吗？可见歌德法庭语言方面的“低能”，主要是因为他未能意识到法律工作对语言的特殊要求并去做一番努力。如果情势逼迫他非继续从事律师工作不可，相信他也会很好地渡过这一关的。

可见，运用语言时不能仅仅满足于遣词造句合乎一般的词汇和语法规律，更要使它顺应特定的题旨情境，具备一定的风格格调。

那么，法律语言必须具备哪些风格格调，才符合特定的题旨情境，从而发挥其特殊的社会功能呢？

因为法律语言是实现司法公正与效率的有效载体，在司法活动中具有威慑敌对势力，惩罚犯罪，保护人民，宣传法制的作用，在立法中具有调整国家、自然人、法人和其他组织之间以及它们相互之间法律关系的作用。国家规定公民享受的权利和承担的义务，案件所认定的事实和得出的结论分别用规范性的法律法规和非规范性的法律文书来表述，因此，法律语言，特别是法律、法规和各种法律文书必然会引起有关当事人乃至全社会的密切关注。当然，我们所指的法律语言是在立法、司法和法律实务中与法律思维同步，体现法律观念，作为司法公正与社会公平正义载体的法律专业语言，并包括法律书面语和法律口语。显然，任何的含混和义有两歧，在法律语言中都是无容身之地的。因此，准确性是法律语言的灵魂与生命，也是法律语言的基本格调。除准确之外，法律语言在长期的运用过程中，还形成严谨、庄重、朴实、凝练等风格色彩。下面，我们各以一个法律故事或一段史话为楔子，分别讨论法律语言风格诸特色。

第二节　准确无误——法律语言的生命

19 世纪末，苏伊士运河通航后，地处红海之滨的埃塞俄比亚王国成了西方列强觊觎的一颗明珠。1889 年，意大利趁埃塞俄比亚请求外援之机，与之签订了“乌查里条约”，其中第 17 条声述：“埃塞俄比亚万里之王陛下在与其他列强或政府所发生的一切交涉中，可以借助于意大利国王陛下的政府。”在条约的意大利文本中，“可以”却写成了“必须”，埃方也没有觉察这一词之差。条约生效后，意大利却通过国际传媒大肆张扬：“埃塞俄比亚从今日开始受意大利庇护。”此事理所当然极大地伤害了埃国的民族自尊心，埃国政府遂宣告废除这项条约，随后意、埃之间爆发了一场战争。这中间的是非曲直在这儿难以用三言两语说清，但这场国际纠纷肇始于条约上的一词之差却是显而易见的。“可以”和“必须”似乎差不多，但实际上是不一样的：“可以”带有或然性，意味着我“可以”借助你，也“可以”不借助你，决定权在埃方；“必须”却带有强制性，表示非此不可，没有选择余地。

上面是国际法律交往中利用近义词的替换，阴谋侵犯他国主权的史实，下面再举一个在文书上改动一字而拯救千余无辜的古代案例：

张居翰于后唐庄宗时任枢密使。魏王李继岌攻破西蜀，蜀国君主王衍一行到洛阳归降，走到秦川时，李嗣源率军在魏州哗变。唐庄宗率军由洛阳向东征讨，但他担心背后的王衍乘机变乱，即制写诏书派使者命魏王把王衍等人杀掉。诏书已经缮就签署，被张居翰看见，诏书上写道：“诛衍一行”，居翰认为杀来投降者是不吉利的，就把诏书靠在大柱上擦去“行”字，改为一“家”字。当时蜀国跟着王衍来洛阳投降的千余人，都由此而保存了生命。[1]

像张居翰改动一字挽救无辜生灵的还有清代乾隆年间通州（今江苏南通

---

〔1〕 事见（宋）欧阳修：《新五代史》。

市）州吏胡封翁，在佐办一件行窃案中，见众犯因贫苦偶然作窃，非真巨盗，遂萌同情之心，将犯供“纠众自大门入”中“大”改为“犬”字，要求主审官员体恤初犯。主审官悟而从之，一举笔间，而拯十余人之命。

在社会主义法治时代，司法官员在文字上玩花招，故意出入人罪可说已经鲜见，但在商业活动中玩弄文字游戏骗人钱财的，却常见于新闻媒介，请看一则题为《品名少一字赔偿二千五》的简讯：

《消费报》：某家具厂将橡胶木沙发写成橡木出售，误导和欺骗了消费者，闸北区消费者协会主持公道，厂方赔偿2500元。

陈某于今年（指1996年，引用者。）8月看了一家具厂的广告，去买了一套3800元的沙发。当时一再询问营业员沙发用的是什么木材，营业员告知是橡木，并在购货发票上写了“橡木沙发一套”。实际上，橡木是由美国和加拿大进口的，橡胶木则是出在海南岛，是一种生产橡胶的树木，两者价格和质量相差很大。陈某购后心存疑惑，就到权威部门咨询，经检验，所谓的橡木实是橡胶木，他在与厂方交涉无结果的情况下，向闸北区消费者协会投诉。[1]

在这个案例中商家利用一字之差误导消费者获取非法利益，而消费者在确定商品本质后也正是以这一字之差作为商家侵犯其权益的有力证据，通过投诉、质量鉴定等过程，在有关组织的支持下取得了公道。

古往今来，在刑狱诉讼和其他法律事务中，由于经办人员一字之差，一语之误造成认定事实、定谳断狱或财产予夺的大相径庭，甚至铸就大错、造成千古奇冤或引起轩然大波的例子可以说俯拾即是、屡见不鲜。这些事实和教训非常值得我们重视和记取。语言是人类交流思想、传递信息、组织群体活动、促进社会进步的最重要的手段与工具，因此准确通达，使人明白无误是人类社会交际活动对语言提出的普遍要求。当然，由于语言的差异与变迁，由于文化背景的不同，世界上不同民族乃至同一民族不同历史时期，要达到语言的准确无误，其手段与途径，除了共同之处外，都有一些不同点。例如亚里士多德认为在他那个时代，希腊语要达到准确，必须符合五项要求：①联系词须按照自然的顺序排列；②对事物使用本名而不以其所属类名去指称；③不使用含糊的词句；④正确区分名词的阳性、阴性与中性；⑤对多数、双数与单数名词采用相应形式的动词与分词[2]。

在语言的各个使用领域中，法律活动和法学研究对语言的准确性风格提出

---

〔1〕 参见《新民晚报》1996年12月23日，第12版。

〔2〕 参见［古希腊］亚里士多德：《修辞学》，罗念生译，生活·读书·新知三联书店1991年版，第160~162页。

了更为严格的要求。事实上，千百年来，各国有作为的司法官员和法律工作者，都视准确性为法律语言的生命，在语言的准确性方面都曾孜孜以求、绞尽脑汁。各国的法律语言都有一套与其语言文字、政治法律制度和历史文化背景相适切的达到准确的手段，只是很少有人加以科学、系统的总结与研究罢了。那么，中国法律语言是如何达到准确通达、明白无误，从而切实保证其准确这一主要风格特色的呢？

正因为法律语言准确性方面的舛误不少肇始于一字之差，一语之误，词语又是构筑语言的建筑材料、能独立运用的最小语言单位，因此为了确保准确性这一首要语言风格，首先要在用词的精当妥帖方面下苦功，还要从汉语言文字、中国文化特点出发，注意语词、短句的排列序次、模糊词语的成功驾驭和标点符号的正确运用等。兹分述如下：

一、用词精当贴切

陈望道《修辞学发凡》[1] 说："语言文字的美丑全在用得切当不切当：用得切当便是美，用得不切当便是丑。"体现法律语言生命力的准确性更要靠每个词语的适切来保证。法律语言的词语包括法律术语和普通词语两部分。法律术语大多是具有特定科学内涵的单义性词语，包含着特定的法律内容，比如标的、法人、不作为、故意、心神丧失、自然权利、犯罪既遂、诉讼程序、诉的事实、居所地、居间合同等。要准确精当地选用法律术语，首先必须正确地理解其所表示的概念、掌握其所适用的对象和范围。特别有一部分法律术语，虽然彼此间具有部分相同的语素或成分，貌似相仿，但其含义与适用范围却有明显区别，如"赡养""扶养""抚养"，"上诉""抗诉""申诉""起诉""自诉""公诉""告诉"；还有些相关法律术语，在一般场合含义似乎相近，如"拘留""逮捕""释放""取保候审""监视居位"，"违法""犯罪""违章"等，更应该洞悉其确切含义，运用时绝不可马虎、苟且与混淆。精选法律术语要特别留意下列本质差异和界限：①罪与非罪的界限；②此罪与彼罪的界限；③不同性质案件的界限；④不同适用对象与范围的界限；⑤不同的诉讼程序和审级的界限等。

在普通词语中，又包括成语、非成语的四字词语、文言词语和其他一般词语。成语是结构固定的习用词语，一般不能随意更换其中的成分。成语具有形式简短整齐、含义深刻丰富的特点，法律语言中常用一些带有贬义的成语，如"招摇撞骗""造谣惑众""铤而走险""怙恶不悛"等，如与所用语境适切，则有利于揭露犯罪的主观恶意和本质，体现法律的威严。非成语的四字词语除

---

〔1〕 陈望道：《修辞学发凡》，上海世纪出版集团、上海教育出版社2001年版，第19页。

“法庭调查”“确认之诉”“公诉来院”之类的法律术语外，更多的是属于普通词语范围，如“消除影响”“赔礼道歉”“恢复原状”“以观后效”等，对这类四字词语的斟酌选用可以使语言准确，文约而法明。由于法律语言的稳定性与延续性，与其他语言使用领域相比，使用更多的文言词语，如“配偶”“羁押”“训诫”“予以”“嗣后”“明知”“侍奉”等。对文言词语的切当使用，排斥古奥腐朽、业已丧失生命力的文言词语，也是保证法律语言准确性的一个途径。法律语言中的其他普通词语涉及汉语的大部分词语，我们要掌握每个词的词性、词义、适用范围及其褒贬色彩，特别要注意每个词语在特定的语境中与所指的概念名实相符、义无两歧。这就要求我们字字细心磨勘，选用最适切的词语，使之无法更替。

二、注意语词序次

在一些形态丰富的语言（语言学上称之为“曲折语”）中，名词、动词等都可以通过词尾形态的不同变化表示其确定的语法功能。以俄语为例，Я читаю книку（我读书）中三个词任意排列：Я книку читаю，Читаю я книку，Читаю книку я，Книку я читаю，Книку читаю я 所表达的意思不变。而汉语是一种缺乏形态的语言（语言学上称之为“孤立语”或“分析语”），不用词的内部形态变化而用词序、虚词等语法手段去表示词与词之间的关系或其他语法作用。因此语序在汉语的构词和句法中具有举足轻重的作用，在一个语词中稍不留意颠倒了语素或词的序次，就会使词汇意义迥异或使人百思不解，若是在法律活动中，就会导致对案件事实认定和处理结果的天壤之别。

在历代案例中，书吏、讼师利用汉语语序特点出入人罪、贪赃枉法的也确有其人，例如清代的“马驰伤人案”，就是一个典型：

清代末年，江苏常熟县有一群纨绔子弟，饱食终日，无所事事。每当夕阳西下之时，他们便策马疾驰于虞山、言墓（言子游墓）之间，寻欢作乐，扰乱治安。光绪二十三年（公元1897年）暮春的一天，公子哥儿周某追随众纨绔之后，奔驰于石梅（虞山佳景之一）风景区，因马术未精而伤人致死，遂被控下狱。其父周惟贤在讼师陆芝轩的伙同下，贿嘱了县署代书诉状的小吏，将状词中的“驰马”改为“马驰”，以此为周某开脱罪责。昏聩的县令竟也如此上报。当时主持江苏省司法的按察使朱之榛，审阅了该县所呈“详报”（下级向上司呈报案件处理经过的文书）后，觉察内中有诈，便写了“批文”，指出详文中“马驰伤人”含义不清，诘问：“究竟马系厩中，脱缰而伤人乎？抑人乘马背，疾驰而伤人乎？”如果属于前者，本案系一意外事故，周某不构成犯罪，若是“驰马伤人”则涉嫌犯罪。朱之榛认为两字互换，失之毫厘，却差之千里，对定性量刑影响至大，遂严词驳回重审。[1]

而另一称为“揭被夺镯”的案例，则是讲司法官员得知案件原委后，通过对书状中一个短语的语序更易重新审定案件、正确定谳科刑：

在一起抢劫、强奸案发生后，受害姑娘的父亲具状指控歹徒“揭被夺镯”，这是一个连动式短语，“揭”与“夺”是案犯实施犯罪的两个连续行为，照字面理解，“夺镯”是“揭被”的目的所在，案犯仅仅是“夺镯”即侵犯他人财产而已，县令仅以抢劫罪对罪犯处以笞刑。经被害人家长声明缘由，县令挥毫将“揭被夺镯”改为“夺镯揭被”。在这个短语中，“揭被”已不再是“夺镯”的手段方式，而是与“夺镯”并列作为一种犯罪行为而独立存在于后。于是县令在查实案情后，以抢劫和强奸两罪对案犯处以绞刑。

上述两个案例都说明了汉语词语的语序在保证法律语言准确风格中不可忽视的作用。另外，“其情可悯，其罪当诛”和“其罪当诛，其情可悯”讲的是古代司法官员用语序的不同来意指和表示对狱讼截然不同的处理方式：前者表示案犯必死无疑，后者则昭示给犯人留下小命一条。还有清代曾国藩在镇压太平天国起义中屡屡受挫，前景惨淡可忧，他的下属建议把他呈交皇上的奏折中的“屡战屡败”“换一种说法”：“屡败屡战”，居然蒙过了皇上，没有遭到丢官议罪的厄运。

某些法律术语从形式上看，与语义上有点关联的普通词语也仅仅是语素的序次不同，如“比对”与“对比”，“脱逃”与“逃脱”。“比对”和“脱逃”分别属刑事侦查学和刑法学上的术语，都有特定的科学内涵，若换为“对比”与“逃脱”，则无法表述法学上固定的精确概念。还有一些表示案件系争标的物名称的普通词语如“鸡蛋”“牛奶”“红花（中药名）”，若颠倒语素成了“蛋鸡”“奶牛”“花红（水果名）”，则与原事物相去甚远，用混了则会使案件事实不清或使处理结果（如赔偿金额等）大相径庭。至于司法干部在审理或宣判案件时不慎颠倒了当事人姓名中的某两个字，则除了妨碍了法律语言的准确之外，还破坏了司法机关及司法活动的严肃性，那更是不言而喻的了。

三、“确切”与“模糊”各得其所

法律语言必须以精确的词语表达明晰的概念，这就要求我们熟悉法律语言的结构，正确运用法律术语和辨析普通词语。此外，还要注意在大量使用“确切词语”的同时，有条件有限制地运用“模糊词语”，使“确切”与“模糊”各得其所，从而最大限度地保证法律语言的准确性。

---

〔1〕 事见广益书局编撰：《清代名臣判牍》。该书无撰者姓氏，收有清代胡林翼等四人判牍，每人一卷，共分四卷。

语言中的词汇在语义方面有模糊与确切之分。表达没有明确外延的概念的词语通常称为"模糊词语"。比如"春""夏""秋""冬"四季，"早晨""上午""下午""傍晚"，都没有一个明确的界线和标准。其他如"高""低"，"快""慢"，"长""短"，"明""暗"，"优""劣"等，彼此间也没有明确的界线。而大部分的科技术语、专有名称，某些外来语与古词语，则表示确切的意义，称为"确切词语"。

在日常生活的大部分场合或一般语体中，人们大量运用模糊词语，在模糊中求确切，就能达到预期的表达感情、交换信息的目的。请看下面一段文字：

我家的后面有一个很大的园，相传叫作百草园。现在是早已并屋子一起卖给朱文公（摘引者注：朱熹）的子孙了，连那最末次的相见也已经隔了七、八年，其中似乎确凿只有一些野草；但那时却是我的乐园（鲁迅：《从百草园到三味书屋》）。

文中表示方位、程度、方式、人物、时间、范围大小的词语大多是模糊词语（加点者），但从艺术上来说，这节文字不愧是一段脍炙人口的描写，谁也不会嫌它太含糊。假如文学作品中这类词语都换上"确切词语"，且不说不可能，即使可能，反倒显得繁琐与别扭，完全失去了文学作品的审美价值和陶冶性情的作用。

在外交等交际场合，模糊词语的使用表示对交际对象的尊重和礼貌，如"××国家领导人邀请×国元首在适当的时候前去进行国事访问"（加着重号者系模糊词语）。古代的预言家和当代的江湖算命术士往往利用模糊语言得售其奸。在亚里士多德《修辞学》中，有这样一例：女祭司预言"克洛索斯渡过哈律斯，将毁灭一个大帝国"，不管结果怎样，她"常有理"[1]。中世纪普鲁士有位大法官在国王大发雷霆，欲找他碴儿并置他于死地，恶狠狠地责询他该如何当好法官时，他战战兢兢地回答："像一个大法官应该的那样去审判。"模糊语言的使用使他丢掉了大法官的乌纱帽，但却幸运地保住了一颗脑袋。可见模糊词语的妙用无穷。

众所周知，准确性乃是法律语言最重要的风格特色，在法律语言中，表达上含混模糊、义有两歧是不允许的。上面讲过，在法学上，有许多术语，诸如"标的""灭失""要约""承诺"等等都是单义的。还有一些貌似的相关词语，如"上诉"与"申诉"，"结果"与"后果"，"人犯"与"犯人"，都各

〔1〕 克洛索斯是公元前6世纪人，为吕底亚的国王。他想攻打波斯国王居鲁士（Kyros）一世。他派人到希腊的德尔福去问神，女祭司这样代神回答。结果他失败了，毁灭了自己的帝国，女祭司反而怪他没有把神的意思弄清楚。

有特定的科学内涵，运用时各司其职、泾渭分明。这些都是“确切词语”。对这类词语的正确理解与运用，是保证法律语言准确性的重要手段之一。法律语言除了术语的准确使用外，特别要求时间、空间、程度、范围、数量等都尽可能用具有确切词语来表述。请看一份杀人案《现场勘查笔录》关于现场地点、位置和周围环境的叙写：

2014 年 2 月 13 日 14 时 25 分，S 宾馆发生一起凶杀案。

现场位于 S 宾馆三号楼底层。该楼坐北朝南，系二层楼房，向东是宾馆围墙，向南是一号楼，向西是仓库，向北是厨房。大门朝南，系一内向开双扇木门，宽 3 米，高 2.15 米。内门而入是一条长 21.4 米，宽 3.5 米的走道，走道两边是客厅，东墙距南墙 7.95 米处有一向内开单扇木门，宽 1.12 米，高 2.15 米。由门入内是一条长 7.8 米，宽 3.8 米的走道。走道北面是服务台，东边是 303 房间，南墙距西墙 2.5 米处有一宽 0.96 米，高 2.26 米向内开单扇木门，该门门框沿距地 1.15 米处留有 8 枚指纹（编号 33—40）。门内系一条宽 1.2 米，长 2 米的走道。……

这份勘查笔录全文共约 2000 字，运用大量的确切词语对现场作了缜密的记录，使人一看就能对现场有一个明晰的了解。事实上，这份笔录在以后的侦破和审理中起了一定的作用。

“起诉书”“刑事判决书”等刑事诉讼文书写述被告人实施犯罪的时间、地点、动机、目的、情节、手段、结果七大要素时，民事案件或非诉讼事件文书事实部分写述当事人之间的关系，纠纷发生的时间、地点、原因、经过以及双方争执的焦点时，都必须尽可能运用确切词语。这对案件的正确审理和判决同样具有重要的作用。

实践证明，法律语言中大量确切词语的准确运用，能保证它在打击犯罪、保护人民，调整国家、自然人、法人和其他非法人组织之间以及他们相互间的法律关系方面发挥很大的作用。

那么，法律语言对模糊词语是不是一概排斥呢？答案是否定的。上述 S 宾馆杀人案“判决书”判决理由部分有这样一段话：

……被告人陈 × × 犯罪手段极其残忍，犯罪情节极其恶劣，后果极其严重，依法应予从重惩处。

这里也用了一些“模糊词语”来表达程度、性质。但因为这段文字放在“判决书”的犯罪事实之后，在事实部分，被告人的具体犯罪手段、情节和后果等已表述得很准确、清晰。而“判决书”所认定的事实又是以勘验笔录，被告供词、证人证言等的确切叙述为依据的。至于依据哪些法律？如何从重惩处？又有此后援用的具体法律条文以及主文中的详尽处理结论作出准确的诠释。所以上面引的这段文字不会给人留下含糊的印象。除“判决书”外，“起诉书”“案件审理报告”等文书的结论部分，要对案件事实进行分析、概括，也必然要运用某些模糊词语，但是它们必须以同一文书的有关部分或同一案件其他文书的确切内容为依据或作出诠释。

其实，模糊词语在法律语言中的运用还是相当广泛的，比如有的案件由于报案不及时、证据灭失等原因或受其他条件的限制，在制作文书时不得不用一些模糊词语来表述，如“犯罪第一现场在××广场一带”“×月×日下午4时许”等。尤其是立案阶段的某些文书，如公安局“呈请立案报告书”中“接受案件情况”对案件的基本情况及案件事实的初步叙述；“立案的事实根据”中对犯罪构成后果的评估；港务监督填制的“海事报告单”中的“出事经过”和“出事结果”等，由于时间、条件的局限，免不了用一些模糊词语，在模糊中求确切。如一份《呈请立案报告书》对未知犯罪嫌疑人的分析判断为：“根据足迹判断：案犯身高一米七十左右，体格健壮”等。

还有在某些公开诉讼场合运用法律语言以及“判决书”“起诉书”等公开法律文书的事实部分，涉及国家党、政、军机密，个人隐私，性犯罪细节和污秽词语，也往往用模糊词语加以概述。在这些场合或文书中，若一一用上确切词语，不仅不合宜，还违反了有关的法律规定。

可是，不顾题旨情境的要求，不恰当地运用模糊词语则会造成不好的后果。如当年某市中级人民法院对“渤海二号”钻井船翻沉责任事故案的第一审“刑事判决书”中写道：“查被告人马××身为局长、党委书记，对××石油勘察局的安全生产负有特定义务。……对‘渤海二号’违章冒险拖船发生翻沉，应负有直接领导责任。”并据此作出如下判决：“被告人马××犯渎职罪，判处有期徒刑四年。”后来，马××的两位辩护律师对全案进行了深入的调查研究，掌握了大量的第一手材料。在二审辩护中，律师首先对一审判决书认定的被告人“负有特定义务”的说法进行辩驳，指出“负有特定义务”不等于“对任何一个事故和大小问题都负有直接领导责任”。实际上，“特定”这一模糊词语不能确定无疑地表示被告人究竟该履行什么义务和由于不履行该项义务所必须承担的法律责任和刑事责任。写进法律文书，理所当然地成了辩护人的驳论目标。律师在辩护词中用了许多确切词语雄辩鲜明地论证了被告人具有从轻处罚的条件。二审法院（某市高级人民法院）采纳了律师的意见，改判马××有期徒刑3年，缓刑3年。

在司法实践中，由于经济合同、契约等文书不恰当地使用模糊词语以致无法履行，引起纠纷的案例很普遍；由于“民事判决书”“调解书”主文中不恰当地使用模糊词语，致使判决、调解结果无法执行，法院不得不另行裁定，对有歧义部分用确切词语加以修正的案例也很多见。如一份房屋产权案“民事判决书”主文中有一条“杭州的住房归原告严××所有”。住房坐落在杭州何处，房屋的规格、质量、数量、原产权所属及其历史沿革情况等，案件事实中既未叙述，理由中也未说明为什么归原告所有，主文中这样表述，属于对模糊词语的滥用。不动产产权纠纷案裁判文书的主文必须写明诉讼标的物的坐落处所等相关情况。

由此可见，从特定的言语环境出发，在尽可能多用确切词语的同时，注意有条件有限制地驾驭模糊词语，使“确切”与“模糊”各得其所，才能最大限度地保证法律语言的准确风格。

四、正确使用标点符号

汉语言文字原本没有系统完整的标点符号，旧时在书面语中依靠句读表示停顿，同一段文字，若句读不同，会使语意大不相同，在契约、遗嘱等书面法律文件中，因句读关系引起争讼或其他纠纷的事例也颇多。有一个名为《奉使者改句定案》的案例，讲的就是奉君命巡行者利用句读判断一起财产案：

有富民张老者，妻生一女，无子，赘某甲于家。久之，妾生子，名一飞，四岁而张老卒。张病时谓婿曰：妾子不足任吾财，当畀尔夫妇耳；但养彼母子，不死沟壑，即汝阴德矣。于是出券（书据）书之：“张一非吾子也家财尽与吾婿外人不得争夺”，婿乃据有张业不疑。后妾子壮（长大了），告官求分，婿以券呈，官遂置不问。他日，奉使者至，妾子复诉。婿乃呈券为证。使者因更其句读，曰：“张一非，吾子也，家财尽与，吾婿外人，不得争夺。”曰：“尔翁明谓‘吾婿外人’，尔尚敢有其业耶？诡书‘飞’作‘非’者，虑彼幼为尔害耳。”于是断给妾子。人称快焉。（见《不用刑审判书》）

“五四”时期，在借鉴西文标点的基础上制定一套较为完善而实用的新式标点符号，并直接与白话文体的建设联系在一起。新中国成立后经过长期酝酿与修改确定为目前标号和点号两大类，点号有：句号（。）、问号（?）、感叹号（!）、逗号（,）、顿号（、）、冒号（:）；标号有：引号（“”和‘’）、括号（（）、[ ]）、破折号（——）、省略号（……）、书名号（《》、〈〉）、着重号（.）、间隔号（·）。标点符号是书面语言不可缺少的辅助工具，它具有表示语气、表示停顿、表示词语的性质和作用（如《牛虻》因有书名号表示指的是书名）等功能，我们一定要全面掌握、正确使用。因标点符号使用不当影响法律语言准确性，造成本可避免的纷争或妨害法律实施的例子常有所闻。例如，传媒上有篇题名《两个小标点相差两万元（一张借据争坏两个老朋友）》讲的就是因标点的关系产生歧义而引起争端的事实：

《服务导报》：王某和陈某是苏北某地水产专业户，是多年老朋友了。可是，今年却为一张欠据两人翻脸。

王某今年夏季向陈某购进一批水产，余款立下欠据约定年底还清。就在要款时两人发生争执，王某说，总货款3.5万元、已还了3万元，还差5000元。而陈某说，总货款3万元，已还5000元，还差2.5万元。两人各执一词，这字据到底是什么内容？原来是这样写的："王某欠陈某水产货款3万元已付，5000元余款年底还清。"

从这张字据上看似乎王某有理，但是改掉两个标点符号就成了："王某欠陈某水产货款3万元，已付5000元，余款年底还清。"这样，陈某不但有理，而且欠据意思明确、语句通顺，成了确切完整的债务、债权关系。

到底谁是谁非，也许只有他们二人心中有数。[1]

某人民检察院的一份"起诉书"有这样一句话："被告人张××因盗窃两次被劳动教养。"因句中没有在恰当的地方使用逗号，使表达上出现了歧解：是"被告人因盗窃，两次被劳动教养"呢，还是"被告人因盗窃两次，被劳动教养"？公诉人宣读时，因停顿的地方不同，意思就不一样，从而不能准确反映被告人历史上受处罚的情况。由此可见，没有标点符号或错用标点符号，会严重影响法律语言的准确性。为了顺利地进行交际，在书面法律语言中必须十分准确地使用标点符号。

除了上述四个方面外，还要顺应法律语言特殊的句法结构，句式、句型、句类选择规律和篇章结构规律，根据不同的言语环境和不同文书的功能、特征，悉心造句和谋划篇章结构。

第三节　严谨周密——法律语言的科学性

《吕氏春秋·淫辞》中有这么一段史实：

空之遇，秦、赵相与约。约曰："自今以来，秦之所欲为，赵助之；赵之所欲为，秦助之。"居无几何，秦兴兵攻魏，赵欲救之。秦王不悦，使人让赵王曰："约曰：'秦之所欲为，赵助之；赵之所欲为，秦助之。'今秦欲攻魏，而赵因欲救之，此非约也。"赵王以告平原君，平原君以告公孙龙。公孙龙曰："亦可以发使而让秦王曰：'赵欲救之，今秦王独不助赵，此非约也。'之；赵之所欲为，秦助之。"不久，秦发兵攻魏，赵欲救之。秦王不悦，派人责备赵王，说："条约规定：'秦之所欲为，赵助之；赵之所欲为，秦助之。'现在秦

---

[1]　可参见《新民晚报》1996年12月24日，第12版。

欲攻魏，而赵欲救之，这是违背条约的。”赵王把此事告诉了平原君，平原君又把此事告诉了公孙龙。公孙龙对赵王说：“你也可以派人去责备秦王。你就说：‘赵欲救之，而秦不助赵，这也是违背条约的。’”这是一场断不清的外交官司，产生的原因在于条约本身措词含混不清。

所谓“所欲为”就是“想要做的事”，条约规定：秦国想要做的事，赵国要帮助；赵国想要做的，秦国要帮助。只是笼统地规定一方想干什么，另一方就要帮助，而没有规定碰到双方的意愿相矛盾时该怎么办。在这里，对“事”又可以随心所欲地解释。秦王正是利用这可作任意解释的条约，要求赵国协同攻魏，而公孙龙也正是利用同样的方法反过来要求秦国帮助赵国援助魏国。如果条约概念明晰，行文周密严谨、无懈可击，就不会导致这场外交纠纷。

类似上例这种闪闪烁烁的言辞，可作宽泛、任意解释的行文，为法律语言所不容。其实，严谨周密也是法律语言的主要风格格调之一。由于法律语言以准确为生命，要严格按照法律科学、逻辑事理和其他相关科学原理认定事实、推溯理由和作出处理决定，因此表述时必须“咬文嚼字”，力求做到周密严谨、天衣无缝，以体现法律语言的科学性，从而形成了比较显著的严谨周密风格。和准确性一样，法律语言的严谨性也是由法律语言所用的词语、句子、超句结构等语言材料和对各种表述方式（陈述、描摹、论证）的得当使用作为其物质基础的。下面分别简述。

一、使用词语要名实相符、概念具体明晰，词语间互相搭配

用词语表达的概念，是对客观事实本质属性的反映，为了严谨周密，法律语言应使用经得起实践检验的、确实与客观事实相符的概念。例如，1997 年 3 月 14 日修订的《刑法》分则第一章将原来的“反革命罪”改为“危害国家安全罪”，更符合现阶段这类犯罪的特征和本质，原《刑法》第 160 条将“流氓罪”的外延规定为“聚众斗殴，寻衅滋事，侮辱妇女或者进行其他流氓活动”，范围过大，在司法上也难以掌握，那次修订刑法，将这一条分别纳入第 237 条“以暴力、胁迫或者其他方法强制猥亵妇女或者侮辱妇女”，第 292 条“聚众斗殴”和第 293 条“寻衅滋事破坏社会秩序”，前一条属“侵犯公民人身权利”的类罪名，后两条属“妨害社会管理秩序”的类罪名。《刑法》修改后确定的这些具体罪名与这些犯罪客观方面的行为名实相符，概念也更趋具体明晰，有利于法律的施行。

再如某“刑事判决书”理由部分有这样的话：“查李××目无法纪，向张××求爱遭到拒绝后，竟敢在光天化日之下，于闹市地区行凶杀人。”但是该案被告人实际作案地点是在被害人寝室。所以，“闹市地区”这词语所表示的概念，与事实不符。这样的语言是不严谨的。

词语间搭配不当也会使语言不严谨。如一份“《婚姻法》宣传提纲”中说：“破除婚姻法可有可无的思想。”“破除”的对象应是“迷信”之类被人盲目崇拜的反面事物，这里应改为“克服”，才能使概念明确。下面的搭配则是恰当的：“依法予以行政处分或法律制裁。”“处分”适用于“行政”“制裁”适用于“法律”。

二、严于炼句，句句周密

炼句是语言运用中很重要的一个环节，陈《文则》中说：“鼓瑟不难，难于调弦，作文不难，难于炼句。”可见炼句是不容易的，但是只有斟酌好每个句子，才能使全文周详、严密。对同一事物或同一思想，可以用不同的句子来表述，但其中往往只有一句最恰当、最严谨。沈括《梦溪笔谈》中有这样一段史话：

往岁文人多尚对偶为文，穆修张景辈始为平文，当时谓之古文。穆张尚同造朝，使旦于东华门外。方论文次，适见有奔马践死一犬，二人各计其事以较工拙。穆修曰：“马逸，有黄犬遇蹄而毙。”张景曰：“有犬死奔马之下。”

《唐宋八家丛话》中也有同样的故事：

欧阳公在翰林院，与同院出游，有奔马毙犬于道，公曰：“试书其事。”同院曰：“有犬卧通衢，逸马蹄而死之。”公曰：“使子修史，万卷未已矣。”曰：“内翰以为何如?”曰：“逸马杀犬于道。”

总之，同一件事，可以用六句不同的句子来表达：①有奔马践死一犬；②马逸，有黄犬遇蹄而毙；③有犬死奔马之下；④有奔马毙犬于道；⑤有犬卧通衢，逸马蹄而死之；⑥逸马杀犬于道。

鲁迅先生在《做文章》一文中对上述史话中穆修和张景的话评道：“两人的大作，不但拙涩，主旨先就不一，穆说的是马踏死了犬，张说的是犬给马踏死了，究竟是着重在马，还是在犬呢？较明白稳当的还是沈括的毫不在意的文章：‘有奔马践死一犬’。”

鲁迅的话，说明组句时要有主旨，有着重点。鲁迅还说，写文章应着力，但不能太“做”，“太做不行，但不做，却又不行”。这些，对我们注意炼句的周密、严谨都是有启示的。下面是法律文书中不注意加工斟酌，而产生疏漏失误的例子：

1. 被告人自19××年病退回城后，一直在家做工。

2. 张×中由被告张××抚养，一切生活费用自理。

3. 当日晚，被告人游××又与张××、聂××、马××等持械冲至新建路，在游××指使下闯入新建饮食店抢劫，劫得4名行人的人民币560元，数码相机1架，进口表1块，毛衣1件。

例 1 摘自一份报告文书首部的被告人主要简历，家里不是厂矿企业，怎能“做工”，应改为“在××（工厂，单位）做工”。例 2 摘自某“民事判决书”的“主文”，主语是张×中，结果变成了被抚养人张×中生活费用自理，加点部分可改为“一切生活费用由张××负责”。例 3 是某“起诉书”事实部分的一节，其中在“饮食店”抢劫“行人”不合逻辑，在饮食店抢劫的对象应为营业员或顾客，原句不周密。

三、表述严密明确，防止矛盾和疏漏

（一）对同一客体的名称统一，前后一致

有一份刑事案件报告文书对同一对象前后称呼不统一，计有“被告人张××”“人犯张××”“行凶杀人犯张××”“现行犯罪分子张××”等多种，其实刑事案件侦查阶段的当事人应当统一为犯罪嫌疑人，公诉和审判阶段统一为“被告人”，这样能准确反映他在诉讼中的地位，合理合法。有的法律文书对同案犯罪嫌疑人姓名排列次序杂乱，显示不出主从关系，也会造成表述不严密。一份法律文书事关多人时，犯罪嫌疑人或被告人应按主从关系顺次排列，而且在首部，正文的事实、理由、结论各部分都要依照相同次序排列。

（二）叙事主干清楚，符合事物的因果联系

法律语言的叙述要注意主干清楚、重点突出、情节具体而不繁琐。以刑事案件法律文书来说，就必须突出主犯、突出主罪、突出主要犯罪事实、突出主要情节，防止枝繁叶乱。在叙述中时间、地点、人物都要说清。还要注意因果逻辑关系：原因产生结果，而结果又反映原因。例如，在民事案件中，侵权行为与结果之间是有内在联系的，在有多种侵权行为而产生很复杂的结果和后果时，叙述中特别应注意行为与结果之间的对应关系，不能张冠李戴，使事实不清，从而影响诉讼的进行。

（三）论证要逻辑严密、观点鲜明，防止自相矛盾、模棱两可

法律语言的论证都要求在查明事实、叙清事实之后依法论理。论证时必须逻辑严密、首尾一致，防止粗枝大叶，自相矛盾。事实和证据之间、事实和理由之间、事实和结论之间、理由和结论之间都要密切配合，做到天衣无缝。（这在“法律语言交际”一章中还要细述，这里从简。）

法律语言的论证必须观点鲜明、持论正确，切忌模棱两可、似是而非。但在目前司法实践中，论证时模棱两可、游移不定的倾向并不罕见：

例 1，某法院一份“复查案件处理请示报告”这样写道：

……此条罪行，×犯与×××口供相符，因事隔四十多年之久，无档案可查，××市因市政建设户口迁动很大，对当时被×犯等抢劫和杀害的人员身份和姓名确已无法查实，但这条罪行可予认定。

例 2，某法院一份“案件审理报告”写道：

至于……一节，经多方调查无法证实，××、××单位均称无此记录，附近居民亦称未有此事。虽有同案犯供认，但在时间、地点上都有出入，故无法作出肯定的结论，但×犯却一再供认，故予认定。

例 1 前面已写清楚因种种原因，被告人的犯罪事实已经无法查清。既然无法查清，就是说已没有确凿证据证明被告人的犯罪事实存在。可是后面又说：“这条罪行可予认定。”究竟根据什么认定？使人不可理解。例 2 也是用各方面的事实否定被告人的犯罪行为，并由此得出结论：“故无法作出肯定结论。”而在后面却用“但”字一转说：“×犯一再供认，故予认定。”仅凭被告人口供，而没有事实、证据加以印证，认定被告人犯罪，是于法无据的。这两例都是在两种互相排斥的观点之间游移不定、模棱两可的典型。只有杜绝这样模棱两可的弊病，才能保证表述的严谨、周密。

(四) 说明周详、言之有序，避免遗漏

只有对案件的现场情况、案情等必须说明处进行详尽圆满的说明，没有疏漏，才便于分析和认定案件。法律语言的说明有静态的现场状况之类的说明和动态的案情说明，后者难度更大、更需要注意详尽圆满。例如，一份“民事判决书”对原被告的关系和纠纷起因作如下说明：

原告林×清早年丧偶，多年来靠 4 个子女赡养，儿子李×康、李×仁每月各付给赡养费 200 元，女儿李×华、李×芳每月分别付给赡养费 100 元。近来，林×清因年老体衰，卧病在床又无人照料，遂起诉来院，要求被告李×康、李×仁两人增加赡养费。

这一段文字比较清晰、详实，为以后进一步叙述案情及分析说理打下基础。没有这一段说明，后面的内容会使人产生疑惑或歧解。

所谓言之有序，是用语言的条贯统序，来反映客观事物的逻辑顺序。对于较繁复而错综交织的事物，如公安局《呈请破案报告书》等内部报告文书对复杂案件的证据说明，只有用言之有序的方法，才能周密表述，不失科学与严谨。

四、结构相对集中紧密，布局疏密有致

在一般的语体中，句与句、超句结构之间的结构可松可紧，可以根据表述的需要酌情安排。如：

大赤包下狱。

她以为这一定，一定，是个什么误会。

凭她，一个女光棍，而且是给日本人做事的女光棍，绝对不会下狱。误会，除了误会，她想不出任何别的解释。

“误会，那就好办！”她告诉自己。只要一见到日本人，凭她的口才，气派，精明和过去的劳绩，三言两语地就会把事情撕捋[1]清楚，而后大摇大摆回家去。“哼！”她的脑子翻了个筋斗，“说不定，也许因为这点小误会与委曲，日本人还会再给我加升一级呢！这不过是月令中的一点小磕绊[2]，算不了什么。”（老舍《四世同堂》[3]）

这里句式、段落结构松紧相间，而以松散为主，活灵活现地勾画了一个女流氓的媚骨、无耻和利欲熏心的可恨、可卑的丑恶心态。

法律语言为不失严谨，表达力求周密，句式、句群、段落、篇章都不宜松弛分散，因此多采用集中紧密的形式，对同类事物可以合并的，则集中合叙，使行文紧凑简洁，风格严谨。如：

综上所述，被告人陈××由于极端自私自利，因细故与他人发生争执后竟怀恨在心，报复杀人，手段残忍，情节严重，其行为触犯了《刑法》第232条之规定，犯罪事实清楚，证据确实充分，应当以故意杀人罪追究其刑事责任。为了保障公民人身权利不受侵犯，维护社会秩序，依照《刑事诉讼法》第172条之规定，特向你院提起公诉，请依法判决。（《××省××市人民检察院起诉书》）

这段文字是某《起诉书》的“起诉的根据和理由”部分，先概括被告人行为，再述其情节轻重，引用刑法确定其涉嫌罪名，用“为了保障……”格式句子陈明本案保障的客体（亦即提起公诉的目的），最后利用提起公诉的程序法依据，作出向法院提起公诉的结论。无论是句子内部或各句之间都结合得很紧密，语气坚定、一气呵成，显示了法律的尊严和实施法律的强制性。而且，这部分与起诉书中的案件事实及证据等部分的结合也十分密切，呈现了一种严谨周密的风格。

采用集中合叙的方法，要谨防合叙失当。如有一份“刑事判决书”写道：“被告人张××单独和伙同被告人王某、李某盗窃电视机等财物，价值××××元。”这样合叙使事实不清，罪责不明。被告人既参加共同犯罪，又进行单独犯罪，应分别写明。由此可见，采取集中紧密的结构形式不是绝对的，有时为了表达上的周密、严谨，又以分散的形式为好。如我国《宪法》第37条：

中华人民共和国公民的人身自由不受侵犯。

任何公民，非经人民检察院批准或者决定或者人民法院决定，并由公安机关执行，不受逮捕。

禁止非法拘禁和以其他方法非法剥夺或者限制公民的人身自由，禁止非法搜

---

〔1〕撕捋，理清头绪，排解纷扰。

〔2〕月令中的一点小磕绊，指经常碰到的小挫折。

〔3〕老舍：《四世同堂》，南海出版公司2006年版，第432页。

查公民的身体。

这个条文三句三段，一句一个重点，采取相对分散疏松的形式，但突出、明晰、严密地表达了各自的内容。三句的内容又密切相关，表述了“公民的人身自由不受侵犯”这样一个完整、严谨的法律规范。裁判文书的主文也多采用这种形式。主文中不同的内容，必须进行条断，否则会使主文含糊纠结，难以执行。因此，在特定条件下，采取相对疏松的方式，使形疏实密、疏中寓密，也是达到严谨的一个方面。

在段落、篇章等层次同样也要相对集中紧密、布局疏密有致，使法律语言表述周密，不失严谨。

第四节 庄重肃穆——法律语言的权威性

我们在前面论及的清代著名学者和幕府李渔在《资治新书》卷首《慎狱刍言·论奸情》中写道：

凡审奸情，最宜持重。切勿因事涉风流（不正当的男女关系），遂设风流之局（诲淫的情事）以听之。语近亵嫚（亵狎轻侮，态度不严肃，言辞轻侮），亦为亵嫚之词以讯之。……至于谳牍（审判定案的文书）之间，更宜慎重，切勿用绮语（指纤婉言情的词语）代庄，嬉笑当骂，一涉于此，则非小民犯奸之罪状，反是官府诲淫之供招矣。……

另一位法学家，乾隆中期著名幕府王又槐在其著作《办案要略》的《叙供》篇中写道：

供不可野（粗野），如骂人污辱俗语及奸案秽浊情事，切勿直叙，只以“混骂”“成奸”等字括之，犯者必干申饬（受上级申斥）。

这两段文字反映了古人对诉讼用语和法律文书语言的庄重性很重视。当然，封建官吏讲究用语庄重是为了维护他们本身的“威信”和封建的“礼教”，加强对人民的统治，但为顺利进行诉讼活动而谨慎择语和讲究法律语言庄重这件事本身却是值得我们重视与借鉴的。

由于法律语言用于法律活动各领域，法律文书更是诉讼和其他法律事务全过程和结果的反映和凭证，而诉讼和各项非诉讼法律事务都是极其严肃的社会活动。因此，法律语言不仅是经过斟酌权衡的最准确的语言，也应该是经过筛选净化的最庄重肃穆的能显示法律权威性的语言。惟其如此，才能保证诉讼活动及各项法律事务的顺利进行；惟其如此，法律语言才能在加强群众法制观念，建设社会主义精神文明，营建法律氛围和法律文化等方面发挥更大的作用。

为了保证语言的庄重，首先要注意用词的庄重，还要注意案件材料的取舍。当案情涉及社会阴暗面，尤其是强奸、猥亵妇女，奸情杀人以及某些婚姻纠纷等类案件时，这个问题更为重要。当然，为了认定犯罪事实、区分案情轻重，法律文书应当叙写犯罪的情节与手段，但在公开文书中，必须在确保准确性的前提下有分寸地概述。有的“起诉书”“判决书”多处引用被告人的脏话或者恶毒的诽谤言论，在法庭上宣读很不合适，很不严肃。有一份强奸案“起诉书”用几千字的篇幅叙写被告人的犯罪细节，即令该案依法不公开审理，但“起诉书”是属于一定范围内的公开文书，这样写同样有失庄重。其实，性犯罪案件的情节，其他刑事案件中与犯罪有关的脏话或恶毒诽谤言论，只要概述即可；与定罪量刑无关的，则根本不必提及。

在法律文书中，被告人的别名、化名以及与案情有关联的绰号应有所反映，但是有的法律文书罗列了各被告人与案情无关的所有绰号：“刁九斤”“小白脸”“尼姑”“六指头”……这类绰号写进报告之类的内部文书已无必要，若写进公开的法律文书，更有损语言的庄重和法庭的肃穆。

为了保证法律语言的庄重，除了严格剔除不该写入的词语、扬弃不必写入的材料外，还必须注意司法人员本身的语言修养。由于语言修养的原因造成用词不当、文理不通，或者滥用方言、文言等，也会影响语言的庄重。如有一份奸淫幼女案的公安局《结案报告》（目前叫《呈请侦查终结报告书》）写道：“丁××援于（授予）他人小恩小惠绣骗妇女。……2000 年 10 月……恋奸不止，食宿不连，对王××的女儿张××来往接瞧。……利用黑夜白天隐绣（引诱）求欢……连续奸淫 10 个月，数达二十多次犯罪目的……”这段话错别字很多，文句不通，含意不清，且不健康，写进法律文书很不严肃。有一份“起诉书”叙及犯罪分子态度顽固却误用“顽强”，公安人员惨遭杀害却用了“被击毙”一语。一语错用，使语言的感情色彩阴差阳错，法庭气氛顿受破坏。有一份“起诉书”指控被告人“竟惨无人道地将耕牛杀死”，成语的滥用使旁听群众忍俊不禁。有的文书写进方言土语，如“走先”（广东方言）、“吃一碗添”（浙江方言）、“一条鞭”（索性、干脆，浙江金华方言）、“捣康乐球”（安徽方言）、“搅辫子”（西南方言）等。使人不明白它们的准确含义；有的文书写“二时多许”“讵料”“甘服”“求偿”“彼等”。半文不白，文白夹用；有的文书任意简化法律术语和其他词语。如把共同财产苟简为“共产”，没有结果缩写为“无果”。凡此种种，都不同程度地影响了法律语言的庄重性。

至于在司法工作中直接使用一些“黑话”和脏话，更是对祖国语言的严重污染。犯罪团伙所用的黑话和切口是为他们小集团利益服务的隐语，为了预防和打击犯罪，为了侦破和审理案件，司法人员必须掌握和熟悉它们。但是在侦查讯问中，甚至在庭审中，司法人员用“叉拉三”（勾搭女流氓）、“搞跳台”（勾搭暗娼）、“搭脉”（犯罪前探明情况或窥视现场）一类的黑话与被告人对答，是非常不严肃的。在一份侦查讯问笔录中，有这样一段对话：

问：你干了些什么坏事，要老实交待。

答：我没干别的坏事，只是挂了几个马子。

问：挂了几个？都叫什么名字？

答：挂了三个。她们叫××，×××，×××。

问：你认为她们都是马子吗？

答：都是。

一问一答，满口黑话。发问的同志忘了自己是一个堂堂正正的公安司法人员，使用这样的语言，无意中将自己置身于涉嫌犯罪人员的行列中去了。在这种场合，我们绝不能“因事涉风流，遂设风流之局以听之。语近亵嫚，亦为亵嫚之词以讯之”。

第五节　朴实无华——法律语言的务实性

刘勰在《文心雕龙·书记》中说：“书者，舒也。舒布其言，陈之简牍……贵在明决而已。”意思是：书写是发布，把他的话发布出来，记录在竹简木板上，重在表明决断罢了。他认为包括律、令、法、制、契、券等法律文书在内的应用文功能在于申宪述兵、朝市徵信，所以表述时要根据主旨和功能的差异，“随事立体，贵乎精要，意少一字则义阙，句长一言则辞妨”，绝不可用浮华辞藻去湮没应该表达的主旨。

同书《议对》篇对议论文的语言作了如此阐述：

理不谬摇其枝，字不妄舒其藻。又郊祀必洞于礼，戎事必练以兵，田谷先晓于农，断讼务精于律；然后标以显义，约以正辞，文以辨洁为能，不以繁缛为巧；事以明核为美，不以深隐为奇：此纲领之大要也。若不达政体，而舞笔弄文，支离构辞，穿凿会巧，空骋其华，固为事实所摈；设得其理，亦为游辞所埋矣。昔秦女嫁晋，从文衣之媵，晋人贵媵而贱女；楚珠鬻郑，为薰桂之椟，郑人买椟而还珠。若文浮于理，末胜其本，则秦女楚珠，复在于兹矣。

这段话有两层意思。第一层意思是说论议之文无一可以陵虚构造，必先熟悉所论事物，明其委曲，然后可以建言。虚张议论而无当于理是不足取的，而应就事论理，语言简洁、事理明豁，反对语言繁缛，观点晦涩。第二层意思主要是指出“文浮于理，末胜其本”所引起的不良后果，用“晋人贵媵（陪嫁女）而贱公女”和“郑人买椟还珠”的典故告诫人们不要怀其文忘其用乃至以文害用。

这两段论述对我们考察法律语言的朴实性都是很有启发的。法律语言用以阐明事实，论说法理事理，而不是动情兴感、塑造艺术形象的，具有很强的务实性，所以它不必像文艺语言那样繁丰绚烂，而以平实素淡为贵。法律语言既要反对“诡丽辐辏、辞气纷纭”的倾向，又要克服“文浮于理、末胜其本”的倾向。事实上，法律语言为求准确，自古以来不求华丽，从而显现出朴实无华的格调，以显示法律语言的务实性。

吕叔湘先生说：“诉状供词，轻则关于一场官司的胜败，重则牵连到一个人或是许多人的性命，人家怎么说，你就得怎么记，自古以来都是如此。”〔1〕他为了说明这个问题，举南齐文人任昉弹劾刘整的奏疏为例，本文是精工雕琢的“骈文”，里面引述的有关诉状和供词都是语体。选录一部分如下：

臣闻：马援奉嫂，不冠不入；氾【fàn】毓字孤，家无常子。是以义士节夫，闻之有立。千载美谈，斯为称首。……谨案齐故西阳内史刘寅妻范，诣台诉，列称：……叔郎整常欲伤害侵夺。……寅第二庶息师利去岁十月往整田上，经十二日，整便责范米六斟哺食。米未展送，忽至户前，隔箔攘拳大骂。突进房中屏风上取车帷准米去。二月九日夜，【整】婢采音偷车栏、夹杖、龙牵，范问失物之意，整便打息逡。整及母并奴婢等六人，来至范屋中，高声大骂，婢采音举手查范臂。……臣谨案：新除中军参军臣刘整，闾阎闒茸【tà－róng】〔2〕，名教所绝。直以前代外戚，仕因纨绔。恶积衅稔【rěn】，亲旧侧目。……

力求接近口语，用词质朴、语言通俗平易，不追求华丽辞藻，不滥用古奥词语，根本目的是为了防止“文忘其用”乃至“以文害用”，而应该“辞质而义近”，使人明确法律、法度，这是由法律语言的务实性决定的。

不用深奥孤僻的词语，力求用人人易懂的普通话词语，使辞质而义近，是保证朴实格调的途径之一。我们已经公布的一些法律、法规，都十分注意用词的质朴，如1979年《刑法》第一编第五章标题“其他规定”就是从讨论稿“附则”改来的，第252条“隐匿、毁弃或者非法开拆他人信件……”其中“信件”就是从讨论稿的“信函”改来的。但是，民间曾经有一些用于诉讼的法律文书中常出现一些并不需要的或人们不熟悉的文言词语，如一份“民事诉状”写道：“本公司于19××年×月×日电汇往该厂人民币二万元在案。”“在案”一词属旧法律词语，用在这里含义不明，干脆删去反使语言质朴明快；一份“民事上诉状”写道：“……致使彼等向上诉人求偿。因此上诉人对此判决不能甘服。”其

〔1〕 见吕叔湘：《语文常谈》，生活·读书·新知三联书店1980年版，第80页。

〔2〕 指地位卑微或庸碌低劣之人。

实这里的一些文言词语可以改用明白易晓的语体词语。前些年，某些省市，特别是在一些偏僻山区，出现了一些文言的书状（多由人代书），内中有“××法官台鉴”“××列称”“饔飧不继”“询属不当”等艰深难懂的古词语。我们认为，这些词语与今天的法律诉讼制度很不协调，一般的人又难以卒读，有损法律语言的庄重与质朴。对于这类书状的缺点，司法部门有责任耐心地向有关当事人讲明道理，并加以正确引导。

不用形象性词语、艺术化句式是保证法律语言朴实格调的途径之二。有些初学者由于不了解法律语言的风格特征，往往会在法律活动中使用一些形象性词语，如一份奸情杀人的“刑事判决书”中，出现了诸如“（被告人）平日里一双色迷迷的眼睛，总在姑娘们身上打转，伺机捞点便宜”，“（被害人）嘴歪眼斜，不能动弹”，一份离婚案“案件审理报告”里有“红润渐渐从她脸上褪去，眼神也开始呆滞起来”“一场闪电般的恋爱”之类的语句。这类语句有悖于法律语言的风格，影响了法律文书的质量。其实，这些词语所反映的情况如果确实与诉讼活动有关，也应该用朴素平实的语言来概述，若与案件的分析、认定无关，则应该坚决舍弃。

还有些“诉状”和“答辩状”中，民事诉讼的当事人态度不冷静，用一些带有感情色彩的词语指责对方，如“蛮不讲理”“异想天开”等，有一份“再审申请书”，充斥了对二审人民法院指责的词语，如“这完全是混淆黑白，无稽之谈”，“关于这点是毫无根据，完全是歪曲事实”，“这是不负责任的主观臆断，完全是令人不能容忍的”等。有的当事人为表示自己的愤慨情绪，用上了排比、对偶句或打油诗，有的还用反语讽刺对方。其实，在书状中用了这类贬抑性词语，必然会削弱说服力，如能以朴素平实的语言就事说理、依法论理，则能令人信服。在这方面，我们应该记取前述歌德“辩护词”的教训。

朴素平实的法律语言应该达到“三易”的要求，那就是易看、易读、易懂。法律语言以准确为灵魂，为了准确和严谨而形成独特的用词、造句和谋篇方式，尤其是书面法律语言为保证准确性，有时宁可牺牲可读性。尽管如此，我们还是要力求做到这“三易”。事实上，这也是办得到的。奴隶主、地主阶级故意搞“刑不可知，则威不可测”，用深奥艰涩的语言愚弄人民，我们则反其道而行之。高尔基说：“用普通的明确的话不能表达的东西是没有的，这已由列宁无可辩驳地证明过了。”而“普通的明确的话”是能满足“三易”要求的。

易看，就要让文书上的字容易认，不用生僻难认的字，尽量用常用字、词，力求让具有中等文化程度的人都能看懂。

易读，即容易上口诵读，就是说语言文字通顺简明，用来宣读容易上口，还要使听的人无论文化程度高低和有无文化，一听就懂。司法文书大多要宣读，所以决不可轻视这个问题。还要适当注意口头表达或宣读文书时的语调、语气、注意音节和谐，有必要的抑扬顿挫。

易懂，容易理解，就是说通过语言文字，通过字面，清楚明白了解事实和道理。它是以上述的易看、易读为基础的。在语言朴实、力求“三易”方面，最高人民法院编印的《优秀裁判文书》[1]中的不少判决书、裁定书都值得我们学习和效仿。

第六节　凝练简洁——法律语言的高效性

早年，苏联文学顾问会在《给初学写作者的一封信》中讲过一段关于写作的轶事：

俄国布尔什维克派中有个老编辑家奥里明斯基，人们给他散布了一种谣言说：“凡文章经过他修改之后，光剩下标点了。”奥氏对这种言过其实的谣传是这样批驳的：“为驳覆外界的诽谤起见，举个还没有忘记的例子来说。有篇文章，我记得好像是描写蒂威尔城的示威游行，末了说：‘在游行的地方，曾来了地方警察，拘捕了八个游行示威的人。’这种类似的句子是很普通的，把它们整个儿地排印起来是否需要呢？譬如‘地方’两字，难道在蒂威尔城来的警察不是当地的，而是卡桑的吗？至于‘警察’云云，除了警察之外，谁还可以捕人呢？最后，‘游行示威的人’云云，自然，不是母牛，也不是行路的人吧。所以，留下排印的仅仅是‘八人被捕’，也就是需要的字，其余的统统删掉了。虽然留下的不仅是标点，还有四个字，但是这四个字已经说明一切了。”

奥里明斯基的主张说明了这样一个道理：使用语言要力求经济，用尽可能少的语言材料表达尽可能多的内容，也就是要尽量使用负载较大信息量的语言。这就是我们平时所常说的凝练。写新闻尚且如此，法律语言运用中更应该遵循这一原则。

用简明扼要的语言来理狱断案，这种传统自古已然。如《左传·昭公十四年》中有一段关于邢侯（楚申公巫臣的儿子）与雍子争夺晋邑地乃至涉讼的史实。事情是这样的：邢侯和雍子争夺邑地，旷日持久而不能定案。晋国司法官景伯到楚国去了，由叔鱼代理。韩宣子下令处理积案，经审理断定雍子理曲。雍子就把女儿进献给叔鱼，叔鱼受贿而曲断刑狱，归罪于邢侯。邢侯大怒，在朝廷里杀了叔鱼和雍子。韩宣子问晋国大夫叔向该怎样了结此案，叔向回答道：“三人

[1] 最高人民法院审判管理办公室：《最高人民法院优秀裁判文书（第二辑）》，法律出版社2014年版。

同罪，施生戮死可也。雍子自知其罪而赂以买直，鲋也鬻狱，邢侯专杀，其罪一也。己恶而掠美为昏，贪以败官为墨，杀人不忌为贼。《夏书》曰：'昏、墨、贼、杀，皋陶之刑之。'请从之。"宣子采纳了叔向的判决意见，于是将邢侯处死，陈尸示众，并把雍子和叔鱼的尸体放在大街上示众。

这篇文章记叙叔向的断狱一事，表现叔向"刑不隐亲，有罪必罚"的思想。全文叙事清楚，说理有力，特别是写叔向对此案的论断，更为精辟：先下断语，继析其理，后引皋陶之刑为依据，从而判决。他的一番话，堪称一份合情、合理、合法的判决书。全文内容丰繁，但文字很简要。凝练这一语言风格格调很显著。

在语言凝练方面，历史上也曾走过一段弯路，正如第二章第一节"上古至中古时期法律语言的滥觞与沿革"中所述，唐代的"判"（今称"判决书"）用骈体写作，堆垛典故，语言繁缛，不切于蔽罪，但宋代元符年间王回的判词突破了骈体的藩篱，开始用散体写判词。王回的判词，用散体写作要求来衡量，不能算是上品，然而事繁言简，体现了凝练的格调。王回对判词的这一改革，正说明了堆砌辞藻，张扬繁缛的语言风格是法律语言所不能容纳的。明代文章学家徐师曾《文体明辩》谓其判牍"脱去四六（指骈体），纯用古文（散体），庶乎能起二代之衰"。对他用散体作判的重要意义，作了很高的评价。下面请看王回撰拟的一份判词"出妻告甲在家指斥乘舆"。宋代判词分"原题"与"原判"两部分，原题简要说明案由、案件来源及案件审理概况，相当于当代判决书"首部"。原判则依据案件事实及理由（法律与情理）作出判决，相当于判决书"正文"。

出妻告甲在家指斥乘舆

[原题]

甲为出[1]妻乙告其在家尝出不逊语，指斥乘舆。有司言虽出妻而所告者未出时事也。或疑薄君臣之礼，隆夫妇之恩，律[2]不应经。

[原判]

指斥乘舆[3]，臣民之大禁，至死者斩；而旁知不告者，犹得徒一年半，所以申天子之尊于海内，使虽遐逖幽陋之俗[4]，犹无敢窃言讪[5]侮者。然《书》称商周之盛，王闻小人怨骂，乃皇自恭德。[6]不以风俗既美，而臣民俨

---

〔1〕 出：封建社会男子片面离婚休妻叫"出"。

〔2〕 律：法。经：经典，指儒家经典。

〔3〕 乘舆：指皇帝。原为皇帝所乘车辆，用以指代皇帝。

〔4〕 遐（xiá）：远。逖（tì）：远。幽：暗。

〔5〕 讪（shàn）：讥讽。

〔6〕 恭：敬。这两句出自《尚书·无逸》："小人怨汝詈汝，则皇自敬德。"下句谓自己更加敬畏修德。

然戴上[1]，不待刑也。则此律所禁，盖出于秦汉之苛耳。若妻为夫服斩衰[2]，其义甚重，传礼已来未之有改也。且挟虐犯法，既许自诉；而“七出”义绝[3]，和离之类岂有宿怨[4]？顾恬然籍衽席之所知[5]，喜为路人挤之死地[6]，其恶憨矣[7]。宜如有司所论已。若夫减所告罪一等，甲同自首，以律附经[8]。窃[9]谓非薄君臣之礼而隆夫妇之恩也。（见徐师曾《文体明辨（判三十）》）

这篇判可分四层意思：首先，引用法律并说明立法精神所在；其次，引儒家经典指出此律的苛严是出于秦汉之际，为下文伏笔；再次，分析本案情节，对出妇行为有所批判，肯定了有司的判决；最后，说明这样处理是符合经义重视礼制的，回答了原题中有人异议的问题。判文引律引经，阐述了经义与法义，说理有据；制判紧扣原题，事繁而文约，言简而意赅，风格凝练。

关于法律语言的凝练简明风格，我国古代的有识之士从理论上也早已阐明。唐宋八大家之一的曾巩在《南齐书目录序》中说：“号令之所布，法度之所设，其言至约，其体至备，以为治天下之具。”就是说，法律语言必须“至约”，也就是最凝练简明，以体现法律语言的高效性，这是由它治理天下的特定功能所决定的。刘勰《文心雕龙·书记》指出，包括法律文书在内的应用文体必须“随事立体，贵乎精要；意少一字则义阙，句长一言则辞妨”，十分强调语言的简约。现代的法律语言更容不得离题的废话和言不及义的赘语，因此，凝炼是当代法律语言的重要特色之一。

要达到凝炼的要求，就必须有以“简”（语言形式）驭“繁”（语言的信息量）的语言运用能力。对法律语言来说，则要求叙事简明完备，约而不失一辞；说理精辟，简而不缺；说明简要得当，明白无误。

为了凝炼，必须抓住案件或法律事务的关键，无关的情节要坚决摈弃，次要的情节必须从简。在必不可少的说明、叙述和论证中、应该像奥里明斯基那样，将可有可无、不能提供有用信息的“冗辞”竭力删去，毫不可惜，做到句

---

〔1〕俨然：形容庄严。戴：尊而奉之。

〔2〕斩衰：古丧服分五等，称为五服。斩衰是五服中最重的一种。

〔3〕“七出”义绝：“七出”是封建社会规定丈夫遗弃妻子所依据的封建教条：①无子，②淫逸，③不事舅姑，④口舌，⑤盗窃，⑥妒忌，⑦恶疾。所谓“义绝”，指夫妻离异后恩义断绝。

〔4〕宿怨：旧有的仇恨。

〔5〕恬：安静，心神安适。衽（rèn）席：睡觉用的席子。此句是平时夫妻在床上倾吐的心腹话。

〔6〕路人：行路人，比喻不相干的人。

〔7〕憨（hān）酣：愚。疑为“憝”字，憝（duì），奸恶。

〔8〕经：常法。

〔9〕窃：自称谦词。

无可删，字不得减，以简驭繁，词约意丰。目前有一些法律文书却违反了这个原则，如有一份杀人案《呈请侦查终结报告书》写了犯罪嫌疑人案发前打康乐球、睡觉，吃饭花了多少钱等许多与案情无关的细节，喧宾夺主，使文书显得啰唆、冗长。

有一份合同纠纷案《民事起诉状》理由部分写道：

我们认为，该厂系一社会主义企业，理应严格遵守双方议定的协议和认真执行自己的诺言。这是我们兄弟单位相互协作，有利于现代化建设所应有的社会主义道德品质，而且在经济上也已造成不应有的浪费和开支达2.5万元，这使我本公司所不能理解，亦为国法所不能容忍的。

这段文字，不仅有多处词语不准确，如“应有的社会主义道德品质”（应该是“应承担的法律责任”）、“不应有的浪费和开支”（“浪费”没有“应有”和“不应有”之分；既属浪费，又怎能诉请对方赔偿损失?），而且有多处词语属于冗词，如“我本公司”中“我”或“本”属赘语，只需保留其中之一；“双方议定的协议”中只有“双方协议”能提供有用信息。此外，“认真执行自己的诺言”（与“严格遵守双方协议”句意重叠），“这是我们兄弟单位相互协作，有利现代化建设应有的社会主义道德品质”和“这使我本公司所不能理解”诸句均属多余。另外，在民事起诉状中被指控一方的称谓应该是“被告”。其实，这段文字可以简写为：“我们认为，订约双方理应遵守协议。被告上述违约行为给我公司造成经济损失达××××元，应由被告承担赔偿责任。”

前面说过，凝炼的语言负载更大的信息量，有的法律文书片面强调简约，但却失去了应该传递的信息，那是苟简，并不是我们所提倡的凝炼。有一份“起诉书”事实部分写道：

被告人姜××于2012年2月至10月间对公公李××（78岁）采用打骂、饿饭的方法，进行虐待，致使李××于10月6日晨6时许投河自尽身亡。

这段文字对被告人犯罪的动机、目的、情节手段等叙述过简或者根本未涉及，从而给案件的起诉和审理带来困难。其实，该案案情有一个发展过程，被告人长期虐待其公公，愈演愈烈，最后一次残暴殴打被害人，使被害人不堪忍辱而投河自尽。这份“起诉书”没有反映这些必须交代的过程和情节，就谈不上凝炼，而是苟简。

公正与高效是我国人民法院新世纪的工作主题，也是一切法律活动的价值取向。我们要求法律语言具有凝炼的风格特色，这就必须力求语言简约，使文约而法明，要避免因语言累赘，失之于冗弱，文冗而法晦。我们要力求保证法律语言的高效性。当然，我们要避免“一种倾向掩盖另一种倾向”，在力争凝炼简洁的同时还要力戒苟简，避免简而无要，造成疏漏，给诉讼和法律事务造成妨碍。

第七节 法律语言内部风格差异

如前所述，法律语言在长期运用过程中形成了对语言材料特殊的选择规律和结构规律，呈现了准确无误、严谨周密等五大风格特色。然而，语言和语言运用是一种极其复杂纷纭的社会、文化、心理现象，加上法律语言涵盖面相当广袤，从法律活动领域来说，包括立法、诉讼和非诉讼法律活动，诉讼活动又包括刑事、民事、行政等不同性质的案件，每一大类案件又可分为若干阶段（如刑事诉讼可以分为立案、侦查、审查、起诉、审判、执行等不同阶段），非诉讼法律事务又可分监狱管理，仲裁，公证，订立遗嘱，签订合同、条约、公约等门类。从交际方式与传播媒体来看，法律语言又可分为法律书面语和法律口语两大类，法律书面语和法律口语又可分为若干类［如书面语可分立法文件、法律文书、法制新闻和其他法律写作，法律口语可分为法律讲演、讯（询）问和法庭语言等］。由于语境、角色、交际方式和传播媒体等种种条件与因素的差别，法律语言下属范畴各领域的语言风格在大体遵循五大特色的前提下，彼此间会有不同程度的差异与偏离。

下面对同一个案件中作为书面语之一的“起诉书”和作为法庭语言（口语）的“公诉意见书”进行考察对比，并以此说明法律语言内部风格偏离的问题。由于“公诉意见书”具有当庭面对司法官员、当事人及旁听公众演讲的性质，在语言风格上必然会与主要供阅读用的法律书面语的法律文书（有人称之为“视觉语言”）有所差异。下面，我们拟就语词、表述及总体结构三个层面对这两类法律语言形式作一番对照与探讨。

一、语言层次

我们以被告人郭××在北京地铁站涉嫌以危险方法危害公共安全罪的同一事实在该案的“起诉书”和“公诉意见书”中对语言材料的不同选择并参照一位作家对地铁值班女民警的见义勇为高尚情操，用诗歌进行赞誉的语言文字来说明两者间的偏离。

该案的起诉书中写道：

被告人郭××乘机猛推正在候车的北京市崇文区紫竹院小学的学生队伍，致使该校五年级三班的数名学生被推倒在站台上，其中李×（男，11岁）上半身悬空倒在站台边，被同学拽住。陆××（男，11岁）被推下站台。该站派出所值班民警周怡（女，21岁）即上前抢救陆××。被告人郭××又将周怡推下站台。

而该案公诉意见书，是这样陈述的：

陆××小同学被推下了站台，在这个紧急关头，地铁前门站派出所的值勤女民警周怡同志，不顾个人安危，挺身而出上前抢救陆××。正当周怡伸手往上拽陆××的时候，被告人郭××又穷凶极恶地用力把周怡推下站台。

案件发生后，作家邵燕祥在《北京晚报》上以《赠周怡》为题发表了一首讴歌见义勇为英雄行为的诗歌，对周怡救人一节是这样颂扬的：

正是这一双小手，
从危难与时间的夹缝中，
抢救了十一岁公民的生命，
以及
剑与盾的光荣。

可以看出，“起诉书”比较严格地遵循了五大特色的原则，概括、平实地叙述了事实。公诉词则使用了“紧急关头”“不顾个人安危”“挺身而出”“穷凶极恶”等带有表情性的形象词语，其目的是进一步证实被告人犯罪的事实与情节，激起旁听群众的义愤。这些形象性词语的使用不仅不会妨碍行文的准确性，相反还能增强其支持公诉和法制宣传的功能。正如我们平时常所说的，法庭讲演为了增强表现力，在大体保持五大特色的前提下，不妨把语言写得稍为“具体”“形象”和“生动”一点。当然这是与“起诉书”相对而言的。但“公诉意见书”决不能像文艺作品那样可以激情横溢，洋洋洒洒地尽情夸饰、渲染。通过上面的实例可以看出，“公诉意见书”虽然也带有爱憎等感情色彩，但总体上仍不失准确、严谨、朴实等风格特色，并没有渲染、铺饰。而在诗中，作者则用“从危险与时间的夹缝中”“剑与盾的光荣”等文学语言和文学表现手法，热情洋溢地赞颂周怡舍己救人的高贵品质。由此可见，“公诉意见书”的语言标准与“起诉书”虽然有所不同（即偏离），但其中还有一个适度的问题应当注意掌握。

二、表述层次

再从表述方式的角度讨论“起诉书”和“公诉意见书”表述方面的差别。

语言的基本表述方式有五种：说明、叙述、论证、描写和抒情。法律语言以客观准确的说明、概括周全的叙述和严密有力的论证见长，这是法律语言运用的普遍规律。从具体运用来看，“起诉书”运用说明、叙述和论证时界限分明：首部的“被告人的基本情况”和“案由和案件的审查过程”及正文的“证据”部分都用说明的方法，“案件事实”用叙述方法，“起诉的要求和根据”部分则是用论证的方法，得出被告人涉嫌何种犯罪，依据什么法律提起公诉，请法院“依法判决”的结论。而“公诉意见书”的叙述、说明、论证之间界限不明，往往可因案件情况的不同而交错使用，常常采取夹叙夹议的方式。下面是一起军人盗窃武器装备、抢劫案的起诉书和“公诉意见书”的不同表述。

这起案件的“起诉书”指出：

钟×、李××两名被告人逃达浙江开化境内时，钟×提出‘在前面抢点钱’，李××积极附和。（19××年）9月13日，两人到达开化县城后，即窥探了中国人民银行开化县支行的情况。当晚9时许，两被告人从该行边门窜入，因人多未敢妄动。9月15日上午，两被告人又窜至开化县马金供销社齐溪分社门市部，各购得白色田径鞋一双，出店后换下所穿皮鞋，并将皮鞋丢弃，共谋抢劫该门市部的财物。下午四时许，两被告人实施抢劫，由李××一手持枪，一手持弹簧刀，胁迫门市部内三名女营业员和几名男女顾客不得行动和讲话。当李××发现营业员汪××走向里屋，猜测其出去报案，便开枪射击，击中其右前臂（致其粉碎性骨折）。同时，钟×持枪关门后进入柜台内，劫得现金人民币964.69元，‘宝石花’牌手表一块（连表带），黑色‘西湖’牌人造革包一个。嗣后两人往安徽省屯溪市方向逃窜，于当日18时15分许被屯溪市公安局刑侦队捕获。

这起案件的“公诉意见书”中的阐述是：

钟×、李××还犯有抢劫罪，犯罪情节严重。抢劫罪，人民群众称之为“强盗罪”，它是侵犯财产罪中最严重的一种犯罪。……被告人钟×、李××，为了满足不劳而获的卑鄙欲望，实现周游全国名胜的美梦，盗窃武器逃跑后，先是预谋抢劫中国人民银行开化县支行，事后继续流窜，伺机抢劫。当他们窜到地处皖、浙、赣交界的开化县齐溪供销分社时，竟然在光天化日之下，手持刀、枪胁迫手无寸铁的顾客和女营业员。顾客中有白发老人和幼小的孩童，被告人李××一手持着子弹上了膛的手枪，一手握着锋利的弹簧刀，威胁营业员和顾客，不许他们走动和讲话，剥夺了他们的人身自由，使他们的生命处于危险之中。当发现营业员汪××往里屋走去时，李××以为其要去报告，便开枪射击，子弹击中汪的右手臂。与此同时，李××手持上膛的手枪，一边关上大门，一边恶狠狠地叫嚷“不许动”“不许讲话”，一边窜进柜台后，从货架上摘下提包，又从棉布柜台到百货柜台，从东到西，上上下下，翻了五六个抽屉，劫得营业款九百多元和手表等物。尔后两人仓皇逃窜。当地群众十分气愤地说：“这是新中国成立以来我们开化县从来没有发生过的事。过去的强盗白天隐藏在山上，要做坏事还要等到晚上才干，而钟、李两犯竟然大白天明目张胆地持枪抢劫，真比强盗还强盗。”当群众获悉钟、李还是解放军战士时，无不痛心地说："军人干这样的事，这确实不应该，有损我军的光辉形象!"群众纷纷要求：一定要严惩人民子弟兵中的败类——钟×、李××，否则民愤难平，民心难安。

"起诉书"用简明准确的语言，叙述了两被告人窃取兵器外逃后预谋和实施抢劫的时间、地点、动机、目的，特别是对犯罪实施阶段的情节、手段，表述得十分清楚明确，并用具体确切的词语和数字表述了劫得的财物的种类和数量。最后还交代了"两被告人往屯溪方向逃窜"等犯罪后的表现及最后归宿。

可见，"起诉书"的叙述除了准确切实外，还具备严格的"要素性"：即包括与定罪量刑直接有关的时间、地点、动机、目的、情节、手段、结果等必备要素。另外，"起诉书"叙述案件事实部分不必夹入分析判断或议论说明，因为它是为后面的理由和结论提供依据的。"起诉书"的证据部分又只能用说明方法，理由和结论部分只能用论证的方法。如果不这样做，就会破坏了它的特定程式，给起诉工作带来妨碍。"公诉意见书"则不然，它可以是"起诉书"的补充和引申，但不必简单地重复"起诉书"的事实、理由和结论。"公诉意见书"根据分析犯罪性质及其严重性的需要，或者根据剖析犯罪的社会、思想根源的需要，可以对犯罪事实的某些方面、某些情节，或作概述，或作较详的铺陈，或者加以必要的阐发说明，然后加以论证，得出公诉意见书本身的结论。打一个比喻：如果"起诉书"是一部前后连贯、首尾完整的电影片，那么，"公诉意见书"则是撷取其中某些镜头用特写的技法推出，并从旁加以阐述与评析，使人们获得进一步的印象和教育。

在修辞手法方面，法律语言以五大特色为其风格基调，因此很少运用积极修辞手法〔1〕，而以平实、稳密、均衡的消极修辞方式〔2〕见长，但由于法庭论辩具有面向听众表述的性质，因此在修辞手法方面与法律书面语有一定程度的偏离，根据论辩的需要必要时可以有限制地运用反问、排比等方式，而对夸张、拟人等反映"超常思维"的方式则是必须排斥的。如：

面对这种严峻的事实，究竟该怎么办？代理人认为，要从本位主义和封建的宗族观念束缚下解脱出来。原、被告双方都应多想想在械斗中无辜丧生的亲人，多想想我们已拥有的幸福岁月，多想想今后的美好前景，用我们中国公民应有的人道主义和法制观念，去克服愚昧和邪恶！（《××村与××村用水纠纷案代理词》）

---

〔1〕 指通过比喻、夸张等辞格的运用，使人具体感受到事物的声音、形体的种种性状。

〔2〕 指不运用比喻、夸张等辞格和形象性词语，力求明白、精确和平妥地表达有关内容。

三、总体结构

法律语言的语段或文本（text）都有结构程式化的特点，但书面语与口语程式化程度和实现程式化的途径不尽一致。书面语的法律文书都有“首部”“正文”“尾部”三大部分，每一部分又有特定的项目。每一项目中又有特定要素，不得增删、疏漏或倒置，如“首部”下又分“标题”“编号”“当事人身份事项”“案由及案件来源”诸项，以标题来说，公安、检察机关的法律文书必须包括“制作机关名称”及“文书名称”两个要素；人民法院的裁判等法律文书则包括“法院全称”“案件性质”“文书名称”三个要素。除了语言手段外，文书类法律书面语还对纸张纸型、天地页边、尺寸大小、字体型号、数字书写、字距行距等间距、墨水、印油乃至卷宗封面样式都有明确而具体的技术规范和要求，以保证法律语言的准确无误、庄重肃穆等风格，保证诉讼和非诉讼法律事务的顺利进行。法庭论辩因为主要诉诸人们的听觉，论辩本身又具有随机性、应变性特点，因此其程式化程度相对低一些，从总体结构上看，一般分为标题、称呼语、前言、正文、结论这几个相对独立的部分，每一部分有大致规范的内容要素，但是并没有文书类书面语那种标准划一的技术规程。论辩语言运用于法庭，还可以加上适当的体态语、展示实物、播放音像等视觉手段（当然体态语要与法庭这一特殊场所适切，其他视觉手段的运用则必须符合法庭诉讼规则或事先征得法庭的同意）。难怪有人称法庭论辩的谋划与运用是一门“综合艺术”。

上面从语言、表述和总体结构三个层次对文书类法律书面语和法庭语言（口语）进行了比较考察，后者对前者虽有一定程度的偏离，但大体上还是拥有准确无误、严谨周密等五大特色。当然，我们还可以对法律语言进行其他角度的分类，然后加以对比研究，如诉讼用语与非诉讼法律事务用语的对比研究，刑事诉讼与民事诉讼用语的对比研究等。对法律语言内部差异的研究，既有利于用最适切的语言去从事和完成每一项法律活动，也有利于更系统、全面地掌握与洞悉法律语言的总体规律，提高法律语言研究的水平和层次。

【思考题】

1. 准确性是法律语言的首要特征和生命。汉语法律语言通过哪些手段保证其准确性？

2. 除了准确性之外，汉语法律语言还有哪些风格特征？这些特征与准确性的关系怎样？

第五章
法律语言交际（上）

第一节　法律语言交际概述

一、交际、交际的功能与类型

“交际”一词，按《辞海》的释义：“是指人与人之间以礼仪币帛相交接，互相来往之应酬。”它是人与人之间相互联系的形式和方法。人们利用各种形式与方法彼此传递信息、交流经验、相互了解、共同合作，促进社会的进步和个人的成功、幸福。《孟子·万章下》：“其交也以道，其接也以礼。”这就意味着，交际活动必须遵循一定的规程与礼节。我们探讨交际的目的，主要在于揭示人们社交活动的共同规律，指导人们的交际实践，解决人与人之间在交往过程中的程序与技术问题。

交际的功能大体上表现在以下几个方面：

1. 交际可以促进社会进步。社会的进步有赖于社会全体成员素质的提高和科学、经济、文化的全面发展，所有这一切都离不开信息传递、经验交流和人们的互相合作和共同奋斗，也就是说须臾离不开交际活动。

2. 获得事业的成功和个人幸福。随着人类的进步和社会的发展，社会分工也愈趋细密，人们在生产、科研、生活上的互相合作、互补性大大加强。很难设想，在当代信息社会中，一个离群索居、不善交际的人会获得充分的信息，取得他人的充分理解与支持，并顺利获取事业的成功和个人的幸福。一个人要想成功与幸福，首先要学会正常、有效的交际。

3. 成功的交际可以维护个人的尊严与人格，在某些特殊场合还可以保障国家尊严和国格不受侵犯。如墨子出使楚国的成功交际不仅维护了自身的尊严与安全，还阻止了楚国侵犯宋国的一场不义战争（参看第十章第二节“谈判语言”），晏子使楚的巧妙机智交际，令精心设计侮辱晏子一番的楚王不得不承认：“圣人非所与熙也，寡人反取病焉[1]”，从而战胜了困境，维护了本国的

---

〔1〕见《晏子春秋·晏子使楚》。

国格与尊严。

人类生活中按交际对象、性质和交际关系的远近，人与人之间的纵横交际距离，综合起来大体可分四种交际圈，即所谓家庭圈、朋友圈、事业圈和社交圈，与这四种交际圈相对应，可分为四种不同的交际类型：亲属交际、朋辈交际、公务交际和公共交际。由于交际对象、性质等种种因素的不同，这四种交际类型各有自己的特点：

1. 亲属交际。这是由血缘组合而形成的诸如与父母、子女、兄妹、血亲、姻亲等亲属之间的交往。比较侧重于婚丧寿诞、逢年过节的礼尚往来、相互走访，往往带有持久性和重复性，这类交际的表现形式一般比较庄重、礼貌及亲昵。

2. 朋辈交际。是指与朋友、知己，亲近的同乡、同事、同学、战友等之间的交往。它是人们按照自己的志趣和标准自由选择的交际类型，没有固定性和被迫性，交际方式比较自然、坦率、平等，没有拘束和顾忌。

3. 公务交际。是指为了完成某种公务而与其他个人或群体间产生的交往，如外交、谈判、商贸、采访、调查、开会、研讨、讲授等。诉讼和非诉讼法律事务当然也属于公务交际。这类交际方式要求比较严格，必须在调查研究的基础上，根据交际对象的不同特点和交际环境的特定状况事先设计与之相适应的交际方式，对交际语言、礼节、规程、服饰、态度等都要精心谋划，使之完美、得体。

4. 公共交际。指一般在社会上偶尔与陌生人之间发生的暂时性交际，如乘车、旅游、投宿、问讯、购物等临时性和别人发生的交往。一般要求热情有礼、言语温和、举止文明，使交际对象对你有良好印象，才能得到方便和满意。

交际活动是取得事业成功和心理和谐的必要手段之一，如果能够熟练得体地进行交往，善于处理好社会生活中上述四种交际类型，那就会得到他人的尊重与支持，顺利地完成自己的工作和任务。

二、语言交际和法律语言交际

目前“语言”一词在不同学科领域有不同诠释，除了人类自然语言之外，还有人工国际语，大西洋戈麦拉岛、拉丁美洲及非洲一些国家地区使用的口哨语，非洲、拉丁美洲等地使用的鼓点语，书面语，身势语，花卉语，机器语言和媒介语，计算机语言，为外星交际创设的宇宙语等，结构主义人类文化学家把衣服、食品、手势与姿态等用作代码，每一种代码也称为一种“语言”。在这里，我们所说的语言专指人类的自然语言。人们利用语言这个为人类所专有的符号体系传递信息、交流思想、组织和协调各种社会活动，那就是语言交际。语言交际是人类最直接简便、也是最经济有效的交际方式。

语言交际是一门大有讲究的学问，对此，我们的先哲历来十分重视。三千多年前，孔子《论语·卫灵公》曰："可与言而不与之言，失人；不可与言而与之言，失言。知者不失人，亦不失言。"这种"不失人，亦不失言"的思想充满了关于语言交际的朴素的辩证论。刘勰《文心雕龙·论说》指出："一人之辩，重于九鼎之宝；三寸之舌，强于百万之师"，表示了对语言交际的高度重视。历史上语言交际的成功范例几千年来连绵不断，作为个人或代表群体达到良好交际效果的典范有触龙说赵太后、孟子劝齐桓王、烛之武言退秦师、诸葛亮舌战群儒……在跨文化的交际方面，张骞通西域、玄奘去印度、郑和下西洋、鉴真东渡日本……除了"礼仪币帛"外，当然少不了语言上的交际与沟通。从近现代迄今为止的成功语言交际更是层出不穷，我们只举一个例子来说明对语言交际的作用和技巧绝不可等闲视之。美国前总统尼克松在《领袖们》一书中回忆1972年访华时，把周恩来总理和江青跟他的见面语作了一个比较：周总理和他会面时"言简意赅地说：'您从大洋彼岸伸出手来，和我握手。我们已经25年没有联系了。'"可江青见面的第一句话就是："你为什么从前不来中国?"且不论两句话的内容如何，仅从特定语境中产生的交际效果来看，前者使对方感到高雅、友好、机智、生动，后者则令对方觉得愚蠢，"缺乏幽默感"，"表现出她那令人不悦的、好战的态度"。这种因说话方式不同取得的交际效果有天壤之别的事例，难道不值得我们关注与思考吗?

所谓法律语言交际，指的是在诉讼活动和非诉讼法律事务中的语言交际或传播。要取得法律语言交际的成功，必须细察各类诉讼的不同阶段及各种法律事务的特定功能及语言交际的题旨、情境、角色等诸多因素，选择和使用最适切的语言材料以及最有效的表述方法，调整和斟酌加工语辞，使所运用的语言充分、完美地传达法律信息，全面完成诉讼任务或非诉讼法律事务。为此，我们除了必须了解和洞悉法律语言的结构规律和风格特色，还要熟悉法律语言交际的基本方式及其技术要领。

三、法律语言交际方式略谈

从交际双方的交际地位和信息传播情况的不同，法律语言交际可分为单向表述和双向互动。

单向表述指双方的交际关系固定，一方总是表述者，另一方总是接收者，传播内容总是由表述者一方控制，信息总是由一方传递到另一方。这种交际活动是一种单向的传播方式，如制定规范性法律文件（立法）、撰拟法律文书，宣读起诉书、证人证言、勘验报告、鉴定报告，宣判，训诫和法制报告等。我们把这种交际方式命名为表述型交际。

所谓双向互动，指的是交际过程中双方地位并不固定，任何一方都既是信息传播者，又是接收者。交际内容、方向与程序由双方共同控制，这种交际活动是一种双向的变向活动，如讯问、询问、调查、调解、谈判、法律咨询等均属之。我们把这种交际或表述方式叫作双向互动型交际。

有声语言交际需要风度、仪表、情态和手势来辅助，我们把这种无声语言叫作“态势语”。书面语交际时还需要调动字体形貌和版面设计等之类的视觉手段等方式来加强语言的准确无误、庄重肃穆等风格色彩。口语交际的态势语和书面交际的视觉手段等都属于超语言手段或副语言。

自叙、对话、副语言，是法律语言交际最基本的三种方式。下面各节将分别加以阐述。

第二节 单向表述型法律语言交际

表述型交际的“单向性”是从表述形式的角度与对话型交际相对而言、相比较而存在的。严格地说，任何形式的交际都是双向的，在表述型交际中，传播者与接收者也联结在一个动态运转结构中，要取得交际的成功，传播者必须随时从接收者那儿捕捉反馈信息，并不断调整和修改交际策略、重新组织交际言辞。书面表述型交际也必须事前洞悉接收者的状况，事后收集反映。法律、法规等立法文本的草拟、制订、施行，法律文书的制作、运用，都要遵循语言交际的这一原则。

根据交际宗旨、目的、内容和所呈现的语言特点的差异，我们认为，法律语言单向表述型交际又可分为陈述、描摹和论说等模式。

一、陈述

陈述即叙述和回溯案情或有关的法律事实、说明情况、条陈法律规范。“以事实为根据，以法律为准绳”是处理各种案件和法律事务的准则。亚里士多德《修辞学》也指出：“政治演讲针对将来，法律演讲着重往昔。”这些都说明叙述、回溯案情或有关事实、说明情况等在法律语言交际中至关重要。

（一）叙述事实

“以事实为根据”是社会主义法制的精粹，查明的事实也是准确运用法律的前提。因此，案情或法律事实叙述的臧否成败直接关系到案件或法律事务的处理结论是否有扎实可靠的基础。为了成功地表述各种事实，首先必须探讨法律语言叙述的特征。叙述有概括叙述（概述）和具体叙述（细述）之分。由于法律语言叙事的目的，不像文艺作品和一般叙事文体那样单纯地进行叙述或主要是进行叙述，并求生动、真实、形象地重现整个事件，法律语言的叙述总是伴随着论证或者说理而出现，叙事之后紧接着切事而论，依法分析，事、理、法互相交融，有机结合，因此法律叙述多用概述。日本军国主义1937年12月入侵南京后，进行了长达两个星期的惨绝人寰的血腥屠杀，烧杀奸淫，无恶不作，我罹难父老同胞达30万之众！日寇的兽行罄竹难书。这段痛史用电影等文艺形式来表现可以长达数小时（如电影《南京大屠杀》），用调查报告或小说等文字形式来反映，也可长达数十乃至百万言，而在1946年12月31日当时中国政府审判战犯军事法庭对纵兵屠城的主要责任者、日军第三师团长、战犯谷寿夫的“起诉书”中，对日军在南京的兽行，兼及南京屠城前的种种罪行，只用了千余字，既十分概括，也相当清楚：

谷寿夫，日本东京都中野区富士见町人，曾先后在日本陆军士官学校及陆军大学毕业，为日本侵略运动中激进军人之一。一生充任军职，历任陆军士官学校学员队附及大尉，参谋本部部员，及陆军大学教官；民国十七年任第三师团参谋长，调至我国山东济南等地，阻碍我国之统一运动，旋调参谋本部演习课长，陆军省军事调查委员长。至民国二十六年八月，率军来华，在香月指挥下，至永定河作战，继向保定、石家庄前进，在途纵部属任意抢劫陈嗣哲家中衣服古玩二十八箱，及红木家具等物。并强迫我国妇女作肉体之慰安。旋会合预备部队中岛、末松两师团，合为一军，名柳川兵团，于十一月初旬，实行杭川湾登陆后，由杭州而昆山、太湖，直扑南京，攻陷中华门，于是年十二月十三日晨进城，分驻中华门一带。该犯于十七、十八两日，参加进城式及慰灵祭，以宣扬威武，并为摧残我国抵抗精神与民族意识起见，与中岛今岛今朝吾部，发动举世震骇、旷古惨劫之南京大屠杀，被害达数十万人之众。其所属部队，于留驻之十二月十三日至二十一日，周余期间之罪行：第一为屠杀计在中华门外鸡鹅所、南村、沙洲圩、赛虹桥、涉公桥、双桥、雨花台等，及城内门东中营、转龙巷、仓门口、锦绣场、仁厚里、瞻园路、莲子营一带，枪杀及刺杀及其他残酷方法杀害李锦有、王珍全、陈锦福、张书诚、周洪民、韩马氏等九百余人。就其杀人之原因言，吴学诗等拉夫不从被杀，李又名等完成夫役亦被杀，殷德才等见放火施救既被杀，张贡才等见燃烧民房哀恳亦被杀。又李孙氏之被杀，以其避难于防空壕中。韩马氏等数十人之被杀，因强索柴米之告罄。又向赵陆氏等索姑娘不获杀之，强奸周张氏等不遂杀之，强奸或轮奸杨刘氏等后又杀之。又张世准等维护子女而被杀，王二毛见父母被害哭泣而被杀。就其杀人手段而言，邓家镛则缚而杀之，盛怀之则迫令跪地而杀之，冯天祥等则集体而杀之，莫启东则先刑而后杀之，程永庆则刺伤而后勒死之，童章余等则枪毙之余又焚其尸。是无事不可杀，无人不可杀，无地不可杀，无术不可杀，诚近代文明史上之耻辱。其次为强奸，计在城内外沙洲圩、赛虹桥、女儿巷、安德门一带，强奸陈二姑娘及轮奸杨刘氏等四十余人。又次为肆意破坏财产，计在上列地带被害者有盛实甫、张志存等十数户。种种罪行，罄竹难书。及战事结束后，该犯在东京被捕，由中国驻日代表团嘱解来华，经国防部战犯管理局移送侦查到庭。

这一段叙述概括了被告人“为了以其毕生精力，推行日本征服东亚必先征服中国之侵略国策”，破坏国际和平，侵犯中国主权，战争中又以违反人道及战争法规犯下种种暴行，特别在南京犯下旷古未有的滔天大罪的事实。在这段文字中，直接叙述南京大屠杀的事实，仅八百余字。主要指控谷寿夫等发动的南京大屠杀中烧杀、奸淫、抢劫的事实，每一起罪恶，都有具体的时间、地点、遇难者的姓名、犯罪的情节、手段与结果。该案由我国军事法庭于1947年3月10日以该年度审字第一号案公开审判。该案判决主文为：“谷寿夫在作战期间，共同纵兵屠杀俘虏及非战斗人员，并强奸、抢劫、破坏财产，处死刑。”该判决书的事实部分，在简述谷寿夫的身世、经历后即切入南京战争，重点是依次写述南京城陷后谷寿夫所率第三师团残酷屠杀我国军民三十余万人，用离奇残虐的手段奸淫蹂躏我国妇女，纵火焚烧我公私财产、贪婪劫掠各种财物的种种情状。日军的兽行历时10天，犯罪空间遍及南京城、郊每一寸土地，真是罄竹难书。但判决书却写得有条不紊、周遍全面，既有对日军兽行的概括叙述，又有杀人、奸淫、劫掠等方面的典型事例，叙事要素齐全又不累赘。作为法院查明并据以定罪的事实，共约2000字。这段文字充分反映了法律叙述的特点，当然从中也可见作者驾驭法律语言的功力。[1] 这虽是70年前的一个案例，但从中也不难悟出，法律语言的叙述，旨在为断案科刑或为了法律事务的了断提供确凿无疑的事实方面的依据，因此必须概括精要，不追求繁丰生动。

一般的叙述必须包括五大要素，即人物、事件、时间、地点和为什么（原因、结果），这在新闻叙述中称之为“五个W”（Who——何人、What——何事、When——何时、Where——何地、Why——何因），有时还要交代最后结果，那就是“How——如何”，五个W加一个H，就是新闻叙述的“六要素”。

法律叙述除了概括之外当然还要求准确切实，不可虚妄疏漏，因此它具有严格的“要素性”。法律叙述的要素是由各类案件及法律事务本身的构成要素及特点决定的。按照审判方式与各类法律文书的改革的精神，要求加强对案件事实的表述与对证据的论析，对各类案件事实的叙述，特别要求要素齐全、清

〔1〕 参见李昌道主编：《中国裁判书》，上海人民出版社2001年版，第51～55页。

晰完整并突出重点，除了“①众所周知的事实；②自然规律及定理；③根据法律规定或者已知事实和日常生活经验法则，能推定出的另一事实；④已为人民法院发生法律效力的裁判所确认的事实；⑤已为仲裁机构生效裁决所确认的事实；⑥已为有效公证文书所证明的事实”〔1〕以外的事实，都必须用相关证据予以证明。所举证据还必须符合客观性、合法性、与事实的关联性等证据规则。必要时，还要概括争议焦点对案件事实与证据进行针对性的评判，彻底甄别是非，力求再现案件的“庐山真面目”并使之成为处理案件的可靠依据。以刑事案件来说，其构成要素有七项（习惯上称为“七何要素”或“侦查七项公式”）：何事（事件性质）、何时（犯罪行为从预谋到逐步实施的发展顺序和连续性，即犯罪的过程）、何地（犯罪实施的现场亦即犯罪的空间）、何物（犯罪人使用的凶器和其他犯罪工具）、何情（犯罪在何种状态下进行，包括犯罪各阶段的推进，活动的特点及方式）、何故（为何犯罪，即犯罪的动机、目的）、何人（侦查的终极目的就是揭露涉嫌者，破案后对其实施强制措施）。所以刑事案件的法律文书，从立案阶段到破案前，其叙述要素与“七何要素”基本一致。破案后的各类法律文书（如“提请批准逮捕书”“起诉意见书”“起诉书”“刑事判决书”等）在已确定犯罪嫌疑人的前提下必须具备预谋和实施犯罪的时间、地点、动机、目的、手段、情节、结果这七大要素，必要时还要兼及犯罪行为带来的后果和犯罪嫌疑人、被告人犯罪后的下落和态度。

当然，所谓的案件事实还必须包括对相关证据的列举和分析论证以及对争议焦点的甄别评判。

刑事案件的起因是繁复多样的。按照犯罪起因的不同结构大致可以分为三种类型。①单一因果型。这类案件的动因单一、外显，一经观察便可确定犯罪的动机、目的，如盗窃、抢劫、强奸一类案件。叙述这类案件，目的、动机可略写，如系同一罪名罪行的重复犯罪，不必每次一一交代目的、动机。②一果多因型。这种案件因果关系一般不很明显，犯罪的起因往往内隐，同样的结果可能由不同的原因所形成。如纵火案中烧毁建筑、杀死人命的结果，可能由各种不同的动机引起。叙述这种案件事实时，要写清目的、动机，言简意赅地揭示出因果联系。③多因多果型。同一案件由多种原因造成多种结果，这种因果联系交错复杂。它主要发生在犯罪动机转化的案件中，犯罪动机的转化导致案件因果联系的转化。如第一犯罪动机为盗窃金融机构，当嫌疑人潜入现场后被保安人员发现，这时犯罪动机有可能向良性转化，中止犯罪行为；也可能向恶性发展，实施抢劫并杀死当事人；抢劫杀人后为了毁灭罪证，犯罪动机可能由

〔1〕 参见《民事诉讼证据法释〔2001〕33号》第9条。

抢劫杀人转为纵火。这类案件的因果联系是动态的，叙述时应注意准确把握与反映动机的转化过程和有关因果之间的内在联系。由此可见，“七大要素”完备是从总体上对刑事案件叙事的一般要求，由于案件性质多种多样，对同一性质的案件（如杀人），情况也千变万化。因此，不同性质、不同情况案件的各种要素叙写时在轻重、详略方面都应有不同的侧重。

民事案件和刑事案件因性质和构成要素不同，叙事的要素也不一样。民事案件，以裁判文书来说，必须叙述当事人各方争议的事实以及法院所查明认定的事实。当事人争议的事实应概括、精当而全面地反映涉讼各方的诉讼请求、答辩意见及其理由与依据，要求准确反映各方的举证质证情况，法院所查明的事实则包括对原、被告的关系、发生纠纷的时间、地点、原因、情节及经过，当事人争执的焦点和实质性分歧的叙述，以及对相关证据的认证。

因民事权益纠纷千差万别，叙述时也应随案而异，采用与案情适切的方法（例如离婚案必定要叙明婚前基础、婚后感情、矛盾由来与发展、目前感情是否破裂等），但前面提及的民事案叙案的基本要素却是大体一致的。

总之，法律叙述在其结构要素上与其他语体（如新闻通讯）相比，具有一些显著特色。叙述中，其必备要素不可随意简省，也不可像调查报告、科研论文那样随意借助照片、图表等其他手段来补充、辅助。

在叙述方法上，法律语言也有其特点。叙述的方式，清代刘熙载在《艺概·文概》中列举了十八种：“叙事有特叙、有类叙、有正叙、有带叙、有实叙、有借叙、有详叙、有约叙、有顺叙、有倒叙、有连叙、有截叙、有豫叙、有补叙、有跨叙、有插叙、有原叙、有推叙，种种不同。”其实，最常用的叙述方式不外乎顺叙、倒叙、插叙、分叙等方式，而法律语言最常用的是顺叙和分叙。

顺叙是按客观事物发生、发展的先后次序进行的叙述，是最基本、最常用的一种叙述方式。法律语言多用顺叙法，将案件的发生、发展过程、事件的原委顺次叙述出来，脉络分明，因果关系清楚。上面举的侵犯著作权案“刑事判决书”事实部分就是用顺叙法以时间为线索叙述事实的。由于事物的运动、发展都要在一定的时间内进行，时间前后交替本身形成一种自然的序列，所以叙事以时间为线索能够清楚地反映犯罪行为或民事权益纠纷的发展顺序和连续性，使法律事件的来龙去脉清楚明晰。顺叙法既方便撰拟，又顺应阅读者顺次系统地了解事实的心理规律。

顺叙时，应注意时间的连贯性，防止各个时间因缺乏一贯性或者表达不准确而产生漏洞。例如，有一份公安局“呈请侦查终结报告书”。写道：“被告人梁××于2000年10月13日9时许，从白湖劳改农场泗水外逃，……14日下午乘车到达合肥……当夜3时左右窜到陈×家……约定陈×次日上午到胡××家会面。”其中，“当夜3时”应为“15日凌晨3时”，下面的“次日上午”则应改为“当天（15日）上午”。这样可以纠正由于时间表述不准确造成的事实不清。

以时间为线索的叙事，在地点变换比较频繁的情况下，往往把时间和地点结合起来，作为叙述的线索。请看××市海事法院一件涉外损害赔偿案“民事判决书”的事实部分：

2009年11月22日15时10分，被告（指巴拿马普罗的斯船务公司）所属阿加米能轮从上海港黄浦江34—35号浮筒起锚，慢速驶向73～74号浮筒。由于该轮拖锚航行，以致左锚将原告（上海供电局）敷设在72～73号浮筒间的“南浦383号”水底过江电缆勾住，并于16时52分将电缆拉断，造成原告所属供电所、高压工区以及上海南市发电厂7号发电机组与电网解体，致使附近部分地区停电，14家工厂停产。11月25日晨，当该轮再次起锚驶向上海港白莲泾码头时，由于未清除锚具上的电缆，使“南浦383号”过江电缆又遭强力拖拉断损为三段。该电缆浦西、浦东两端的绝缘纸均呈纵向断裂。……

上述事实叙述将时间推移（11月22日15时10分——16时52分——11月25日晨）和空间转移（黄浦江34～35号浮筒——72～73号浮筒—上海港白莲泾码头）结合起来作为组织材料的线索，把民事纠纷的产生、发展过程交代得很清楚。

遇到比上述案件持续时间更短而地点转变更迅速的案件，则往往采用以地点为线索的顺叙法。例如，一份终审“刑事判决书”这样写“原审被告人姚××因未完成1981年12月调度指标，受到车队的处理。姚对此不满，于1982年1月10日上午10时余，擅自将停放在本车场的一辆‘华沙’牌轿车（车号39—10945）开到天安门广场，竟不顾交通民警的阻拦，从纪念碑西侧，开足马力向广场旗杆西侧和金水桥前密集的人群冲撞，致5人死亡，19人受伤（其中重伤11人），金水桥西侧汉白玉栏杆被撞坏，汽车被撞毁。”文中从车场到天安门广场，从纪念碑西侧到广场旗杆两侧直至金水桥前，地点线索贯穿始终，虽然没有叙及具体的时、分、秒，犯罪过程却交代得很清楚。

另有一种地点的转换，不是由此地到彼地的明显变化，而是途中的行进状态，以这种地点线索叙述的案情，其情节往往很紧张，变故骤然，例如某交通肇事案“刑事判决书”事实部分写道：

被告人冀×于2011年2月8日早晨6时30分，驾驶由××至××庄的联运定点的402路公共汽车，由西往东行至建华路南口，以每小时50多公里的速度，在交叉路口，向左打轮强行超越顺行的37路公共汽车时，发现前方有一个骑自行车的人，被告人为了绕行躲闪自行车，继续往左打轮，以致驶入逆行大型车分道线内。此时，又发现了由南往北横过马路的行人傅×江（男，66岁）及其妻李×云（67岁），被告人虽紧急刹车往右躲闪，但因车速过快，停车不及，汽车左前部将傅×江撞出17.8米，李×云撞出24.6米，致傅、李两人严重颅脑损伤，颅内出血身亡。

把握这种车辆行进中地点急遽转移、情况瞬息万变的交通肇事案或车祸案件的叙述要领，关键是叙清刹那间的突然变化中造成危害的态势及其所造成的结果。飞机、船只的肇事案或民事索赔案件案情也要用类似的方法来叙述。

除顺叙外，分叙法也常用于法律事实叙述。分叙，就是按不同的人、不同的时间、地点或者事件的不同方面将事实材料分类排列的叙述方法。这种分叙法适用于数罪并罚的案件、作案次数较多的案件、团伙犯罪或共同犯罪、经济合同纠纷和民事共同诉讼案件。这些案件都可以根据不同的案情，从不同的角度进行分叙，或者按不同的诉讼标的分叙。在分叙时，事实的分类要符合逻辑事理和法理，在分叙中对同一人或同一事的叙述中也应兼顾时间和空间的顺序。

法律叙述必要时也用倒叙、插叙和补叙的方法。如有一份继承案“民事判决书”先叙“被继承人聂×英于2013年病故”，然后倒叙他生前的婚姻、子嗣、产业等情况。公安机关“呈请破案报告书”，有的因线索纷杂，不用插叙法，某些情节难以讲清，而在叙述侦破过程时因为经过一段复杂的过程终于查出了犯罪分子，则往往要补叙其作案过程。

不过，对法律事实的倒叙、插叙、补叙，绝不是为了造成悬念，扣人心弦，更不是故弄玄虚、哗众取宠，而仅仅是为了叙述案件的需要和方便。总之，法律事实的叙述方法没有千篇一律的模式，而要从不同案件的具体特点出发，采用最适当的叙述方式。

法律语言的叙述角度统一和变换也是一个值得讨论的问题。叙述角度包含的内容：①以什么作为出发点去讲，也即立足点问题；②用什么身份去讲，也即叙事人称的问题。

法律事实大多以司法人员采取从旁叙述的角度，叙述人以第三者身份出现，整个语篇的立足点也比较固定、单一，都是站在诉讼或法律事务某一特定阶段上来说的，所以每个法律语篇的叙述从整体上来说多用第三人称贯穿始终，立足点也是前后一致的。用第三人称叙述，可以不受时间和空间的限制，也不受作者生理、心理的约束。因而具有广阔的叙述余地，能客观、全面地叙述情节。但是，有些法律文书，如立案、侦查和审结阶段的报告文书有时用第一人称，把情节事实用第一人称通过“我”或“我们”告诉读者；自诉类文书（各类“诉状”“上诉状”，以及民事“再审申请书”及刑事、行政“申诉书”）也要采用第一人称来叙述，在这些文书中，应注意人称前后一致。“辩护词”“代理词”等文书导言部分用第一人称，正文用第三人称，结束语又用第一人称，变换人称要注意行文的过渡和衔接。

总之，法律叙述的立足点比较固定与单一，人称也比较固定，有些文书虽有人称的变换，但这种变换的目的并非为了达到感人、生动等表达效果，而仅仅是为了适应叙述身份的改变（如“辩护词”导言和结束语主要叙述“我”即“辩护人”所进行的诉讼活动和主张，正文部分的叙述成分中辩护人以第三者身份出现对被告人的行为采取从旁叙述的角度，所以只能采取第三人称）。

（二）说明情况

意指用言简意明的语言对客观事物或情况进行介绍解释，使人了解事物的性质、特点、情况以及内在的规律性。如：

现场位于黔桂铁路的深河车站东侧，下顶岩寨以北一公里处的山腰洞内。洞口茅草丛生，洞深15米，高不到1米。匍匐进至洞内4米处，发现一连接颈椎骨的人头骨，骨上附有少量软组织。脊骨和四肢骨分离，骨质发黑。洞深7米处又有一洞，洞内有脱落腐烂的碎肉片，一堆长22公分的散乱头发，两根52公分长的发辫，以及两个花布乳罩，两只黑色发夹。洞内有零乱的动物足迹。

这段文字平直明了，真实、客观地说明了犯罪现场的勘查情况。

在各类文章中，说明使用很广泛。说明的方法也多种多样，计有定义、解说、分类、举例、比较、引用、描摹、数字、图表等。这些说明方法，广义的法律写作都普遍使用，而在法律规范文件（立法语言）和法律文书及法律口语中常用解说、举例、引用、数字等方法。下面略加说明。

1. 解说。解说用于对事物的基本方面或主要特征，作出概括而又具体的阐述。在立法语言中常常用以解释概念，划定范围，在法律文书中常常用以说明当事人身份概况、案件来源等。下面举两个立法语言的例：

例1，本法所称公民私人所有的财产，是指下列财产：

（1）公民的合法收入、储蓄、房屋和其他生活资料；

（2）依法归个人、家庭所有的生产资料；

（3）个体户和私营企业的合法财产；

（4）依法归个人所有的股份、股票、债券和其他财产。（《刑法》第92条）

例2，……本法所说的子女，包括婚生子女、非婚生子女、养子女和有扶养关系的继子女。

本法所说的父母，包括生父母、养父母和有扶养关系的继父母。

本法所说的兄弟姐妹，包括同父母的兄弟姐妹、同父异母或者同母异父的兄弟姐妹、养兄弟姐妹、有扶养关系的继兄弟姐妹。（《继承法》第10条）

例1对“公民私人所有的财产”这一概念的外延进行解说，例2对“子女”“父母”“兄弟姐妹”的含义进行详细解释，都是为了避免有关法律在实施中产生误解，引起纠纷。

2. 举例。解说只能给人以较为概括的了解，要使人有一个清晰的感性认识，常常还要动用举例说明的方法。举例又可分为列举性举例、比方性举例和典型性举例等。立法语言常用列举性举例，所举例子必须准确并为人们所熟悉，使法律条文表述严谨、详尽。如《继承法》第3条规定：遗产是公民死亡时遗留的个人合法财产，包括：①公民的收入；②公民的房屋、储蓄和生活用品；③公民的林木、牲畜和家禽；④公民的文物、图书资料；⑤法律允许公民所有的生产资料；⑥公民的著作权、专利权中的财产权利；⑦公民的其他合法财产。

3. 引用。说明事物，必要时可以引用一些有关资料来充实说明的内容，或者作为说明的依据，使说明具有说服力和权威性。如在一份“辩护词”中，辩护人为了论证被告人的行为不构成强奸罪和抢劫罪，先对这两个罪的特征作了如下说明：

强奸罪，是指违背妇女意志，采用暴力、胁迫或者其他手段非法与妇女发生两性关系的行为。强奸罪具有两个特征：一是违背妇女意志；二是采用暴力、胁迫或其他手段。抢劫罪也具有两个特征：一是使用暴力、胁迫或是其他方法；二是将公私财物据为已有。二者缺一不可。

这里具体引用了《刑法》第236条和第263条关于强奸罪和抢劫罪的规定，说明就显得有理有据了。

在法律语言表述中，多引用有关法律条文和法学理论来进行说明。

4. 数字。为了说明事物的特征与性质，往往可以运用一些数字和数据来说明。法律语言中的数字说明事关重大，必须十分准确。如“勘验报告”中的数字准确与否关系到能否正确认定案件与破案，“起诉书”“刑事判决书”中的数字涉及罪与非罪、罪轻罪重的认定，因此必须认真核实、一丝不苟。

法律语言中的说明不仅方法众多，而且用途广泛，在各类法律文书中都占很大的比重，起着十分重要的作用。如笔录类文书，以刑事案“现场勘查笔录”为例，首部的案件性质、报案人和报案时间、勘查人员姓名、勘查前现场保护情况以及勘查的见证人，正文的勘查起止时间和自然条件、现场地理环境和状况、现场提取物证名称数量等都用说明的方式表达；报告类文书中的案件性质、案件来源，发现、侦破或审理情况，被告人身份事项，定案证据等；公诉类文书的被告人身份事项、案由、拘留和逮捕时间、案件来源、附项的有关事项；“辩护词”“代理词”“公诉意见书”的导言；裁判类文书中原、被告（人）、辩护（代理）人，法定代表人、公诉人等的身份事项、案件来源、审判组织和审判方式、定案证据等，都要用说明的方式表达。

法律语言中对实体事物的说明，不可用生动的描绘；对抽象事理的说明，千万不能夹杂不必要的议论。它要求撰写者排除主观的假设和见解，个人的感情和想象，严格按照案件或法律事务本身的情况和特点予以说明，正确无误、明晰如实地反映案件的本来面貌。因此，法律文书的说明必须具有客观翔实、简而得要、言之有序、科学周密的特点。

法律语言的说明反映司法人员对案件的认识，又是审理案件的重要依据，所以客观翔实是它的首要特征。下面是一份刑事案“勘验笔录”对现场情况以及提取证物的说明：

现场位于南郊区津沽公路四号桥一段的南侧，二赵河东侧距公路约 450 米的后莘庄二队打谷场。该场东西长 110 米，南北宽 20 米，场上东边放有打谷机一台，碌碡一个，在场北侧干沟渠内，距双华渠 17 米处发现有 0.5 ×0.5 米未被压倒的杂草及泥土摩蹭痕迹，在此痕迹南面 6 米场上发现灰色有机玻璃扣一个。打谷机东距双华渠 20 米，由打谷机往西 5.3 米、1.65 米、80.5 米处发现有不完整、部分明显的三种鞋印共 5 枚，同时在打谷机至河边土道之间发现隐约的自行车胎印 8 趟 15 条压痕，但车胎花纹不清。其他痕迹未发现。……在勘查时对中心现场、杂草压倒痕迹、扣子、鞋印等拍摄了照片，用石膏提取了 5 枚鞋印，并绘制了现场平面图。

只有这样客观翔实地说明，案件现场的状况才能表达得清楚明白。作为分析研究案情、揭露犯罪的客观依据和审判罪犯的证据材料，这样写是得体的。如果违反了客观详尽的原则，就会产生漏洞。如有一份“勘验笔录”写道：“东墙窗下放有一张三屉桌，桌子上放有书包一个、眼镜一副、前门烟一盒，右侧的抽屉打开二十公分，东墙下放有藤椅一把，缝纫机一架，南墙东侧放有一个小衣柜……”，这一段说明中“东墙下放有藤椅一把”，因前面有东墙窗下放有一张三屉桌，显得方位不清，应写明藤椅在东墙下窗子的南侧还是北侧，还有“前门烟”应为“大前门烟”。

关于案件事实的动态说明比静态的现场勘查说明难度更大。特别是对于案情较复杂的案件说明，更要客观翔实，才能使有关的论证、结论有可靠的基础和科学的依据。如：

上诉人的儿子夏×道与被上诉人的女儿汪×琴从 2005 年初开始恋爱，于

2007年7月同居生活，并准备正式结婚。不料汪×琴被分配到××供销社××门市部担任营业员以后，思想发生变化，经常无理取闹，要与夏×道脱离关系。2000年5月14日在双方争吵中，汪×琴扬言要用柴油烧掉房子，后来竟用一瓶开水向夏×道身上泼去，将夏腿部烫伤，致其治疗休息16天之久。同年8月14日又发生争吵，汪将衣被全部运回娘家后，再将余下的一条被子浇上柴油，准备放火。夏×道忍无可忍，在极度气愤的情况下，将汪×琴掐死，然后跳崖自杀。两人死后，遗下的房屋、家具、存款、现金等物的归属问题，先后由××乡政府和××公安派出所提出处理意见，因显失公平，上诉人拒绝接受，乃诉请××县人民法院解决。现该院判决认定夏×道、汪×琴属于非婚同居关系，所以将其遗物按《民法通则》的有关规定加以处理；并以“夏×道将汪×琴杀害，使汪×琴父母在经济上蒙受损失和生活上造成困难”为由，将房屋、家具等判归上诉人所有；将存款7000元和现金500元、手表判归被上诉人所有。但对夏×道生前所负债务却避而不谈，对债权人夏×保（2000元）、夏×民、夏×清、秦××（各1000元）的合法权益未予保护，致使他们向上诉人索债。

这是一份“民事上诉状”对纠纷由来和原审判决的说明。上诉案审判程序是由当事人以原审判决有错误为由提起上诉引起的，为了申述提起上诉的事实与理由，首先，要客观翔实地说明上诉前的案情，否则上诉的“事实与理由”就无法叙写。其次，要做到简而得要，就是语言简练而道出要旨，法律文书的说明往往处在关键地位，对认定事实、分析案情有着画龙点睛的作用，所以要简而得要、千万不能无的放矢，不着边际。请看：

本市毛家路317号砖木结构二层楼房屋系原告徐×发在新中国成立前购置，该屋的二层厢房及楼下二间私房于社会主义改造时归公，其余部分仍属徐×发所有。

这是一件房屋租赁纠纷案“民事判决书”案件事实前的一段说明，文字不多，简明扼要地说明了房屋的坐落、规格、产权归属，为该案的分析、认定提供了依据。

对于复杂问题的说明，更要注意简而得要，只有简而得要，才能把扑朔迷离、互相矛盾的情况理出头绪。例如：

高××伤害吕×顺及被告人刘×和杀死高××时，刘×吉是否在场一节，刘×和的口供与证人魏××的证言有矛盾。魏××证明刘×吉在门口处手执木棍，刘×和供称刘×吉不在场。刘×吉本人也否认在场。因此刘×吉在场一节不能认定。

这是法院“案件审理报告”中的一段说明，简单明了，用来作为不追究刘

×吉刑事责任的依据，体现了重证据、重调查研究的原则。

言之有序，也是说明的重要特征。《文心雕龙·章句》："搜句忌于颠倒，裁章贵于顺序。"可见说明就是要讲究顺序，讲究条理，用语言的连贯秩序有条理、有步骤地揭示客观事物的本来面目。根据说明对象的不同，说明的条理或次序有下列几种安排方法：以空间为序、以时间为序、以主次轻重为序、按逻辑顺序。对几种互相之间都没有时间和程序的先后关系，更没有主次因果等关系的事物，可按并列关系加以说明。总之，说明事物条理、层次的基本方法有多种。说明时，可以选取其中一种方法，也可以用多种方法交错使用。但不管怎样安排，必须遵循三条原则：一是符合事物本身的条理；二是符合事物的内在联系；三是符合人们认识事物的规律。有一份《辩护词》的"前言"部分写道：

××律师事务所接受被告人谭×全家属谭×风的委托，指派我担任被告人谭×全的辩护人，参与诉讼活动。

我查阅了本案的案卷材料，会见了被告人，通过法庭调查和刚才公诉人发表的公诉词，我认为谭×全伤害张×亚的基本事实是清楚的，已构成伤害罪，对此我没有异议。

这里根据时间和诉讼活动的逻辑顺序，依次简要地说明了辩护人接受委托，出庭前的准备工作、参加庭审和对本案的基本观点，为下面展开辩护理由的论证作好准备。对错综复杂的事物及过程，用言之有序的说明方法，才能顺应人们的思维规律，表达得清楚明晰。

要写好说明，还必须做到科学周密。一般应用文体的说明和实际工作的开展有密切的关系，因此必须写得明白无疑，以免产生歧解和误会，妨碍工作的正常进行。而只有说明时语言周密、严谨才能保证读者明白无疑。法律语言中的说明对定罪量刑、案件处理往往有举足轻重的作用，更要力求科学周密，切忌粗疏谬误。有一份公安局的"呈请侦查终结报告书"的定案依据部分这样说明对凶器和血痕的检验结果：

1. 从现场提取凶器20公分长钢钎一根；

2. 被告人被逮捕时，身上留有被害人的血迹。

有关人员读了这两条关于证据的说明后，必然会产生一些疑窦：这根"钢钎"是"凶器"，是怎样认定的？被告人身上的血迹就是被害人的"血迹"，又是何以得知的？所以上面两条说明虽然比较简短，语法上也没有错误，但是表述上并不科学，用来作为定案依据，并不能做到明白无误。其实，这种说明应结合科学鉴定的手段，周密严谨地进行表述：

1. 从现场提取20公分长钢钎一根，经比对与被害人头部伤痕相吻合；

2. 上述钢钎上沾有血迹，经检验，与被害人血型相同（都是A型）；

3. 该钢钎经被告人辨认供称确系其杀人凶器无疑；

4. 被告人被捕时，衣服上留有血痕，经化验，其血型为A型，与被害人相同（被告人血型为B型）。

并在每一项后面注明有关鉴定报告、供词等所在卷宗的卷号、页码。

这样说明虽然篇幅比原来长，但能加强表述的科学性和准确性。再加上其他人证、书证、物证，形成一个完整而严密的“链条”，以达到证实犯罪的目的。可见，法律语言中说明的科学周密是以司法实践和有关学科的科学性为基础的。

二、描摹

在语言交际中，少不了对环境、人物、事件的刻画与状摹。在文艺作品中，我们用描写的方式对这些客体进行具体的描绘、刻画与再现，如肖像描写、心理描写、动作描写和环境描写等。描写往往运用带有一定感情色彩的形象生动词语、艺术型的句式（如对偶、排比、顶真、反复等）和比喻、夸张、拟人、双关、借代等诸多积极修辞手法，以加强作品的表现力和艺术感染力。作家通过形象性描写和生动的叙述来塑造形象。在法律语言中，不必动情兴感、栩栩如生地再现环境、人物，而要求如实刻画人物和事物的状貌、形态。这就要用描摹的方式进行交际。描摹亦作“描模”，原用于绘画，古已有之。南宋文学家周密《杏花天·赋昭君》词：“丹青自是难描模，不是当时画错。”可证。

法律语言的描摹多用于刻画人物形貌、案发环境、现场状况、痕迹及遗留物的性状形态、尸体和伤痕的形态情况，状摹刑民案件或仲裁等非诉讼事件勘验情况及结果。在《勘验笔录》《尸体检验报告》《伤痕检验报告》《凶器鉴定报告》《通缉令》等法律文书中，为了捕捉犯罪信息、再现犯罪过程、状摹犯罪嫌疑人体貌，都要用描摹的方式来表述与传播信息。描摹的语言特点是详实具体、客观周遍。如一份《尸体检验报告》如此表述：

经尸表检验：尸斑出现于尸体右侧，呈淡紫红色，眼角膜轻度混浊，瞳孔放大，结合膜释度充血，并有少量出血点，唇、耳部、指甲轻度青紫，脸色苍白，口腔有大量的血液外溢，头顶部右侧有1.6×0.6厘米伤口，头顶正中至右侧有3.6×0.2、0.3×0.2、0.4×0.1厘米伤口各一处，右额靠发际处有0.3厘米圆形伤口。右眼青肿，左眼眉角处有0.3厘米圆形伤口，颈部正中有0.6厘米印痕一处，呈斜形由左前部到右下颌消失，下腹部隆起。（从尸表检验看，死者明显是被他人杀害。）

这份报告对尸体的各部、特别是头部的伤痕，写得周详、具体，使死者他杀的结论具有说服力。

当然，在一些刑事案件的《现场勘验笔录》中，对现场环境、现场痕迹和尸体等的全面描摹则更为繁复与周详。下面是一起人命案《现场勘验笔录》的描摹部分：

现场位于双门楼宾馆三号楼楼下，该楼坐北朝南，系二层楼房，向东是宾馆围墙，向南是一号楼，向西是仓库，向北是厨房。大门朝南系一向内开双扇木门，宽3米、高2.15米，由门而入是一条长21.4米、宽3.5米的走道，走道两边是客厅。东墙距南墙7.95米处有一向内开单扇木门，宽1.12米、高2.15米，由门入内是一条长7.8米、宽3.8米的走道，走道北面是服务台，东边是303房间，南墙距西墙2.5米处有一宽0.96米、高2.28米向内开单扇木门，该门门框边沿距地1.15米处留有8枚指纹（编号33~40）。门内系一宽1.2米、长2米的走道。走道西墙距北墙1.2米处有宽0.77米、高2.08米的向内开单扇木门，门内是一间卫生间，长2.37米、宽1.86米，紧靠南墙、西墙、北墙有一长1.6米、宽0.96米的浴池，南墙距浴池0.40米处有一宽0.42米、长0.45米的自来水池，距地0.8米，池上有2个自来水龙头，右边有一个龙头把柄上留有指纹1枚（编号32），东墙有一抽水马桶。走道：东墙距北墙1.4米处有一宽0.44米、高2米的外开单扇木门，门北框边沿距地0.95米处有3枚指纹（编号28—31），门内系间长0.87米、宽0.87米的壁橱，放有棉被2床，走道南墙有一宽0.98米、高2.28米的向内开单扇木门，该门西框边沿距地1.13米处有15枚指纹（编号13—27），距地1.30米处有12枚指纹（编号1~12）。门内系301号房间，为中心现场，南北长5.15米，东西宽4.4米。东墙：东墙距0.9米处有一个0.6×0.36×0.52米茶几，上有玻璃台板一块，上面一滴血迹，茶几南边紧靠东墙有一77公分×80公分×47公分的单人沙发，沙发左右扶手上分别有2滴血迹，靠背与坐垫上分别有2滴血迹。该沙发南边紧靠东墙77公分×80公分×47公分的单人沙发，沙发上喷溅有若干滴血迹。紧靠该沙发南边靠东墙有77公分×80公分×47公分的单人沙发，沙发坐垫上放有一把带血的羊角锤，锤柄长40公分，上有红褐色斑迹，四分木工凿一把，柄上有红褐色斑迹（详见法医鉴定），该沙发上喷溅有若干滴血迹，紧靠南边距东南墙角0.56米处有一张斜放的单人沙发，77公分×80公分×47公分。沙发上躺有一具男性尸体，头朝东南角，身高1.72米，上身盖有一件米黄色半截短大衣，内穿毛毕叽蓝色中山装，下身穿蓝的卡长裤，脚穿黄色尼龙袜，双手交叉紧握。该尸体两腿交叉放，左腿放在右腿上，脚前放有一只压模底皮鞋，右腿放有一只压模底皮鞋（详见法医鉴定）。该沙发东北角20公分处放有一顶蓝色华达呢帽，带有血迹。东墙上喷溅有高2.4米、宽3米点滴血迹。南墙：距东墙0.16米处有0.84×1.78，距地0.9米的双扇向外开玻璃窗，玻璃窗上挂有棕红色平绒窗帘。南墙距东墙1.96米有1.2米×1.78米距地0.9米处向外开双扇玻璃窗，窗上挂有棕红色平绒布窗帘。南墙距东墙1米外有0.6米×0.36米×0.56米的茶几，茶几上放有电话机一台。该茶几西边紧靠南墙有77公分×80公分×47公分的单人沙发，该沙发南边靠南墙，有77公分×80公分×43公分的单人沙发，紧靠西南角有60公分×36公分×56公分的茶几。西墙紧靠茶几有77公分×80公分×47公分的单人沙发，该沙发北边紧靠西墙有77公分×80公分×47公分的单人沙发，北边紧靠西墙有60公分×36公分×56公分的茶几，茶几北边靠西墙有77公分×80公分×43公分的单人沙发。北墙的西北墙角有130公分×46公分×56公分的梳妆台，紧靠梳妆台东墙有110公分×56公分×79公分的写字台，写字台上放有20寸彩色电视机一台。

这份笔录的描摹依照勘验操作的先后程序，按由外围向中心、从案发环境（亦称现场）到案发现场（亦称中心现场）、从宏观到细部，从相关状况到关键物态（尸体和犯罪痕迹等状况）的逻辑顺序，有条不紊、客观详实、纤毫无遗、物无巨细，凡与现场有关，都不厌其烦地描摹刻画。当然，在本例中，环境描摹似还可更紧凑、简练，以保证对现场关键物态的重点描摹。这份笔录凝聚了二十多位公安干警、刑技人员三个半小时的紧张而又熟练工作的心血。由于勘验工作的及时细致、笔录的翔实准确，当犯罪嫌疑人归案后，结合供词和其他证据，为本案的预审、起诉、审判提供了有利条件和确凿力证。

对人物的描摹，多用于《通缉令》《协查通知》等文告中。1989年6月，公安部转发的北京市公安局对“高自联”“工自联”头目和骨干的《通缉令》中，对他们除了列述姓名、性别、年龄、民族、籍贯、身份等事项之外，即用描摹的方法，对其身高、体态、五官等进行刻画。如：

吾××希（原名：吴××西），男，1968年2月17日生，维吾尔族，新疆维吾尔自治区伊宁县人，北京师范大学88级学生。身高1.74米，留中分头，头发稍黄，长脸形，大眼睛，厚嘴唇，皮肤较白，说话声音较粗，讲汉语，经常穿绿色军裤。

这种描摹的特点是用简洁、平实的语言，准确而洗练概要地状摹出各通缉对象构成特征系列的体态、状貌、声音、服饰特征。《通缉令》初稿播发时原有“地包天”（指瘪嘴，借喻格）等形象性描写，后在定稿中改换平实的刻画或干脆删除。这从侧面证明了法律语言交际的描摹忌用生动形象语言，有别于动情兴感、塑造艺术形象的描写。

三、论说

论说也是一种很重要的表述型交际方式。考其本义，“论”就是阐发理论，论证事理，“说”是说得中听，说服他人，即以理服人。究其渊源，“论”来自诸子百家的学术文章，“说”则源于战国策士的游说之辞；“论”偏重阐明理论，“说”却更要讲究服人的技巧。但两者的界限并不是泾渭分明，而是相互交融的。例如孟子宣扬儒家思想当属“论”，但细察其中《齐桓晋文之事》章，从不忍人之心推到施行仁政，传播儒家理论，就此而言属于“论”；而就他引用齐宣王不忍心杀牛的故事来劝他推行仁政，话说得娓娓动听，使齐宣王听得很高兴，那就是“说”。因此，在语言交际中可以把两者结合起来运用，法律语言当然也不例外。到现代，“论说”也就成了由“论”“说”两个意义相近、相关的词素组合而成的联合式合成词。

论说在法律语言交际中十分重要。刑、民、行政等各类案件诉讼过程中，立案、预审、公诉、审判、自诉、上诉、申诉、抗拆、辩护、代理等程序和工作，还有，在各种非诉讼法律事务中，都要依据本案事实及有关法律来进行一系列论说，阐明法理事理，说服对方或交际各方、弘扬正义，维护公道。总之，司法机关实施法律，律师履行职责，法人和非法人的组织以及每个公民要维护自身的权利和履行法定义务，都要用论说这一方式。

法律论说必须以措辞准确、结构严谨为准则，切忌冗长累赘、繁缛华丽。英国有位律师查尔斯·菲利普斯在一起诽谤案的“开庭陈述”中这样说：“谁能估算出这名誉的价值？——它怎么可以用金钱来计算呢？怎么可以用市场上的价格来衡量呢？人一旦失去了名誉，就将受到别人的轻慢、蔑视、讥贬、遏抑、欺侮……”他用这连珠炮似的论说显示了他的“雄辩才能”。然而，这段论说含义很浅显，无非是说“名誉的价值无可估量”，但是他却用了一个设问句，两个同义重复的反问句，然后又堆砌了一大套同义词，显得辞藻枝碎浮弱而言之无物。由于该律师的论说一贯意浮言散，繁琐冗长，赢得了一个“像园艺家修筑园林供人观赏一样地展览他的华丽辞藻”的评价。[1] 显然，这种挥霍语言、卖弄文才的论说是为语言交际、特别是法律语言交际所不可取的。当然，法律论说要求平实练达、不事夸饰，并不等于毫无生气或一览无余，要理清思路，使思想符合事理，又要按思路严密组织文辞，使论敌无隙可乘。善于论说的司法官员、律师等都要努力使自己的言辞具有“诱人的魅力”，把所有交际对象的注意力都紧紧地吸引过来。因此，高明的法律论说看似简朴稳妥，实则言简意赅、能句句击中要害，都要经过有关人员绞尽脑汁精雕细琢而拟

---

〔1〕 邓天杰、阳述周主编：《实用法律口才学》，高等教育出版社 1991 年版，第 17～18 页。

定。法律论说的功力和艺术也正在于此。

一个典型而完整的论说，总是由论点、论据和论证这三个要素构成的。论点就是作者对所论问题所持的见解和主张。在议论中，通常也叫作论题，它是作者需要解决的“要证明什么”的问题。论据用来证明论点的事实和道理，它是作者必须解决的“用什么来证明”的问题。论据可以是理论、事实或重要数据。论证就是运用论据来证明论点的过程和方法，也就是运用论据严密地合乎逻辑地证明论点的推理方法。它反映着论点和论据之间的逻辑关系，是使论点和论据有机地统一起来的“桥梁”。任何论说都要注意论据充足、论证充分正确，从而推断出准确无误的论点。

论证的方式不外乎两种：一种是立论；另一种是驳论。立论，又叫证明；驳论，也叫反驳。

在法律表述中，论证是与叙述密切相关的。在用叙述客观、真实地反映事物后，只有通过论证才能解决对客观事物的本质特点，发展规律的认识问题。因此，两者互相联系，不能分离。在法律表述中，要用论证的方法对叙事所反映的事实进行评判，加以论断。如果是刑事案件，要按照犯罪构成理论正确地论述罪与非罪，此罪与彼罪，罪轻与罪重，以及适用法律给予处罚的原因和道理；如果是民事案件，则要按照民法原理和民事法律精神，正确论述当事人的民事权益纠纷，分清是非，确定民事权利义务关系，制裁民事违法行为。因此，论证在法律语言中占有很重要的地位。法律语言的论说，更要注意论据（包括对本案事实的高度概括、法学理论和法律条文）的充足性和论证的充分完美（论证要注意层次清晰、结构完整），使案件的处理结论合法合理，不偏不倚，不纵不枉，恰如其分。法律议论中对立论和驳论应用都很广泛。下面分别从这两方面进行讨论。

1. 立论。法律议论立论也是由论点、论据和论证三部分构成。

报告、诉辩和裁判类文书的论点就是对案件性质和处理结果所作的断定和结论。公安局“起诉意见书”的论点就是认定犯罪嫌疑人的行为涉嫌犯罪并移交检察院审查起诉，人民检察院“起诉书”的论点表现为认定犯罪嫌疑人涉嫌犯罪因而提起公诉；人民法院“案件审理报告”中对被告人的处理意见，“刑事判决书”对被告人的判决结果，“民事判决书”中关于解决当事人民事权益纠纷以及制裁民事违法行为的判决，“民事调解书”中达成的协议等，都是各文种的总论点。

法律立论的论据，主要是案件事实及其证据，法律条文和法学理论。在立论中，作为论据的案件事实，必须根据论证的需要加以概括，针对性地为立论服务。如××市中级人民法院一份强奸杀人案的“刑事判决书”，犯罪事实是这样写的：

被告人余××在外文出版社任翻译期间，道德败坏，玩弄妇女，于19××年二三月间以欺骗手段将该社保健员、有夫之妇吴×奸污，同年6月又将该社翻译、有夫之妇徐××骗奸。组织上发现被告人上述行为后，曾多次对其进行教育，但被告人一再欺骗组织，坚不悔改。19××年10月被告人因徐××坚决与其断绝来往，余怀恨在心，萌生杀害徐××之歹念。遂于同年12月18日晚六时许，闯入徐××的宿舍，乘徐××不备之机，用其围巾将徐××勒死，又将尸体放置床上，进行奸尸，并从死者身上搜去人民币20元。事后，被告人恐其杀人罪行被发现，又给死者穿好衣服，盖好被子，并把写有徐××"死因"的纸条，放在徐的枕头下边，将门锁上，于当夜乘火车潜逃至保定，因自知难逃法网，曾卧轨自杀未遂，即被逮捕归案。

而在判决理由部分的论证中，用作论据的事实是这样行文的：

本院认为，被告人余××流氓成性，一再欺奸妇女，破坏他人家庭，虽经组织上多次教育，不但毫不悔改，反而目无法纪，将被骗奸之妇女徐××杀死，嗣后又进行奸尸，实属罪大恶极。

可见，概括后作为论据的事实要文字简练，又不失具体。目前有一些法律文书，在理由部分的论证中，作为论据的案件事实，不是简单地重复已叙述过的事实，就是根本不提，或语焉不详，这都是应该注意纠正的。

人们常常用"铁证如山"来形容断狱具有无可辩驳的说服力。所谓铁证如山，就应该有充分确凿的证据。缺乏具体的证据，只作一般论述，往往导致不正确的结论，产生错误的论点。例如××市中级人民法院一件继承案的一审"民事判决书"对关系人李×华、李×珍与被继承人聂×英的关系是这样论述的：

关系人李×华、李×珍是被告李×藩离婚的前夫女儿。根据《婚姻法》第36条的规定："父母与子女间的关系，不因父母离婚而消除。"1987年李×藩跟聂×英结婚将两关系人带来共同生活，但两关系人与聂×英并无血亲关系，也不是聂×英的女儿。关系人李×华、李×珍不是聂×英遗产的合法继承人，但考虑到与聂×英共同生活期间，在聂×英晚年期间和患病期间对其进行照顾，付出了一定的劳务，故应从聂×英遗产中酌情予以报酬。

并据此作出判决：

给付关系人李×华、李×珍各5万元作为照顾聂×英晚年生活和扶持其病死的劳务报酬。

在第二审判决中，由于考虑到一些新的证据，提出了与第一审判决不同的论断：

查上诉人李×华、李×珍是李×藩与前夫所生女儿，但自幼随母与聂×英共同生活，虽无血亲关系却向来以父女相称相待，在户籍登记、本人自传、学籍证明等中都自愿申报为父女关系。聂×英对该两上诉人尽到了抚养教育的责任，李×华、李×珍在其家庭困难时期和聂×英的晚年及患病期间都尽到了赡养和扶助的义务。他们之间的养父母关系应当予以承认，其继承遗产的权利亦应受到保护。

并据此作出李×华、李×珍与被继承人其他子女平均分配遗产的判决。

第二审判决所提到的户籍登记、本人自传、学籍证明都是有力的证据。而一审判决因为没有这些有效的证据，没有认定他们之间的养父女关系，因而否定了李×珍、李×华的遗产继承权。从第二审判决来看，这种否定是不正确的。

上面举的是民事判决书实例，其他民事法律文书一般在叙事或论述中分析甄别有关证据作为论据。刑事法律文书除论述中涉及某些证据外，往往要把所有证据专门列述一段。在内部报告文书中有“定案依据”或“主要证据”一节，在裁判文书中，在查明的事实部分之后另起一段分析证据。有的“判决书”只写“证据确凿”或“被告人供认在案”，显得空洞无力。在立论中，证据既作为论据运用，一定要严谨、具体而又全面地表述。在内容上要符合证据规则，对此，事实叙述部分已论及，不赘。

在审判实践中那些经得起时间考验，推不翻、驳不倒的案件，被人们称为“铁案如山”，其深厚的基础正在于充分发挥证据的作用。古代一些判词的作者，都很注意尽力取得并反映证据，以使论证有力。

立论就是运用证据证明论点的过程。立论的方法有多种，法律论证多用分析法。分析法也叫因果论证法，这是一种从事物的因果关系上进行论证的方法，一般是用原因来证明结果。分析法也就是根据事实和法律，深刻地讲清道理。有些法律文书说理不能令人信服，往往是因为在论证时缺乏必要的深刻分析。法律文书的论证分析必须切事而论，即针对特定的案件事实分析论证，有别于科学论文中的概念推理；依法说理，文字平实简明，有别于政论文说理带鼓动性，做到周密严谨、无懈可击。在这一点上，当年陕甘宁高等法院对黄××杀人案的“判决书”是一个典范，值得我们学习。摘引如下：

理由：①蓄意杀害刘×的犯罪行为，该凶犯黄××既已直供不讳，更加以检察机关所提出各种确凿证据证明，罪案成立，已无疑义。②值兹国难当头，凡属中国人民，均要认清日本帝国主义及其走狗——汉奸才是自己国家的死敌，我们用血肉换来的枪弹，应用来杀敌人，用来争取自己国家民族的自由独立解放，但该凶犯黄××竟致丧心病狂，枪杀自己革命的青年同志，破坏革命纪律，破坏革命的团结，无异帮助了敌人，无论他的主观是否汉奸，但客观事实，确是汉奸的行为。③刘×今年才16岁，根据特区的婚姻法令，未达结婚年龄，黄××是革命干部，要求与未达婚龄的幼女刘×结婚，已属违法，更因逼婚不遂以致实行枪杀泄愤，这完全是兽性不如的行为，无论刘×对黄××过去发生如何极好的感情，甚至口头允许将来结婚，在后因不同意而拒绝，亦属正当，绝不能以此藉口加以杀害。④男女婚姻，应完全是出于自愿的结合，条件或不适宜，亦可正式分离，绝不许任何强迫，黄××与刘×的关系，最高限度不过是朋友相恋，即使结婚，各人仍有各人的自由，黄××绝不能强制干涉刘×的行动，更不能借口刘×滥找爱人成为枪杀的原因。⑤凶犯黄××对刘×实行杀害以后，清洗衣鞋，擦拭手枪，湮灭证据，复在刘×信上，假造时日，捏造反证，更对学校法庭讯问的时候，初尚狡赖，推卸责任，这足以证明黄××预蓄杀人的计划及对于革命的不忠实，这些表现实为革命队伍中之败类。

这一段理由，首先说明证据确凿，罪案成立，接着论述其罪行在客观上是汉奸的行为，然后根据边区婚姻法令分析黄××犯“要求与未达婚龄”的刘×结婚，已属违法，更因逼婚不从枪杀刘×，罪行严重，并从另一面指出刘×拒绝结婚是正当的。尔后又转入法理上的分析：男女结婚应以自愿为原则，再从这一原理回到黄××与刘×的关系，驳倒黄××犯枪杀刘×的借口，最后以黄××犯作案后的一系列恶劣表现，论证其杀人罪行是有预谋的。这篇“判决书”，做到了谢觉哉所说的“剖析隐微，合情合理”“判词出来，人人拍手”。

目前有一些“民事判决书”“调解书”说理苟简，公式化，千篇一律，不能反映各个案件的特殊性，当事人或群众看了不服，这和文书撰拟者没有掌握过硬的分析、论证本领有关。在这方面，一些古代“判词”和老解放区及当代的一些优秀的“判决书”值得我们学习与参考。

2. 驳论。驳论是以反驳为主的论说方法，这是一种论证对方的论点有错误，从而驳倒对方，树立起自己正确的论点的方法。驳论和立论一样，也是由论点、论据和论证三部分构成，论证分析时同样要求切事而论、依法说理、周密严谨。驳论有反驳论点、反驳论据、反驳论证等方法。

请看下面一份“刑事上诉状”，其三条上诉理由就是用驳论的方法表述的：

1. 原审判决认定：“被告人追至沟沿，朝李身影又打一枪，致李××中弹流血过多，于同日5时左右死亡。”认定上诉人“朝李身影又打一枪”是与事实不符的。其一，上诉人相本没有看见李××；其二，最后一枪不是上诉人有意打的，而是枪走火；其三，枪内共压三发子弹，鸣枪示警，已打二发，剩下一发上诉人留着自卫用的。事实真相是：当时凌晨天未亮，上诉人在房山头仿佛发现前方有个黑点闪动，上诉人直觉地意识到偷梨人在逃跑，当即鸣两枪示警，吆喝站住，就势往前追了几步，不料脚下一滑，身子和手都受震动（左手握枪，右手扣在扳机上），枪就响了。当时上诉人根本没有看见李××在什么地方，怎能朝她打枪呢?! 而且，枪内只剩一发子弹，上诉人是有意留下，一旦盗窃分子对上诉人攻击时好作自卫之用。

2. 原审判决认定：上诉人“任意鸣枪，无视枪支管理规定。”这个认定更是违背事实，不讲道理。用民兵枪支护秋，是不是合乎规定，上诉人并不知道。上诉人是一名社员，只知道听从领导的指挥。大队领导鉴于盗窃分子多次结伙持匕首、火药枪抢盗劳动果实，为了维护集体财产，保护护秋人员安全，大队党支部书记文××亲自发给上诉人枪支弹药。作为护秋人员，发现有盗窃分子逃跑，鸣枪示警是履行护秋人员的职责，是完全正当的行为。怎么能说是上诉人任意鸣枪，无视枪支管理规定呢?

3. 原审判决称：“上述事实被告人庭审中供认不讳，并有证人及现场勘验材料在卷佐证无疑。”这个论断是没有根据的。在侦查、起诉和审判中，上诉人的口供有真实的交代，也有违心的供述。当真实的交代不能被通过的时候，上诉人只是违心迎合讯问人的需要讲假话，企望得到宽大释放。这也是讯问人给上诉人讲的。至于本案原有三名证人，审判前公安司法人员先后向他们收集了二十多份证言，审判时又传讯出庭作证，由于上诉人没有“朝李身影又打一枪”，所以，没有一个证人、一份证言证实上诉人“朝李身影又打一枪”。还有所谓的“勘验”，先后作过两次，第一次是在现场已被破坏的情况下作的；第二次所谓勘验，只不过是再次押上诉人赴现场“表演”罢了。所以这两份勘验记录没有丝毫的事实和科学依据，当然不能作为上诉人犯罪的证据。

如上所述，对李××被伤害抢救无效死亡，上诉人感到十分痛心。但并非由于上诉人的故意和过失所致，上诉人主观上是没有罪过的，所以不应负刑事责任，请予以重新审判。

上面的“上诉理由”，采用了反驳论据的方法。上诉人的目的是反驳“判决书”对他构成“伤害（致死）罪”的认定，而“判决书”上构成伤害（致死）罪这一论点是用三个论据来证明的，即①“被告人追至沟沿，朝李身影又打一枪，致李××腹部中弹流血过多……死亡”；②被告人“任意鸣枪，无视枪支管理规定”；③“上述事实被告人庭审中供认不讳，并有证人及现场勘验材料佐证”。“上诉状”对这三条论据逐一用摆事实、讲道理的方法进行反驳，条理清楚、层次分明。驳倒了这些论据，“判决书”的结论便不能成立。在反驳“判决书”论点的基础上进一步建立本身的论点即其“上诉请求”；“上诉人不应负刑事责任，请予以重新审判。”其实，“上诉状”还可以依据法律展开论证，证明这是一起意外事故并提出更鲜明的“上诉请求”：“撤销原判，作无罪判决。”

法律论证的驳论，以反驳论据的居多，直接反驳论点的少见。反驳论证也时有所见。反驳论证就是指出在论证过程中论点和论据之间没有内在的逻辑联系。由于论点和论据之间没有必然联系，因此就无法进行推理论证，而强行推导出来的论点肯定是站不住脚的。所以，从分析对方的推理人手，反驳论证，指出其论证过程的逻辑错误，实际上也就驳倒了对方的论点。在一份离婚案“民事上诉状”中，上诉人针对原审判决论点“双方婚姻由父母包办，并无感情基础……双方因家庭琐事不断争吵”，因此，“双方感情已完全破裂，无法和好……判决离婚”的论证方法，反驳道：“父母作主，必然无情，这是形而上学，不能成立。”并用“我与被上诉人的结婚，虽由双方父母作主，但订婚后，不断约见，彼此印象都很好。结婚时，被上诉人欢天喜地，绝无异议”，“婚后12 年内，生了两个孩子，家庭和睦”的事实来印证。然后指出“因琐事争吵而判决离婚，于法无据”，并用有关事实证明夫妻关系恶化，是因为“第三者”插足。最后，表示期待被上诉人“放弃错误思想、改善夫妻关系”。全文夹叙夹议、据法论理、词意恳切，因此其“请求撤销原判，不准离婚”的上诉请求也合理合法，有说服力。

由于驳论的目的是驳倒对方的论点，建立起自己正确的论点，因此驳论之后往往随着正面的立论，列举事实，据法论理。无论反驳论据或反驳论证之后都是如此。

驳论广泛运用于“辩护词”“代理词”“答辩状”“抗诉书”“上诉状”“申诉书”和“再审申请书”等诉辩文书中，目的都是为了指出诉讼对方或人民法院的错误不当之处，要求人民法院作出或重新作出正确合理的裁判，都应该在“以事实为根据，以法律为准绳”的原则下采取讲清事实、明辨是非的科学态度。对于原审裁判的错误一定要认准究竟是在认定事实方面、适用法律方面还是在运用程序方面，这样才能抓准问题，驳得有力；如果无的放矢，泛泛而谈，则不能达到预期的效果。

有些成功的驳论，除了一般地运用多方面的、具体的事实和材料外，还用有关专业的具体数据和有关学科的科学原理，或采用科学实验的结果来进行论证。例如，在曲××伤害案审理过程中，公诉人指控：“被告人曲××拎镐追打王××，致王××左侧颧骨骨折，经法医鉴定为轻伤，其行为……已构成故意伤害罪。”辩护人根据曲××与王××互殴时，曲打王的部位和检验结果：王××“左胸肩背部可见数处面积不等的擦皮伤和皮下出血，总面积小于体表面积的5%”的事实，按最高人民法院、司法部等司法领导机关制定的《人体轻伤鉴定标准》，构不成轻伤，仅属轻微伤，因此曲××的行为不构成伤害罪。

辩护人还对“致王××左颧骨骨折，构成故意伤害罪”的指控进行了辩驳。辩驳中，除了依据有关供词从情理上进行分析、指出有关方面不进一步进行科学鉴定却采用行政手段作出不公正结论之外，还从四个方面，依据物理学、解剖学、医学等多门学科的原理和方法，进行深入细致的分析探究，论证了王××颧弓骨上的裂纹不可能是十字镐打击所致，据拍片等结果看，王××是“颧弓骨骨折”，不是“颧骨骨折”，因此不构成轻伤：

我们认为：“起诉书”指控曲××打了王××的头，不符合事实。理由是：

1. 从使用的器械看。经我们测量分析：十字镐的重量是4公斤。铁镐长53公分，一头刃宽5公分，另一头尖1公分。中间铁镐高6公分，长8公分，把长是93公分。按物理原理，以等加速度运动着的器械作用于物体，其重量约有100公斤上下，可以刨开冻土，也可以刨裂水泥地。如果刨在人的头上，绝不只是4厘米长的、平整的肉皮上的线状伤痕和颧弓骨上的裂纹，而会是更为严重的伤势。若用镐的尖头刨，至少打一个窟窿，若用镐刃一头刨，他的伤口也不只是4公分长，用镐的横断面打，也不只是打上颧弓骨，而是整个颧骨。所以《起诉书》的认定，不合乎科学道理。凡是科学都是可以反复实验的。试想，以十字镐用抡起来的速度打一个物体，其撞击力有多大，从而可以看出打在人的头上是什么后果。

2. 从头上的瘢痕看。王××头上左侧颧弓骨上端有一条平整直线状4厘米的皮痕。经过X线检查，下面颧弓骨有一条纵向的线纹。皮伤与骨线方向是不一致的。颧弓骨是一小块非常坚硬的骨头，肉皮上的伤痕很小，不大可能形成颧弓骨骨折。从人的骨骼结构说，人的颧弓骨与颧骨之间都有一条纵型生理线，线的位置有的较前有的稍后，因人而异，王××头上颧弓骨的纵型线是生理线还是骨折线？还不能确认，需进一步检验核实。

3. 从致伤的时间看，检验意见说是：“陈旧性的骨折”。在医学上从受伤时起，21天后统称为陈旧性的骨折。王××头上的纵向线如是颧弓骨骨折的话，究竟是什么时候形成的，谁打的，用什么打的？需要进一步检验确认。据了解（孔家疃村长孔×松讲）去年4月16日和9月23日王××曾两次带领多人袭击孔家疃村办公楼，曾被人用石块打伤他的头。是否那时受的伤？亦有可能。

4. 从3次检验拍片结果看，王××头上的伤是颧骨骨折，还是颧弓骨骨折？属于轻伤还是轻微伤？应该以科学的方法拍X线照片为准。根据实际拍的X线照片来看，是后者，而不是前者。第一次，6月27日拍X线照片后，8月6日，××县人民检察院认为证据不足，将批捕材料发回县公安局要求补充侦查。第二次，8月9日拍X线照片，颧弓骨有一道纹，认为是颧弓骨骨折。是否属于颧骨骨折，是否构成轻伤？公检两机关认识不一致。第三次 8 月 21 日 X 线照片，是县检察院委托县人民医院拍的，也是有一道纹，意见仍有分歧。这样本应送上一级法医部门鉴定，但是准备将片子寄往上海鉴定时，未被批准。于是县主管政法领导，召开了三机关领导及法医参加的会议，采用行政手段，要求“统一认识”，定为颧骨骨折，是轻伤。我们认为这种做法本身是违反实事求是的科学鉴定原则的。拍的 X 线照片是客观存在的，不能用行政手段主观臆断。我们曾两次（2008 年 10 月 21 日和 10 月 29 日）走访县医院法医门诊主治医师孙大夫咨询，孙大夫查看 X 照片，均认为是颧弓骨骨折，而不是颧骨骨折，没有功能障碍，不适用《人体轻伤鉴定标准》第 13 条。为了对国家法律负责，对一个青年负责，应该听听他的证言。

辩护中，由于列举了大量经查证的事实和确凿证据，并对某些现象和鉴定材料进行了多学科的分析论证，最后得出的结论：“曲××与王××互殴，致王××轻微伤，不构成轻伤，不具备刑法规定的伤害罪的构成要件，不属于追究刑事责任的范围，而是违反了《治安管理处罚条例》，应宣告无罪。”也就比较具有说服力。

【思考题】

1. 什么叫法律语言交际？从交际双方地位等情况的不同，法律语言交际可分为哪两种方式？

2. 简述陈述（包括叙述事实和说明情况），描摹和论述这三种单向表述型交际各自的定义和功效。

第六章
法律语言交际（下）

第一节　双向互动型法律语言交际

对话型交际即双向性交际，在诉讼和法律事务中具有特殊重要的意义。为了搞清法律事实，获取与案件相关的信息及了解当事人的心理状态和主张，在侦查、审讯和审判中鉴别证据，区分罪与非罪，断析是非曲直乃至最后定案、处理和执行，都离不开这种双向性的语言交际。

对法律语言双向互动交际，近十几年来，我们的西方同行从他们的法制和司法现状出发进行了对我们颇有启发的探讨。比如约翰·M. 康利、威廉·M. 欧巴尔在《法律、语言与权利》（2005）中以“强奸受害者的再次受害”等三章的篇幅，讨论了法庭审理中律师与对方当事人等主体之间的言语交际。约翰·吉本斯在《法律语言学导论》（2003）一书的第三章“互动与权力”，第五章“法律系统中的交际问题”专门讨论了普通法系国家法律系统中的双向互动语言交际。但是，他们关注的焦点是互动交际中的权利和由此导致的话语权利不对等。（详见本章第三节“互动交际中的权力和法律前不利地位的语言表现”）

潘庆云自20世纪80年代开始撰写法律语言论稿，即涉及法律语言交际，在《法律语言艺术》（1989）、《法律语体探索》（1991）均涉及询问和查证、调解和谈判、讲演和论辩等互动型语言交际，在其后的《跨世纪的中国法律语言》（1997）、《中国法律语言鉴衡》（2004）还增加了“法律语言交际”专章。近十余年来廖美珍《法庭问答及其互动研究》（2003）、余素青《法庭言语研究》（2010）均对庭审中的各方互动语言交际进行了较为详尽的探讨。他们也介绍了西方学者的权利（权势）、合作（亲和）等概念，余著还讨论了性别、年龄、心理素质等因素对法庭语言效果的影响。[1] 他们研究互动交际的落脚点似乎在于改进“中国法庭审判的模式”或者提高“法庭语言效果”，尚

---

〔1〕 余素青：《法庭言语研究》，北京大学出版社2010年版，第177～178页。

未涉及对弱势群体在法律面前的语言权利保护问题。

作者认为，针对我国的法治状况和司法实践，我们应该探讨互动交际的机制和技巧，同时要探讨对弱势群体的语言权利保护问题。

与“表述”型交际相比，双向互动型交际的双方更紧密地处于一个互相联结的动态活动中，因交际题旨情境的不同和交际中双方心理状态的变化，双方的地位（传播者或接收者）、控制和反控制、主动和被动状况不断转化，交际内容和交际方式以及所呈现的语言特点也在不断作相应变化。因此对话变幻多端，有时让人难以捉摸，随机应变性很强，这就要求参加者有较强的应变和急智能力。如果说在商战和其他各种社会活动中人际对话是一场竞技，一场“较量”和“博弈”，大有高下优劣之分的话，那么法律语言交际中的对话更是一场“没有硝烟的战斗”一场“殊死的搏击”；侦查—反侦查，审讯—反审讯，正义—邪恶，维护法制—对抗法制，诸如此类的斗争和对抗往往寓于对话交际的言辞之中。对话交际按交际语境和方式的差异，大体可分为：问—答、论—辩、诘—辩、说—证、述—评等模式。下面就问—答这种常用模式探讨法律语言双向交际的语言特点和技巧。为了研究的方便，我们从问和答两个方面分别进行讨论。

一、问

法律语言交际中的问首先是为了了解事实、取得证据，了解当事人的心理状态和态度，获得与案件有关的信息，还有为己方当事人提供述清案件机会、创造有利于我方的交际氛围和控制交际活动、揭露对方自身的矛盾等作用。

1. 为己方当事人提供于他自己有利陈述的机会。例如徐某被指控故意伤害（致人死亡）一案，辩护人在庭审中对徐某发问：“死者当时用什么凶器打你妹妹？你又是怎样上前保护你妹妹的？”徐某：“当时对方用铲子砸我妹妹头面部，使其鼻骨损裂，鲜血淋漓。我上前推开对方、保护妹妹，对方又举铲砸我头部，我用右臂抵挡，尺骨被砸断。”辩护人：“你当时采取何种措施？”徐某：“我随手操起一根铁棒敲击对方，据说他已抢救无效死亡。”通过这样的提问，使被告人有机会向法庭陈述他在生命受到严重威胁的情况下实施了正当防卫。这样就为以后对此案作无罪辩护取得了可供佐证的供词。

2. 创造于己有利的交际气氛。问答型交际中，气氛会对参加者的心理产生很大影响，从而直接影响交际效果，而于己有利的气氛可以用提问的方式与内容来营建。如审讯一名间谍案嫌疑人时，由于已经掌握了确实证据，办案人员采用单刀直入的提问方式：“既然来了，为什么走得那么仓促啊，李×？”（李×潜来不久被惊动，逃离某市前从机场被截回。）“不、不，这完全是误会，我叫张××，是回国观光的，因得知家里太太得急病，只得提前回×国。”“你也太大意了，既然冒充张××，为什么不把他左颊的那个黑痣搬到你脸上呢？张××比你大十来岁，来之前为什么不化装得再苍老一些呢？这一切，怎么瞒得过我们呢？（稍停）还是交代问题吧！”这一连串的问题，对方是否一一回答，倒无关紧要，所以都用了回答不可控制的一般性提问方式。讯问人员的目的是对准其要害，来个迅雷不及掩耳的打击，使其措手不及，只得交代自己的间谍身份和活动情况。审讯中的一系列发问的目的正是制造气氛，向对方施加心理压力，迫其交代罪行。

3. 控制交际方向与程序，实现我方的交际目的。“问”在问—答型双向交际中起主导作用，一方发问后，决定了对方说不说、说什么、怎么说，所以“问”具有控制交际活动的功能。老练的交际者，往往利用问的机会排除于己不利的交际障碍，堵死诡辩者的“后路”，从而控制交际的方向与程序，使交际按预定的方向发展，从而取得良好的效果。在一起买卖合同纠纷案中，甲方（某乡办工厂）向乙方（上海某科研单位）提供一种精密仪表，乙方接收合同约定的标的物后，发现该产品根本不具备应有的功能，于是乙方要求向甲方退货并索回货款，但甲方坚持该仪表质量符合标准，仅因乙方不懂装配技术，造成损坏，不同意退款。乙方无奈，只得诉诸法院。庭审中，乙方代理律师向甲方法定代表人提问：“请问贵厂有高级工程师几名？”“没有。”“工程师几名？”“也没有。”“技术员呢？”“两名。”“再问一句：两位技术员的任职资格由什么机构评定？”“是由厂务会议决定，职代会通过的。”“有没有国家颁发的统一职称证书？”“暂时没有。”“有没有外聘工程师、技术员？”“也没有。”“既然这样，我想请教被告：××仪系一种高级精密仪器，贵厂既没有工程师，也没有国家统一考核评定的技术员，又没有外聘技术骨干，你们是怎样保证××仪达到国家统一质量标准的？”“……”甲方无言以对。在随后的庭审中，只得默认××仪不符合质量标准，同意退款。

又如，在张××窝赃罪一案庭审中，公诉人意识到嫌疑人要翻供，不失时机地对嫌疑人进行了如下发问：“你儿子给你送的这些东西现在哪里？”“交给公安局了。”“怎么交给公安局的？”“我儿被捕后，我和老伴害怕查出来，想扔又没处扔，就埋在厕所里了，后被公安局搜去了。”“你儿做生意挣的东西为什么要埋在厕所里？”“‘听说是他偷的。”“公安局是怎么对你说的？”“公安局说是我儿偷的。”“你怎么对公安局说的？”“第一次问我没承认，第二次我就承认是我儿偷的了。”第一问轻轻提出，使嫌疑人思想放松，不明发问意图。“东西在哪里？”是明知故问，目的在于要张××回答出“在公安局”，从而再引出原来“埋在厕所里”等情况，从而控制了交际方向：揭露和证实张××犯有窝赃罪。

4. 通过发问揭露矛盾，使对方虚假的陈述或错误主张不攻自破。在一起民事索赔案中，被告为上海××火葬场，原告为其死亡亲属在该场进行尸体告别仪式（追悼会）时，场方将原告亲属遗体与另一死者换错，致使追悼会不能正常进行，要求赔偿直接经济损失400元，精神损失费3000元。关于精神损失问题，被告的代理人发问："原告主张的精神损失，具体来讲是什么？""事情发生后，国内有三家报纸报道了这一事件，致使外省市和本市众多亲友、同事、邻居纷纷来信来电来访，原告丧夫本已十分悲伤，这一来更是雪上加霜，痛不欲生，精神濒于崩溃，误工××天，故依法向被告索赔精神损失费3000元。""请问原告，事情发生后，你有没有向新闻界反映？""事情发生后二三天，我曾分别向上海××报、北京××报反映××火葬场的失职行为。"问到这里，被告代理人正面指出：既然原告精神损失由新闻报道搞错遗体一事引起，而新闻界的报道又来源于原告的投诉。所以被告不应承担赔偿原告精神损失的责任。事实上，被告搞错遗体，发现后5分钟内立即换回，本来追悼仪式仍可继续进行，原告却主张改期进行，并因此造成往返交通费等损失达400元。最后，法院判决被告酌情赔偿原告经济损失费×××元，对原告索赔精神损失之诉不予支持。在此案中，被告委托人用提问控制对方的回答，通过其回答，暴露出其主张与事实之间的矛盾，从而否定了其不合理之诉。

又如，美国前总统林肯早年当律师时为小阿姆斯特朗辩护时对假证人福尔逊的提问也很成功地揭露了对方证词的矛盾。证词否定了，被告人的"罪行"当然也就不存在了。在本案中被告人被指控谋财害命，原告方收买了福尔逊作为证人。福尔逊竭力发誓说他目睹被告人开枪击毙了死者，被告人有口难辩。林肯仔细地研究了案卷、勘查了现场，对案件真相胸有成竹，开庭时他这样问福尔逊："你是否亲眼看见被告人开枪杀人？""是的。""你认清是小阿姆斯特朗吗？""是的。""你在草堆后面，被告人在大树下，相距二三十米，你能看清吗？""看得十分清楚，因为当时月亮很亮。""你肯定不是从衣着方面辨认的吗？""不是从衣着方面认清的，我肯定是看清了他的脸庞，因为月光正好照在他脸上。""具体时间也能肯定吗？""完全可以肯定，因为我回到屋里时，看了时钟，那时是11点1刻。"问到这里，林肯雄辩地论证："这个证人是个地道的骗子手！他一口咬定10月18日晚上11点钟在月光下认清了被告人的脸。可是10月18日那天是上弦月，到了晚上11时，月亮早已下山了，哪里还有月光？退一步讲，也许时间记得不十分精确。时间稍提前，月亮还没有下山，但那时月光应是从西向东边照射，草堆在东，大树在西。如果被告人脸朝大树，月光可以照在他脸上，可是证人就根本看不到被告人的脸。如果被告人脸朝草堆，那么，月光只能照到被告人的后脑勺上，证人又怎么能看到月光照在被告人的脸上呢？又怎么能从二三十米远的地方看清被告人的脸呢？”

5. 发现对方陈述与事实不符或对对方陈述的真实性产生怀疑，通过发问证明其对所述问题认识模糊或一无所知，从而否定其证词的证明力。被称作舌战大师的美国著名大律师克莱伦斯·丹诺在1925年7月一场对后来的美国司法界有着巨大影响的被称为“上帝与猴子诉讼”一案中进行的辩论，通过一系列精心谋划的发问，改变了劣势，取得成功。案件起因是田纳西州戴顿的高中教师约翰·施库柏斯向他的学生讲授了达尔文的进化论，而这种行为被认为非法，因为不久前，田纳西州通过并施行《反进化法案》，禁止宣扬任何与《圣经》相违背的观念。于是，施库柏斯作为被告人被送上法庭。美国民主党党魁威廉·布莱安不远千里来到戴顿主动出任控方证人，丹诺则为被告方辩护。当时戴顿居民2000人，却有九座教堂，宗教气氛十分浓郁，陪审团12人中，3人除读过《圣经》外，没有读过别的书。布莱安号称研究《圣经》50年。在这种对被告人不利且法庭不允许丹诺发表有关进化论科学性见证的辩护意见的氛围下，采用促使证人在法庭上以圣经专家的身份作证并向他发问的策略为被告人施库柏斯辩护。其中部分问答如下：“布莱安先生，洪水发生在多久以前？”“纪元前2348年。”“你相信不在方舟中的所有生命都毁了吗？”“我想鱼可能活着。”“你不知道有很多文明可以上溯到五千年以上？”“我对于自己所看到的任何证据都不满足。”“你相信地球上的每种文明，每种有生命的东西——也许除了鱼之外——都被洪水毁灭了吗？”“在那个时候是如此。”“你对于今日有不同种族、人种、文明和动物存在于地球上的事实，不曾感兴趣吗？”“我对于人们努力要驳斥《圣经》所表现的深思或研究，不会有多大的兴趣。”“你从未去探讨人在地球上有多久吗？”“我看不出有这个必要。”“你不知道中国的古文明，至少有六千年或七千年吗？”“我不知道有多久，但是，根据《圣经》，中国的古文明不会超过上帝创造宇宙的时间——六千年。”“你不知道中国的古文明有多久，是吗？”“我不知道有多久，但你可能知道。我想你会把优先权给反对《圣经》的任何人。”“嗯，我欢迎你发表意见。”“你知道埃及的古文明有多久吗？”“不知道。”“布莱安先生，你不知道其他宗教是否同样记载地球上的生命为洪水所毁吗？”“基督教已使我满足，我不觉得有必要去查看其他竞争性的宗教。”“你知道孔子的儒教有多久吗？”“我无法说出准确的日期。”“你知道佛教有多久吗？”“不知道，先生。”丹诺总共问了49个问题，布莱安不是回答不知道，就是被丹诺的问题难住，并不断受到听众嘲笑（审判在法院外面的草坪举行，来自全美国各地旁听人员达5000名）。通过一连串发问，威廉·布莱安由于“显露出是一位具有孩童心智的无知的人”，从而被挫败。第二天早晨，主审法官鲁斯顿裁决：布莱安不能再回到证人席，他前天所说的一切必须从证据中划掉。但是仍判定施库柏斯有罪，处以罚金100美元，同时作出结论，赞扬了丹诺探求真理的勇气和精神。鉴于当时特定的宗教氛围和立法精神，丹诺的语言交际无疑是一个巨大的胜利。[1] 在这种情况下，发问发挥了正面论战所无法企及的效果。

6. 为正面表述作铺垫。有时需要表达自己的观念、主张或建议，由于交际角色差异、利害关系冲突等原因，双方心理距离很大，开门见山地直陈己见达不到良好的效果。这时可以通过提问的方式或明知故问，或声东击西，以加强心理接触，为正面表述打下基础，而后自然而然引出话题；达到水到渠成的效果。

在一个合同纠纷案中，乙方（个体业主）提取甲方（国营百货批发站）货物后，拖欠货款近两年，屡催无着，甲方诉诸法院，法院判决乙方向甲方返还货款。但判决后乙方以经营不善，店铺倒闭为由，仍不返回这项钱款。甲方代理人只得上门“讨债”。代理人得到业主同意上门先察看室内陈设，将其钢琴、高级音响设备等用相机摄下，心中有了底。但他随后又故意环视住房，问业主妻子：“你们的住房倒挺宽敞，是公房吗？（明知故问）”“不，是私房，三年前盖的。”代理人又故意沉吟片刻，然后问：“用私房一部分就可以抵债了，但是分割困难。你作为主妇，有什么考虑吗？”该业主妻子当然绝不愿意用住房抵债，连忙请教律师是否还有其他解决方法。于是律师从正面提出业主必须履行判决决定，尽快筹款还债，或变卖一些高档非生活必需品偿债。同时又将摄有现场高档消费品的照片交原判决法院，证明个体业主具备偿债条件。在法院支持下，甲方代理人终于索回全部货款。

所谓为正面表述作铺垫，亦就是给自己提供提问到表达的转换的机会，提问的目的不是要对方解疑，而是要对方听自己的表达。上面讲的是诱导提问法，即用一个或几个问句把对方的思路引导到自己要表达的那个话题（如何清偿债款）上，然后接过话头，表示自己的意思。另一种是步步设问法，即不立刻说出自己的观点，而是连续设问，让对方顺着自己的思路作出肯定的答复，最后服从自己的思想。如孟子批评齐宣王不会治国时就采用此法。孟子问：“如果您有一个臣子，把家室儿女交托给朋友照应，自己到楚国去了。等他回来时，他的妻子儿女却在挨饿受冻。对这样的朋友，该怎么办呢？”王答：“和他绝交！”孟子再问：“假若管刑罚的长官不能管理他的部下，那该怎么办？”“撤掉他！”孟子又问：“假若一个国家里政治搞得很不好，那又该怎么办？”

---

〔1〕 参见［美］欧文·斯通：《舌战大师丹诺辩护实录》，陈苍多、陈卫平译，法律出版社1991年版，第497～504页。

王这时只好“顾左右而言他”了。孟子首先连设两问，诱导齐宣王作出肯定的回答，然后再提出应如何处置不会管理国家的国君，使齐宣王无以辩答。如果没有前面两个设问，而直接提出这一要害问题，则必然会引起齐宣王的反感和愤怒。

由于发问在诉讼和法律事务中有收集信息、甄别证据、调控交际程序与方向、掌握交际主动权等多种积极作用，我们应该认真探究和娴熟掌握提问的技巧。那么，怎样才能问得得体、问得有效呢？

第一，在提问之前必须对已掌握的案件事实、证据材料娴熟于心，每一发问都必须有把握，有明确的目的。在1945年纽伦堡国际法庭审讯纳粹第二号头目戈林时，美方起诉人罗伯特·杰克逊，因对已缴获的文件不熟悉，提问显得笨拙，目的不明确，被精通文件详情的被告戈林抓住弱点，结果使交际失控，戈林作了长时间的夸夸其谈，使审讯偏离方向。而英方起诉人戴维·法伊夫几天后审讯戈林1945年春虐杀50名英国皇家飞行员一案时，由于事先熟悉了案情和各种书证，分析了戈林“不在现场”的假供，用一系列提问诱使戈林进入圈套，终于制服了老奸巨猾的杀人魔王。

还有一些由于时空阻隔一时无法直接调查事实的案件，在提问以前应该摸清种种相关情景，从这些情景出发提出一系列问题，则可使一些“奇案”打开缺口，迎刃而解。例如1954年初冬，一个衣衫褴褛、形容落魄的人去闯中南海，说是来自台湾，系蒋介石的随身副官，要见毛主席，有要事口头通告。因其形迹可疑，被北京市公安局拘押审查。可是一连三天也审不清该人的真实身份，于是由著名预审员汲潮接手审理。汲潮事先到被关押的蒋帮派遣特务中广泛了解台北和蒋介石的情况。讯问是这样展开的：“既然你说你是从蒋介石那里来的，你有什么凭据吗？”“凭据？我这是秘密行动……”“蒋介石那个口信是什么意思呢？”“蒋总统命令我：非毛泽东本人，对任何人都不得泄露。”“这么说，你真是从台湾来的了？”“那还假得了！这是掉脑袋的事！”“你既然是台湾来的，又是蒋介石的随身副官，那我问你，蒋介石有什么特征啊？”“老了，高个子，秃头顶……”“蒋介石的身体有什么缺陷吗？”“没有哇，就是老得眼都花了。”“你好好想想。”“没别的了。”“蒋介石的牙？”“牙？牙怎么啦？没问题呀！”“台湾的‘国防部’在什么地方呀？”“‘国防部’？在台北中山大道呀。”“台北市街上有什么车辆呀？”“有汽车、三轮车，还有有轨电车。”“台北有戏院吗？”“有啊。唱的是京戏，主角是李砚秀。”“够了！你满嘴的胡说八道！李砚秀根本没有去台湾。台北也没有有轨电车！你说的伪国防部的地址也根本对不上号。你自称是蒋介石的随身副官，却连他满口假牙都不知道！看来你这个骗子胆子也太大了，竟敢胡诌八扯地去闯中南海！现在还在蒙骗政府。这样下去非从严处理你不可!"见诡计被彻底揭露，吓得直哆嗦，求饶道："预审员，你息怒，我说实话（接着交代了罪行）[1]。"所谓"总统副官"原来是个越狱脱逃的反革命犯。他走投无路，就冒充蒋介石的随身副官去闯中南海，妄图骗取信任后再作为"特使"遣送出境，逃往台湾。这个三天审下来没结果的"奇案"，汲潮一共花了一天时间就解决了，靠的是事先掌握了有关台湾的众多基本情况，通过发问，作为"总统副官"的被告人竟一无所知，那么他的谎话也就彻底败露了。

第二，提问必须与案件有关或紧扣案情主旨。法律赋予司法干部和委托代理人、辩护人等诉讼参与人发问的权利意在查清事实、甄别证据，因此，若发问偏离了案件，不仅延误了时间，而且于法不符。当然所问问题是否与案件有关，有时一下子难以确定。有些问题，看似与案件无关，而实际上有内在联系，只要与案情主旨有关，亦属当问的问题。例如在一起间谍案的"审讯笔录"中有这样一段实录，问："你198×年3月至10月这段时间到哪里去了?""一直在××县，哪里也没去呀。""这年夏秋季节××地区气候如何?""风调雨顺。""当地发生过什么纠纷没有?""天利人和。""你那段时间根本不在××！××县一带是久旱不雨，民众抗旱，军、政之间争权夺利，矛盾激烈。哪里还有'风调雨顺''天利人和'可言呢?!""我……（欲言又止）""你和你的情妇李××闹那么大矛盾，为了什么?"

本案案情是：金×以观光为名潜人大陆进行间谍活动，被拘捕后用爱国词藻掩盖其罪行，拒不吐实。当问到其履历时，他供称198×年12月赴九龙前一直在海外××县供职。但据查金×198×年3月即离开××县不知去向，直到11月才回去。因秘密外出数月未与其情妇联系，回去后两人闹得不可开交。审讯人员根据这一情节连续发问，问到其原居地的天气、社会情况以及生活细节，貌似琐碎、"离题"，与其间谍疑案沾不上边，但是对这些细节问得有根有据，恰好能揭露被告人口供上的漏洞，使被告人感到审讯人员如同身历其境，明察秋毫，不敢再抵赖下去，只好供认那段时间离开××县到×国××岛接受特工训练，这次以旅游观光为幌子，意在为某间谍机关搜集某地尘土，窃取我方某项国防秘密试验的技术情报。这种发问实际上与本案关键情节有一定内在联系，没有脱离案情主旨。

第三，提问要准确、清楚。既然提问能控制回答的内容与方式，只有准确、清楚地发问，才能要求被问者清楚地回答。这就要求发问所用词语在特定语境中准确无误，通俗易懂。问句不要过长，口齿要清晰，语速不要过快。还

---

〔1〕 参见汲潮：《预审员的札记》，群众出版社1982年版，第85~88页。

要随发问目的的不同，采用适当的发问方式，例如希望得到特定信息或确切的回答，就要采用封闭式发问："你是什么时候得知被告人私刻你公司的公章、冒用你的名字向××公司贷款的？""×月×日晚11时05分，你有没有听到街上的呼救声？"

第四，发问不以未经证实的事实为前提。因为在这种问话中，隐藏着提问者的假设，不论交际对方作出肯定或否定回答，其结果都得承认这种假设。例如在一起离婚案中，办案人员在事实尚未证实的情况下，这样提问就不妥当："被告，今年4月5日，你有没有停止殴打你的妻子？"因为，无论被告人回答"停止了"还是"没有停止"，都无意中承认了自己打妻子的行为，这是一种套供的行为，这样提问是违法的，得来的陈述也是不可靠的。

第五，因案制宜、因人制宜，态度冷静而又百折不挠。要以案件和法律事务性质不同，及讯（询）问对象的不同身份与特点，来确定发问方式与语言特色。如对青少年犯罪嫌疑人，根据其心理特点及思维规律，暂不追讯其罪行，而是在简单地问清其姓名、年龄、住址、简历、家庭情况后，稳定其情绪，消除其疑惧、不知所措的心理。第二步从来往关系人入手，逐步接触其犯罪事实，一件件审问清楚；查询民事案件的证人，若该人年老文化水平低，则尽可能用简短、通俗的问句，节奏要慢，使其能静下心来回忆往事；若采用追讯某些刑事案嫌疑人的方式，不让其有思索和喘息机会，则提问肯定得不到令人满意的结果。

无论是律师还是司法官员提问时都要心平气和而又坚韧不拔地实现自己的目的。英国律师拉塞尔为一件诽谤案的被告人辩护，原告是赛马总会的前理事乔治·切特温德，被告人曾经议论过切特温德，指责切特温德采用很不正当的方法管理赛马总会。他说，切特温德早就知道塞马师伍德是个品质不良的人，每次赛马总是勒马减速，以收取他人的贿金而中饱私囊，却仍然雇佣伍德充当职业赛马骑师。在法庭上，拉赛尔对原告进行交叉询问时有这样一段提问："亲爱的切特温德先生，您认识一个专靠骑马打赌，牟取暴利，名叫沃尔顿的先生吗？""认识。""您听说过沃尔顿先生为了赢赌而付给骑马师伍德先生一大笔钱作为贿赂的事吗？""不知道。""您说您从来没有听说过沃尔顿先生付给骑马师伍德一大笔钱的事吗？""（故作糊涂地）噢，听说过，我听说过一些议论伍德先生赛马技术的事。""（不厌其烦地）您说您从来没有听说过沃尔顿先生付给赛马师伍德一大笔钱的事。是吗？""（恍然大悟似地）噢?！噢！有这么一回事，我只听说过一次。"在整个发问过程中，律师语调平缓而又穷追不舍，三番五次地提出诉讼争议的核心问题——伍德收受贿赂他是否知道，要切特温德正面回答。对于切特温德原先那吞吞吐吐的回答，他没有表示出丝毫的不耐烦，总是耐心听完后变换方式重新发问，最后终于达到目的。[1]

第六，适可而止，不在枝节问题上纠缠。在查询案件或法律事实时，关键要害处一旦查清，就应“戛然而止”。如果仍缠问不休，不仅是多余的，而且有可能将调查引向歧途。上述的法伊夫在讯问戈林虐杀英国飞行员一案时，从逻辑上、证据上驳倒了戈林对此事“一无所知”的谎供后，戈林又编造了在皇家飞行员一事上他与希特勒曾发生过尖锐争执以致结怨很深的死无对证的“故事”，法伊夫立即识破了他的用意，并不在“希特勒与戈林是否有矛盾”这一与本案无关的枝蔓上纠缠：“不错，这也许是你的看法。”轻轻一语，堵死了戈林借端狡展，企图用为自己评功摆好的方式混淆视听、将庭审引入泥潭的诡计，然后语言犀利、态度严正地指出：“不过我要说的是，你手下的每个军官都知道此事，你也知道此事，可是你却没有采取措施来防止这些人被枪杀。你在这一系列罪恶的屠杀中给予合作。”最后一语中的，不再发问。戈林也一反两天前与美方起诉人杰克逊周旋后洋洋得意的神态，精神委顿、颓丧，意识到自己的末日临头。

第七，提问必须符合法律规定。我国《刑事诉讼法》规定，在案件侦查阶段，侦查人得讯问犯罪嫌疑人，询问证人和被害人。侦查人员在讯问犯罪嫌疑人的时候，应当首先讯问犯罪嫌疑人是否有犯罪行为，让他陈述有罪的情节或者无罪的辩解，然后向他提出问题，但不得讯问与本案无关的问题，询问证人和被害人，应当告知讯问对象必须如实地提供证据、证言和有意作伪证或者隐匿罪证要负的法律责任；询问证人、被害人应当个别进行，询问不满 18 岁的证人、被害人，可以通知其法定代理人到场；在刑事案件审判阶段，公诉人宣读起诉书后可以讯问被告人；被害人、附带民事诉讼的原告人和辩护人、诉讼代理人，经审判长许可，可以向被告人发问；审判人员可以讯问被告人、询问证人、鉴定人。在法庭上，审判长认为有关人员发问的内容与案件无关的时候，应当制止。在民事诉讼中，开庭前委托代理人可以向涉讼各方及证人取证、询问，鉴定部门及其指定的鉴定人有权了解进行鉴定所需要的案件材料，必要时可以询问当事人、证人；在庭审阶段，审判人员得询问当事人、证人、鉴定人；当事人经法庭许可，可以向证人、鉴定人、勘验人发问。行政诉讼中对发问的规定与民事诉讼大体相仿。还有在各类诉讼的庭审阶段，控、辩或诉、辩各方还可以依法开展辩论，辩论中当然也包括必要的发问。总之，在各种诉讼活动中发问，都必须严格遵循有关法律规定。合法是法律语言交际提问

---

〔1〕 参见［英］理查德·杜·坎恩：《律师的辩护艺术》，陈泉生、陈先汀编译，群众出版社 1989 年版，第 123～124 页。

的前提，任何人都不得违背。

二、答

在语言交际中，“答”是对“问”的反应和回复，与“问”一样，法律语言中的答也必须首先符合法律规定。刑、民、行政等各类案件及各种法律事务的当事人及证人都必须以事实为依据，以法律为准绳，都有义务向司法机关和办案人员提供关于案件的真实情况及证据，因此在诉讼的各阶段都必须针对发问，客观、准确、简要而又严肃地回答问题。另外根据法律规定，各类案件诉讼活动中诉讼当事人有权拒绝回答与本案无关的发问。

当然，法律语言交际中的被问者，也并不仅仅限于涉案的法人和非法人组织的法定代表人及涉讼普通公民，司法领导干部和一般干部以及国家法定法律机构的成员在法庭论辩、非讼调解、法律咨询和其他法律谈话、新闻发布等各种活动中也必须回答各种各样的问题，以完成诉讼和其他法律工作任务，解疑释难、宣传法制、维护法律的尊严，因此，在通晓、掌握提问技巧的同时，完全应当研习、洞悉应答的艺术。在这方面，老一辈革命家、爱国志士，今天无数坚持真理、维护法律尊严的司法干部和律师，给我们树立了榜样。他们的应答，充满了与邪恶、谬误斗争到底的坚强意志和真理必胜的坚定信念，充满机智和应变能力，技巧也很高超。还有一些案件的当事人，尽管他不是革命家和爱国人士，但在特定的语境下，应答得比较机智、巧妙，有某些可供借鉴的方面，我们也应该加以思考、研究。

在法律语言交际中，要答得好、答得有技巧，必须注意以下几个方面：

1. 必须按发问内容去答。应答与发问不同，发问是法律赋予司法人员、当事人等的一项权利，而应答在通常情况下是一种义务。但在带有反驳内容时，具有申辩的意义，则有权利的性质。关于应答，在各种诉讼法中没有正面的规定，只是因为有发问就必有应答，法律上至今还没有关于当事人沉默权的规定，因此，诉讼中当事人、鉴定人、证人、勘验人等就审判人员，公诉人、当事人、辩护人、代理人等发问作出回答也是一种必要的诉讼行为。在诉讼中发问者所提出的问题都是针对案件中的某一个方面而提出的，要求正面回答，不能答非所问，“王顾左右而言他”。凡是能用“是”或“不是”回答的，便可以不作别的应答，除非该问题本身确实需要解释的。

2. 力求洞察提问者的动机、态度、问话的真正涵义，争取交际的主动权。发问者提出的问题，都有一定的动机和意义，若不搞清对方的真实意图，就会不得要领，甚至落入对方的圈套，所以一定要鉴别分析、知己知彼。例如1937年6月11日国民党江苏高等法院审理“七君子”之一沈钧儒时，审判长撇开救国会本身的性质不问，几次三番往“共产党”方面引，想问出个“联合共产党、反对政府，危害民国”的结论，加以治罪。沈钧儒对法庭的用意和策略了如指掌，采用以假定的形式来表达真实主张的方法，机智稳健、侃侃而谈，使对方的伎俩无法施展。在这种情况下，若对对方的真实动机等缺乏了解，直率地宣称自己的主张和见解，显然是很不策略的。请看沈钧儒对法庭的应答："抗日救国不是共产党的口号吗！”“共产党吃饭，我们也吃饭，难道共产党抗日，我们就不能抗日吗？审判长的话，被告不能明白。”“那么你同意共产党抗日统一的口号了？”“我想抗日求统一，当然是人人同意的。如果要说因为共产党抗日，我们就要说不抗日，共产党说要统一，我们就说不统一，这种说法，是被告我所不懂的。”“共产党真能抗日吗？他们一面主张抗日，一边主张土地革命，你晓得吗？你知道你们被共产党利用吗？”“假使共产党利用我抗日，我甘愿被他们利用，并且谁都可以利用我抗日，我甘愿被他们为抗日而利用。”“组织救国会是共产党指使的吗？”“刚刚相反，我们组织救国会正是为了叫共产党一致抗日。审判长这样的问话是错误的。”“救国会里有共产党吗？”“救国会里会员很多，是否有共产党，无从知道。对于入会之人，不能问他是不是共产党，只问他抗日不抗日。并且共产党哪里会说自己是共产党呢？所以要问也问不出来。”在处于不利条件下的应答者，通过这种方式可以化被动为主动，又通过曲折的方法阐述了自身的观念。

3. 突破提问的控制，化险为夷，站稳脚跟。仍以沈钧儒的应答为例。问："你赞成共产主义吗？”“赞成不赞成共产主义，这个提法很滑稽。我请审判长注意这一点，就是我们从不谈什么主义。‘起诉书’指控被告等宣传与三民主义不相容的主义，不知检察官有何依据？如果一定要说被告等宣传什么主义的话，那么我们的主义就是抗日主义，爱国主义。”答话突破了在“赞成”或“不赞成”两者中选择一种作为答案的封闭性问题的控制，又一次避开“共产主义”这一当时的敏感问题，使对方的诱骗无法得逞，立稳脚跟，然后反问对方的依据，最后在当时的法律允许范围里，宣传自己的抗日救国主张，真是天衣无缝，使敌手无隙可乘。

4. 用反问回答提问，驳回指控，以守为攻。在充分掌握于己有利的事实与证据、胸有成竹的情况下，可以以反问的形式来回答发问者的提问。若运用得当，不仅驳斥了对方的无理指控，而且还颇有反击力。如1937年6月25日“七君子案”二审中，审判长问："你们煽动学生罢课吗？”“罢课太多，究竟问的是哪年哪月哪日哪次？是全上海还是哪个学校？是哪个煽动的？证据何在？与救国会有什么关系？……”用一连串的简短问句反诘，符合情理事理，也符合任何法律的法理，使企图故入人罪的审判长低头无言。反问可以有力驳斥问句所包容的反动思想和荒唐逻辑，反问中适当运用简明的比喻等修辞手法，使抽象的道理具体化，加强说服力。有时，反问中还可用归谬法驳斥对方，使敌手的愚蠢、荒谬暴露无遗。如问："你们主张联合共产党是不是危害民国？"史良反问："好比一家人，强盗打进门来，我们叫家里兄弟姐妹不要自己打自己了，首先应该联合起来，共同抵抗强盗，这有什么错？能说是危害民国吗？……"（比喻）。用归谬法反问的例，如邹韬奋对检察长"你们给张学良的电报，叫他出关抗日，他没有中央命令，怎能抗日？……"的发问，是这样回答的："我们打电报请张学良抗日，'起诉书'说我们勾结张杨兵变，我们发了同样的电报给国民政府，为什么不说我们勾结国民政府？共产党给我们写公开信，'起诉书'说我们勾结共产党；共产党也给蒋委员长和国民党发公开信，是不是蒋委员长和国民党也勾结共产党？"义正词严的反问，又用了归谬法，效果极佳，旁听席一片笑声，检察官半天哑口无言。

5. 对不便直接表述的内容，用迂回曲折法回答。所谓迂回曲折答法是指对发问者提出的问题不作正面回答，而是绕个圈子，非常曲折地表现应答者思想的一种应答方法。例如 1946 年 8 月，在远东国际军事法庭审讯东条英机、板垣征四郎、土肥原贤二等日本战犯在中国操纵傀儡政权、统治东北时期的部分罪恶，由溥仪出庭作证。作为证人，溥仪的应答用的就是迂回曲折法。

日本律师团首席律师鹈泽："证人在 1909 年继承皇位之后，在北京天坛行过祭天告祖之礼吗？""那无需问，我当时年幼，是由父亲代祭的。"鹈泽："证人 1934 年在'满洲'称帝登基，也曾在长春南郊举行了同样的告天之礼吗？"检察长："此问题与本案无关。"（审判长认为既然针对证人是否为真正帝王，当然可以提问。）鹈泽："证人在辛亥退位后考虑过再现康熙、乾隆两世的王道政治吗？""由伟大的人物办卓越的政治，这希望是自然的，如果孔子出世治世，世界自然要好些。"审判长："离题太远了，双方问答离题太远了。"鹈泽："郑孝胥和罗振玉等人，是否想把清初的王道政治，在现代的条件下加以重现呢？""还不止他们吧，人们都希望出现好政治。"（审判长下令停止这种弯来绕去的问答，于是美津美治郎的律师布莱克尼少校第二个向溥仪发问。）布："证人退位后保留着皇帝的尊号吗？""依照清帝退位的约定，是每年支给我四百万元年薪，并占有紫禁城的一部分，可是未能按照这个约定施行。"布："证人在历史上曾有过一次复辟举动吗？""那是我 11 岁的时候张勋搞的。""后来中国违反了退位条件，在 1924 年冯玉祥政变后便停止了皇帝待遇，不再给年薪，证人对此很不满吗？""我虽然对这种武力改变不太满意，但我也很想离开宫廷。我当时的心情可以由庄士敦所著的《紫禁城的黄昏》一书说明。""1924 年满洲不是土匪横行吗？""中国是一个古老的国家，所以治安紊乱，匪盗横行，这是常见的事，而且别的国家也有这种情形发生。""那时满洲治安很乱，外国不是为了保护权益而必须出兵吗?”“对我来说这只是报纸的知识。当时的日本在满洲从事侵略行为，而且唆使便衣队从事不法行为。”“那时不是俄国侵略北满吗?”“不知道。”鉴于溥仪的特定身份和当时的特定语言环境，溥仪的应答是高明的，也可以说是“精彩”的。

6. 对隐含前提意义的提问，应对“前提”冷静坚定地予以否定，并进而揭露其阴谋或不良用心。对隐含前提意义的提问，不论应答者作肯定还是否定的回答，其结果都是承认了这种前提或假设。对这种问题的应答，首先要设法否定对方问话中的前提义，从而摆脱提问的控制。如黑格尔在《哲学史演讲录》中曾举过一例。有人问梅内德谟:“你是否停止打你父亲?”问者想使他陷入困境，不管他回答“是”还是“否”，结果都是危险的，如果答“是”，那么就是曾打过父亲，如答“否”，那就是还在打父亲。梅内德谟是这样回答以否定对方问话中的前提义的:“我从来也没有打过他。”

历史上各国反动派为了用法西斯手段迫害革命者或无辜百姓、出入人罪，往往用带隐含前提意义的提问进行逼供、诱供，应答者除冷静坚定地否定其前提义外，还进一步揭露发问者的险恶用心，进行针锋相对的斗争。1933 年 2 月，德国法西斯为了迫害共产党，制造了“国会纵火案”，旅居德国的保加利亚共产党领导人季米特洛夫旋即被捕。在预审中，柏林警察局警官鲍希见威胁利诱不能奏效，于是改换策略，假装平和地问:“季米特洛夫，你就说说你和你的共产党在你被捕前在德国都有哪些活动。”“警官先生，我已申明:对此无可奉告（识破对方阴谋）。”“这就是说，你不愿意承认你干预德国的事务，是吗?你想隐瞒你参与纵火的罪行，是吗?”“警官先生，你不要以为这种恫吓会起什么作用。是的，谈到纵火国会这类事情，德国当局有两种办法:一种办法是认真侦查，把真正的罪犯捉拿归案；另一种办法是撇开真正的罪犯，给无辜的被捕者加上莫须有的罪名，也就是俗话说的嫁祸于人。我知道第二种办法对你们最合适，但这是政治挑衅。有人想借机镇压共产党，这就是迄今为止的事实。警察当局现在的审讯是有倾向性的，你的问题本身就包含着谎言和捏造……”“（打断季米特洛夫的回答）你还是咬定你同国会起火无关吗?”“（按自己思路继续回答）我再次申明……把我说成纵火犯，是对革命者的莫大侮辱。”季米特洛夫的回答，揭露了德国当局借纵火事件向共产党发难的阴谋，并严正指出，鲍希的提问本身就包含着事先假定无辜者有罪的险恶用心，使这条法西斯的忠实走狗一败涂地。

在对话交际的各种模式中，问答型交际的研究更具有理论价值和实践意义。我们将在第八章“法庭语言”中对之进行更详尽的研究。

第二节 法律语言交际中的态势语策略

一、态势语及其交际功能

近几十年来，人们对态势语的研究越来越重视，目前已经诞生并发展了一门颇具魅力的新学科：态势语言学或人体语言学。态势语言学致力于解释和研究非言语传播或交际的行为现象，包括动作、姿势、体态、表情、身体位置和动作界域关系等及其规律。动作、姿势（体态）、表情、身体位置和动作界域关系是态势语的四个层面，每一层面之下还可以分为若干类别。如表情语言可以细分为眼语、眉语、嘴须语、肌肉走向、面部皮肤、下颌、鼻、耳语等，身体位置与动作界域可分为密切、人身、社交、公共四个界域或空间。人们也可以管这一领域的研究为非言语交际学。

有的学者研究表明：在一条信息传递的全部效果中，言语要素只占5%，音调变音和其他声响占38%，另外57%都是无声的态势语。另有学者对人类用有声、无声交际的数量进行统计研究后，得出如下数据：每人每天平均只有10分到11分钟时间讲话，平均每句话又只占2.5秒钟；人们在交谈时有声部分低于35%，而65%的信息是借助态势语来传播的。

各学者对言语、语音和态势语在信息传递中信息承载量的比例统计结果虽不十分一致，但他们的研究结果都反映了态势语在交际中的重要地位。

事实上，人类交际是有声语言和无声语言协同作用的一种复合过程，也就是说，两者是相辅相成、共同作用的。但是，这两者又是不可同日而语的。经过研究，我们已发现言语交际与非言语交际有五个方面的明显差别：①结构与非结构的（言语交流，有正式的语法规则，结构严谨；非言语交际没有固定模式，同样的非言语行为在不同的时候可以有不同的含义）；②符号体系与非符号体系（言语交际具有约定俗成的、有明确指定意义的符号体系；非言语交际则没有特定结构，很少有特定的符号）；③连续的与非连续的（非言语交际是连续不断的，而言语交际以言词为单位，有明显的起点和终点）；④习得的与天生的（言语交际是后天习得的，哭笑之类的部分非言语交际却是“无师自通”即与生俱来的）；⑤生理机制不同（语言刺激、分析推理的信息由大脑左半球处理，空间、画面和完形信息等非言语刺激由大脑右半球处理）。因此，两者在信息传递、表情达意方面的作用是不可相提并论的，换言之，言语交际是最基本、最直接的交际手段，我们不能指望非言语交际完全取代言语交际。

非言语交际的自身价值由其具备的下列功能体现出来，那就是：补充言语信息、替代言语信息、强调言语信息、否定言语信息、重复言语信息和调节言语信息。所谓“补充”，指以声调、面部表情、手势或人与人的距离等非言语暗示添加、阐明或加强其意思，如果搂住孩子，说因为他连续得100分而自己很高兴，搂抱就补充或增加了你的言语信息。“替代”，就是用非言语信息代替语言信息发出，要是周围环境阻碍了言语交际，就得用替代法。“强调”，指用非言语信息强调口语信息中的特别之处，例如一位熟练的演说者在演说要点前后会停顿一下，这个停顿会起到突出或强调演说者提出的论点的作用。“否定”，指的是非言语信息与言语信息互相矛盾，甚至完全相反，因为经理性加工后所表达的语言有时并不表露一个人的真实意向和心态（即“言不由衷”），这时对方宁可相信你的非言语信息，而不相信你的言语信息。“重复”，系指以非言语方式重复言语信息。重复不同于补充，可以脱离言语信息而单独存在，例如在喧闹的体育竞赛场，你对卖冷饮的人说要两根冰棍，因怕对方听不清，同时伸出两个手指告诉他你要两份，你就是用非言语方式重复了前一信息。“调节”，则指用非言语行为协调人与人之间的对话，例如在法庭辩论中诉讼参与人用举手的方式表示要求发言。

二、态势语是一种不可忽视的交际辅助手段

非言语信息的多功能性决定了它是一种不可忽视的交际辅助手段（因此也有人管它叫“副语言”）。在信息交流过程中，不仅传播者的态势语是不可或缺的辅助和补充的交际手段，受传（接收）者方面在信息接收过程中出现的一系列表情动作也是一种重要的反馈，反映出受传者的心态。一个老练的传播者会根据种种非言语的反馈信息确切评价自己的交际行为和方式的效果，从而不断调整和改变自己的交际策略和言语。当然，受传者也需要借助对方的态势语不断搜集隐喻在有声语言之中或之外的真实意图，从而决定自己的交际谋略和方式。

三、必须重视和加强对法律活动中态势语的研究与探讨

在国际上，态势语的研究成果已引起众多部门的兴趣，目前已经开始应用于心理学、医学、演讲、表演艺术、公共关系等众多领域。在司法领域，态势语言学已经开始运用于刑事侦查业务。方法是对侦查对象的动作表情的事实进行模态判断，即通过动作、表情等回溯推断出若干行为模式或情节结构，然后再结合获得的痕迹及案件的其他证据，进一步辨别模态判断的正确与否。

中国有比较悠久的通过人的外部表现探究人的内心世界的历史，如公元2~公元3世纪初三国魏哲学、律学家刘劭《人物志》一书把人的体态及其表现概括为“神”“精”“筋”“骨”“气”“色”“仪”“容”“志”九个方面，谓之“九征”，然后根据九征来识读人的内心世界。清代后期著名的军事家、学者曾国藩著有《冰鉴》一书，主张从识神骨（精神与面部骨骼）、辨刚柔、观容貌、识情态（精神的流韵）、鉴须眉、听声音、看气色七个方面来考察人的气质、性格、才能、品行等内在素质，并藉此鉴别、物色、收罗人才，据说还颇为灵验。李鸿章、左宗棠、彭玉麟（水师悍将）、郭嵩焘（第一军师）、罗泽南（儒将）、李翰章（曾府大管家）、李元度（文人）、赵烈文（小钦差）、刘蓉（军中卧龙）等一批军政骨干都是通过对上述各项态势语并结合他们的言语进行考核后录用的[1]。可见《冰鉴》中的论述有一定的合理性。历代多有司法官员通过察言观色，利用态势语破案断狱的，但现、当代并没有创立并发展起一门系统的态势语言学。近三十年来我国已翻译介绍多部国外的人体语言学专著，但以中华文化、中国历史为时空背景探讨中国人体语言的扎实著述似不多见。至于如何自觉地把态势语知识运用于法律语言交际，这种研究至今尚未深入开展。在已问世的法律语言学著作中，潘庆云《跨世纪的中国法律语言》中的有关章节对人体语言及其在法律语言交际中的功能特点进行过探讨。王洁等《法律语言学教程》也有专章讨论人体语言及其司法功能（刘愫贞撰稿）。其中，对人体语言的司法功能，从接受敏感信息、测试对方心理、传递暗示信号、揭穿伪饰手段四个方面加以阐述（见该书第378～404页）。至今似仍未见探讨法律活动中非语言交际（态势语）的专著问世。笔者认为，态势语在诉讼和非诉讼法律事务交际中的研究和运用，是一个很有意义、很有价值的课题，值得详尽研究与深入探讨。

四、法律语言交际中态势语的要求与特征

法律语言交际中的态势语，除了要符合一般交际情景中态势语的共同规律外，还有其特殊要求和特征。简述如下：

1. 简洁洗练。态势语大体上可分为表情语言、动作语言、体态语言及身体位置和动作界域四大类，从这四大类中又可以分出若干小类。据研究者估算，全人类至少有70万种可用来表达不同思想意义的表情与动作。例如，面部表情由脸色的变化，肌肉的收展以及眼、眉、鼻、嘴的单独或协同的动作传递多种复杂、微妙的信息，正如法国作家罗曼·罗兰所说："面部表情是多少世纪培养成功的语言，比嘴里讲得更复杂到千百倍的语言。"法律语言和一般语言交际相比较更加注重维护其准确性，因此不能用过多的态势语伴随、替代乃至掩盖其言语交际的信息，将听者的注意力引向其他方向。因此法律语言交际中的态势语要求简朴干练，不必变化多端、层出不穷，从而呈现出简洁洗练的风格特色。

---

〔1〕参见吴樵子主编：《曾国藩九九方略鉴——冰鉴》，京华出版社2003年版，第705～848页。

在语音方面，注意平仄协调、慎用同音词的同时，不要因过分追求语音上口而影响主旨内容的表达，也不要由于更换了同音词语而影响信息的精切，语音轻重变化要恰当，当重则重，当轻则轻，当平则平。此外，对语速、停顿、音高、音长等等的处理均需恰到好处，使语音的处理妥善地起到辅助表达、增强信息的作用。

在表情上，不必以丰富的眼神变化和嘴、鼻、眉的众多动作来表示幽默、含蓄、调侃、喜悦和忧戚等情感，力求始终保持从容不迫和坚定自若的神态。

在动作上，法律口语交际中腿部及躯干一般保持静止，手的动作要求少而精，有目的性，不必作许多幅度大而且复杂的动作。

在体态上，一般也较少变化，如预审或庭审中，司法干部一般是坐着，宣判时则要求站立。在法律咨询、法律谈话、辩护代理等事务中的法律语言交际时，在特定的场合一般是采取坐姿，以便从容、严肃地表述。

至于在法庭上充当辩护人的律师等诉讼参与人横眉竖眼、指手画脚，甚至满庭四处走动，那只是电影、电视剧中的情景。不仅中国，世界两大法系各国法庭上当事人及控辩双方的诉讼参与人均要在规定的席位就座，庭审中不容许随便走动。

2. 庄重肃穆。和法律语言必须是经过筛选净化的最庄重的语言一样，伴随法律语言的态势语也应当是经过审慎选择限制的最庄重的态势语言，诸如快慢失当的语速、装腔作势的感慨、轻浮倨傲的神情，耸肩、搔首、抖腿、挖鼻、指手画脚等动作，歪腰曲背的立姿或倾斜侧扭的坐姿都是法律语言姿势语中必须剔除的。还要注意动作界域的得当，如律师初次接待当事人谈话时距离太远会给人“架子大”之类的感觉，但若凑得太近，突破了人所需要的“私人空间”，则是不得体，也是有欠庄重的。

3. 自然得体。法律语言中的态势语还应当是自然得体的。法律语言中的态势语是热爱人民、忠于法律的真情实感和廉洁奉公、严肃执法的真诚态度的自然流露，要力避矫揉夸张、故弄玄虚或故作姿态，要做到分寸适度。不要盲目仿效伟人或名家的态势语，更不可搬用文艺演出的戏剧性态势，因为这种仿效和搬用都只能是东施效颦，破坏了法庭或其他法律口语表述场所的肃穆气氛。至于在法庭论辩或其他场合拍桌摔凳、唾沫四溅、随意走动、衣冠不整等，更有悖于法律态势语的基本要求，并有损司法干部和法律工作者的形象。总之，法律态势语必须与神圣严肃的法律活动和谐一致，绝不可去追求什么“轰动效应”或艺术效果，它应该是默契配合严谨庄重的法律口语的十分得体的态势语。

语言交际的双方处于动态的联结状态中，信息传递者和接收者的身份在不断交替更换。作为信息传递者，司法干部和法律工作者要以简洁、庄重和自然得体的态势语作为有声语言的一种辅助和补充；作为信息的接收者，司法干部等还要借助态势语言捕捉对方言辞中内在的真实意思与态度，洞察和掌握对方的深层心理底蕴，这样才能达到用法律语言交际以实施法律的目的。笔者认为，法律语言交际中对态势语和态势语知识的运用，大体上就体现在上述两个方面。

第三节　互动交际中的权力和法律前不利地位的语言表现

一、西方学者提出并完善了互动交际中的权力和法律不公理论

从20世纪六七十年代起，来自语言学、社会心理学和人类学不同学科的专家开始从不同的角度对法律语言的互动交际进行考察，围绕着“权力”（power）与“团结”（solidarity）这两个主要轴心开展（Brown 和 levinson1987；Brown 和 Gilman1960；Giles 和 Coupland1991；Giles 和 Powesland 1975）。约翰·吉本斯（John Gibbons）（2003）认为可以从两个方面看权力：一是个人在日常互动交际过程中获得对其他个体的权力；二是社会权力，典型地表现在社会层级与组织结构中，是事先存在的。而司法系统是法治社会中一个最直接的权力结构。法官、警察和监狱官员等为了行使他们的职权，必须使他们的权威得到承认，使他们的决定和命令得以实施，所以当然要保持那种权威。语言行为（Language behaviour）是权力关系的一个重要体现。权力和权威通过语言得以行使的方式，是语言与法律研究中的一个重要论题[1]。

古德里奇（Goodrich）（1987：3）认为法律语言是一种“层级的、独裁的、单一逻辑的、陌生的语言使用”。权力和层级性造成了交际各方话语权的不对等。以民事案件来说，合议庭（或独任审理法官）居于权力的最高端，其下是原（被）告及其代理人，最后一个层级是原（被）告的证人。在刑事案件中，第一层级为合议庭（或独任法官），第二层级是公诉人和辩护人，第三层级是证人和被告人。

所谓团结关系（solidarity relationship）指的是地位身份平等或关系密切者之间的关系，在诉讼或法律事务中他们有一致目的和追求，如原被告、第三人和他们各自的法定代理人、委托代理人之间的关系。在本文中我们主要讨论权

---

〔1〕 John Gibbons, Forensic Linguistics, *An introduction to language in the Justice System*, Blackwell Publishing Ltd. 2003, pp. 75～76。

力和与权力的层级性，和因为相应的话语权不对等造成的法律不公。

约翰·M. 康利、威廉·M. 欧巴尔所著的《法律、语言与权力》（第二版）一书[1]中较早较全面地涉猎了这个问题。在该书的结论部分，作者指出："语言是法律权力得以实现、运用、复制以及间或受到挑战和被推翻的根本机制。"（见该书第 129 页）。作者试图把社会学法学和社会语言学的研究传统联系起来考量法律语言的权力和由此造成的不公。社会学法学认为实际中的法律并没有实践其公正理念。正义常有或然性，因为客观上存在包括性别、种族和阶级在内的种种或然性因素。（见该书第 131 页）。这就是因权力不对等通过语言交际实现的法律不公。该书第二章"强奸受害者的再次受害"，作者详细阐述了强奸案审理中被告人的辩护律师在交叉询问中利用自身的权力，采取了沉默、提问、话题控制、（对被害人的行为）隐晦评述、质疑被害人等言语策略，控制和威慑被害人，降低其指控的可信度，从而使其再次受到精神伤害。

在接下来的两章中，作者继续对这种蕴含于法律互动交际中的性别不平等进行语言分析。第三章"调解语言"考察了调解实践中以男性观念为基础的话语规则使处于语言劣势的女性受到比法庭审判更不公正的待遇。第四章"谈及父权制"阐明法律互动交际背后存在一种父权制。作者利用以前的研究（1990），认为诉讼当事人和证人常用"规则导向性"和"关系型"两种不同的叙事类型。前者紧扣法律权利和法律规则，按一定的顺序线性地展开和推进，最终落实在具体的诉讼对手身上。关系型叙事则相反，没有中心，漫无目的，倾向于牵扯诸多情境性内容或要素。其原因是因为现代社会的分工和劳动力市场的性别分离，使男人比女人更有可能做出规则导向性叙述。但法律却强烈倾向于规则导向型叙述。因此，在诉讼中习惯于情境化的关系导向型叙述的女性往往处于不利地位。

这几章在每章的最后都有一个结论，如第二章的结论中，作者说"从对调解的中立性过程的考察转向对这一批评做出评价，即调解事实上是一种压迫妇女的工具"（见该书第 59 页）。但是综观全书，作者似乎还没有对种种因语言权力不等造成的不公，去考虑应对的举措。

上述约翰·吉本斯的《法律语言学导论》（2003）对互动交际与权力进行了更为详尽深入的探讨。他指出律师、警察、监狱管理者为了对权力和权威提出主张，都会采用一些语言手段，如警察等主体采用过度雕饰（over - elaboration）的语言，利用话轮转换、讯问手段、语用策略、称谓形式、人称代词、

---

〔1〕 John M. Conley, William M. O' barr, " Law, Language and Power", second edidion, licensed by the University of Chicao Illinors, U. S. A. , 1998, 2005.

模糊问答、重复、沉默等手段，这样就会使交际对象的话语权力很不对等。他没有到此为止，在第六章“语言与法律前的不利地位”中，分别阐述了儿童、土著民族、第二语者、失聪者、较低社会阶层、被性侵妇女等弱势群体在法律面前的语言劣势。当然，他吸纳了不少其他学者的研究成果，如在儿童问题上，他援用了柴拉古柴（Zaragoza et al. 1995）沃科尔（Walker）和沃伦（Warren）等收集的语科与观点等；关于土著民族，他援用了伊德斯（Eades）、沃什（Walsh）等人的语料与结论。更值得称道的是，约翰·吉本斯在其著作的第七章“沟通桥梁的搭建”中，提出用信息（公开与共享）、调解、修改法律程序、法律笔译和口译等举措缓解和补救各弱势群体在法律前的不利地位。

二、中国学者对语言权力问题的引进与涉猎

除了廖美珍的《法庭问答及其互动研究》，杜金榜《法律语言学》（上海外语教育出版社 2004 年版）一书第六章“法律语言学研究成果的应用”6.8.4 节“法律不平等在法庭语言中的表现”中指出：“在法庭询问，尤其是交叉询问中，律师的语言优势表现在许多方面。”它还提及儿童、土著民族涉案时所遇到的语言问题，阐述时引用了约翰·吉本斯、布伦南（Brennan）、伊德斯（D. Eades）等人的论点和语料。尽管很简略，但他们两位是中国学者中最早引进西方学者关于语言权力问题的理论。余素青（2010）第六章“法庭言语各角色关系及其言语特征”第一节“法庭言语各角色之间的关系”比较详尽地介绍了西方学者关于互动交际中的权势（权力）和亲和（团结）这两个概念，并对各角色间的层级关系和亲和关系以及各角色的交叉互动关系分别加以阐述，并用自己收集的中国法庭审理的语料加以佐证。这可以说是中国学者引进语言权力理论并加以本土化的一次有益尝试。

潘庆云于 2004 年出版《中国法律语言鉴衡》后，继续关注国际国内的法律语言学研究方向，从约翰·M. 康利、威廉·M. 欧巴尔《法律、语言与权力》全书，约翰·吉本斯（2003）的“语言与法律前的不利地位”等章节（它们阐明了西方学者对法律语言运用，特别是双向互动交际中的权力和因为权力不对等造成的种种不利地位），又阅读了 D. 爱德斯（D. Eades）、M. 沃什（Walsh）等澳洲学者撰写的关于土著民族在诉讼和其他法律事务中不利地位的语言表现和困窘的众多论文。联系中国国情，潘认为我国也存在各类社会弱势群体，他们在法律面前处于劣势地位，遂决定以个人微薄之力，在国内开展这项研究。在 2014 年中国法律语言研究会第八届年会暨国际学术研讨会上，作者撰写的《以解决本土劣势人群面对法律的语言不利为主旨——澳洲法律语言研究及其对我们的启示》作为大会主旨发言宣讲交流。作者会后又投入对这项课题的本土研究，通过对上海市设有少年庭的一所中级人民法院和两所区人民法院的多次调研和采集语料，撰写了《在全面推进依法治国语境下对少年刑事案件被告人语言权利的充分保护》（*Language Rights Comprehensive Protection of the Juvenile Criminal Defendants in the Context of Rule - by - law*）。该文于2015年7月在第十二届国际法律语言学大会上宣讲并与各国会员交流互动。比外国同行略胜一筹的是，作者从全面推进依法治国的视角，调查弱势群体在法律面前不利地位的细节及成因，通过保护语言权利、话语权利，去探寻、救济与缓解弱势群体法律前不利地位这一世界性难题的有效举措。此后，作者又着手对其他弱势群体法律前不利地位的语言根源及表现的调查。

【思考题】

1. 试述双向互动型法律语言交际中发问的效用和回答的技巧。
2. 试述法律语言交际中态势语的要求与特征。
3. 什么是法律语言互动交际中的权力不对等而造成的语言劣势？正视和研究这个问题有什么现实意义？

第七章
立法语言

第一节　立法语言概述

一、立法技术与立法语言

立法是由特定主体，根据一定职权和程序，运用一定技术，制定、认可和变动法这种特定的社会规范的活动。[1]

我国《宪法》规定：全国人民代表大会制定和修改基本法律，全国人民代表大会常务委员会制定和修改除应由全国人民代表大会制定的法律以外的其他法律。除全国人民代表大会和它的常务委员会外，其他国家机关无权行使国家立法权，但是可以而且必须制定必要的法规：国务院享有制定行政法规的权力；各省、直辖市、自治区人民代表大会和它们的常务委员会，在不同宪法、法律、行政法规相抵触的前提下，可以制定地方性法规。

立法技术是立法活动中所遵循的用以促进立法臻于科学化的方法和操作技巧的总称。[2] 立法机关代表国家运用立法技术，制定最终由国家认可，并以国家强制力保证其实施的关于人们权利义务和行为规范的总和，即法律。因此，立法技术在整个国家的政治生活和法制建设中享有重要的地位。目前，有些国家已专门制定了关于立法技术规程方面的法律。在我国，《中华人民共和国立法法》于2000年3月15日由第九届全国人民代表大会第三次会议通过，2000年7月1日起施行，2015年3月15日由第十二届全国人民代表大会第三次会议修正。修正后从原来的6章94条增加到6章105条。新版《立法法》中有不少亮点，例如对各立法主体的权限作了更明确的规定，把地方立法权赋予全国二百多个设区的市，但对地方立法权有严格的界定与限制，杜绝了地方立法对公民权利的限制，加强了对公民权利的保障。该法对立法主体、立法权限、立法程序、对国务院的行政法规，地方性法规、自治条例和单行条例、规

---

〔1〕参见周旺生：《立法学》，法律出版社2006年版，第30页。

〔2〕参见周旺生：《立法学》，法律出版社2006年版，第52页。

章的制定程序、公布实施等都作了具体、详尽、科学的规定，但对立法技术，该法只是在第61条第1款规定：法律根据内容需要，可以分编、章、节、条、款、项、目。第2款依次规定编、章、节、条、款、项、目的序号表述方式，款不编序号。第3款规定法律标题的题注所包括的内容。至于我们下文论及的微观角度的立法技术，修改前后的《立法法》均没有涉及。在立法法公布实施之后，对立法技术开展深入详尽的研究，更是一项刻不容缓的任务。

对立法技术的研究，可以从宏观和微观两个角度同时进行：宏观方面即法律体系中各单项法律之间和谐一致、形成一个完整严密的整体，重要法律和部门法之间形成科学的分类组合和统一形式；微观方面则考虑某项法律乃至这项法律的每一条文的科学严密和完整统一。法学界一般认为从微观方面来看，立法技术指的是法律规范的逻辑结构和文字表达的规格。由于法律的逻辑结构要由一定的语言文字来体现，因此，说到底，立法技术最后要落实到语言运用方面，至少与语言运用的关系很密切。我们把用于立法的言语称为“立法语言”。

二、前人对立法语言的认知与研究

古今中外的有识之士，对“立法语言”一直十分重视。《论语》这样记叙郑国起草“命”的过程：“为命，裨谌草创之，世叔讨论之，行人子羽修饰之，东里子产润色之。”先秦时代的“命”即帝王的命令，是当时的法律。[1]由于撰拟“命”这种文件分工合作、反复讨论、修饰与润色，总之，由于高度重视“立法语言”，当时郑国应对诸侯“鲜有败事”。杨雄《法言·寡见》曰：“玉不雕，玙璠不作器；言不文，典[2]谟[3]不作经。”意思是说，古代典、谟之类的法律成了后世的经典，是因为它的语言经过加工修饰。古人常说的“一纸传檄[4]，胜于十万雄兵”也反映了对公文和“立法语言”的重视。在本书第一章“法律语言和法律语言研究概述”中曾提到，意大利诗人但丁（1265~1321）在他的著作《论俗语》中，将“法庭的”言语与“光辉的”（经过筛沥的）语言，“中心的”（标准性）的语言、“宫廷的”（上层阶级通用的）语言并列为“理想的语言”，并指出法庭的语言是“准确的、经过权衡斟酌的”[5]。庭审活动中少不了对法律的援用与阐释，因此法庭的语言当然包括立法语言。法

[1] 命，明徐师曾《文体明辨序说·命》：“按朱子云‘命犹令也’。《字书》：‘大曰命，小曰令’，此命、令之别也。上古王言周称为命。……秦并天下，改命曰制。汉唐而下，则以策书封爵制诰命官，而命之名亡矣。”

[2] 典，法也。

[3] 谟，谋也，帝王为大臣下谋议之词。

[4] 檄，古代帝王、官府用以征召、晓喻或声讨的文书，具有律令的性质。

[5] 参见朱光潜：《西方美术史》上册，人民出版社1964年版，第128页。

国著名作家司汤达在写作《巴尔玛修道院》期间每天早晨必读几页《法国民法典》（即《拿破仑法典》），从中得到运用艺术语言的启示。这些史实从一个侧面反映了欧洲人对“立法语言”的推崇。

关于“立法语言”的标准和特点，前人也不乏精辟的见解。例如战国时代卫国人公孙鞅（商鞅）认为法律必须“明白易知”，使“万民皆知所避就”（《商鞅书·定分》），唐高祖李渊要大臣删改《开皇律》时说：“本设法令，使人共解，而往代相承，多为隐语，执法之官，缘此舞弄，宜更刊定，务使易知。”明太祖朱元璋于公元1367年命左丞相李善长、参知政事杨宪、御史中丞刘基等20人草拟律令时说：“法贵简当，使人易晓，若条绪繁多，或一事两端，可轻可重，吏得因缘为奸，非法意也。”清代末年政治家梁启超说：“法律之文辞有三要件，一曰明，二曰确，三曰弹力性。明确就法文之用语言之，弹力性就法文所含意义言之。若用艰深之文，非妇孺所能晓解者，是曰不明。此在古代以法愚民者恒用之，今世不取也。确也者，用语之正确也。倍根曰：‘法律之最高品位，在于正确’，是其义也。弹力性，其法文之内包甚广，有可以容受解释之余地者也。确之一义与弹力性一义，似不相容，实乃不然，弹力性以言夫其义，确以言夫其文也。倍根又曰：‘最良之法律者，存最小之余地，以供判官伸缩之用者也。’存最小之余地，则其为确可见；能供判官伸缩之用，则其有弹力性可见。然则两者可以相兼，明矣。”〔1〕这些观点都值得今天的立法和立法研究者思考与借鉴。

三、我国立法语言的研究状况

尽管人们对立法语言的关注已有几千年，前人也不乏对立法语言的真知灼见，可是对立法语言的专题研究，我国是从20世纪80年代开始的。在20世纪80年代，有些关于立法问题的专著中也涉及立法语言问题，指出法律条文要求“明确易懂，简洁扼要，前后一致，繁简得当。切忌含混其词，模棱两可，可以作这样那样解释”。〔2〕这无疑是正确的。可是笔者认为，对立法语言的这种概括阐述，并未脱出前人的窠臼，解决不了社会主义立法中与语言运用有关的大量问题。自20世纪80年代中、后期开始，随着法律语言这一研究课题的展开，出现过一些关于立法语言探讨的论文，例如笔者曾公开发表《立法语言论略》（《淮北煤师学报》1987年第1期）、《“立法文句”简论》（《中国人民警官大学学报》1988年2~3期）、《论立法语言的词语和句子》（《修辞学研究》，厦门大学出版社1988年版）、《论立法文句及超句结构》（《上海

---

〔1〕以上各例转引自吴大英等：《中国社会主义立法问题》，群众出版社1984年版，第195~196页。

〔2〕参见吴大英等：《中国社会主义立法问题》，群众出版社1984年版，第196页。

法学》1989年第2期）等论稿，后来在《法律语言艺术》（上海学林出版社1989年版）中有专章从立法语言与立法技术，立法语言的词语、立法语言的句子、立法语言的超句结构等角度与层面对立法语言进行了探讨与论述。在《跨世纪的中国法律语言》（华东理工大学出版社1997年版）和《中国法律语言鉴衡》（2004）中又扩展了对立法语言研究的深度与广度，除了原有的研究内容外，还增加了对立法语言的错舛个案研究及国外立法语言研究等专题探讨。多年来，除笔者之外，国内已有不少法律语言耕耘者对立法语言进行了研究，如华尔赓等《法律语言概论》（中国政法大学出版社1995年版）中的"立法语言的表达技巧"一章从权威性、逻辑性、庄严性等方面对立法语言进行了探讨。刘愫贞《法律语言：立法与司法的艺术》（山西人民出版社1990年版）颇多篇幅论及立法语言。王洁等《法律语言学教程》（法律出版社1997年版）用"立法语言句法结构""立法语言的程式化及语言修改"两章的篇幅专门论述立法语言（由何莲玉、余宗其执笔）。刘红婴《法律语言学》（北京大学出版社2003年版）用"立法语言概述""立法表述中的特定语句模式""立法表述中的特殊语言现象"三章的篇幅探讨了立法语言的各层次结构规律及特殊的立法句式和表述现象。孙懿华《法律语言学》（湖南人民出版社2006年版）"立法语言的科学化"一章指出立法语言科学化包括法律整体的科学化和法律文件细节的科学化，前者指出的是（国家法律）完整协调一致、简约而不重赘、逻辑层次严谨，后者指的是对关键词（术）语加以界定使其语义精准、词语的名实相符、词语色彩得体，并从这两个层面对我国宪法、法律进行考察，指出其存在的一些瑕疵。

陈炯《立法语言学导论》（贵州人民出版社2005年版）是国内第一部立法语言方面的专著，全书共25万字20章。第一章绪论包括学科性质、研究方法等。第二章概述包括表达的基本要求、学理等。第三章中国古代立法语言，涉及古代立法文本结构、立法语言的词汇和句式特点等。第四章立法工作的民本思维。第五章立法语言的功能域。第六、七、八章是立法语言的文本结构和条文安排、法律术语、罪名拟制。第九、十、十一、十二、十三、十四章为立法语言词语的模糊与确切、惯用语、数词表达、句法结构、语义和逻辑结构、复句等。因作者缺少法学知识，此书"更像语言学著作"[1]。黄震云、张燕合著的《立法语言学研究》是陈著之后的又一本立法语言学专著，全书24万字，共五章：第一章立法语言研究概述，包括立法语言的权威性、准确性、技术性、立法语言的语体，人文伦理，发展进程，比较与翻译，以往的研究概况

---

〔1〕 黄震云、张燕：《立法语言学研究》，长春出版社2013年版，第31页。

等。第二章立法语言的失范与修辞包括标点符号、词汇、语法、语义、文字、概念术语、行文款式、罗技八个方面。第四章立法语言的时空、立法语言的时空效力、立法语言的时间、立法语言的空间。第五章立法语言的规范包括立法语言的规范体系、语言规范、逻辑规范和法理规范。此著能突破传统语言的桎梏，力求有助于立法技术的提高、对立法实践有所裨益。但第四章讲的立法语言的时间、空间等，实际上与语言关系不大，第五章也存在同样的问题。鄙以为，立法语言学固然不能等同于一般的语言学专述，但起码也要紧扣立法实践的需求，对语言各结构层次进行考量和统筹。

与此相映成趣的是：这些年来由于社会主义市场经济迅速发展，深化改革、加大法制建设力度等等原因，中央和地方立法速度也大大加快，应运而生的一门学科：《立法学》也庶几成为一门“显学”，有些研究者编撰的立法学专著、教程在立法技术部分逐步开展和深化了对立法语言的探讨。例如吴大英等先生在《社会主义立法问题》（群众出版社 1984 年版）以“法律的文体”一节约 1700 字的篇幅探讨了立法语言问题（该节由周新铭执笔），其中约 1250 字介绍革命导师及中外古、近代法学家的一般见解，另约 450 字阐述了作者关于立法语言应当“明确易懂，简洁扼要，前后一致，繁简得当”的观点。由于过于简约，对立法技术、立法活动不可能有实际的指导作用。而吴大英等 8 年后出版的《比较立法制度》（群众出版社 1992 年版）中的“立法技术”编设一专章讨论“立法的文体”，内容涉及对完善立法语言的认识，立法语言中的术语、一般词语、句法结构与句式、句类，法律文本的翻译等方面。很显然，他们加强了对立法语言的关注与研究，并取得了一定的成果。周旺生《立法学》[1]“法的结构营造技术的内容”，包括法的总体框架设计技术等八项内容，囊括了从总体结构、法律规范的语义结构一直到语言表述、相关语词的运用等法律起草中各个层面的问题，事实上涉及了立法语言中许多很有意义的问题。原文如下：

法的结构营造技术通常有下列内容：

1. 法的总体框架设计技术。主要包括：总则设计；分则设计；附则设计。

2. 法的基本品格设定技术。主要包括：法的原则设定；法的精神设定。

3. 法的名称构造技术。主要包括：宪法、法律名称构造；法规、规章名称构造；一般法名称构造；特别法名称构造。

4. 法的规范构造技术。主要包括：法的规范的一般构造技术；授权性规范构造；命令性规范构造；禁止性规范构造；义务性规范构造；确定性规范构

---

〔1〕 周旺生：《立法学》，法律出版社 2004 年出版，第 63 ~ 64 页。

造；委任性规范构造；准用性规范构造；强行性规则构造；任意性规范构造；奖励性规范构造；处罚性规范构造；法则构造；但书构造；政策条款构造；特别条款构造；过渡条款构造。

5. 非规范性内容安排技术。主要包括：立法主体的表现；立法时间的表现；效力等级的表现；时间效力的表现；空间效力的表现；对人的效力的表现。

6. 具体结构技术。主要包括：目录编制；标题设定；序言（前言）写作；卷的设置；编的设置；章的设置；节的设置；条的设置；款的设置；项的设置；目的设置；段落的设置；附录的设置。

7. 法的语言表述技术。主要包括：法的语言的一般使用技术；法的文体运用；法的词汇运用；法的用语运用；语态运用；直接陈述；间接陈述；括号运用；标点运用；数字运用；数量的表现；质量的表现；人的表述；物的表述；事的表述；行为的表述；专门术语的定义；有关名词的界定。

8. 有关常用字、词的使用技术。主要包括："可以"的使用；"有权"的使用；"应当"的使用；"必须"的使用；"如果"的使用；"和"的使用；"或"（"或者"）的使用；"等"的使用；"其他"的使用；"前述"的使用；"上述"的使用；"下述"的使用；"上列"的使用；"下列"的使用；"以上"的使用；"以内"的使用；"所称"的使用；"特"的使用；"特指"的使用；"任何"的使用；"所有"的使用；"全部"的使用；"每个"的使用；"视为"的使用；"少于"的使用；"至少"的使用；"最"的使用；"多于"的使用；"至多"的使用；"最多"的使用；"超过"的使用；"不超过"的使用；"将"的使用；"依照"的使用；"尽管"的使用；"已有"的使用；"当时"的使用；"早于"的使用；"不早于"的使用；"迟于"的使用；"不迟于"的使用；"立即"的使用；"从速"的使用；"尽快"的使用；"同时"的使用；"者"的使用；"的"的使用；"机关"的使用；"机构"的使用；"部门"的使用；"单位"的使用；"组织"的使用；"团体"的使用；"个人"的使用。

然而，多年来有更多的立法学、立法技术研究者对立法语言的研究似仍未"加大力度"。凡涉及立法语言，有些专著与教材或则简单套用有关著述中的现成结论或者避而不谈。近年来，由于不少高层次知识、复合型的人才加入法学队伍，立法学著述摒弃立法语言探讨的情况已有所改观。如张永和主编的《立法学》第六章《立法语言》共45页约44 000字的篇幅，分三节：一是立法技术与立法语言，二是立法语言的语体，三是立法语言的文体，对立法语言作了比较详尽、周遍的讨论。[1] 该章由褚宸舸博士执笔。当然，在立法学著述中如何更完美地探讨立法语言还有很大发展空间，但是由具有良好法律语言学素养的法律学者撰写这项内容很值得点赞。笔者认为，如果从事立法学研究的法学家更好地掌握一些语言学知识，对立法体制、立法指导思想、立法程序、立法原则、立法技术等和立法语言表述进行一些双向互动研究，而从事立法语言探讨的语言学者多学一些法律，多了解（最好是参与）司法与立法实践，这两拨人若能形成合力，共同探索、研究立法语言，则成果当更加令世人瞩目。

根据我国国务院新闻办公室2011年8月颁发的《中国特色社会主义法律体系白皮书》的统计，截至当时，我国包括《宪法》和其他法律共计240部，国务院行政法规706部，各省、直辖市、自治区颁布的地方性法规8600多部。截至2015年9月，《宪法》和法律共242部，截至2014年3月，国务院行政法规已达732部。我国堪称“立法大国”，但立法语言的研究现状与我们“立法大国”的地位无论如何是不相称的。事实上，在已经颁布的地方乃至中央的法律、法规，甚至在国家一些重要法律或法规中，词语、句子、标点符号等方面出现的语言文字问题并不鲜见，这与我们对语言文字、特别是对法律语言运用不够重视，对立法语言研究比较粗疏有直接的关系。为了探索立法语言的真谛，必须先从具体的法律、法规出发，对其所用语言进行词语、句子、超句结构（句群、章、篇）诸层次的分析研究，力图用语言材料和表达手法上的数量与选择来说明立法语言的质量与规格。讨论时可以将纵向动态研究（如同一法律历次修订的对比研究）和横向的静、动态研究（同一法律的语言结构分析，现行的各种法律、法规之间的对比分析）结合起来，形成一张立体的研究网络。限于资料和其他条件，本书拟就我国现行的部分法律、法规，从词语、句子、句群三个层次对立法语言进行初步探讨。此外，对已经颁布的法律、法规还可以进行语言和法律结构方面的得失研究，供今后立法工作借鉴与参考；还要多借鉴国外两大法系的成功经验，总结我国立法史上正、反两方面的成就与教训，探索立法体制、立法技术与立法语言表述之间深层的双向互动规律。这样才能把立法语言研究推进到更深更高的层次，并促进我们的立法语言乃至立法技术理论与实践的发展与完善。

除了借鉴国外两大法系立法技术与立法语言方面的成果、经验之外，还应当加强海峡两岸的交流互动。笔者注意到台湾地区政法学界有一些专家学者在“立法”技术与“立法”语言方面颇有建树。如罗传贤（法学博士，时任立法院法制局局长）将其用于研习讲学的《立法程序》与《立法技术》两本教材

---

〔1〕 张永和主编：《立法学》，法律出版社2009年版，第134～171页。

编撰为《立法程序与技术》一书，将立法体制、程序、立法技术作为一个整体进行研究。当然，两岸的政治体制不同，立法机关、立法程序等亦不相同，但在立法技术与立法语言方面却是可以互相借鉴、互相学习的。该书认为“立法技术乃法律条文文字精密化、体系化、合理化技术的钻研”〔1〕，用“法条词语之运用”“法律之内部结构”“法律之基本形式”三个专章讨论立法语言及与立法语言密切相关的立法技术问题。其中“法条词语之运用”一章纯粹研究立法语言问题。按作者的界定：“法条词语运用，乃指运用适当的词语以拟定法规条文之方法”〔2〕，其内涵实际上略同于我们所谓的立法语言。作者阐明法条词语及立法语言运用的原则有：①符合法令文之文章构造（即符合法律公文语体）；②辨析词语的意义；③讲究词语的简洁；④力求词语的明确；⑤重视词语的严谨；⑥遵循统一用字用词的规定；⑦审慎选择句式；⑧注意句子的衔接；⑨善用标点符号。作者又进一步将法律条文分为严格法条与衡平法条；强行法条与任意法条；命令行为法条、禁止性法条与授权法条；完全法条与不完全法条等各种类别，并归纳出各种法条语言运用的规律与特点。在此章第四节，作者还列举了16项共55个法律中的常用词语进行比较、辨析，以规范它们各自的运用〔3〕。可以说，对立法语言“提出系列检讨，体系完整，旁征博引，缕析至周”〔4〕，且与立法实践、立法技术联系至密，有较强的实践性和一定的理论价值。罗著中对立法语言的阐析，与我们内地立法学著作规避语言问题或语焉不详，语言学者谈立法语言由于对法律与立法实践的隔膜而形同隔靴搔痒，形成了鲜明的对照。我们要正视这种差距，好好向我国台湾地区同行学习。当然，罗著对立法语言的论析也并非至善至美，例如他对某些语言学方面的术语、概念的理解还不尽正确。例如词语不能涵盖语言各个层级等。但罗君毕竟是一位专攻法学的博士，从本书也看得出他的法学、外语、语言学诸方面的造诣还是颇高的。目前，我国大陆和台湾地区都有一批学者从事两地法律的比较研究，研究范围涉及刑法、刑事诉讼法、民商法、海商法、婚姻法、亲属法等部门法学，这些方面已有不少著述问世。希望今后加强法律语言和立法语言方面的比较研究和互相借鉴。

---

〔1〕 罗传贤：《立法程序与技术》，五南图书出版公司2001年版，封底内容见简介。

〔2〕 罗传贤：《立法程序与技术》，五南图书出版公司2001年版，第150页。

〔3〕 罗传贤：《立法程序与技术》，五南图书出版公司2001年版，第208～241页。

〔4〕 罗传贤：《立法程序与技术》，五南图书出版公司2001年版，封底内容简介。

第二节 立法语言的词语

法律、法规是由国家制定或认可，并以国家强制力保证实施的行为规范的总和。任何的含混或歧义，都会影响立法质量，给法律的正确实施带来障碍，因此，准确性是立法语言的生命和首要特征。词是语言的建筑材料，是能独立运用的最小语言单位。因此，用词是立法语言中最基本最经常的问题。准确性是立法语言的灵魂所在，当然也就成为我们驾驭词语的根本立足点。

立法语言所用词语不外乎两类：法律词语和普通词语。法律词语，都有特定的含义和特定的适用范围，不能随意引申或用其他词语去取代。使用法律词语时，同样要注意划分下列的界限或差异：罪与非罪的界限、不同罪名或案由、不同性质的案件、不同的适用对象与范围、不同的法律程序或审级、区分行为的方式、程度、影响的直接与间接等。除法律词语外，立法语言中大量使用的还是普通词语。对普通词语的选用要注意辨析词义、防止语义两歧。不同的是，立法语言与一般的法律语言相比，对同义（近义）词的斟酌更加严格。比如“保卫”“保护”“维护”“保障”这些近义词，在《刑法》第 2 条中，全面考虑各自的精确含义、其对象性质的差异和相关语言结构的不同，使用得十分妥帖，各得其所：

《刑法》的任务，是用刑罚同一切犯罪行为作斗争，以保卫国家安全，保卫人民民主专政的政权和社会主义制度，保护国有财产和劳动群众集体所有的财产，保护公民私人所有的财产，保护公民的人身权利、民主权利和其他权利，维护社会秩序、经济秩序，保障社会主义建设事业的顺利进行。[1]（着重号为引用者所加）

法律、法规制定中，不仅要严格选择和斟酌各类词语，随着社会和法律制度的发展，不断产生新的法律概念，法律规范文件撰拟者还要“创造”新词语，赋予这些概念以确定的名称，或者选择一个最科学的术语，而摈弃其他词语，使同一法律概念只用一个词语来表示。由此可见，立法语言词语除了要求高度准确外，还有对法律词语进行规范的任务。另外，考虑到立法语言交际的

---

〔1〕“保卫”，着重于“卫”：尽力防守住，使得到安全，不受侵犯，手段多指用武力或强大力量；对象多是重大的抽象的事务，或者是重要人物、众人。“保护”，着重“护”：妥善护卫、照顾，不使受损伤，手段不一定是用武力，对象多是人或某些事物。“维护”，除“保护”外，还有使某种事物或状态继续下去，保持不变的意思。“保障”，作动词时，具有“保护”义，后可跟名词或其词组、动词（形容词）及其词组，还可跟主谓词组。

特殊语境、读者诸条件，还要处理好简洁和具体、质朴和文雅这样两对矛盾。

一、准确与规范

（一）通过同义词的严格选择，达到准确的例

1980 年《婚姻法》第 20 条第 2 款（2001 年修订后改为第 26 条）："养子女和生父母间的权利和义务，因收养关系的成立而消除。"其中"消除"在草案中为"解除"。"消除""解除"是近义词，都有"去掉"的意思，但"解除"含有用外部手段去除的含义，与"权利义务"搭配也欠妥，因此改用有"客观事物自行消失"的涵义且与"权利义务"搭配也较合适的"消除"来代替。

《刑法》第 345 条第 2 款："违反森林法的规定，滥伐森林或者其他林木，数量较大的，处 3 年以下有期徒刑、拘役或者管制，并处或者单处罚金；数额巨大的，处 3 年以上 7 年以下有期徒刑，并处罚金。"条文中的"森林"与"林木"属于近义词，但有"多"与"寡"之别。在立法中，我们分别赋予它们明确的内涵，前者包括防护林、用材林、经济林、薪炭林和特种用途林五大类，后者指机关、团体、部队、学校、厂矿、农牧业等单位在当地人民政府指定的地方种植的林木以及公民种植的树木。两个近义词区分很严格，不能互换。《刑法》起草阶段原来没有"或者其他林木"，修订时加上后使国家、集体和个人林木的所有权均受法律保护，不准任意侵犯，加强了表达的严密性。

（二）选择并加以规范的例

《刑法》第 37 条所规定的"训诫"这种非刑处罚原有"警告""谴责""申斥""传讯教育"等不同名称，《刑法》二十二稿时选用"训诫"一词，使之规范、统一，并增加了"具结悔过""赔礼道歉""赔偿损失"等行之有效的非刑处罚与之配套。又如《刑法》第 54 条的"剥夺政治权利"一语，过去还有"褫夺公权""剥夺公民权利"等不同讲法，目前已统一规范为一种形式。

（三）对原有法律术语加以规范、改造，使之更加准确的例

《刑法》第 21 条"紧急避险"一词在第二十二稿中称为"紧急避难"。考虑到"紧急避难"一词沿用旧法，不通俗、不准确，因为讲"危险"通常指灾难，而实际上本条的危害来源不见得都是"灾难"，又因"紧急避难"与"政治避难"中"避难"字面一致，易于混淆，不足以表明它是对正在发生的危险所采取的一种紧急措施，故三十三稿起改为"紧急避险"。

（四）用内涵精确的法律术语取代（或删除）含义不确切的普通词语，达到准确的要求的例

《刑法》第 238 条第 1 款"非法拘禁他人或者以其他方法非法剥夺他人人

身自由……具有殴打侮辱情节的，从重处罚。”条文中两个“非法”，在二十二稿，三十三稿中是“私行”，改用“非法”这一术语，含义精确得多。“具有殴打、侮辱情节的，从重处罚。”在1979年《刑法》讨论稿中是“具有非刑拷打、肉体摧残情节的……”旧法律有肉刑规定，认为超越规定的体罚为“非刑拷打”，但依今天的法律，凡“殴打”“侮辱”都是非法的，因此讨论稿沿用旧法律术语写成“非刑拷打”是不合宜、不准确的，应删去。

《刑法》第245条是在二十二稿、三十三稿所规定的“非法搜索罪”的基础上修改增补而成的。1979年《刑法》将“搜索”改为“搜查”，以便与《刑事诉讼法》《逮捕拘留条例》上的法律术语一致，加上“非法管制”“非法侵入住宅”两罪，构成该条文的“假定”部分。因“非法管制”与同法第238条“非法拘禁”竞合，1997年修订刑法时删去。

为了词语的准确，还要处理好“确切词语”与“模糊词语”间的关系。

语言中的词汇在语义方面有模糊与确切之分。表达没有明确外延概念的词语通常称为“模糊词语”，表达确切意义的词语称为“确切词语”。语义的模糊性是客观事物模糊性的反应，“模糊”与“确切”是相对而言、相比较而存在的。在一般语体和日常生活的大部分场合，人们大量使用模糊词语，模糊中求确切，就能达到交际和传达信息的目的。以准确性为生命的立法语言当然要尽可能地多用确切词语，但是它不可能，也不必要百分之百地用上确切的词语。例如1979年《刑法》第52条“对于反革命分子应当附加剥夺政治权利；对于严重破坏社会秩序的犯罪分子，在必要的时候，也可以附加剥夺政治权利。”这里，“在必要的时候”是一个模糊词语。其所指就是除反革命罪以外的剥夺政治权利适用对象，那就是1979年《刑法》第137条、第143条、第145条、第157条、第158条、第159条、第166条、第167条、第186条和第188条所规定的其他刑事犯罪。如果法律中的这类模糊词语一一换上确切词语，则整个法律文件繁缛不堪、前后重复。因此，立法语言中适当使用模糊词语，不但不会使法律、法规含混不清，还有助于加强立法语言的准确和凝练。

但是，不恰当地使用模糊词语，则有损立法语言的准确性。例如《刑法》第58条规定从重处罚的原则，有的人主张写入“犯罪手段残酷”的情节，在从轻处罚的原则中，写入“一时激于义愤犯罪的”等情节。在法律文书中，因为有相应的事实、证据相印证，理由部分运用“残酷”“恶劣”“严重”“义愤”一类模糊词语并无不妥，但在规范性的法律、法规中，对这些词语不易作出统一的确切的解释。因此一律没有用上。

在法律、法规中，模糊词语比较多地用于列举事物，当客观事物无法遍举时，往往用模糊词语来概括。如《刑法》第256条：“在选举各级人民代表大会代表和国家机关领导人员时，以暴力、威胁、欺骗、贿赂、伪造选举文件、虚报选举票数等手段破坏选举或者妨害选民和代表自由行使选举权和被选举权，情节严重的，……”第263条，“以暴力、胁迫或者其他方法抢劫公私财物的”。这两条中的“等”“其他方法”都是模糊词语，可以概括有关的犯罪行为，加强了条文的准确和严谨。还有，在侵犯财产、贪污贿赂等各罪中，“数额较大”“数额巨大”，在贩卖、运输、制造毒品，破坏环境资源等罪中，“数量较大”“数量巨大”等界定，也运用了模糊词语。由于我国幅员广阔，各地经济发展状况差别很大等原因，对这些“数额”“数量”无法作出统一明确的规定，只能运用模糊词语，在模糊中求确切，留由最高司法机关根据各地不同情况作出司法解释。

但是该说具体，可以遍举的事物则不可用模糊词语来概括。如1979年《刑法》第100条第3款讨论稿“劫持船舰、飞机、车辆的”，定稿时改为“劫持船舰、飞机、火车、电车、汽车的”。“车辆”与“火车、电车、汽车”相比，是一个模糊词语，改用后者，含义更确切、具体，避免了笼统含混。

1997年《刑法》把“船舰”改为“船只”，“飞机”改为“航空器”，删除了“火车”“电车”，将“劫持航空器罪”，与“劫持船只、汽车罪”分列为《刑法》第121条和《刑法》第122条。由于劫持航空器罪社会危害性巨大，我们不仅在国内法上对其严格规定，而且还注重加强国际的合作，并先后加入了《东京公约》《海牙公约》和《蒙特利尔公约》，以此为契机，完善了我国对于劫持航空器犯罪的立法。“飞机”改为“航空器”，在术语上与各国际公约互相一致。“船舰”改为“船只”，劫持“船只”更符合危害公共安全罪的特征，若军人以武力等方式劫持“船艇”，可能会与军人危害国家利益罪中某些具体罪名相竞合。再说，“船只”所指范围较广，可使文意更具弹性。所谓“劫持”，是指以暴力、胁迫或者其他方法强行控制船只、汽车及支配其行使路线、停靠、停泊地点，因“火车”“电车”有其固定的运行方式与行驶路线，则难以按被告人的主观愿望进行“控制”与“支配”，所以“火车”“电车”不宜作为劫持的对象，以删除为好。为了加强对航空器的保护，1997年《刑法》又以第123条规定了暴力危及飞行安全罪。我国《刑法》对以劫持航空器等交通工具方式危害公共安全罪立法的逐步完善，正说明了应当随法律理念的嬗变及立法技术的发展而对法律语言的词语的准确、规范不断提出更新的要求。

从对上述法律条文的考察可以看出，尽可能多地使用确切词语和有条件地恰当使用模糊词语，也是加强立法语言准确性和规范性的相辅相成的两个方面。

二、简洁和具体

简练是对语言交际和一切文体的普遍要求，制定法律、法规当然不能例外。但法律条文基于对准确性的严格要求，遇到紧要关键处所，必须多用一些词语才能表达清楚时，则不能苟简。总之，正确处理简洁和具体这对矛盾，是保证立法语言准确的手段之一。要简洁，必须力求用一个词就揭示出对象的特征，这就要求我们尽量选用内涵精确、含义丰富的词语，还要尽量删去可有可无即不能提供有用信息的“冗辞”。

（一）选取含义精确、概括性强的词语以求简洁的例

1950 年《婚姻法》“夫对于其妻所抚养与前夫所生的子女或妻对于其夫所抚养与前妻所生的子女，不得虐待或歧视。”1980 年《婚姻法》第 21 条第 1 款（2001 年《婚姻法》改为第 27 条第 1 款）改为：“继父母与继子女间，不得虐待或歧视。”“继父母”“继子女”比原来的表述简洁、清楚得多。

（二）删去冗词，力求简洁的例

1982 年《宪法》第 50 条：“中华人民共和国保护华侨的正当的权利和利益，保护归侨和侨眷的合法的权利和利益。”删掉了《宪法（草案）》中“华侨”前“国外”一词。

1980 年《婚姻法》第 26 条（2001 年《婚姻法》修改为第 33 条）：“现役军人的配偶要求离婚，须得军人同意。”删去草案中“军人”前的修饰语“革命”。

（三）为了准确的目的，“化简为繁”的例

1978 年《宪法》第 23 条，“全国人民代表大会有权罢免国务院组成人员。”其中“国务院组成人员”是对 1954 年《宪法》的“国务院总理、副总理、各部部长、各委员会主任、秘书长”的概括。为了表达的准确和周密，1982 年《宪法》第 63 条根据当前的实际情况，改为：国务院总理、副总理、国务委员、各部部长、各委员会主任、审计长、秘书长。

三、质朴与文雅

刘勰在《文心雕龙·通变》中说：“斟酌乎质文之间，而檃括[1]乎雅俗之际。”指的是一般文章都要掌握好质朴与雅致的关系，使之达到尽善、妥帖的境地。立法是极其严肃的政治活动，法律、法规是以国家强制力保证实施的行为规则的总和，它既要庄重典雅，又要使社会各界别公民“明白易晓”，用词应做到质朴而不俚俗，雅致而不华丽。我们的立法语言一扫新中国成立前旧法律用词古奥艰深或半文不白的陋习，改用通俗流畅的白话文。在各种法律、法

---

[1] 檃括（yǐnkuò），指对文章等矫正改写。也作隐括。

规的历次修订中都注意用词的通俗与质朴。如《婚姻法》草案中“夫妻双方均有各用自己姓名的权利。”1980年《婚姻法》，易“均”为“都”。又如1979年《刑法》第149条易讨论稿的“信函”为“信件”，第175条易讨论稿“以叛国为目的者”中“者”为“的”。同时又注意使用规范的书面语词语，不用口语词、方言词和俚语、俗语等，但是对群众已经熟知的“羁押”“贪赃”“舞弊”“渎职”等言简意赅的文言词语并不排斥。

第三节　立法语言的句子

立法语言的句式、句类选择和句法结构受制于“立法句子”的逻辑结构和意义特点，只有将上述诸方面结合起来，对立法句子进行多角度的研究，才能突破至今对立法句子知之甚少、语焉不详的困境。

一、逻辑结构

乔治·库德1843年所撰，题为《论立法表达》的备忘录中，指出各类法规的“法律句子”包括四个组成部分。它们是：

1. 情况：句子生效的那种景况或场合。例如：在任何教士拒绝缴纳地区教堂税的地方；

2. 条件：使句子得以成立的作为和前提。例如：如有教士因此而被指控；

3. 法律主体：可以或必须施行法律行为的人。例如：离教士最近的治安官；

4. 法律行为：法律主体可以或必须施行的行为；例如：得以传讯该教士。[1]

这种法律句子“四要素”的划分开创了对立法语言句子进行分析研究的先河，但由于“四要素”的划分与句法成分并无一对一的相应关系，实际上是对立法句子的逻辑分析。一百多年来，这种学说颇有市场，直至20世纪70年代还被一些研究法律语言或立法写作的著述所引用，甚至全文刊载。可是毋庸讳言，乔治·库德提出的这种模式并不能概括所有立法句子的逻辑结构。更不能适用于对结构层次复杂、内容繁丰的立法句子的层次结构分析。因其实用价值不大，至今已逐渐被立法语言研究者和立法工作者冷落。

法律条文是法律规范的表现形式，法律规范则是法律条文的内容。在多数情况下，一个法律条文由一句构成（一个条文由句组构成的，留待“篇章结

---

〔1〕 David Crystal, Derex Davy, “Investigating English Style”, *Longman Group Limited*, p. 217.

构”部分讨论）。目前，我国法学界通常认为法律规范由“假定”“处理”和“制裁”三个组成部分所构成。假定，指明规范适用的条件。处理，即行为规则本身，指明允许怎样做，应当或禁止怎样做，它是法律规范的最基本的部分。制裁，指明违反规范的法律后果。法律规范与法律条文不能等同。一个条文不一定完全包括规范的三个逻辑要素，一个规范可以表述在几个条文、甚至不同的文件中，几个规范也可能表现在一个条文中。法律规范虽不同于法律条文或立法句子，但可作为探讨立法句子逻辑结构的依据和参考。

处理部分既是法律规范的主要成分，其性质的差异对相应立法句子逻辑结构的影响甚大。而法律规范因处理部分的不同，大致可分为义务性规范、授权性规范和禁止性规范。义务性规范的内容是指出国家机关、社会团体、公职人员或公民的义务；授权性规范的内容是规定国家机关、社会团体、公职人员或公民的权利；禁止性规范的内容是禁止实施一定的行为。根据上述的考察，乔治·库德的逻辑结构模式与义务性、授权性规范的立法句子大体一致，对禁止性规范却并不适用。

从目前我国的立法实践出发，笔者提出两种立法句子的逻辑结构模式：

1. 条件 + 法律主体 + 法律行为；

2. 条件 + 行为主体 + 行为 + 制裁。

第一种结构模式适用于义务性、授权性法律规范的立法句。在这种句子中，制裁部分并非必备成分。这里的“条件”与法律规范的“假设”相对应。《宪法》以及《婚姻法》等部门法的许多条款无条件地适用于全体公民，具有最广泛的普遍性，其条件部分就不必写入立法句，而在一些程序法和实体法中对权利、义务的晓谕条文，在一些法律、法规中，由于条文有一定的适用范围，所以相应的立法句中必然含有条件部分。例如：

例 1，中华人民共和国公民有维护国家统一和全国各民族团结的义务。（《宪法》第 52 条）

例 2，夫妻双方都有各用自己姓名的权利。（《婚姻法》第 14 条）

例 3，凡是知道案件情况的人，都有作证的义务。（《刑事诉讼法》第 60 条第 1 款）

例 4，调解未达成协议或者调解书送达前一方反悔的，人民法院应当及时判决。（《民事诉讼法》第 99 条）

例 5，被处罚人对治安管理处罚决定不服的，可以依法申请行政复议或者提起行政诉讼。（《治安管理处罚法》第 102 条。）

例 1、2 均由“法律主体 + 法律行为”构成，不含条件部分。例 3、4、5 属于程序法或行政法，它们的条件部分分别是：例 3“凡是知道案件情况的”；

例4“调解未达成协议或者调解书送达前一方反悔的”；例5“被处罚的人对治安管理处罚决定不服的”。

第二种结构模式是禁止性规范立法句的标准格式，这在实体法中很普遍。如：

例6，国家机关工作人员滥用职权或者玩忽职守，致使公共财产、国家和人民的利益遭受重大损失的，处三年以下有期徒刑或者拘役；情节特别严重的，处三年以上七年以下有期徒刑。本法另有规定的，依照规定。（《刑法》第397条第1款）

上例中，“滥用职权或者玩忽职守”“情节特别严重”是两个分句的条件，行为主体是“国家工作人员”，行为是“致使公共财产、国家和人民的利益遭受重大损失”，量刑标准是制裁部分。但是在《宪法》和其他一些实体法中，某些禁止性规范的制裁部分具体内容规定在《刑法》等实体法的具体条款中，适用范围、对象又最为普遍，这类立法句省去了条件、行为主体及制裁，往往用简明有力的无主句表达。如：

例7，禁止重婚。禁止有配偶者与他人同居。禁止家庭暴力。禁止家庭成员间的虐待和遗弃。（《婚姻法》第3条第2款）

例8，禁止对任何民族的歧视和压迫，禁止破坏民族团结和制造民族分裂的行为。（《宪法》第4条第1款第3项）

以上各例立法文句以被禁止的行为前附“禁止”字样构成，含义明确，法律信息充分。

二、内容特征

从内容上看，立法文句最大的特点是普遍性。这种普遍性是与法律语言内部其他各领域的归属性相对立而存在的。因为立法文句表达的内容是法律规范，是要求人们普遍遵守的行为准则，它并不针对个别的人或事，它适用于整个社会范围或某个特定的领域。如：

例9，法庭辩论终结，应当依法作出判决。判决前能够调解的，还可以进行调解，调解不成的，应当及时判决。（《民事诉讼法》第142条）

例9适用于一切民事案件，不论地域、时间、案件性质，当事人是谁。而法律语言的其他领域的句子，一般都不具有这种普遍性。请看下列用于诉讼的法律文书的例：

例10，判决如下：××区文昌胡同八号十间半房产中，西院北房靠西头四间归×安所有；其余房屋归丁×媛、×荣、×华、×忠共有。（某法院《民事判决书》）

这份判决书主文的文句内容是针对本案各当事人的，仅仅是一种根据法律推断出来的结论，对当事人之外的任何自然人、法人和其他非法人组织都不适用。

立法文句的内容上的特点与逻辑结构特点一样，对立法句子的句类选择等形式特点起主导作用。

三、句类选择

汉语句类可分为陈述句、疑问句、感叹句和祈使句。立法语言用陈述句，不用疑问句、感叹句和祈使句。因为疑问句表示疑问语气，感叹句用来表示一种强烈的感情，祈使句表示一种请求和愿望，用来表示法律规范都是不适宜的。而法律语言的其他领域，如诉辩类法律文书，则允许适当使用疑问句、感叹句和祈使句以增强语言的表达效果，请比较：

例 11，父母有抚养教育未成年子女的义务，成年子女有赡养扶助父母的义务。（《宪法》第 49 条第 3 款）

例 12，王×浚弃母子之情，忘母亲之恩，达到何等地步！其母在病危之际，卧在床上，口中不断念叨：×浚哪！×浚，妈妈想你呀，不能回来看看妈妈吗？……直至逝世。……王×浚哪有起码的母子之情?!（某《民事起诉状》）

例 13，……发现有盗窃分子逃跑，鸣枪示警是履行护秋人员的职责，是完全正当的行为。怎么能说是上诉人任意鸣枪，无视枪支管理规定呢？（某《刑事上诉状》）

例 14，在这次火灾事故中，被告人对哪些违章行为应负责任？现在，辩护人对此发表自己的意见。（某“辩护词”）

例 15，特向贵院提起上诉，请求撤销原审判决，另行公正判决。（某《民事上诉状》）

立法文句的句法结构和句式选择等是法律语言中最典型、最规范的一种，但其基本原则和研究方法略同于本书第九章“法律文书的语言”第二节“法律文书语言的句子”所述的句法结构、句式选择、句类选择等内容。可参见。

立法语言因为普遍使用并列结构和同位成分，形成复杂的主语、谓语、宾语和复杂的附加及修饰成分，句子一般都较长。词语在句中，从出现先后的时间上来说是一个线性序列，但从结构上来说，又是按一定的语法规律组织起来的多层次系统，词语愈多，句子愈长，结构层次愈复杂。成文后，要对各层次进行切分，检查是否有歧义。另外，由于句子长，还要注意避免句子不连贯、缺漏必要的主语和中途暗换主语等错误。

有一条法律条文写道：

损坏国家重点保护的文物、古建筑、古墓葬、古遗址和风景游览区以及烈士陵园等的公共设施的，应当负责修复或者折价赔偿，还可以对致害人追究其他民事责任。

这一条文假定部分“损坏”的对象比较复杂，从上述结构来看，可作多种切分：

1. 损坏（国家重点保护的文物、|古建筑、|古墓葬、古遗址|和风景游览区‖以及烈士陵园等‖的公共设施）；

2. 损坏（国家重点保护的|文物、‖古建筑、‖古墓葬、古遗址，‖和风景游览区‖以及烈士陵园等的‖公共设施）；

3. 损坏（国家重点保护的文物、|古建筑、‖古墓葬、‖古遗址‖和风景游览区‖以及烈士陵园等的‖公共设施）；

还有其他几种有效切分，不一一列举。

由于该语段可以进行多种有效切分，势必可作多种解释，造成执行上的困难。如根据切分2，人们可以理解：只有国家重点保护的文物、古建筑等是本条文的保护客体，那么，那些非重点保护的古建筑、古墓葬等均不属本条保护对象；根据切分3，可以解释为：古建筑、古墓葬等的公共设施属于本条的保护对象，而损坏古建筑、古墓葬本身的行为却不属本条的处理和制裁对象。

另外，本条主语是“损坏国家重点保护的文物，……以及烈士陵园等的公共设施的”，与“应当负责修复或者折价赔偿”是连贯的，但最后一个分句“还可以对致害人追究其他民事责任”却暗换了主语（执法部门）。

根据保护对象的不同性质，可以把文物列为一项，古建筑、古墓葬、古遗址这些古迹列为一项，把带有较多公共设施的风景游览区和烈士陵园归为一项。把这三项安排在同一层次上，再把最后一句列为独立句。这样可使文理通顺，避免歧义：

损坏国家重点保护的文物，损坏古建筑、古墓葬、古遗址，损坏风景游览区以及烈士陵园等的公共设施的，应当负责修复或者折价赔偿。还可以对致害人追究其他民事责任。

句子是语言交际的基本单位。在立法语言中，它是传递法律规范信息的。为了使每个条文准确、实用，决不能对文句掉以轻心。除了对文句进行句法结构、语义分析外，还可以从交际表达角度，对立法文句进行动态的语用分析。在分析技术方面，除了上述的层次切分外，还可以用转换规则分析句义，避免歧义。

第四节 立法语言的超句结构

一、法律结构的一般原则

法律以条为基本单位（条以下根据需要设款、项），一句构成一条的情况已在“句子”部分讨论。一条由两句以上立法文句构成句组的情况和条的上属单位节、章、篇等结构，都统一在超句结构的名目下进行探讨。每一部法律、法规都是一个严整的体系，并不是法律规范观念甲乙丙丁的简单罗列，而是把表示有关的法律规范观念的特定项目安置在一个结构严密的框架中，并显示出它们之间的内部关联和相对重要性。法律结构必须周密严谨、层次分明、科学合理。只有结构合理，条文安排妥帖，才能使全部文本清晰实用。

二、句群

语言的超句结构有句群、段落、章、篇等层次。其中句群是一个长期遭到冷遇的平面。其实语言运用中大量的错误往往出在前后紧密联系的一组句子之间，造成逻辑混乱、语无伦次等弊病。法律以条为基本单位，一条条文有时是一句，但常常由两个或两个以上的句子围绕一个中心意思组合而成，构成一个句群（组）。因此，加强对立法语言句群的研究，对法律的表述和逻辑结构的探讨很有意义。

句群有并列、承接、选择、转折、因果、条件、假设、目的、总分等类型，在一个法律条文中，补充、递进、转折诸类型比较常见。因果、条件、假设等类型是排斥的，并列、承接、目的、总分等类型鲜见。例：

以暴力或者其他方法公然侮辱他人或者捏造事实诽谤他人，情节严重的，处3年以下有期徒刑、拘役、管制或者剥夺政治权利。

前款罪，告诉的才处理，但是严重危害社会秩序和国家利益的除外。(《刑法》第246条)

这条条文中第1、2款之间是补充关系。第2款中前后两部分又属转折关系。

组织越狱的首要分子和积极参加的，处5年以上有期徒刑；其他参加的，处5年以下有期徒刑或者拘役。

暴动越狱或者聚众持械劫狱的首要分子和积极参加的，处10年以上有期徒刑或者无期徒刑；情节特别严重的，处死刑；其他参加的，处3年以上10年以下有期徒刑。(《刑法》第317条)

第1、2款之间属递进关系。

款与款间的句群关系往往没有形式标志，依靠意合法组合。同一款前后部分构成句群的，也大多靠意合法组合。拟写时应注意同一个句群要有一个完整明晰的中心意思，句群内部有一种严密的逻辑关系。用关联词语表示句群内部的逻辑关系时，一定要选择符合立法语言语体色彩的关联词语。如表示转折关系的关联词有“但是、但、可是、却、然而、虽则”等，立法语言往往选用“但是”。若换上其他关联词，会显得别扭和不协调。法律中“条”具有相对独立性，条与条之间一般不构成句群（组）关系。一条条文往往类似于其他文体中的独立的一小段。

三、篇章结构

法律文本既要准确地传递有关法律规范的信息，又要便于理解、查阅和执行，因此其定稿必须力求清晰和实用。在制定法律、法规的过程中，最初作为分析的提纲，可以采用严格的多层序列，但是定稿则应力求明晰，以数量有限、互相并列的部分为主。即使在篇幅很长、内容繁复的文本中，层次的数量必须限制到最低限度。最后文本必须前后一致、连贯、明晰、均衡。这些法律结构方面的基本原则各国现代立法工作者都是必须遵循的。而文本的合理程式是贯彻法律结构原则的重要保证。

各国因法律渊源和法律制度的差异，立法文件程式也不相同。英、美许多法律文件的基本程式是：①标题；②关于立法目的及有关方针的说明；③定义；④适用范围；⑤总则和特殊分则；⑥细则（重要性和容量足够构成独立部分的另立）；⑦附加条款；⑧暂时适用条款；⑨特定的撤销及相关修正条款；⑩某些独立条款；⑪终止日期；⑫颁布日期、生效日期。我国法律文本的基本程式一般是标题、总则、分则和附则。宪法等重大法律，总则（总纲）前还可以有序言等部分。总则通常阐明制定该法律的目的、任务、原则和要求，是法律的"纲"。分则是"目"，通常规定法律规范的具体内容，它确切规定支持、保护、发展什么，限制、禁止、取缔什么；在什么情况下允许做什么，不允许做什么。附则一般是规定有关本法的实施事项，如规定法律生效日期等。有关法律概念的必要定义也往往在分则中以条文的形式加以阐述，如《刑事诉讼法》第五章"证据"第 42 条是关于证据概念的科学定义及其明确外延；第九章"其他规定"第 82 条规定了侦查、当事人、法定代理人、诉讼参与人、诉讼代理人、近亲属等法律概念的确切含意。

中外法律文本程式虽不尽相同，但大体相似。在内容的次序方面大致遵循下列原则：①总则先于分则；②重要条款在前；③更常用更带普遍性的法律规范在前；④永久适用的比暂时适用的在前；⑤事务性、技术性内容（条款或说明）放在末尾。

最后，拟定法律时，还要注意章节条之间的匀称协调。比如设章，其下至少有两节以上，设节，其下应有两条以上。如我国《宪法》除"序言"之外共 138 条，分为四章：第一章 32 条，第二章 24 条，第三章下分七节共 79 条，第四章 3 条。这样安排是合理的。过去，有一个法规全文共 25 条，却分为十章，显得不很协调。

第五节　国外立法语言研究概况

无论中外，封建时代的法律往往艰涩难懂、佶屈聱牙，究其主要原因，是因为封建统治者制定的法律在根本上脱离广大人民，不可能做到让庶民百姓人人尽知。因此其时不可能、也不必要对立法语言开展系统研究。进入资本主义社会后，这种情况有所改观。例如1804年制定的《法国民法典》就力求语言明晰易懂、文体结构严谨。而1874年开始起草的《德国民法典》颁行后，因不讲究语言的精炼明白，表述的严谨通达，受到德国法学家奥托·格尔凯、汉斯·通列等人的批评、抨击。西方世界对立法技术与立法语言的关注研究，正是在这种背景下开始的。欧洲较早的立法语言著述是前文已论及的乔治·库德1843年所著的《论立法表达》，但在其后的19世纪中下叶和20世纪上半叶，这方面的论著并不很多。

在国际上，美英等国家对立法语言的运用和研究比较重视，近几十年来这方面的著作和论文数量很多，还有一些著名法学家，如美国的里德·荻克逊(Reed Dickerson)毕生重视立法起草问题，倾注了大量心血研究包括立法语言在内的立法技术，并始终不渝地与藐视立法起草技术的错误倾向作斗争。在这儿，我们对几十年来国外出版和发表的有关著述包括里德·荻克逊的研究情况[1]等作一概述。

一、国外立法语言方面的有关著述

国外有关立法语言的研究成果反映在两方面：立法语言著述和包含着有关立法语言研究及其成果的立法专著。就这些著述所涉及的专题或领域来看，大体上有如下几个方面：

表7-1　国外主要立法语言著述一览表

	作者	论者
立法起草	乔治·约翰·密勒（George John Miller）	《论法的风格》（论文，1955）
	埃佛尔斯汀（Everstine）	《立法案的标题》（论文，1948）
	莱曼·E. 埃伦	《符号逻辑：起草和解释法的文件的利器》（论文，1957）
	罗伯特·C. 迪克（Robert C. Dick）	《法的起草》（多伦多，1972）、《意志的表达》（论文，1976）

〔1〕一、二两目内容部分参见周旺生：《立法论》，北京大学出版社1984年版，第757～758页。

续表

	作者	论者
立法起草	G. C. 索纳通（G. C. Thornton）	《法的起草》（伦敦，1987）
	里德·荻克逊（Reed Dickerson）	《立法起草》（印第安约，1981）
	亨利·惠霍芬（Henry Weihofen）	《法的起草风格》（West，1980）
	大卫·梅林科夫（David Mellinkoff）	《法律的语言》（波士顿，1963）
	查尔斯·卡勒罗斯（Charlesr Calleros）	《法律方法与写作》（加拿大，1990）
	格雷姆·J. 尼尔（Graeme J. Neale）	《文化中的法律语言问题》（论文，1981）
立法或法律语言总论	菲尔勃立克（Philbrick）	《语言和成文法》（美国，1950）
	罗伯特·C. 迪克	《法的语言》（论文，1959）
立法或法律语言的简明与清晰	约翰·W. 哈格（John W. Hager）	《让我们简化法的语言》（论文，1959）
	G. 那塞雷斯	《立法起草：我们的成文法能够简朴些吗?》（论文，1980）
	R. A. 吉文斯（R. A. Givens）	《以简明语言起草法律文件》（纽约，1981）
	澳大利亚法律改革委员会	《立法、法的权利与简明英语》（墨尔本，1986）、《简明英语与法》（墨尔本，1987）
	J. C. 雷迪希（J. C. Redish）	《如何用清楚的英语草拟规章和其他文件》（论文，1981）
	哥尔德法勃和雷蒙（Goldfarb and Raymond）	《清晰而易于理解》（Random House 1982）
立法语言的某些具体问题	里德·荻克逊（Reed Dickerson）	《选择“和”与“或”的困难》（论文，1960）
	特雷特·G. 麦克卡蒂（Dwight G. Mccarty）	《混同词“和”与“或”》（论文，1960）

二、里德·荻克逊的立法语言研究

里德·荻克逊认为，很难教会人们如何起草法律，这正像要教会他们创作文艺作品那样困难。然而，法律起草者却不仅对立法的语言运用方面的困难估计不足，往往还盲目乐观，自诩为这方面的专家里手。里德主张加强对立法、立法技术和立法语言的研究，并以其研究成果指导和推动立法实践的发展。

里德·荻克逊在立法问题方面的著述颇丰，尤其长于立法技术研究，其中《立法起草》和《法律起草基本原理》是他的两部代表作。

（一）《立法起草》[1]与立法语言研究

《立法起草》一书，总结了作者在美国众议院和国防部从事立法工作的实践经验，对法律起草中的诸多问题作了比较全面和深入的探讨阐释，在国际上影响广泛。这部著作的正文部分共分九章：第一章，什么是立法起草；第二章，起草工作的工具；第三章，起草的步骤；第四章，起草工作的进行；第五章，法的结构安排；第六章，立法文体和语言；第七章，关于特殊词汇的建议；第八章，一般撰拟问题；第九章，特殊规则。全书共149页。

在该著作中从第五章到第九章，用五章的篇幅研究和总结了与立法语言密切相关的诸多问题，从标点符号到一些立法常用词语、句子组织、语法问题、文体问题、但书等表述问题、条文安排、标题确定、篇章等超句结构，几乎涉及立法语言的各结构层次和各个面度。这些问题包括：①谋章运篇的意义；②谋章运篇的前提；③谋章运篇的一般原则；④条文安排顺序；⑤标题的确立；⑥重复的规定；⑦法律文本各部分的安排；⑧立法文体和语法概述；⑨保持一致；⑩语言文字的简洁化；⑪立法文句的组织；⑫时态、语态和语气问题；⑬人称；⑭数字；⑮直接陈述；⑯活词；⑰标点；⑱标题；⑲段落结构；⑳禁用词汇；㉑累赘与冗长；㉒偏爱性的表述；㉓“应当”和“可以”；㉔“任何”“一个”“每个”等；㉕“这个”；㉖时间和年龄；㉗列举；㉘条件和要求；㉙但书；㉚不用形容；㉛援引法律；㉜定义；㉝有关条文的适用或准用；㉞计算式的规定；㉟修改；㊱废止和类似的修改；㊲目的或政策的陈述；㊳实施细则的发布；㊴保留条款；㊵规避条款。

（二）《法律起草基本原理》[2]进一步拓展了立法语言研究

里德·获克逊《法律起草基本原理》撰著出版于20世纪60年代他的晚年，它是在1954年《立法起草》一书的基础上写成的，几乎涵括了后者的全部内容，其容量比后者扩大了两倍多，大大拓展了立法起草，也拓展了立法语言研究的深度与广度。该书正文共14章：第一章，法的起草概论；第二章，起草的实质性政策；第三章，起草与交流；第四章，起草的步骤；第五章，法文件的构造；第六章，避免模糊不清；第七章，定义；第八章，影响清晰程度的基本因素：简化；第九章，特殊词汇；第十章，词语中的性别歧视；第十一章，修改；第十二章，计算机和其他科学辅助物；第十三章，制定法的特殊问题；第十四章，一些特殊效果。

在立法语言研究方面，《法律起草基本原理》一方面对《立法起草》所研

---

〔1〕 Reed Dickerson, *legislative Drafling*, Liffle Brown, 1954.

〔2〕 Reed Dickerson, *Fundamentals of legal Drafting*, Aspen Pubishers, 1965.

究的同类专题的内容加以充实，另一方面又增加、拓展了一系列新的议题，从而使他关于立法起草的语言文字、篇章结构直至超语言的视觉手段（如“版式和设计”）更臻完善、全面。具体研究问题涉及下述方面：①谋章运篇的意义；②谋章运篇的前提；③谋章运篇的一般原则；④结构成分划分问题；⑤分类问题；⑥顺序问题；⑦重复的规定；⑧过于复杂；⑨各部分的安排；⑩句法上的模糊不清；⑪语义上和句法上的模糊不清：“和”和“或者”用法的不确定性；⑫制表问题；⑬～⑱语义上的模糊不清：被动语态，过去分词，数字，语气，时间，年龄，但书等；⑲～㉒与上下文有关的模糊不清：条件和要求，画蛇添足，有关法的条文的适用和类推等；㉓避免模糊不清的最有效的工具；㉔定义的作用；㉕定义的种类；㉖条款定义的用法和词汇定义的用法；㉗定义的正规形式；㉘必须避免的定义；㉙对浅显事物下定义；㉚一次性使用的定义；㉛清楚、清晰的一般问题；㉜强制推行简明英语；㉝陈述问题；㉞一个制定法的例子；㉟一些保留意见；㊱艺术术语；㊲为了清楚、清晰而作出的实质性让步；㊳以简明英语立法的特殊性；㊴在法律、法规中强制推行简明英语；㊵影响清楚的其他因素；㊶简洁；㊷句子；㊸直接陈述；㊹例外；㊺时态；㊻语态；㊼人称；㊽活词；㊾标点；㊿标题；51条文的数字；52条文中款项的序号；53参照法；54目录；55计算；56版式和设计；57令人不愉快的词汇；58累赘与冗长；59偏爱性的表达；60“应当”“可以”和“必须”；61“任何”“一个”“每个”等；62这个；63否定词的位置；64～70词语中的性别歧视问题；71修改的一般问题；72法律、法规和法令的修改；73消除矛盾或不一致；74通过规定参照别的法来修改；75通过废止或重新制定来修改；76正文的修改；77通过新定义来修改；78～80运用计算机和其他科学辅助物；81合宪性审查；82长标题；83制定条款；84短标题；85目的政策条款；86条款顺序安排；87解释法；88实施细则的颁布；89规则的适当性问题；90规避；91废止和类似的修改；92保留条款；93生效的时间。

（三）从荻克逊的著作了解美国立法起草、立法语言研究的发展脉络

美国是一个在立法实践和研究方面成就卓著的国家，但在立法技术和立法语言的改进方面步伐并不快。荻克逊一方面对起草技术的进步满怀信心，记录和总结人们为这种进步做出的努力与贡献，另一方面对轻视起草技术的倾向加以抨击。进展缓慢的起草技术，20 世纪 60 年代以后，由于美国律师协会下属的立法起草常设委员会等各方面的种种努力，有了很大改观与发展。70 年代上述委员会力图推动作为大部分立法议案来源的联邦行政机关通过采纳“立法委员会”（Legislative Counsel）的意见使起草工作专业化。同时该委员会提出了对从事法律职业者继续进行法的起草基本原则教育的必要性，认为法律院系

是这种教育的当然承担者。这种教育从 1974 年开始，以后又通过发起各种专题讨论会和实验班等种种方式，使法的起草研究和教育，起草技术、立法语言等都获得了新的发展，而这些发展，在《法律起草基本原理》中都有所反映和折射。所以，通过对荻克逊的《立法起草》和《法律起草基本原理》的对比研读，可以使我们了解美国立法起草、立法语言研究、立法技术和教育的发展轨迹，并从中得到某些有益的启示。

三、关于立法语言的简明化问题研究

大卫·梅林科夫（David Mellinkoff）成书于 1963 年的《法律的语言》（The Language of the Law）是一部系统、全面且颇有见地的有关英美法律语言的著述。这本巨著在阐释法律语言各种特点的同时亦指出了英美法律语言存在含糊不清、浮华夸饰、冗赘啰唆、枯燥乏味等种种弊病并分析了其成因，而后提出法律语言可以准确一些，更加简短一些，更易懂一些，更持久一些的希望。该书对而后波及多国的“简明语言运动”（Plain Language Movement）起了巨大的推动作用。从本节“一、国外立法语言方面的有关著述”之（三），我们可以看到关于立法语言或者法律语言的简洁明了问题的专门论著还比较多。事实上，立法语言的词语中颇多拉丁词、日常英语和普通语境中已绝踪的古英语和中古英语词、法律术语、常用词的不常用义项等，在句子层面那种连绵不绝的长句和盘根错节、叠床架屋的从句结构等在其他文体或语境十分罕见，这种现象不仅让不熟悉英语的外国人无措手足。即使那些以英语为母语的非法律人也深感迷惘。近几十年来不断有人诟病立法语言的种种短处，呼吁法律语言（包括立法语言）要简易一些，要贴近公众、走进公众。欧美法律语言学成为独立学科后，立法语言作为该学科的一个重要探讨领域，已有一些包括法律语言学家在内的专业人士在研究法律文本、政府文件等规范文书和裁判文书、合同契约等非规范性法律文件在保证语言准确传递有效信息的前提下让它们的句法结构趋向简易明晰，语言相对明白易懂。他们的研究成果如确实言之成理并行之有效，被立法、司法机关采纳后，对法律文本的可读性，对提高立法、司法的质量与效果肯定有积极的意义，但是要立法语言或法律语言彻底改观既无必要也不可能。因为法律、法规毕竟是一种严谨准确的法律语言作品，而法律语言是一种有别于日常语言的技术语言。因此，若要立法语言真正成为妇孺皆懂的简易语言，恐怕也是不现实的。立法文本毕竟不是通俗文学或童话作品。在法治国家，对公众来说，也有一个了解法律和粗通法律语言的义务。

【思考题】

1. 试述立法语言与立法技术的关系。

2. 立法语言在选用词语时，必须遵循哪些原则？试举例说明。

3. 我国立法句子有哪几种逻辑结构模式？各适用于表述何种性质的法律规范？试举例说明。

4. 试分析《中华人民共和国民事诉讼法》的总体结构。

练习与实践

第八章
法庭语言

第一节　法庭语言概述

一、法庭语言是法律语言中最受关注的部分

我国《宪法》第 123 条规定“中华人民共和国人民法院是国家的审判机关”，同法第 126 条规定“人民法院依照法律规定独立行使审判权”，同法第 125 条规定“人民法院审理案件，除法律规定的特别情况外，一律公开进行。被告人有权获得辩护”。当然，民事、刑事案件的原告、被告、第三人以及他们的法定、委托代理人均必须依法到庭参加诉讼。在各类案件的审理中，为了查明相关的事实、证据，正确适用法律，都必须进行调查和辩论。法庭必须组织和指导审判工作，引导诉讼各方充分行使各自的权利，居中裁判，最终作出公平公正的裁决。顾名思义，法庭语言应当包括人民法院在各类案件法庭审理中法官、检察官、被告人、辩护人、原告、被告，第三人以及他们的代理人、证人、鉴定人等所有主体的全部言词活动。由于法庭审理是实现司法公正最后也是最重要的一个环节，更是实现社会公平、正义的重要救济手段，法庭审理又必须秉承直接审理原则和言词审理原则，因此，法庭语言在司法实践和法律语言体系中具有举足轻重的作用，那就不言而喻了。

由于法庭诉讼关涉个人或群体的毁誉荣辱、财产乃至生命的予夺，因此自有刑狱诉讼制度以来，法庭语言作为法律语言中最重要、最鲜活的组成部分，无论古今中外，受到朝野上下的特别关注。例如西方对法律语言的认知研究可以追溯到古希腊时代，但是当时最受青睐的还是法庭辩论讲演，即其时的法庭语言。中华法系崇尚纠问式审判，所以直至宋元，普遍受关注的是判牍一类的裁判结果载体，但明末清初李渔的《慎狱刍言》、王又槐的《办案要略》在探讨司法文书和法律语言过程中，也论及案件审理中要根据受审者的不同状况和当时的特定情境，采用不同的审讯方式和言语策略等。这也可以看作是中国古代司法官员对法庭语言的心得和感悟。

二、法庭语言研究回眸

（一）国外研究概况

虽然人类对法庭语言的关注和探索已有几千年的历史，但是科学意义上的研究，却肇始于20世纪70年代末，在那以前英美学者对法律语言的研究，偏重于对法律语言词语、句子、超句结构各个层面呈现的特点以及对立法司法各类文本的书面语研究。近三四十年来，在语言学界，语义学、语用学、社会语言学、心理语言学等一系列新学科异军突起，伴随着言语交际、言语行为、话语分析等语言学理论的产生，依据现代语言学重视口语研究的特点，欧美学者把司法系统中的口语交际视为一个重要研究课题。鉴于法庭审判在司法程序中的重要性，自那以后，法庭语言的研究成果应运而生，林林总总，引人瞩目。

例如，在法庭语言的社会学研究方面，John M. Conley&Willian M. O'barr（1998）〔1〕从法律政治学的角度来揭示法律权力在法庭语言中的表现。Diana Eades〔2〕在 *Cross Examination of Aboriginal Childern* 一文中列述了澳洲土著当事人在交叉询问过程中因文化差异，使用不必要的合作（Gratuitous coucurrence），以及"沉默"及"对视"等行为，使他们处于不利地位。Ceil Lucas〔3〕在 *Language and the law in Deaf Communities* 中，阐述了聋哑人在庭审中因凭借手语译员的帮助而产生的种种问题。Janet Cotterill（2007）〔4〕主编的论文集 *The Language of Sexual Crime* 中论述了儿童证人、被性侵的妇女被害人在庭审中遭遇的语言不利。上述两则，均属弱势当事人在法律面前的话语分析。特别值得一提的是，John Gibbons（2003）在他的著作中综合了他本人和众家的研究成果，比较全面地阐述了儿童、土著少数民族、第二语者、失聪者、（不谙高级语域的）社会阶层、受性侵害的妇女等多种弱势人群在法律面前的不利地位的语言根源及其解决的途径。

以上所述，仅仅是用社会学、社会语言学的方法进行法庭语言研究的部分著述，还有众多学者从会话分析、心理学、人类学、语用学、对策学、叙事学等不同角度进行研究，还有些学者对法官、律师、证人等不同主体的法庭言语进行研究。限于篇幅，在这里不能一一列举。但西方学者对法庭语言研究方法

---

〔1〕参见约翰·M. 康利、威廉·M. 欧巴尔：《法律、语言与权力》，程鹏阳译，法律出版社2007年版，第1~7页。

〔2〕See Eades, Diana, "Cross Examination of aboriginal Childern——The Pinkenba case", *Aboriginal Law Bulletin*, 1995, vol. 3, No. 75.

〔3〕See Lucas, ceil, *Language and the law in Deaf Communities*, Galandet University Press, 2003.

〔4〕See Cotterill, Janet, ed, *The Language of Sexual Crime*, Aotomy Rowe Ltd, Chipponham and Eastbourne, 2007.

多样、角度周遍，著述汗牛充栋已经是个不争的事实。

（二）中国研究概况

在我国，随着法制建设新时期的来临，出现了不少以“法律语言”为题的专著或教材，其中有些涉及法庭演讲词和法庭辩论的内容，但较少有人明确提出法庭语言并进行探讨研究。潘庆云在《跨世纪的中国法律语言》（1997）“法制改革中的中国法律语言”一章中对中西方的法庭语言进行了对比考察，并对西方法庭比较成熟的法庭陈述，主询问、交叉询问等进行了简要阐述。而在同书此之前的几章，讨论了法律语言的特殊表述体系（陈述、描摹与论证）和问答型双向交际的功效和技巧，对法庭语言研究提供了新方法、新视野。潘庆云《中国法律语言鉴衡》（2004）又在上述著述的基础上，对法庭语言进行了更详尽更深入的探讨。

杜金榜《法律语言学》[1]一书介绍了“法律语言、权力和权利”“法律不平等在法庭语言中的表现”“法律平等的语言实现”等国外法庭语言研究的内容，对我国法庭语言研究有一定的借鉴作用。

廖美珍《法庭问答及其互动研究》（2003）利用国外语言学理论比较系统地研究法庭问、答型互动言语交际，并用统计数据来揭示法庭问答的某些形式特征。其后的《法庭语言技巧》（2005）[2]讨论问答、演说等不同法庭语言形式和法官、检察官、律师、当事人等不同主体的法庭语言技巧。这两本书至少是对中国法庭语言的研究专著零的突破。

李立、赵洪芳《法律语言实证研究》宣称“本研究要通过分析微观的法庭话语的语言细节来揭示庭审中的权力关系现状以及庭审中话语各方维护权力关系所运用的话语策略。”[3]内容涉及法庭话语与权力研究、法庭话语特点和庭审中的权利分布状况、庭审话语权与程序公正、庭审中弱势者的言语表现等诸多方面。因此，该著作也是一本颇有见地的法庭语言研究论著。

余素清《法庭言语研究》[4]比较全面地采用国外语言研究中的社会语言学、语用学、话语分析等理论对法庭语言进行制度性、叙事结构、言语策略、言语效果等多方面的剖析、阐释，所用语料大多来自国内法院刑事、民事庭审实录。该著作理论联系我国的庭审实践，具有语言学方面的理论价值和对法庭语言研究的启示、推动意义。

---

〔1〕参见杜金榜：《法律语言学》，上海外语教育出版社2004年版，第223～238页。

〔2〕参见廖美珍：《法庭语言技巧》，法律出版社2005年版，第3～39页。

〔3〕李立、赵洪芳：《法律语言实证研究》，群众出版社2009年8月出版，第29页。

〔4〕余素青：《法庭言语研究》，北京大学出版社2010年出版，第1～3页。

目前，在国内从事法庭语言研究的学者和相关论文的数量已经相当可观，无论是国内中国法律语言学研究会等学会举办的年会还是中国学人参加 IAFL 年会等国际学术会议，都曾提交多篇关于法庭语言研究方面的文论。以 2015 年 7 月在广州举办的第十二届国际法律语言学大会为例，大会（主旨）发言共六场，中外学者各半，有关法庭语言研究的内容亦占半。分场宣讲论文共 39 篇，其中有关法庭语言内容的共 10 篇。在 39 篇论文中，中国学人占 13 篇，其中法庭语言研究方面 4 篇。可见，从对法庭语言研究的关注程度和撰写文论的数量来看，我国与西方国家已基本持平。

第二节 法庭调查与交叉询问

一、我国法庭调查的言辞交际及其法律依据

除了开庭时的审判长查明当事人是否到庭，宣布案由等程序性言辞之外，庭审阶段分为法庭调查和法庭辩论两个部分。《刑事诉讼法》第 186 条规定："公诉人在法庭上宣读起诉书后，被告人、被害人可以就起诉书指控的犯罪进行陈述，公诉人可以讯问被告人。被害人、附带民事诉讼的原告人和辩护人、诉讼代理人，经审判长许可，可以向被害人发问。审判人员可以讯问被告人。"《民事诉讼法》第 138 条规定：法庭调查按照下列顺序进行：①当事人陈述；②告知证人的权利义务，证人作证，宣读未到庭的证人证言；③出示书证、物证、视听资料和电子数据；④宣读鉴定意见；⑤宣读勘验笔录。同法第 139 条规定，当事人经法庭许可，可以向证人、鉴定人、勘验人发问。行政诉讼中法庭调查的程序和内容与民事诉讼相同。

法庭调查的言辞活动在上述法律规定的框架内，由合议庭的主审法官或简易庭的独任法官主持。言语交际方式包括陈述[1]（当事人陈述、证人作证、宣读相关文件内容）和问答。关于陈述的结构、内容和技巧，可以参见本书前面的相关内容，在本节，我们主要关注问答型交际的有效进行。

关于法庭的问答型交际[2]，包括作者在内，已有不少论文与专著进行过探讨，由于交叉询问是英美法系国家诉讼中颇具特色且行之有效的程序，作者

---

[1] 关于作为法律语言表述的"陈述"，可参见本书第五章"法律语言交际（上）"第二节"单向表述型法律语言交际"。

[2] 关于问答型交际，可参见本书第六章"法律语言交际（下）"第一节"双向互动型法律语言交际"。

在《跨世纪的中国法律语言》（1997）等著述中，建议从中国的实际出发，借鉴引进交叉询问的技艺。交叉询问是相对于对己方证人的主询问而言的。但在庭审实践中，两者是密切结合、相辅相成的。律师往往在主询问后进行交叉询问，如有必要还可对原己方证人再次询问（复主询问）。有经验的律师，往往通过主询问——交叉询问——复主询问揭示案件的真相，并让法官和陪审团信服。上述的三环节实际上是广义的交叉询问程序。

在我国，除了《刑事诉讼法》《民事诉讼法》对法庭审理的规定外，还有《民事诉讼证据法释〔2001〕33 号》第 47 条，“证据应当在法庭上出示，由当事人质证”。第 51 条，“质证按下列顺序进行：①原告出示证据，被告、第三人与原告进行质证；②被告出示证据。原告、第三人与被告进行质证；③第三人出示证据。原告、被告与第三人进行质证”。第 55 条，“证人应当出庭作证，接受当事人的质询”。应该说，上述法律和司法解释已经初步构建了我国民事诉讼中的交叉询问制度。尽管我国法律和法规中还没有采用“交叉询问”这一术语，但不少律师和司法干部已经开始这方面的理论探讨和实践尝试。

二、交叉询问

（一）交叉询问是英美法系国家发现真实的最大利器

交叉询问（Cross - examination）据传缘于古巴比伦（Babylon）时代。美国学者约翰·威格摩尔（John Wigmor）称这一制度为“有史以来为发现真实所发明的最大利器”[1]。交叉询问是英美法系庭审中最具特色的法律语言交际技艺。

在法庭上，律师询问过己方的证人（主询问）之后，对方律师有机会进行交叉询问，当然，原律师还可再次对该证人进行询问（复主询问）。在交叉询问中，有时律师仅仅从证人那里获取信息，以支持其委托人的叙事或反叙事，然而，在更多的情况下，交叉询问的律师是为了破坏证人在直接询问期间的言辞。交叉询问者的目的不仅是混淆信息，而且还意图贬低证人的信誉，甚至指责他们说谎。

在实践中，律师往往采用具有很强控制性的诱导性提问（leading question），而诱导性提问方式有三种：

1. 一般疑问句。如：难道你昨晚没有去过××商场吗？
2. 反义疑问句。如：昨晚你到过××商场，不是吗？
3. 带疑问语气的陈述句。如：昨晚你到过××商场？

当然，交叉询问并不都是诱导性提问，但实践证明，在损坏证人证言的准

---

〔1〕林俊益等：《交叉诘问制度之理论与实践》，学林文化出版社 2002 版，第 29 页。

确性、真实性方面，诱导性问题十分有效。本书第六章“法律语言交际（下）”第一节“双向互动型法律语言交际”第一目之（五）所述美国著名律师克莱伦斯·丹诺1925年在被称为“上帝与猴子诉讼”的施库柏斯案中为被告人施氏辩护，通过对控方证人布莱安的49问，挫败了对手，使法庭不得不宣告布氏的证词“必须从证据中划掉”。这就是以交叉询问取胜的一个经典案例。[1] 下面，再举一例：

侦探马克·福尔曼（Mark Fuhrman）在辛普森案件中作证说，他在谋杀现场发现了一只手套（显然是凶手戴的），而在辛普森住宅区又发现了另一只。在交叉询问期间，他被询问了关于预审期间其较早证言的情况。询问律师在宣读预审期间的笔录后进行交叉询问。

问：（宣读7月5日预审笔录）“问：你什么时候第一次注意到（这只手套）？答：我们有手电筒。我们当时看到女性受害人，当我走过的时候注意到了这只手套——在我第一次离开住宅之后，走到一侧或北侧，邦迪大街875号的邦迪北区，那里有一个铁栅栏，通过那个铁栅栏，你就会非常接近男性受害人，在那里看去，我在他脚下看到了它们（them）。”

在你的7月5日的回答里，你用了“它们（them）一词吗？”

答：是的，先生。

问：在你的叙事里最后所用的“它们（them）”，是指“手套（glove）”一词吗？

答：单数，是的。

问：我只是问，第14行的手套（glove）是否是你刚才所说“我在他的脚下看到了它们”时所指的物品？

答：“它们”，我指的是针织帽，手套。

问：让我看一看那一页上什么地方提到了针织帽？你能吗？

答：那一页，没有。

问：好了，好了。

你在前一页上看到任何有关针织帽的内容吗，福尔曼侦探？

……

答：我没看到。[2]

---

〔1〕 参见本书第157～158页。

〔2〕 参见［美］彼得·蒂尔斯马（Peter M. Tiersma）：《彼得论法律语言》“Legal language”，刘蔚铭译，法律出版社2015年版，第175页。

这种交叉询问不仅破坏了从原始证言所感知的准确性和效果，而且还对证人的可靠性和真实性产生了怀疑。该询问旨在引起陪审团的怀疑，认为福尔曼实际上在犯罪现场发现了两只手套，并且把其中一只转移到辛普森住宅区，企图诬陷他犯有谋杀罪。

英美的相关法律规定：在交叉询问中，律师可以诱证，即可以向证人提出诱导性的问题。他既可以就证言范围内的任何部分进行提问，这其中包括对证人证言的形成，对证人证言的感受、记忆、回忆三个阶段的提问；还可以提出足以表明证人对案件有利害关系，作证有偏袒或者在其他场合有与本次证言不一致的发言的问题，甚至还可以提出足以表明对方证人名誉不佳或者曾经犯过可诉罪等的问题。

不过法律又规定，律师在交叉询问中就有关证人的声誉（包括证人的品格、前科、社会声誉或者不贞洁的问题）和证言的可靠性问题对证人进行提问的权利必须受到一定的限制，避免在枝节问题上提出过多的证据。但是，在法律所允许的范围内，他仍然可以随意采取他认为可以从对方证人那里获得有利于自己当事人的证据任何方式。

有些律师认为，既然交叉询问的目的是要证明对方证人所提供的证据是不可靠的，使对方证人承认某些有利本方的事实；而法律又规定可以对证人进行诱证。因此，为了使诉讼有利于本方的当事人，不妨利用交叉询问的好机会，去恐吓，威胁对方证人。这样的做法当然属于滥用职权。而一个立场偏颇的律师，滥用法律赋予他的交叉询问的权利很可能使案件的判决发生差错。而当法官碰到这种滥用职权且显得粗鲁蛮横的询问，会果断地加以干预。

其实，英美法系国家的司法伦理也主张律师要以平等态度对待证人，必须不带任何成见地给证人提供机会，允许他用他所希望采用的方式回答问题，并就他所回答的问题作适当的解释。即使对那些缺失诚信、不肯如实表达真情的证人，在交叉询问中也应该始终心平气和却又坚韧不拔地想方设法让对方正面回答自己的问题。本书第六章“法律语言交际（下）”第一节“双向互动型法律语言交际”“问得得体、问得有效”第五英国律师拉塞尔对原告乔治·切特温特进行交叉询问时，就遵循这个原则，最后终于如愿以偿。这是一个十分出色的充满公正的交叉询问。[1]

（二）交叉询问在中国

在我国，刑事、民事和行政各类诉讼中，至今尚未采用“交叉询问”这一

---

〔1〕［英］理查德·杜·坎恩；《律师的辩护艺术》，陈泉生、陈先汀编译，群众出版社1989年出版，第122～123页。

术语，但实际上已经存在交叉询问的司法实践。

交叉询问与主询问同时存在，这是直接审理原则与言辞审理原则的必然要求。审理原则涉及的是采用何种方式审理案件，事实才有效力的问题。直接审理原则就是案件事实必须通过法庭的直接审理才能作为审判的依据；非经法庭认定的事实，不得作为审判的依据。因为书面审理方式不能实现直接审理，因此直接审理原则必然与言辞审理原则相结合。按照这两个原则，一般要求诉讼参与人，尤其是案件的当事人到庭参与并进行诉讼活动。以效力而言，证人证言，当事人的叙述和辩论，其他诉讼参与人的陈述，唯有经过法庭直接审理，才具有认定案件事实的效力，在法庭外或庭审前刑事的讯（询）问记录，书面意见，均不能作为认定案件事实的依据。

我国《刑事诉讼法》第 182 条第 3 款规定，“人民法院确定开庭日期后，应当将开庭的时间、地点通知人民检察院，传唤当事人，通知辩护人、诉讼代理人、证人、鉴定人和翻译人员，传票和通知书至迟在开庭 3 日以前送达”。因法条第 186 条规定，“公诉人在法庭上宣读起诉书后，被告人、被害人可以就起诉书指控的犯罪进行陈述，公诉人可以讯问被告人。被害人、附带民事诉讼的原告人和辩护人、诉讼代理人，经审判长许可，可以向被告人发问”。同法条第 48 条规定：“证据必须经过查证属实，才能作为定案的依据。”《刑事诉讼法法释〔2012〕21 号》第 198 条第 2 款有规定：“经审判长准许，被害人及其法定代理人、诉讼代理人可以就公诉人讯问的犯罪事实补充发问；附带民事诉讼原告人及其法定代理人、诉讼代理人可以就附带民事部分的事实向被告人发问；被告人的法定代理人、辩护人、附带民事诉讼被告人及其法定代理人、诉讼代理人可以在控诉一方就某个问题讯问完毕后向被告人发问。”同法第 200 条规定：“经审判长准许，控辩双方可以向被害人、附带民事诉讼原告人发问。”

我国《民事诉讼法》第 136 条规定：“人民法院审理民事案件，应当在开庭 3 日前通知当事人和其他诉讼参与人。”第 138 条规定了法庭调查按：①当事人陈述；②证人作证；③出示证据；④宣读鉴定意见；⑤宣读勘验笔录的顺序依次进行。同法条 139 条第 2 款规定：“当事人经法庭许可，可以向证人、鉴定人、勘验人发问。”在司法实践中，行政诉讼实务中也必须遵循符合直接审理原则与言辞审理原则的相关程序规定。

与英美法系审判中的交叉询问相对比，我国交叉询问的内容、范围和发问方式有自身的特点。首先，我国交叉询问的内容、范围较英美法系更为宽泛，即凡是与本案事实相关的内容均可作为交叉询问的内容，不同于英美法系交叉询问仅限于直接询问证言范围和对方证人证词的不可靠之处。在询问方式方面，我国的交叉询问不得以诱导方式发问，而英美法系多以诱导式交叉询问让对方陷入泥潭，从而大获全胜。正如《刑事诉讼法法释〔2012〕21号》第213条规定："向证人发问应当遵循以下规则：①发问的内容应当与本案事实有关；②不得以诱导方式发问；③不得威胁证人；④不得损害证人的人格尊严。"

我国的交叉询问是随着《刑事诉讼法》《民事诉讼法》和《行政诉讼法》的制定和前两法的二次修正、行政诉讼法的修正，不断完善而产生的，它还起步不久，还有待于在理论和实践两个方面完善和深化，相关的法律规范也有待于建立和细化。尽管如此，我们还是可以对之进行一些粗浅的探讨。

笔者认为，作为一种法律发问，必须遵循上述第六章第一节"双向互动型法律语言交际"中为了"问得得体、问得有效"必须遵循的七个原则之外，还要考虑到律师的交叉询问与对己方当事人的直接询问相比，由于证人（或鉴定人）认为结果可能于己不利，于是经常发生冲突（后者双方经常贯彻合作原则）。鉴于此类情况，交叉询问还应当遵循某些特殊的原则和技巧。由于此类交际的双方不可能遵循合作原则，因此提问的律师更要注意庭前的设计与谋划，做到胸有成竹、因案而异，因人而异，发问按逻辑顺序，有条不紊，因情境的转移采取最妥帖、有效的言辞技巧。还要神态自然，不卑不亢，通过言语、神态和语气显示友善和平等相待，减少和消除交际对方的对立情绪，减少和避免交际冲突。即使对方态度不诚，竭力掩盖和回避事实真相，询问者也必须态度冷静而百折不挠，排除障碍，取得交际的成功。当然，交叉询问更应该守住"提问必须符合法律规定"的底线。

在本书第三章第一节"双向互动型法律语言交际"一问中③、④均为我国交叉询问成功的案例。③该案系精密仪表的买卖合同纠纷，被告不同意返还不合格仪表的货款，而争议的焦点是该仪表是否符合国家统一质量标准。律师暂且撇开质量问题，首先就对方是否拥有各种职级的工程技术人员进行交叉询问，询问结果是：该厂没有高级工程师，仅有的两名技术人员未经国家考核和认定。显然，该厂不具备生产精密仪器的技术力量。询问者就这样通过平静的发问，釜底抽薪，堵死狡黠者的退路，使案件的事实昭然若揭，委托人的正当权益终于得到保护。④因殡仪馆的失职，原告为其亡故亲人举行遗体告别仪式时，被推出的是他人的遗体，致使追悼会不能正常进行。依法应当赔偿原告的有证可查的直接经济损失。但关于原告的精神抚慰金的诉请，应当由原告提供包括事实和法律等方面的依据。被告代理人通过交叉询问，获悉原告索赔的事实依据是：其亲友从媒体获悉被告的失职行为，纷纷来电来访，以致令原告"痛不欲生"。然而询问结果显示：媒体的信息恰恰来源于原告的投诉，与被告无关。这样就暴露了原告的主张和事实存在矛盾，从而否定了原告的这一无理诉请。

总之，我国的交叉询问尽管起步才二三十年时间，但在保证诉讼有效进行，实现司法公正与效率方面发挥了积极的功效。我国交叉询问的理论和实践等方面都还有很大的发展空间，法律语言学应当并完全可以对之做出自己的一份贡献。

第三节　法庭辩论（上）：法庭演讲

世界两大法系中有一个普遍原则即言辞审理原则，在各方当事人及诉讼参与人到庭的前提下，陈述事实、申述观点，举证、质证均需要面对法庭，通过言辞手段进行语言交际。诉（控）、辩双方的阐述必然会大相径庭，那只有通过法庭论辩让居中裁判的法官去判定正误和是非。因此，在各类案件的诉讼中，法庭辩论至关重要。

我国的《刑事诉讼法》和《民事诉讼法》是庭审开展辩论的法律依据。《刑事诉讼法》第193条规定，“法庭审理过程中，对于定罪、量刑有关的事实、证据都应当进行调查、辩论。经审判长许可，公诉人、当事人和辩护人、诉讼代理人可以对证据和案件情况发表意见并且可以互相辩论”。《民事诉讼法》第141条规定：“法庭辩论按照下列顺序进行：①原告及其诉讼代理人发言；②被告及其诉讼代理人答辩；③第三人及其诉讼代理人发言或者答辩；④互相辩论。法庭辩论终结，由审判长按照原告、被告、第三人的先后顺序征询各方最后意见。”《行政诉讼法》尚未专设条款对法庭辩论进行规定，其审判实务参照民事诉讼程序开展。

按照上述法律规定，刑事诉讼和民事诉讼的法庭辩论可以细化为下列内容：一是控辩或诉辩各方针对对方的比较系统的发言。二是控辩或诉辩各方为提出己方新的意见或论点的互相辩论。三是当控辩或诉辩各方还有新的问题，或力图进一步深化阐明其之前提出的问题的互相辩护。如果双方对事实与证据还有新的问题，审判长认为重要的还可以继续辩论，直至双方言止意尽，力求水落石出。

各类诉讼的法庭辩论，一般是口语形式的言辞辩论，当然事先必须充分准备，法庭辩论各方的首轮系统发言要庭前形成文稿，刑事案件控辩双方的发言分别为公诉意见书和辩护词。民事案件双方的首轮发言分别为一审中的原告诉讼代理词和被告诉讼代理词，二审中分别为上诉人诉讼代理词和被上诉人诉讼代理词。除此之外，还得未雨绸缪，全面预计庭审中可能出现的各种情况，拟写全案的辩论提纲。

按照我国的法律规定和司法实践，刑事案件的公诉意见书和辩护词，民事和行政案件的诉讼双方的代理词统称为法庭演讲词。

下面，我们将对主要法庭演讲词进行讨论，至于法庭演讲之后控辩或诉辩各方的互相辩论则在下一节进行阐述。

法庭演辞以事前准备的书面演词为基础，但不能照本宣科，必须根据诉讼活动的实际进程进行调整补删，有很大的灵活性。因此，演说者既要有充分的书面演词准备，又要有机智、犀利的口头应变能力。法庭演辞能在揭露犯罪，分辨是非，维护公民的合法权益，给法庭审理提供重要依据或参考，实现司法公正与效率等方面发挥巨大的功效。另外，因法庭演辞长于依法切事论理，又是对群众进行法制宣传的一种具体、生动、饶有吸引力的重要方式。因此，法庭演辞不仅为审判人员、当事人们所关注，也为法庭听众所注意。所以，我们对法庭演辞不能掉以轻心。成功的法庭演说家不但需有高深的法学知识，以及相应的有关知识，还应掌握口辩的一些技巧，做到不但能口咏其音，而且还能心惟其义。这样，经过长期的严格训练，就会成为出色的雄辩家。

下面，着重介绍公诉意见书、辩护词和代理词的演讲论辩。

一、公诉意见书

公诉意见书，原来的名称是“公诉词”。1996 年 12 月为了保证严格执行修订后的《刑事诉讼法》，最高人民检察院对检察机关刑事诉讼法律文书进行了全面修订，并正式制定、印发了《人民检察院刑事诉讼法律文书格式（样本)》，共规定文书格式 119 种。同时还制定、印发了人民检察院刑事诉讼内部工作文书样式 52 种。“内部工作文书”是人民检察院在刑事诉讼过程中，为适用刑事诉讼程序，按内部制度、规定，进行内部请示、报告、研究、讨论、审查、批准、登记等形成的法律文书。当时，最高人民检察院把起诉意见书确定为“内部工作文书”之一。此后，最高人民检察院又对检察院法律文书的格式样本进行修改，新的《人民检察院法律文书格式（样本)》于 2002 年 1 月 1 日起开始施行。公诉意见书被确定为 159 种检察法律文书之一，不再属于“内部工作文书”。

（一）按规定，公诉意见书的结构与内容如下

1. 首部。包括制作文书的人民检察院的名称和文书名称（即“公诉意见书”)。由于本文书是用于在法庭上当场发表，所以无需编文号。

2. 正文。其中又分别包括以下内容：①案件有关情况。包括被告人姓名（或者名称，被告人为单位时写名称)、案由（即涉嫌犯罪的罪名)、起诉书

号。此部分是为了保持文书的完整性而设计的，在法庭上无需宣读。②抬头。即“审判长、审判员（人民陪审员）”。具体可根据合议庭的组成情况写为“审判长、审判员”或者“审判长、审判员、人民陪审员”或者“审判长、人民陪审员”。③出庭任务及其法律依据。具体表述为：“根据《中华人民共和国刑事诉讼法》第184条、第198条和第203条的规定，我（们）受×××人民检察院的指派，代表本院，以国家公诉人的身份，出席法庭支持公诉，并依法对刑事诉讼实行法律监督。现对本案证据和案件情况发表如下意见，请法庭注意。”其中，“我（们）”根据出庭公诉人的人数选择措辞，“×××人民检察院”即本院名称。④公诉意见。此部分为本文书的核心部分。具体适用时应根据案件的具体情况重点从以下三方面加以阐述：一是要根据法庭调查的情况，概述法庭质证的情况、各证据的证明作用，并运用各证据之间的逻辑关系证明被告人的犯罪事实清楚，证据确实充分；二是要根据被告人的犯罪事实，论证应适用的法律条款并提出定罪及从重、从轻、减轻处罚等意见；三是要根据庭审情况，在揭露被告人犯罪行为的社会危害性的基础上，作必要的法制宣传和教育工作。⑤总结性意见。具体表述为：“综上所述，起诉书认定本案被告人×××的犯罪事实清楚，证据确实充分，依法应当认定被告人有罪，并应（从重，从轻，减轻）处罚。”

3. 尾部。包括公诉人的姓名、年月日并注明当庭发表。

公诉意见书是公诉人代表人民检察院在法庭辩论开始阶段，当庭发表的演说词。它在检察院对刑事被告人提起公诉时所制作的起诉书的基础上，对起诉书进行补充和阐发。起诉书的内容主要是扼要地叙述案情，论证被告人构成犯罪并对他进行起诉的法律依据，目的是揭露、控告犯罪。公诉意见书则从事实上、证据上、法律上，进一步揭露犯罪事实，认定犯罪性质，分析证据，分析犯罪目的、动机和犯罪根源，论述社会危害性。因此，公诉意见书不仅以论证被告人犯罪行为的确实性来支持公诉，并可以结合案件进行法制宣传。按照2012年3月14日修改后的《刑事诉讼法》和历年来刑事审判方式改革的精神，刑事案件采取抗辩式法庭审理方式，在法庭调查阶段控辩双方应当充分举证、质证。在法庭调查结束后，公诉人即发表公诉意见书，而后按照《刑事诉讼法》第193条规定“经审判长许可，公诉人、当事人和辩护人、诉讼代理人可以对证据和案件情况发表意见并且可以互相辩论。”开展法庭辩论。可见，作为一种法庭演辞，公诉意见书既揭开了法庭论辩的序幕，也是在控辩各方的论战中，公诉人按庭审程序“开出的第一枪”，为被告人及其辩护人竖起了攻击的靶子。法庭论辩是交互的、反复的，双方均可就争议的焦点多次提问—回答或者诘问—反驳。在公诉人这一方，公诉意见书为其全部法庭辩论打下基础，其论辩要点、基本立场、观点应当始终如一、一以贯之。

公诉意见书制作和运用的优劣对公诉人在刑事诉讼活动中取得成功，出色完成公正司法、维护法制尊严的使命，具有重要的意义。我们对这种法庭演辞的制作和运用应当予以高度重视。

这里，作者拟不揣浅薄，对公诉意见书的结构、内容及其定位发表个人的意见。我以为：最高人民检察院将公诉意见书重新确定为一种必备的检察文书，并规定了其标准格式和内容要素，本意是好的。但就对文书性质的定位及规定的内容要素而言，尚存在一些可以商榷之处。首先，这种“文书”实际上是一种法庭演辞，必须当众演讲，原来定性为“内部工作文书”当然欠妥，现在已匡正，但是对其结构和内容的规定，仍旧沿袭1996年的规定。笔者以为，公诉意见书既然是一种法庭演讲词，对其结构和内容要素不能规定得如此刻板划一。按照公诉意见书的“样式”，对前言、结束语规定了划一的模式与措辞，主体部分对“结合案情重点阐述以下问题”的三个方面内容的统一规定，又容易让人误解为每份公诉意见书的核心部分非要从这三个方面面面俱到并平均使用笔墨进行论述不可。案件是千差万别的，辩论又是瞬息万变的，制定公诉意见书之类的有法庭演辞性质的“文书”的格式及框定其内容要素时，必须清楚地认识到这一点。2002年初最高人民检察院颁发的《人民检察院法律文书样式（样本）》开始实施，公诉意见书已重新定位为“公诉法律文书”，不再作为“内部工作文书”，但对其结构与内容的规定，仍与1996年颁行的样式无异，事实上，使各级人民检察院的公诉意见书制作无法适从。

根据公诉人的公诉意见在刑事诉讼中的功效及法庭论辩的需要，结合司法实践，作者拟对公诉意见书合理可行的结构内容及语言运用进一步进行探讨。

（二）公诉意见书的结构和语言

1. 标题。标题按规定写作“×××检察院公诉意见书”。

2. 称呼语。即“审判长、审判员”或“审判长、人民陪审员”等。称呼语不仅用于开头，在演讲过程的关键之处或者需要提醒法庭特别注意的地方，也要插入。这是由演讲的特点决定的。

3. 导言。导言的任务是用简明扼要的语言对法庭调查情况进行概括。导言的表达方法可以是多种多样的，应该根据具体案件的特点来确定。一种方法是用简练的语言对法庭调查加以概括，并直接明朗地提出公诉意见书要领。如：

今天，我以国家公诉人的身份出席法庭，就被告人姚××以危险方法危害公共安全一案的公开审理支持公诉。刚才的法庭调查，清楚地证实本院起诉书认定被告人姚××的犯罪事实确凿，证据充分。被告人姚××，目无国法，在光天化日之下驾驶汽车向天安门广场上的人群猛撞，致使无辜群众5人死亡，

19人受伤，所驾驶的汽车撞毁。被告人姚××在天安门广场制造的特大死伤案件，在全国造成了极坏的影响。为了维护社会治安，保障公民的人身权利不受侵犯，必须对被告人姚××绳之以法，严惩不贷。

下面，我就被告人的犯罪情节、手段及其危害后果，发表以下公诉意见。

导言的另一种表述方法是通过反驳被告人的辩解或者论述罪行而讲述法庭调查概况：

首先，我针对被告人董××在法庭调查阶段的辩解，谈谈董××究竟犯了什么罪。他声称"我不是故意蓄谋杀人，是犯了盲目伤害"。董××构成犯罪这一点，刚才无论被告人或是辩护人都是没有异议的。但是，究竟是故意杀人，还是伤害？有不同看法。根据刚才法庭调查时的证人证言、被害人的陈述以及所出示的凶器，可以充分证明被告人是故意杀人，绝不是盲目伤害。理由是：(略)

但是无论用哪种方法，都要注意集中笔力，紧扣主要问题，使其造成一种气氛，控制住听众的情绪，务求具有吸引力，使听众全神贯注地聆听演讲。至于公诉人据以出庭支持公诉的法律条文，可以少引甚至不引。多引条文会使导言显得冗长与沉闷，而且在法庭演讲辞中也实在没有必要。

4. 主体。主体是公诉意见书的重点。其任务是引用多方面的材料，摆事实讲道理，论证导言中所提出的主要论点。一般是根据所确定的公诉意见书的重点，分成几个问题，发表公诉人的意见。例如，上面讲到的姚××以危险方法危害公共安全一案的公诉意见书，主体部分分两个部分：一是被告人姚××罪行十分严重，手段极其残忍，情节极为恶劣；二是被告人姚××的犯罪行为，造成了特别严重的后果。

论述中各问题的先后次序要根据各部分间的内在逻辑关系来安排布列，以使之前后连贯、层次分明、顺理成章。各个问题都可以采用夹叙夹议的方法展开论述，把道理讲深讲透。为此，必须据实论罪，依法论理，把犯罪事实、证据和法律有机地联系起来，深入分析评述。

客观的犯罪事实和证据是认定犯罪性质、支持公诉的有力依据。公诉意见书不必过多重复起诉书的事实，只需简洁地概括叙述案件的基本情况，作为分析犯罪性质的基础即可。但是，在必要的时候则需补充比起诉书中更为详尽、具体的事实材料及翔实的人证、物证和书证。这样，可以确定案件性质或说明被告的主观恶性，加强论证力量。如××市人民检察院董××杀人案公诉意见书是这样叙述被告人的犯罪事实及证据的：

1. 这是一起有预谋、有准备的重大刑事犯罪案件。被告人董××的犯罪目的十分明确，那就是使用残暴手段，决意把姚××杀死。……根据刚才法庭调查，经过9个月的预谋，从2014年5月到2015年2月，曾5次准备凶器。2014年5月向同学王××的父亲借了斧头（这把斧头刚才已出示），并把斧柄锯短，放在拎包内。被家属发现收掉以后，他的同学王××曾严肃地向他指出："你这样做是触犯刑律的。"被告不仅不听劝阻，又买了锋利的菜刀去实施犯罪。这些准备行为在法律上都认为是犯罪。这说明犯罪行为出于故意，而不是像被告所说是盲目的行为。

2. 被告人选择了2015年2月21日（正月初三）杀害姚××是经过考虑的。杀人当天，被告人在中午购买了菜刀，然后携带菜刀寻找姚××，搭乘姚××售票工作所在车队的××路公共汽车，到处寻找正在节日加班的姚××。当他发现姚正在东站服务时，就决定下手。被告人趁姚××正忙于工作，窜上前去，取出凶器，下了毒手。他是经过周密考虑，希望发生被害人死亡结果的。

3. 被告人董××2015年2月21日杀害姚××所使用的凶器是足以致命的锋利的中号菜刀。

4. 被告人杀害姚××的部位是致命的部位，刚才法庭出示的照片足以证明。抢救姚的××医院鉴定：姚××头部局部粉碎性骨折，局部凹陷骨折，颅骨外板断裂，脑膜破损，脑浆糜烂，脑液外溢。到现在姚××的头部还有两处缺损：一处在右部，面积是6厘米×8厘米，另一处在顶部，有2厘米×4厘米。这两块头盖骨至今无法弥合。医院鉴定书说：这种伤势足以造成死亡。

这里所叙述的案件事实和证据，在起诉书中比较概括、简单。案发后，被告人对自己的行为一直没有正确的认识，某些不明真相的群众和报刊也片面支持被告人的无理取闹。检察机关的公诉意见书用详尽、客观的事实和证据证明被告人"根本不是什么'犯了盲目伤害'，而是'故意蓄谋杀人'"，有力地说明了其犯罪性质和主观恶性。

有的公诉意见书为了阐明犯罪性质和严重性，还常常紧扣犯罪过程中的几个重要环节，如犯罪的时间、地点、手段、情节等，分点列述分析，使叙述眉目清晰，听众印象深刻。如姚××危害公共安全案的公诉意见书就是这样分析论证被告人所犯罪行的严重性的：

被告人姚××的罪行十分严重，手段极其残忍，情节极为恶劣。

第一，从被告人姚××作案的地点来看。众所周知，北京是祖国的首都，是我国的政治中心；天安门广场是首都人民政治活动的中心，也是各族人民群众和国际友人游览的胜地。被告人选择这个地方实施犯罪活动，残害无辜，严重地危害了公共安全，损害社会主义祖国的声誉，在国际和国内造成的恶劣影响是不可估量的。

第二，从被告人姚××犯罪的时间来看。1月10日正是星期日，上午11点左右，在天安门广场和金水桥一带，来自祖国各地的群众和世界各国的国际友人络绎不绝。被告人姚××选择这个时间驾车高速向人群猛冲，造成的严重后果是可想而知的。

第三，从被告人姚××的犯罪手段来看。被告人姚××是个司机，是一个有完全责任能力的人。她十分清楚，驾驶汽车高速向人群猛撞会发生怎么样的后果，而被告人姚××恰恰是选择了汽车作为犯罪工具，用极其残忍又极其危险的方式实施犯罪。……

这些事实证明，被告人姚××的犯罪手段是极其残忍的，情节是极为恶劣的!

公诉意见书的法律论证，有三种类型：第一种是具体引证必要的法律条文作为依据，对被害人的犯罪性质进行分析论证；第二种是通过法律理论的分析论证来增强指控被告的说服力；第三种是引用法律条文和法理分析相结合，来分析论证罪行的性质及其严重性。如黄××、钱××故意伤害一案公诉意见书在论证两名被告人均犯有故意伤害罪时，就用了第三种方式：

《刑法》第14条明确地指出："明知自己的行为会发生危害社会的结果，并且希望或者放任这种结果发生，因而构成犯罪的，是故意犯罪。故意犯罪，应当负刑事责任。"这就清楚地告诉我们故意犯罪分为直接故意和间接故意。直接故意是希望危害社会结果的发生，间接故意是放任危害社会结果的发生，这两种情况都属故意犯罪。被告人钱××先用菜刀朝被告人黄××头部连砍两刀，而黄××夺过菜刀，也朝钱××的头部砍了两刀，后来又朝钱××的母亲、父亲的头部连续砍击。他们两人的这种行为都具备了故意伤害罪的三条基本条件，并且都明知自己拿菜刀朝对方头部砍击，会造成伤害他人的结果发生。所以，我们在起诉书上指控被告犯了故意伤害罪，是客观和正确的。

对被告人犯罪行为危害性的分析，并不限于对犯罪行为直接结果的分析，还要通过对罪行所造成的一系列后果（包括对被害人本身、家庭、社会和国家造成的损失以及社会影响）进行分析，来说明所犯罪行对社会的危害性，以此作为对被告人定罪量刑的依据或参考，并以此宣传法制，教育群众。如上述姚××危害公共安全一案的公诉意见书详细地论述了姚犯撞死5人、撞伤19人的具体情况及给有关人员家庭所酿成的悲剧。公诉意见书列述了受害者张×丽、张××、魏××等人遇难后给亲属、家庭、战友带来的巨大悲痛，给国家造成的损失。如公诉意见书对青年战士张××的死是这样论述社会危害性的：

被撞死的北京卫戍区某部战士张××，今年18岁，他积极要求进步，努力学习，是班里的骨干，曾两次受到部队的嘉奖。10号这天，他随同部队战友到天安门前照相留影，被姚××驱车撞出约10米远，当即身亡。噩耗传来，张××的父母痛不欲生。他们含着眼泪，满怀悲愤地说："如果××为保卫祖国而牺牲，我们感到光荣，如果他因公牺牲也是值得的；可是他却无缘无故地死在一个亡命之徒手里，真是叫人痛心！"张××所在部队的战友们无限愤慨，他们对姚××在天安门广场故意开车行凶，造成极其严重的后果，表示了极大的义愤，纷纷要求司法机关对姚××依法严惩。

有的经济犯罪案件则直接分析被告人所犯罪行对国家建设和人民利益所造成的严重损失。有的案件则着重分析社会、政治影响。如黄××、钱××故意伤害案的公诉意见书对社会危害性是这样说的：

大家知道，社会危害性是犯罪最本质的特点。被告黄××、钱××所犯的故意伤害罪的社会危害性表现在伤害了他人的身体健康。同时由于双方动刀斗殴，还影响了群众的生活秩序，破坏了社会治安，并在青少年中造成了恶劣的影响。这些都侵犯了他人的人生权利，而且危害了安定团结的社会秩序……

总之，对罪行的社会危害性，要根据不同案件的具体情况，针对性极强地表述，以达到支持公诉、宣传法律的目的。

一般来说在论述犯罪性质及严重性时，已经说明了从严惩处的理由和根据。根据具体案件的实际情况，如有从轻处理条件的，如认罪态度较好，犯罪动机恶性不大、作案时未届法定责任年龄等因素等也应一一列述，以供法庭参考。这不仅不会影响公诉意见书的分量，相反还能反映检察机关公正执法的科学态度。

分析被告人犯罪的思想根源和社会根源的这一部分，一方面可以惩戒和教育犯罪者本人，同时也可以教育他人，达到法制宣传教育的目的。另一方面，还可以为有关单位提供加强思想政治工作、预防犯罪的参考。所以这一部分讲好了，也是很有价值的。

作为一种法庭演辞，公诉意见书语言上的论辩性是必不可少的。不仅公诉意见书，抗诉词、公诉人针对辩护人的辩护词进行辩驳的"答辩词"、检察机关的"抗诉（上诉）案件出庭检察员意见书"、辩护词、代理词语言的"艺术魅力"，都是寄寓在论辩性中。众所周知，为了辨别是非，甚至决定被告人的生死予夺，诉讼各方在法庭上免不了要各抒己见、唇枪舌剑，因此，开展激烈的法庭论辩势在必行。公诉人为出庭支持公诉而进行的各项活动间，有其必然的内在连续性，而其中尤以发表公诉意见书与法庭论辩间的关系更为密切。因此，公诉意见书不仅要论述支持公诉的根据和理由，而且应当针对被告人和辩护人可能有的反对意见，给以论、驳兼备的阐述。有的被告人、辩护人在法庭调查阶段，对事实认定、证据的合法性或确凿性，对定罪定性提出否定意见。

遇到这种情况，公诉意见书应该牢牢依据事实与法律，既要从正面支持公诉，又要从论辩的角度展开论辩。总之，公诉意见书为要驳倒被告人的种种有悖法律与事实的不实之词，要充分运用辩驳的武器。反驳要针锋相对，有的放矢，行文有破有立，破立结合，要破得有力立得稳固。

最后，还要强调一下，公诉意见书主体部分的筹划与表述，必须因案而异，有的放矢。例如有的被告人在法庭审理调查阶段，对有确凿证据足以证实的犯罪事实全部翻供，起诉意见书的主体部分可以把通过对证据的分析论证指控被告人构成起诉书中控告的犯罪作为重点。如果在法庭调查阶段控辩双方对指控的事实、证据没有异议，则可以从法律适用，如何定罪量刑等角度发表公诉意见。有的案件，由于被告人的犯罪动机极为恶劣或者比较特殊，就可以在分析犯罪动机和动机、目的与结果的关系之间多花笔墨。有的案件，犯罪主体比较特殊（如国家高级干部等），也可以把剖析犯罪的思想根源和社会根源作为重点，在惩戒犯罪、防止腐败方面进行探讨。

5. 结论。要求确切地引用法律，在归纳犯罪性质、情节、被害人认罪态度等基础上，向法庭提出被告人应负的法律责任及从重或从轻的意见，语言要明确，语气要坚定。利用演讲结尾的好时段，集中阐明自己的立场、观点。如有一份抢劫、杀人案的公诉意见书结尾写得比较好，它是这样说的：

审判长、人民陪审员，在结束发言之前，我再一次请法庭对这伙虽然年龄不大，但气焰相当嚣张，手段十分凶残，情节极其恶劣，法理实在难容的犯罪分子劳××、周××等8人，根据他们在犯罪活动中所处的地位和具体犯罪情节，依照刑法第232条、第263条、第290条所规定的故意杀人罪、抢劫罪和聚众扰乱社会秩序罪，分别从严惩处。

二、辩护词

提到法庭演辞，人们自然想到律师的论辩。我国《刑事诉讼法》规定，被告人除自己行使辩护权以外，还可以委托律师、被告人的近亲属、监护人或其他公民为其辩护。辩护词就是刑事案件被告人的辩护人在法庭上为被告人作无罪、罪轻或者减轻、免除刑事处罚辩护时的演讲词。在刑事诉讼程序中，辩护词是辩护人实现辩护职能，维护被告人合法权益的重要手段。

按照法律规定，被告人在法庭上有权依法行使辩护权，陈述自己的观点。但刑事案件被告人对自己犯罪情节的供认和无罪或罪轻的辩护，按照《刑事诉讼法》第193条“审判长在宣布辩论终结后，被告人有最后陈述的权利”的规定，可以称为“陈述词”，一般来说不能称为辩护词。中外各国的革命导师、革命志士和民主人士受到反动政府迫害时，利用法庭为自己辩护并进一步打击反动势力、揭露反动派的丑恶嘴脸，宣传革命真理所作的论辩与演讲，值得我们进行法庭演讲，特别是演讲辩护词时学习。例如，马克思和恩格斯1849年2月7日在科伦法庭就《新莱茵报》案分别进行的辩护演讲，充分显示了“演说简洁而有条理”，“一字一句都有深刻的涵义”，能够把听众“紧紧地吸引住”的语言艺术（弗里德里斯·列斯纳《1848年前后》）；季米特洛夫1933年11月~12月在莱比锡法庭上的发言与论辩语言犀利，气壮山河；沈钧儒、章乃器、王造时、李公朴、邹韬奋、沙千里、史良七位“救国会”领袖（其中沈、王、沙、史都是律师）1937年6月在江苏省高等法院审判庭上的论辩演讲机智敏捷、灵活巧妙、深刻有力而又生动形象、通俗易懂。我们在学习这些演辞光辉革命思想、司法公正和实现民主自由价值取向的同时，还可以学习、吸取他们的论辩技巧和语言艺术。

（一）辩护词的结构和内容

辩护词的内容和格式没有严格的规定，但是在司法实践中大多数辩护词有大体相同的结构和大体一致的辩护内容。辩护词大致可以分为标题、称呼语、导语、正文和结论五个相对独立的部分。

1. 标题。标题可以称为“××（人）××（案）辩护词”或仅称“辩护词”。

2. 称呼语。按照审判庭的实际组成情况，称呼语为“审判长、审判员”或者是“审判长、人民审判员”等。

3. 导语，也可叫引论。主要说明接受委托或指派，担任本案被告人辩护人的情况。而后可以概述一下担任辩护人后为作好辩护工作而进行的准备活动，再表明自己对本案的基本观点或态度。至于“根据我国《宪法》《人民法院组织法》《刑事诉讼法》规定被告人有权获得辩护”之类多余的套话，可以不写。总之，导语要求简明扼要，不拖泥带水，以期引起听众的兴趣和关切。如：

我受被告人冯××的委托，为他担任辩护人。公诉人指控被告人冯××犯了文物投机倒把罪。通过刚才的法庭调查，我认为公诉人的指控，不论从事实上还是法律上都是不能成立的。

4. 正文。这是辩护词的主体部分，它承接导语，对起诉的事实和理由，进行全面的分析和论辩，证明自己的观点和主张是正确的。所以这一部分也可以称为“辩护理由”。从辩护理由涉及的方面来看，常见的有以下三个方面：

（1）对起诉书认定的犯罪事实（含证据）进行辩驳。如果起诉书上对于犯罪事实的认定有问题，就针对认定的错误和矛盾予以辩驳。部分错了，部分辩驳；全部错了，全部辩驳。如果没有错，就决不要歪曲、捏造事实辩驳。辩驳时，一方面指出对方的错误事实所在，另一方面还应提出自己可靠的证据，这样有破有立，才有说服力。

在否定犯罪事实存在时，主要是从否定犯罪事实的证据着手。证据是虚假的，则“事实”不攻自破。在破的基础上再阐明客观事实，就更能使听众信服。如：

起诉书认定被告人“骗取钱财”，证据是被告人看病时接受病人钱财和实物。那么，被告人究竟有没有骗取钱财的行为呢？

被告人在15年间，共接受报酬230余元，还有猪肉、瓶酒、糕点等礼物，这是事实。但不是“骗取”，因为被告人自始至终没有图财的目的。参加调查座谈会的群众都说：“从来治病没要过钱，谁找都去，不要报酬或还人情。”但随着有些患者的病被治愈，被告人名声也越传越远。有的患者去他家找他看病，目睹他的家庭生活十分贫困，有些患者的住处离他家又很远，他步行往返上门治病，患者过意不去，就主动给他一点钱，作为报酬。给他，他就收下；不给，也不伸手要。

给钱的情况也不一样。有的没治好，给了钱；有的治好了，没给钱。多少也不一样。刘××的病治好，请吃了3餐饭。陈×顺的妻子19××年地震吓成精神病，治好了，送给他2瓶酒、5斤花生和2包蛋糕。马×然的妻子患精神病10年，治好了，被告人误工5天，病家只送2瓶酒。李×奎的儿子医治半个月没治好，又接到被告人家中医治，给10元。陈×珍、朱×友、刘×志的妻子和刘×明等人，全是被告人治愈的患者，都没给任何报酬，被告人也没有索取。

上述事实，充分证明被告人对待报酬的态度是：给，就收；不给，也不要。既无标准，也不计较。多给者少，少给者多。没有丝毫骗取的行为。15年中，治病30人次所得报酬，减去往返途中的花用，花费了200个以上的工日，年平均10元左右，月平均只有6~7角。被告人没有图财的目的，没用过骗钱的手段，所得的报酬又如此微薄，起诉书认定被告人骗取钱财，与事实完全不符。

也有的辩护词从证据不足的角度对起诉书指控的犯罪事实进行辩驳。如：

起诉书指控周××犯了故意伤害罪。事实是这样的：当被告人周××拿起菜刀与首先持刀挑衅的被告人黄××、戴××、吴××三人混斗时，因现场走廊狭窄（宽1.3米）昏暗，周××听到双方喊“受伤了”，且见对方人多，心里害怕，马上逃离现场。……现在被告人周××承认砍过两刀，但又称未砍中对方。被告人黄××、戴××、吴××均供称持刀但未砍人。双方所称均不足信。现黄××、吴××身上有伤。戴××鼻尖被削掉。因走廊狭窄昏暗，双方混打中也有可能是被告人黄××同一方三人互相误伤。所以，以此断定周××

犯有故意伤害罪。证据是不足的。

当然，还可以从证据的合法性，证据与案件事实的关联性等方面进行辩驳。

（2）从法律角度进行辩护。法律是分辨罪与非罪、衡量罪重罪轻的准绳和天平。起诉书若区分案件罪与非罪时界限不清，认定罪行性质、情节轻重有误，辩护人则应从法律适用角度进行辩护，以保护被告人的合法权益。从法律方面进行辩驳，既要涉及有关的法律规定，又常常涉及犯罪构成等法学理论，辩论时必须与案件的客观事实紧密结合。例如，20 世纪 80 年代有一个冯××文物投机倒把案，辩护人对被告人进行无罪辩护时，完全是从公诉人用于指控被告人构成该罪的法律条文是否适用于本案的角度展开的：

公诉人在起诉书上共援引了三条法律作为要求追究被告人冯××刑事责任的根据。一条是 1982 年 11 月 19 日公布的《文物保护法》第 31 条第 2 款，另两条是《刑法》第 117 条和第 119 条。我认为这 3 个法律条款对被告人冯××的行为都是不适用的。

关于第一条，五届人大常委会在 1982 年 11 月 19 日公布的文物保护法第八章附则中明确规定："本法自公布之日起施行"，并未规定追溯效力。根据 1979 年《刑法》第 9 条之规定："中华人民共和国成立以后本法施行以前的行为，如当时的法律、法令、政策不认为是犯罪的，适用当时的法律、法令、政策。如果当时的法律、法令、政策认为是犯罪的，依照本法总则第四章第八节的规定应当追诉的，按照当时的法律、法令、政策追究刑事责任。但是，如果本法不认为是犯罪或者判刑较轻的，适用本法。"被告人冯××的行为发生在 1980 年，按照上述规定，只能适用当时的法律、法令、政策，不适用 1982 年 11 月 19 日公布的《文物保护法》。而按照当时的文物法规和工商管理法规，对被告人冯××的行为最多只能没收其非法所得。宜昌市工艺美术厂的朱××勾结港商将这幅画盗运出口，情节比冯××严重得多，也只予记大过处分。而对冯××却要追究刑事责任，这是为什么呢？请法庭三思。

关于第二条，即《刑法》第 117 条，我认为对被告人冯××也是不适用的。因为该条所列的投机倒把罪，系指以获取暴利为目的，违反金融、外汇、金银、工商管理法规，非法从事工商业活动，扰乱市场、破坏社会主义经济秩序的行为。情节严重的，才追究刑事责任。而被告人冯××1972 年购进这幅画，纯系为了专业爱好而收藏的，并非为了转手倒卖牟利；他隔了 8 年之久才将这画同朱××调换一台彩电，完全是在朱的勾引下，贪图小利，偶尔失足。这与以获取暴利为目的，故意违犯工商管理法规，非法从事工商业活动，是有很大区别的。当然，被告人这一行为确有严重错误，他不懂字画鉴定知识，分不清他所藏的画是否系吴昌硕的真迹，在这种情况下，理应送交有关部门进行鉴定，然后再决定是否可以私下交换。可是他却在他人物质引诱下，未经有关部门鉴定，擅自将一幅旧画同他人私下交换，这种行为是违反文物保护法规的。然而论其情节，并不具备《刑法》第117条所列投机倒把罪的犯罪要件，故不适用该条。

关于第三条，即《刑法》第119条，我认为对被告人冯××更不适用。因为该条系指“国家工作人员利用职务上的便利，犯走私、投机倒把罪的，从重处罚。”它显然只适用于利用职务上的便利，犯走私、投机倒把罪的国家工作人员。也就是说，国家工作人员犯走私、投机倒把罪，适不适用这条法律，关键在于是否利用了职务上的便利。被告人冯××虽系国家工作人员，但他无论在买进或同他人私下交换这幅画时，都没有利用任何职务上的便利来进行这些活动。

辩护词从本案的真实情况出发，驳倒了公诉人据以指控被告人构成文物投机倒把罪并要求从重处罚的三个法律条文。这些条文都对本案不适用，被告人的犯罪自然就不构成。

除了从法学理论和法律条文是否适用的角度对公诉人指控的罪名提出异议、进行辩驳外，也可以从这两个角度对量刑的轻重提出辩护意见。

例如，陈××玩忽职守一案。浙江金华市政府在该市婺州公园举办大型元宵灯会，由于市政府及职能部门缺乏经验，指挥失控，致使现场拥挤不堪，造成35名观灯群众死亡的重大责任事故。金华市检察院以玩忽职守罪起诉灯会筹备组组长、金华市副市长陈××。辩护人从本案事实出发，依据刑法原理，对陈××作有罪从轻处罚辩护，在辩护词的“关于本案的因果关系和责任问题”部分，首先，针对起诉书“被告人应负直接领导责任”的指控，精辟地点出了本案多因一果的特点：“正像金华市元宵灯会获得成功后，陈××绝不可能成为唯一功臣一样，他也绝不可能是特大伤亡事故的唯一罪人”，然后根据我国刑法对玩忽职守罪的科学定义即它必须是国家工作人员对工作严重不负责任，致使公共财产、国家和人民利益遭受重大损失的行为，被告人根据客观事实，承认自己具有职务过失，表示愿意承担应有的责任。其次，通过对行为与结果之间因果关系的分析认定，被告人并不是这一严重事故的唯一责任者，最后，从陈××一贯尽心尽职为金华市民办好事，事故发生后积极参加抢救、受伤不离现场，陈××在十分困难的条件和情况下努力履行自己的职责等方面，要求法院依照《刑法》第63条规定的精神，对陈××以玩忽职守罪减轻处罚。结果金华市中院以玩忽职守罪判处陈××有期徒刑2年，缓刑2年。

（3）从逻辑事理和有关学科科学原理出发进行辩护。在辩护理由的前两方面也涉及逻辑事理方面的内容。从逻辑事理或有关学科的科学原理角度进行辩护很普遍，因为说到底法学原理也无非是逻辑事理在法学范畴中具体运用和显现。例如，辩护人往往从这个视角来否定对被告人行为、结果的某些指控，还可以从被告人行为造成的危害后果不太严重，被告人的目的、动机等具体情节并不十分恶劣，被告人的认罪态度较好或从被告人和被害人两者的个人情况方面进行辩护，要求法庭从轻或免予刑事处分。例如，《宋××故意伤害案辩护词》对于“被害人桂××食指指尖被宋××拉到嘴中咬断”一节就是从一般逻辑事理和人体生理原理角度进行辩护的：

被害人桂××指控她的食指指尖是被宋××拉到嘴中咬断的。我认为这个说法是不可信的。因为桂××被咬断的是右手食指，而根据当时双方面对面的站立位置分析，宋××如果要拉对方的手，只可能拉对方的左手，不可能拉对方的右手。退一步说，即使宋××有意要拉对方的右手，并且就算桂××没有反抗，那么，出于人体器官的自卫本能，桂××的手指也必然会曲握成拳头。宋××即使要咬亦只能咬到她的手背或手指末节，绝不可能咬到她的指尖。再退一步说，就算桂××的手指是老老实实地伸出让宋××去咬，如果是横拉过去的，只能咬到首当其冲的小拇指；如果是直拉过去的，那也只可能咬到最长的中指，或者连着中指、无名指咬才有可能咬到食指，绝不可能仅仅只咬到食指而丝毫没有伤及其他的手指。因此不论从哪方面来分析，桂××所谓她的食指指尖是被宋××拉过去咬断的说法是完全站不住脚的。相反地，从种种情况分析，倒是被告人宋××的说法完全合乎逻辑。这个道理是很明显的：一是桂××只有在抠宋××嘴巴的情况下才会将右手食指伸入对方的嘴里。二是嘴唇和牙齿的神经是紧密相连的，古谚云：“唇亡齿寒”。所以，当一个人的嘴唇受到外界侵袭时，出于人体器官的自卫本能，唇和齿必然会因连锁反应而紧紧闭合。当一个人处于极度紧张、兴奋或愤怒时，体内所释放的能量，往往是正常情况下的数倍甚至数十倍。再加上桂××抠宋××嘴巴时，必然将右手指指尖置于对方左嘴角上下的大牙之间。这就能使她自己的指尖处于最有力的夹击地位。因此当宋××由于条件反射而下意识地将牙齿猛一紧闭时，一瞬间产生十分巨大的力量。这就是桂××食指指尖被咬断的真实原因。

在同一篇辩护词里，辩护人论证“对双方都不追究刑事责任”的建议时，也是比较多地从逻辑事理和不违反社会公德和公共利益的人情事理上着眼的：

我还要提请法庭注意，在当天事件发生和发展过程中，被害人的家属也有一定的过错和责任。其一，双方刚发生抓扯时，桂××的丈夫严×清，大儿子严×礼不但不积极拉劝阻拦，反而参与围殴宋××，这是矛盾升级的一个重要原因。其二，在当天事件中，宋××固然使桂××受到了伤害，然而严×清父子也使宋××受到了伤害和侮辱。必须指出，即使司法机关正式执行拘捕，在押送时也必须让犯人穿戴整齐。可是当天严×清父子在出事后竟然不准宋××穿衣服，将一个仅穿着撕烂了内衣内裤的半裸妇女，在光天化日、众目睽睽之下，来回扭游了几条街。按照法律，这种行为已构成了公然侮辱他人罪。鉴于当天的不幸事件，双方都有一定的责任和过错，又鉴于本案的人民内部矛盾性质，为促进人民内部的团结，我建议对双方都不追究刑事责任。考虑到桂××身体健康和经济上蒙受的损失较大，被告人宋××授权本人表示，愿意赔偿被害人的全部医药费用。这里必须指出，按理说被告人只应负担指尖的医药费用。至于后来的感染、截指，是由于被害人不听医嘱和护理不当造成的，本来不该由被告人负责。被告人主动表示愿意承担全部费用，这说明被告人是有与被害人重新搞好团结的诚意的。

本案案情大致是这样的，被告人宋××与邻居桂××因细故发生争吵，并相互辱骂，被告人打桂耳光后，双方又互相撕打。撕打中，桂右手食指尖端被咬断。法院开庭审理时，公诉人指控宋××的行为构成故意伤害罪，被害人现身说法，不仅以言辞指控，还以用药水浸泡的被咬下的指尖作为证据出示。旁听群众十分愤慨。在这种情况下，辩护人针对公诉人的指控提出一系列的不同意见。就本案而言，辩护时，"据之以实，绳之以法"，即牢牢抓住本案事实和依据有关的法律实在难以奏效，辩护人更多的是"晓之以理、动之以情"，即从人情、常理、科学原理方面进行辩护。他的发言得到群众的好评，经合议庭评议，宣告被告人宋××无罪。

有些成功的辩护，除了一般地运用多方面的、具体的事实和材料外，还用有关学科的科学原理和有关专业的具体数据，或采用科学实验、司法勘验的结果来进行论证。如一份交通肇事案的辩护词，针对起诉书指控被告人犯有交通肇事罪的三条依据（①被告人行车违反规章制度；②死者侍××"右腿被车辆中门夹住"；③被告人遇事"犹豫不决，没有采取紧急措施"）逐一进行辩驳。驳论中，辩护人除运用许多具体的事实材料外，辩驳第二条时，还用承造车辆的工厂提供的数据和勘查实验结果作为论据进行辩护：

第一，据承造这类车辆的上海客车制造厂提供的数据资料，车上前、中、后三扇车门，均系四页折叠的气泵式车门，车门启闭时受连动机构的控制，由两边同时向中间挺闭，不能作单面运动，车辆在正常运行过程中关门时的气泵压力为85.5公斤到171公斤，车门完全关闭后，中间门缝胶皮还可压缩，余有3.3公分的安全间隙。如果脚被夹住，必在两侧同时形成挤压伤痕。可是死者右腿只是单面有伤，显非车门夹住挤压所致。

第二，经辩护人会同有关单位，对原车、原人，在原地作了反复勘查实验证明：当人的右腿踝骨关节以上部位伸入车门被关闭夹住时，由于两面同时受压，脚已无法外拔和入伸，也不能旋转动弹。现假想死者当时因竭力挣扎而将腿伸出，且不说可能造成脚骨折损，至少必在受挤两侧都留有皮伤。特别在踝骨关节两边突出处的伤痕，必定十分明显，但死者右腿非但只在内侧单面留有几处伤痕，而最突出的踝骨部位却没有丝毫伤痕。由此证明，"死者右腿被中门夹住"之说，是不能成立的。

辩驳指控被告人有罪的第三条依据时，辩护人更根据人的生理——心理原理，进行科学计算，将车辆从起步到刹停所耗费时间和被告人从发现情况到指挥车辆刹停时间两相比较，正好相符，证明被告人并非"犹豫不决"和"不采取紧急措施"：

根据案发后的现场勘验结果，该车从起步到刹停，只运行了 6.45 公尺，也就是说车辆只滚了两圈稍多一点。按车辆起步速度为 5 公里/小时计算，每秒钟可移动 1.39 公尺，总共只有 5、6 秒钟。而被告人胡××是后座售票员，她对已起步的车辆没有直接制动权。在这 5、6 秒钟内，她指挥车辆刹停，必须有下列过程：①发现情况，反映到大脑，指挥行动，伸手打铃，通知前座售票员；②前座接到紧急讯号，马上打铃或急告司机刹车；③司机闻讯，立即制动，将已经运行的车辆刹住，期间还要克服惯性作用。完成这些步骤需要 5、6 秒钟时间，不能再少，而这正和轮转时间吻合。怎能说"犹豫不决"和"不采取紧急措施"呢？

实践证明：这份辩护词的论证是有力的。一审合议庭采纳了辩护人的意见，判决被告人无罪。检察院提起抗诉后，二审法院裁定驳回抗诉、维持原判。当然，若认真推敲，这份辩护词还有一些稍嫌美中不足之处。例如，辩驳第二条论据时，指出死者右脚"只在内侧单面留有几处伤痕"，但没有交代其形成原因，若能结合法医鉴定确认其形成的真实原因，则"死者右脚没有被车门夹住"的结论更为雄辩有力。另外，辩驳第三条论据时，该车从起步到刹停经历时间为 5～6 秒钟，因有勘查实验的计算数据佐证，因此具体确切，有说服力，但本案中被告人从发现异常情况到指挥车辆最后刹停中几个步骤所需时间相加正好 5～6 秒，则缺乏用以佐证的实验数据，应该进一步引用有关学科的原理或实验数据证明之。

在科技、文化和经济日趋发展，特别是技术性和智能型的犯罪日益增多，辩护词适当运用实验数据和有关的科学原理进行分析论证，以增强法律论证的说服力，对犯罪行为不枉不纵，充分保护被告人的合法权益的方法更值得提倡和推广。

此外，如果起诉、法庭审理等违反了法定的诉讼程序，辩护词还可以从诉讼程序是否合法这一角度为被告人辩护。根据《刑事诉讼法》第227条规定的精神，对审判程序是否合法可以从下面几个方面着手鉴别：①是否违反法律有关公开审判的规定；②是否违反回避制度；③是否有剥夺或者限制了当事人的法定诉讼权利，可能影响公正审判的情形；④审判组织的组成是否合法；⑤有没有其他违反法律规定的诉讼程序，可能影响公正审判的情况。

5. 结论。这是辩护词的结束语，可以总结或复述辩护词的基本要点，还可以就定罪量刑等问题提出建议。这部分要求文字简要，语气坚定，以期引起听众及合议庭足够的重视。如上文提到的关于交通肇事案的辩护词，结论是这样说的：

综上所述，证明被告人胡××当时并没有“违反规章制度”，没有“致侍××右腿被中门夹门”；也不存在“犹豫不决”和“不采取紧急措施”的问题。死者由于自已的行为，在车门关闭时还想攀车，以致堕车受伤死亡，这属于意外事故，为被告人所不能预见，被告人应属没有任何责任可言，不属于责任事故，应请法庭作出宣告被告人无罪的判决。

（二）辩护演讲成功的途径

我国著名律师施洋曾说过：律师是“民之喉舌”。辩护演讲是律师维护法律尊严，保护公民正当权益的主要手段，辩护词的结论又是律师依据法律和事实、对案件进行深入细致的调查、取证、思考、分析后得出的。显然，辩护演讲的好坏直接关系到律师能否履行维护法制的庄严职责，关系到律师能否充当“民之喉舌”。

那么，社会主义法律制度下人民律师要取得辩护演讲的成功，应该从哪些方面努力呢？我们认为必须做到：

1. 要牢牢把握特定的题旨情境。向法庭提出证明被告人无罪、罪轻或者减轻、免除其刑事责任的材料和意见，维护被告人的合法权益，是辩护人发表辩护词的根本目的。为此，辩护词应围绕这一中心来组织言辞和材料。从语言运用角度来讲，就是注意修辞题旨的明确。如胡××交通肇事一案，起诉书指控胡××构成交通肇事罪，主要依据是被告人“未严格执行规章制度”，对此，辩护词指出：

按《刑法》第133条的规定，行为人“违反交通运输管理法规”是构成交通肇事罪的主观条件。本案起诉书并未直接指明被告人的行为是否“违反交通运输管理法规”，只说“未严格执行法律法规”。现暂且不说这一提法本身的含义不清，事实上被告人是按照有关管理法规行事的。……

按法律规定，车辆驾驶、管理人员只有具备“违反交通运输管理法规”的条件，才构成交通肇事罪，若辩护词就起诉书提出的执行规章制度“严格”与否去进行论辩，则离开了本案特定的论题，达不到预期的目的。而辩护人明确阐明构成交通肇事罪的主观要件，并进一步用多方面的事实证明被告人并不存在这一条件，从而达到了论证被告人无罪的目的。这说明辩护人是准确把握特定修辞题旨的。相反，有一份玩忽职守罪的辩护词一方面以事实与法律证明被告人无罪，但在导言中却对该案案发中死亡的直接责任者表示“沉痛哀悼”。这段话是不适合该案题旨的，事实上也造成了不良的影响。

发表辩护演讲，不仅要考虑论辩的对方——国家公诉人，还要顾及审判人员、证人、鉴定人、被害人、被告人等诉讼参与人和听众。辩护人应对发言对象逐一有所了解，区别情况，决定论辩言语的运用。如对初次出庭的审判、检察人员，宜多从法理上进行辩述，对多次出庭的审判、检察人员，则应多从事实及事实与法律的结合方面予以强调。对中等以下文化水平的听众，对法律内容应多解释，对一些难懂的法律名词，尽量不用、少用，必须用时加以通俗的阐释，要注意用语的朴实、具体、易懂；对知识分子听众，则可在法理哲理上进行发挥、深化。根据听者水平安排演讲内容是争取听众支持、达到辩护目的的必由之路之一。

为了使演讲适应特定的题旨情境，又必须做到两点：①出庭辩护之前，充分做好准备工作，对有关的案件事实及适用法律烂熟于心，并摸清听者的有关情况；②辩护时，每句话都不可游离于事实和法律之外，辩护词引述的事实，要情节清楚、证据确凿、脉络明晰，引用的法律条文必须针对性强、准确性高又全面完整，把法律适用于事实时，更必须切啮吻合、理据统一。语言要简明扼要、切忌模棱两可、夸张幽默。个别辩护人在法庭上逗笑取乐或追求妙趣横生，那是有失法律尊严的，为人民律师所不可取。

2. 通过反复辩论，不断深化主旨。律师的第一轮发言主要是针对起诉书的指控从事实、适用法律、法律程序等角度对案情、事件性质进行正面阐述并提出不同意见，向法庭提出不同于公诉人的对被告人的处理建议，以求在正面阐述和对控告的反驳中树立起维护被告人合法权益的论题。因此，第一轮发言中既有正论，也有反驳。因第一轮发言有庭审前拟定的辩护词为依据，所以发言比较从容，即使照本宣科也无妨大局。而第二轮发言情况就大相径庭。因为律师的第一轮发言为公诉人的再次发言树立了靶子。善辩的公诉人会在律师经周密组织的辩词中，找到可击的缝罅，若律师乱了阵脚，则立即陷入被动局面。擅于辞令的律师则会在第二、三轮发言中站住脚跟并进行新的反击。由于再辩、三辩时无法从容组织讲稿，必须有随机应变的过硬本领，而且要照顾自己观点材料的始终如一，严防忤悖，所以二辩、三辩比初辩的难度更大。律师演讲论辩的真本领也往往通过初辩后的反复论辩显现出来。律师在初辩后的反复论辩，演讲时应该避开枝节问题，就实质性的分歧，坚持真理，力陈己见，不断深化辩护演讲的主旨。

3. 端正辩护目的和演讲态度。由于社会制度和包括律师制度在内的法律制度的差异，社会主义国家律师和资本主义国家律师对辩护目的、效果的理解是很不相同的。资本主义国家法庭审理往往旷日持久，非要一方被辩倒才宣告结束。恩格斯曾批评道："在这里律师就是一切，谁对这一堆乱七八糟矛盾百出的法律杂烩确实花费了足够的时间，谁在英国的法庭上就是全能"[1]。社会主义国家公诉人、审判员、律师虽然在诉讼活动中所处地位不同，在具体问题上还可能会有很大分歧，但是揭露犯罪、打击敌人、保护无辜，维护被告人合法权益，实现社会正义和司法公正的根本目标是一致的。在庭辩中，双方以事实和法律为依据，辩明则已，不求辩倒，因此刑事辩护的成败并不简单地以胜诉、败诉为标志。个别辩护人为了维护自己的面子，就不顾案情事实而强辩，甚至"所欲活则傅生议，所欲陷则予死比"，有意无意地帮助被告人逃避法律的制裁，把辩护演讲当成追名逐利的个人之争。其结果往往适得其反，不仅达不到应有的辩护目的，还有损法庭的尊严。所以，我们认为，要取得辩护演讲的成功，端正辩护目的和演讲态度实在是必不可少的条件之一。

三、代理词

所谓代理词，是指诉讼代理人为维护被代理人的合法权益，在法庭辩论阶段依据事实和法律所作的综合性发言。我国诉讼法规定，民事、行政案件的当事人及其法定代表人，刑事自诉案件的自诉人、刑事附带民事诉讼的原告人、公诉案件的被害人及其近亲属均可委托代理人，参加诉讼。因此，以案件性质来划分，代理词可分为民事案件和行政案件当事人（原告、被告、第三人、上诉人、被上诉人）诉讼代理词，刑事案件自诉人和被害人的诉讼代理事，刑事附带民事诉讼原告人的诉讼代理词等。这里，先介绍民事诉讼代理词。所谓民事诉讼代理词是民事案件的原、被告等当事人所委托的诉讼代理人在法庭辩论阶段代表其委托人，当庭发表的演说词，是诉讼代理人为维护其所代理一方的合法权益而进行控告、答辩的全面性发言。其中代表原告一方的代理词，其作用在于进一步论证、补充民事起诉状的主旨。代表被告一方的代理词，其作用在于答辩原告提出的指控，维护被告的合法权益。

由于审级的不同，诉讼代理词有不同的分类：就一审案件来说，有民事原告诉讼代理词、民事被告诉讼代理词和民事第三人代理词；就二审案件来说，有上诉人诉讼代理词和被上诉人诉讼代理词。

---

〔1〕《马克思恩格斯全集》第一卷，人民出版社 1978 年版，第 702 页。

（一）民事诉讼代理词的结构和内容

民事诉讼代理词一般由五个部分组成：

1. 标题。应根据代理人所代理的诉讼主体所处的地位来决定。每一份代理词都应有一个确切的标题，如“民事原告诉讼代理词”“民事被告诉讼代理词”“民事原告上诉代理词”“民事被告上诉代理词”等，以使听众在正文开始前就了解代理词的性质。

2. 称谓。因为代理词是一种演辞，主要向合议庭陈述，因此开头的习惯称谓是：“审判长、审判员”“审判长、人民陪审员”等。

3. 引论。概述接受委托或指派，担任本案当事人哪一方面代理人，也可以简单说明出庭代理之前所进行的准备工作。最后，提出自己对本案的基本态度或观点。如有一份遗产继承案原告诉讼代理词的引论如下：

我们××市第一律师事务所接受本案原告周××的委托，特指派我担任周××的诉讼代理人。受理本案后，我查阅了案卷，向有关方面进行了调查，刚才又听取了法庭调查情况，对本案有了较全面的了解。现在，我根据诉讼代理人的职责，本着以事实为根据，以法律为准绳的原则，对本案提出以下意见，供合议庭参考。

另一份病骡死亡索赔案被告发表的诉讼代理词，引论部分则是这样写的：

我受××市兽医站的委托，并经××市人民法院同意，依法出庭担任本案被告××市兽医站的诉讼代理人。

在开庭以前，我调查、走访了省、地有关部门和单位，请教了我区兽医界许多知名同志，查阅了大量有关兽医学的专门书籍，并认真阅读了本案卷宗。通过上述调查研究，我认为：原告提出赔偿死骡的诉讼请求，缺乏事实的、理论的、法律的依据。为此，我们提出以下几点看法和意见……

4. 正文。这是代理词的主要部分。在一审民事诉讼中，如果是原告诉讼代理词，就要依据事实和法律，对原告提出的诉讼请求及其所依据的事实和理由进行全面的论证与支持。如果是被告诉讼代理词，则要针对原告诉状及代理词的指控进行答辩与驳论，并依据事实和法律，提出维护被告合法权益的主张。所以，原告诉讼代理词以正面论述为主，被告诉讼代理词则以驳论为主。试比较下列两份代理词的主体部分，第一份是一个继承案的原告代理词，第二份是一起离婚案的被告代理词。

第一份原告诉讼代理词是这样写的：

1. 本案系争财产，是庄××名下的银行存款550 000元。这笔存款是周××同庄××的夫妻共同财产，其理由如下：

（1）这笔财产是庄××本人以自己的名义于2009年存入银行的。庄××

与周××早于2001年成婚。据此，从时间上可以认定该存款是庄××在夫妻关系存续期间所得财产。

(2) 周××和庄××两人的月薪共计25 000元，两人每月积蓄5000多元。8年积蓄550 000元是绰绰有余的。因此，从经济来源上也可以认定这笔存款是夫妻关系存续期间所积蓄的。至于被告辩称：庄××名下的存款来源于民国时期庄家祖上卖房所得款，我们认为依据不足，因其缺乏一环扣一环的连锁证明。

(3) 现在也无充分的证据可以证明庄××与周××之间有经济各自独立的约定。尽管被告的亲友凭模糊的记忆作证，证明庄××与周××之间有经济各自独立的协议，但原告的亲友、老上级也能据实反证庄××与周××两人经济合并，夫妻关系融洽。在双方各凭间接证据各执己见的情况下，只能以原始的“协议书”作为直接证据来断定事实。但是，“夫妻财产各自独立”的理由既是被告提出的，因而“协议书”的举证责任就在被告一方。既然被告现在举不出证据，“夫妻财产各自独立”的理由就不能成立。据此，依《婚姻法》第17条第1项的规定，庄××名下的财产应确认为庄××与周××的夫妻共同财产。

此外还应说明：周××与庄××就夫妻共同财产的开支，确有过口头商议，即周××在自己月薪中留1000元零用，其余交给庄××，周××若有来客，招待费从周留用的零用钱中开支；由庄××安排的家庭开支中，不负担周××前妻所生之子的生活费。但是，在形式上，这个口头商议并不等于“书面协议”；在内容上，庄××同周××的前妻所生子女经济分开，这不等于庄××同周××之间的经济分开。周××留用的零用钱与庄××掌握的家庭开支独立，这并不等于周××的工资收入同庄××的工资收入各自独立。被告硬把前者的事实歪曲成后者之说，是严重失实的。

2. 本案系争财产，在析出周××个人所有的一部分，余下的应属庄××的遗产。在无遗嘱的情况下，这笔遗产的第一顺序法定继承人只有两人：一是周××，作为配偶，是当然的继承人。二是周××与前妻所生子女周×明，因其与被继承人共同生活过3年，已形成了事实上的抚养关系。这两个继承人，理应享有平等的继承权，但在各自的具体份额上，请法院能考虑周××对遗产形成的贡献大，周×明对继母所尽的义务较少这两个因素。

至于被告庄×的三个孩子，尽管庄××在婚后仍对他们或多或少地资助过、关心过，但相互间没有形成固定的经济联系，在事实上不构成抚养关系。退一步说，即使庄××生前对他们尽过抚养义务，由于他们在庄××去世时，都已参加工作，有了固定的工资收入，因此，也不具备享有庄××遗产份额的资格。因为，受过继承人抚养的非法定继承人，只有在被继承人去世时，无劳动能力或无生活来源时，才能享有继承权。

至于被告庄×，系被继承人庄××之妹，应属于庄××遗产的第二顺序法定继承人。在第一顺序法定继承人在位的情况下，她就无权继承庄××的遗产。

第二份被告诉讼代理词的要点是这样的：

1. 原告诉称“婚前不够了解，结婚草率”是自欺欺人。原、被告于2010年在部队相识恋爱。原告家住北京，被告家住上海。复员后，原告于2012年12月亲自从北京来到上海，与被告一起办理了结婚登记手续，并于2013年6月将被告调到北京工作。可见，原、被告婚前是有深厚的感情基础的。

2. 原告在诉状中说“婚后没有共同语言，感情日趋恶化”。这与事实恰恰相反。婚后4年多，不但夫妻恩爱、生活融洽，而且由于双方都有进取向上之心，志趣相投，所以决定暂时不生孩子，省下钱来买书，节约时间读书。原告学习英语，被告替他买录音机、磁带和英汉词典；原告也为被告联系成人教育学校。两人下班后形影不离，同桌学习，生活上互相关心照料，从未有过争吵打架，邻里都赞扬他们是天生一对好夫妻。2015年2月，被告得了慢性肾炎，原告送被告上医院联系病房、找大夫，对被告精心照料，每晚将中药拿回家，煎好后送至医院。她把一切时间、精力倾注在被告身上，为被告之病而担忧、哭泣，使同房病友深为感动，认为被告有这样好的妻子真是幸福。这怎能说“婚后没有共同语言，感情日趋恶化”呢？

3. 原告诉请“解除我们双方的痛苦，结束这一幕悲剧”，更是昧心之言。原被告双方本来都很幸福，没有痛苦，只是由于原告借故提出离婚要求，才造成被告的痛苦。悲剧本来没有，原告硬要制造。原告的话是违背她的良知的。她之所以提出要与被告离婚，唯一的原因就是有了第三者，因而忘记了她从前的山盟海誓。原告受了第三者的勾引，并在第三者唆使下乘被告病重之机提出离婚，置被告的生死安危于不顾。……原告的行为不但违背社会主义道德，也为社会主义法律所不容。为此要求法院驳回原告的离婚之诉，并责令她按照婚姻法的规定，履行夫妻间的扶养义务。同时请法院对破坏他人婚姻家庭的第三者×××，转告其上级领导机关对其进行批评教育，如不改正应追究其法律责任。

第一份代理词代理原告，其中虽然也有对被告答辩状中两个答辩理由（“庄××名下存款来源于四十几年前庄家祖上卖房所得款”和“周××与庄××夫妻财产各自独立”）的辩驳，但主要是从正面论证：系争的庄××名下银行存款，应由周××及其子女周×明继承，被告庄×无权继承。第二份代理词代理被告，针对原告的诉讼请求及理由，以驳论的形式否定原告的离婚要求，并进一步请求法院责令原告履行扶养丈夫的义务，责令破坏他人婚姻家庭的第三者改正错误。这两份代理词虽有上述不同之处，但是就表述方式和语言特点来说，却有许多共同之处：

（1）紧扣主题，繁简得当。与刑事案件相比，民事权益纠纷的产生、发展历时更长，两造间关系密切，案情头绪纷纭。民事诉讼代理词必须突出主旨，不能在无关宏旨的枝节问题上纠缠不清，更不能把与本案无关的问题牵扯进来。这两份代理词都围绕各自的主要论题，不枝不蔓。在涉及法律事实和法律理论时也都扣紧主题，密切结合案件事实进行论证阐发，有的放矢、繁简得当，没有游离于主旨之外的繁枝缛叶。

（2）立论明确，论据充足。两份代理词的观点都很鲜明，没有含混不清，似是而非的立论，它们的观点又都建立在充足的论据之上。原告代理词用充足的事实与证据证明了系争的银行存款属于原告周××和被继承人庄××夫妻关系存续期间的共同财产，又根据遗产继承的有关法律，阐明了根据本案事实，属于庄××的那部分款项只能由周××及其子女周×明（即庄××继子女）继承，被告庄×及其三个子女依法不享有继承权。被告代理词则用多方面的事实驳倒原告提出离婚要求的两大依据：一是婚前不够了解，结婚草率；二是婚后没有共同语言，感情日趋恶化。接着又以原告受第三者勾引和唆使的事实和证据，并通过深刻简明的情理、法理分析，直捣原告“解除我们双方的痛苦，结束这一幕悲剧”的诉讼请求，最后从道德和法律的角度论证本案不具备离婚的条件，并请求法院责令原告履行应尽义务，责令第三者终止其违法行为。写得有理有据，合情合法。

（3）语言稳妥，以理服人。这两份代理词不仅论据充分，说理分析，入情入理，在语言上也是有长处的，通篇就事论事、以理服人，既没有讽刺对方的语句，也没有指斥对方的词语，心平气和、语言稳妥，这种态度和文风有利于尽快地妥善解决当事人之间的权益纠纷，息讼止纷。

5. 结束语。归纳全文的结论性见解和具体主张，为被代理人提出明确的诉讼要求。要求要言不烦、简洁明了，使听众对整个代理词有深刻、鲜明的印象。如上述的遗产继承案的原告代理词的结束语是这样讲的：

总之，被告庄×一不是庄××名下存款的所有人，二不是该遗产的第一顺序的法定继承人，却无理侵占了庄××存款的存折，这就侵犯了遗产所有人和继承人周××的合法权益。对此，请求法院予以严肃教育，并依法采取措施，保护本案原告周××的合法权益。

如果预计辩论一轮不能结束，还可以说明要保留下一轮发言的权利。在司法实践中，一些案情复杂、涉及面广，涉讼各方分歧又很大的民事权益纠纷案件审理过程中，双方代理人也必须在反复的口辩中不断深化演讲的主题，维护各自委托人的合法权益。而取得代理论辩成功的途径则与辩护演讲大体相同。

第四节　法庭辩论（下）：互相辩论

互相辩论是继法庭演讲之后诉（控）辩双方十分激烈的语言博弈。诉讼当事人以及其他论辩参与者为了己方的利益乃至生命和人格，必然充分发挥才智和潜力，进行尖锐的甚至惊心动魄的抗争。理查德·杜·坎恩《律师的辩护艺术》中译本第57页写道："在庭审过程中，情况瞬息万变，波诡云谲，没有更多的时间让律师思考，就得对情况作出判断。这就要求律师具备不同于普通人的素质——准确而又迅速的判断能力。在诉讼过程中，那些头脑灵活、思维敏捷的律师，往往能从稍纵即逝的情势中，捕捉到对方的致命弱点，从而轻松自得地赢得胜利。"

同书第63页指出：检察官必须"如实地、率真地、有根有据地表明自己对案件的看法，协助法院正确行使司法职能。"当然，在瞬息万变，波诡云谲的庭审过程中，检察官也必须具备上述律师的聪明才智和应变能力。因此，在刑事审判中控辩双方即检察官与辩护律师的对抗，在民事、行政诉讼中双方代理律师的较量，不仅紧张激烈，而且是精彩纷呈的。

下面，我们简要地探讨一下，为了取得诉讼的胜利，在庭审中论辩参与者可以如何运用语言技艺以实现自己的既定目标：

一、针锋相对，依法驳斥

在1946年1月19日至1948年11月12日，远东国际军事法庭（东京）审判中，中苏英美等11国代表组成的法庭，对二战日本主要战犯的国际审判中，季楠检察长宣读了对东条英机等28名日本甲级战犯的起诉书，历数了以东条英机为首的28名被告人在战争中的罪行，共列举了55项罪状，指控他们犯有破坏和平罪、战争罪和违反人道罪。起诉书宣读甫毕，日本辩护团副团长清濑一郎迫不及待地请求发言："审判长，我控告远东国际军事法庭越权行事，法庭无权审理日本的反对和平罪与违反人道罪！"

审判长韦伯并不感到突然，十分平静地说："请陈述控告内容！"

清濑一郎："根据《波茨坦公告》关于惩罚战犯的条款规定，战争罪应仅限于违反战争法规上。要知道日本与德国不同，是有条件的投降，不应受到相同与纽伦堡的审判。我还要请审判长注意：《波茨坦公告》只针对太平洋战争，因而远东国际军事法庭不能审判在此之前的日本对华战争和对苏蒙的进攻；对日本的战争罪的指控只适用于战胜国，远东国际军事法庭无权审判对其盟国的侵略。”

清濑对《波茨坦公告》的恣意曲解，使被告席的众战犯“大受鼓舞”，那些不明真相的旁听人员也以为他讲得头头是道。法庭气氛一度趋于紧张。

韦伯法官反诘道：“请问，占世界人口半数甚至达2/3的11个国家，因为日本发动侵略战争而蒙受了巨大的资源和人力损失，难道不能对这种野蛮行为和掠夺行为的责任进行追究吗？”

韦伯庭长的严正质问使清濑瞠目结舌，哑口无言。接着韦伯又对清濑进行了严厉的驳斥，警告他不得曲解《波茨坦公告》，并引用大量文献和一系列国际条约，强调日本系无条件投降，日本发动侵略战争显已构成了国际犯罪，对侵略战争责任者的审判是理所当然的！

这是法庭上针对对方的错误论点依据法律和事实，针锋相对进行驳斥，克敌制胜的一个成功范例。

在论辩过程中，若能引用针对性特别强的法律条款作为论据，使己方论点法律依据充足，就能让对方无可反驳。所以论辩时不仅要对相关的法律以及司法解释的条文了如指掌，且能掌握其内涵和实际，在法庭上运用自如，则必能以简驭繁，一举取得论辩的主动权。如：

辩：对于起诉书指控被告人犯有抢劫罪，本辩护人没有异议，但认定其具有“入室抢劫”的加重情节，辩护人不敢苟同，因为被告人实施抢劫的地点并非在室内，而是在被害人住所外的院子里。

公：被告人张××携带凶器闯入被害人住所的院落，胁迫被害人交出钱款与首饰，依据《刑法》第263条第1项、最高人民法院《审理抢劫案法释〔2000〕35号》第1条的规定，被告人应当处10年以上有期徒刑、无期徒刑或者死刑，并处罚金或者没收财产。（被告人张××抢劫案第一审《庭审笔录》）

二、紧扣论题、锲而不舍

在论辩中要针对彼方的论点理由，论述要切题，保证自己的论题与论据高度统一，始终不渝，切忌转移论题，或论据似是而非。这样才能达到良好的辩论效果。下面是冯××文物走私案法庭辩论的一段：

公诉人：被告冯××将画寄给朱××后，朱曾找人鉴定过，认为该画是吴昌硕的真迹。

辩护人：朱××虽然曾找佛山市工艺美术厂的一个画师看过这幅画，认为是吴昌硕的真迹，但这位画师的看法既不能代表权威的结论，更不能代表合法的鉴定。因为他虽然是画师但并非字画鉴定专家。懂字画鉴定的人一般都会点字画，但会字画的人不一定就懂得字画鉴定。更何况这个画师，既非司法部门委托的合法鉴定人，又不能提供任何具有说服力的论据证明该画确系吴昌硕的真迹，而不是别人仿制的赝品，根据《刑事诉讼法》第48条，第53条第2项，第54条第2款的规定，这样的证词是不能作为定案依据的，必须从起诉决定中依法予以排除。

辩护人针对公诉人指称的涉案图画是“吴昌硕的真迹”这一论题的证据鉴定意见的制作者（佛山市工艺美术厂画师）的身份进行反驳。辩护人以自己掌握的真实情况，依法否定该鉴定意见的合法性，从而推翻了公诉人的论题。

三、欲进先退，有理有节

在辩论中，“进”是指正面指控或反驳，“退”是指在正面控辩之前暂且退让或迂回，以便蓄势以发，使正面指控更加有力。运用进退术要因案而异，或欲进先退或欲退先进。当然，无论进退，均要以合法为底线，做到有理有利有节。下面是宋×芳故意伤害案法庭辩论中的一轮：

公诉人：被告人宋×芳咬断桂×英的右手食指指尖，治疗中，断指又感染化脓，致使桂×英食指全部截除，造成了终身痛苦。宋×芳的行为已经触犯了我国《刑法》第234条的规定，构成故意伤害罪。

辩护人：桂×英指尖被咬断，固然是由于宋×芳牙齿猛力紧闭的行为所造成的，然而导致宋×芳牙齿猛烈紧闭则又是桂×英抠她嘴巴的行为引起的。因而，宋×芳牙齿猛力紧闭既是桂×英指尖被咬断的原因，又是桂×英抠她嘴巴的结果。如果桂×英不抠宋×芳的嘴巴，她的指尖绝对不会被咬断。我认为归根到底，桂×英抠宋×芳的嘴巴的行为是她手指被咬断的原因，而被告宋×芳咬断桂×英指尖则是在桂×英抠她嘴巴这一行动的条件反射下，由于人体器官的自卫本能，导致她牙齿紧闭因而产生这一不幸的结果。这纯属是一种下意识的动作，并非出于直接故意伤害他人的动机。这也可以从宋×芳在出事后积极为被害人联系医院治疗、主动偿付医药费用，以及多次向被害人诚挚地慰问、道歉的态度中得到证实。所以公正地说，当天的不幸的事件，双方都有一定的责任。

在这轮辩论中，辩护人的既定目标是为被告人做无罪辩护，但采用了欲进先退的策略。首先承认被害人右手（食指）指尖被咬断确系被告人牙齿猛力紧闭的行为所造成，既而反退为进，指出被告人该行为是出于被害人用食指抠其嘴巴后的自卫本能。该辩护符合逻辑事理和人的生理、心理特点，从而得出了令法庭信服的伤害责任归属结论，从根本上扭转了对被告人十分不利的舆论氛围。嗣后，经合议庭评议，宣告被告人宋×芳无罪。

四、釜底抽薪，撼基破辩

北齐魏收《为候景叛移梁朝文》有云："抽薪止沸，剪草除根。"法庭辩论有时宛若锅里的热水，沸沸扬扬，声势逼人。为了制服对方，干脆抽薪止沸，把案件事实呈现给法庭。这里的"薪"可以是案件事实、相关证据以及证据的合法性等等。

仍以东京审判为例。当法庭审理战犯广田弘毅挑起七·七卢沟桥事变一案时，以清濑一郎为首的日本律师辩护团众律师，挖空心思地编织谎言，企图逃脱日寇挑起事端的罪名，居然把发动侵华战争的责任推到中国头上。当中国检察官向哲浚刚宣读完毕起诉书，清濑急忙指使当年的"中国驻屯军"参谋长桥本群出庭作证。

桥本群："'七·七'事变完全是中国部队第二十九军发动的。二十九军士兵看见日军进行夜间军事演习，感到十分恐怖，便鸣枪射击，导致了'卢沟桥事件'。"

向哲浚检察官："这不是事实!"随即打开一幅卢沟桥事变期间的军事地图，他指着该地图的标志，义正词严地反诘道："从位置判断，难道这一射击声不是从靠近日军的地方发出的吗?"

桥本群傻了眼，但继续负隅顽抗："这是你们中国人自己的地图，不能算数!"

这时中方证人王冷斋，时任河北省第三行政督察专员兼宛平县县长王冷斋出庭作证："枪声来自宛平东方，而宛平城东门外正是日军演习区，中国方面在哪里根本没有驻军。我当时奉北平市市长秦纯德之名前去交涉，才搞清事实真相：日军队长清水听到枪声马上结合部队，亲率六个侦察兵到龙王庙去抓人，看到有几个中国士兵在站岗，清水不敢下手，便借口有一名士兵失踪，向中国哨兵询问，哨兵回答没有看见。这一事实充分说明了二十九军哨兵没有向日军开枪，否则，日军怎能在二十九军阵地前沿自由行动呢?"

桥本群被王冷斋问得张口结舌。既而，王冷斋扬起手中的一份报纸，吟诵并向法庭提供他当年弄清事实后发表于报端的题为《卢沟桥抗战纪事诗·一声刁斗》。随后又严词质问桥本群："卢沟桥事变分明是日军挑起，你为什么要赖到中国军队二十九军身上？请问你有何证据?"

桥本群哑口无言，面红耳赤地走下了证人席。

随后证人河边证三诬陷冯玉祥将军挑起战争，证人樱井离奇地指控"中国共产党制造'七·七事变'"均被王冷斋等中方证人逐一拆穿。还有名叫茂川秀和的有良知的日本人和当年美国驻军武官史密斯上校均出庭作证，卢沟桥事变确系日寇所挑起，目的是发动对中国不宣而战的第二阶段战争。

在这几轮辩论中，中国检察官和王冷斋等证人用的都是釜底抽薪，撼基破辩的策略，大灭了日寇的威风，大长了中国军民和中华民族的志气。

五、以子之矛，攻子之盾

在法庭辩论中，要求参辩者掌握充分的理据，但是如果能将对方的证据据为己用，或者利用对方证据之间对同一事实的前后表述，甚至言语之间的自相矛盾，对之加以揭示和批驳，则会很有效地击垮对方，达到事半功倍的效果。例如：

作者若干年前代理过一起涉外离婚后的财产纠纷案的原告（女方）。原被告数年前已经离婚，但在上海市有一套在其婚姻存续期间购置的房产，男方离婚后仍独自占用已数年。女方提起诉讼，法院依据我国《民法通则》第144条“不动产的所有权适用不动产所在地法律”的规定予以受理。经进一步审核，发现双方结婚与离婚的法律事实均发生在国外，依据最高人民法院的相关司法解释，中国法院对这种婚姻关系不予认定。因此，中国法院不享有对该案的管辖权。男方也一知半解地意识到这一点。但他以外国公民自诩，睥睨一切，不仅到庭，还恶意指斥本代理人为取得律师费而挑起诉讼，法院不予理睬，他又指责中国法庭不该管他的事情。得到法庭允许后，本代理人向他发问：“请问被告，这里是中华人民共和国的法庭，你不会不知道吧?”“当然晓得!”被告气壮如牛。“那好，你作为被告，已经出庭且积极参加诉讼，本律师是原告的合法代理人。根据国际私法中的当事人对管辖权的默许原则，中国法院已经取得了对本案的管辖权。我相信法院会公正合法地审理本案。”

一审法院经两次开庭审理，原告胜诉。被告又向市中级人民法院提起上诉，中级人民法院驳回上诉，维持原判。

在本案中我利用对方言行间的矛盾，以子之矛攻子之盾，协助法院克服了管辖权方面的难题后，法院通过耐心细致的庭审，终于维护了我的当事人的合法权益。

由于法庭辩论发端于古希腊民主政治的鼎盛时期（纪元前508年前后）至今已经有2500年的历史。随着后世世界两大法系的发展，法庭辩护的内涵、功能、技艺已有长足的进步，所以上述作者对该领域的语言艺术与策略的简述，仅仅是沧海一粟，难免挂一漏万。法庭辩论的语言技艺还有很大的发展空间。我们可以用现代语言学、修辞学的一些基本理念来引导和指引法庭论辩技巧的提高。例如现代修辞学强调修辞（语言表达）技巧来源于：①对题旨和情境的洞达，②对驾驭语言文字的可能性的通晓。“凡是成功的修辞，必定能够适合内容复杂的题旨，内容复杂的情境，极尽语言文字的可能性”。[1] 对法庭辩论来说，辩论的要旨及其企望达到的目标即是论辩者的题旨，法庭的性质、己方与彼方、法庭组成人员以及旁听者的种种情况乃至开庭时的社会政治态势等等构成一个复杂的情境。论辩者必须牢牢把握自身认定的题旨，顺应复杂的情境，充分发挥自己对法律语言运用自如的可能性，去争取论辩的胜利。事后总结，或许又催生了一项有独创性的论辩技艺。

【思考题】

1. 为什么法庭语言会受到人们特别的关注？

2. 在法庭审理中，交叉询问有什么重要作用？与英美法系国家相比，我国交叉询问在内容、范围和发问方式方面有哪些自身的特点？

3. 对辩护词、代理词各要掌握哪些制作和运用要领？

4. 根据你的司法实践或者学习心得，你认为除了课本上已经归纳的“针锋相对，依法辩驳”“紧扣论题，锲而不舍”等5项技巧外，还有哪些法庭论辩技巧也很值得推广？

练习与实践

[1] 陈望道：《修辞学发凡》，上海世纪出版集团、上海教育出版社2001年版，第11页。

第九章
法律文书的语言

第一节　法律文书语言的词语

法律文书是公安、安全、检察、法院等国家司法机关，行政执法机关，律师、公证、仲裁等国家设定法律机构以及自然人、法人和其他非法人组织，在诉讼和非诉讼的法律事务中按照法定程序，就具体案件或法律事务适用法律而制作的具有法律效力或者法律意义的非规范性法律文件的总称。法律文书是进行司法等法律活动、实施法律的依据、凭证、工具和有效载体。

从法律文化和司法公正的层面进行考量，法律文书是法律文化的重要组成部分，是司法公正的载体。法律文书作为司法公正的载体，除了纪录、保存司法公正的静态功能外，还有推动和传播司法公正的动态功能，在一定的条件下，法律文书直接体现了司法公正，成为司法公正的一部分。在司法制度和法律文书改革中，应当正视现行法律文书在格式程序，事实、证据表述和理由阐述等方面有悖司法公正的弊病，并认真分析其成因，总结借鉴古今中外法律文书的成功经验，对法律文书的格式事项、事实叙述、证据甄别、理由阐述、语言表述以及技术规范进行全面的改革和优化，即不断优化载体，努力追求和最大限度地实现司法公正。

为了实现法律文书司法公正的特定价值目标，就必须要求法律文书制作者根据特定文书的功能和要求，选择和使用最适切的语言材料和最妥帖的表述方法，调整和斟酌加工语辞，使法律文书充分、完善地体现其宗旨和传播特定的法律信息。词是语言的建筑材料，是能够独立运用的最小语言单位，当然也是法律文书语言的一个最基本单元，因此，要研究法律文书的语言结构，首先要考察词这一层次。事实上，法律文书语言运用的成功与否，首先在于能否准确成功地使用词。法律文书中诸多的语言问题，也无不首先直接反映在词的选择运用方面。由于目前汉语研究中对某些成素词与非词的界限一时难以界定，我们这里且一般地称之为“词语”。

一、法律文书对词语的特殊要求

（一）法律文书特别要求词语的准确

词语是思维的物质外壳，为了确切有效地传递信息和表达思想，在一切语言使用领域都首先要求词语的准确。法律事务和刑狱诉讼轻则关涉到具体的公民、企事业单位与团体的切身利益，重则关涉到他们的财产予夺乃至生死荣辱。古往今来，仅一字之差、一语之误而使判决毫厘千里、阴差阳错的案件不胜枚举。这不仅说明了法律文书语言的重要，更说明法律文书要以准确为根本立足点。诚然，这种准确性是以对案件和法律事实体察的细致深入、判断的周密正确为前提的。但是，如果没有在词语的锤炼上下一番苦功，这种细致的体察和正确的判断无论如何都无法恰当地表达出来。

汉语的词汇十分丰富，同义、近义现象纷繁复杂，一个相同的事物或概念可以用几个、十几个甚至几十个词语来表达。为了保证准确性，我们就必须从法律文书中特定的语境出发，选择最精当的词语妥帖稳当、准确无误地进行表达。为此，我们又必须在下列两个方面作出努力：

1. 选用词语时，首先必须注意分清词与词之间意义上的细微差别。例如有一份《刑事自诉状》写道："被告人陈×是我的爱人。他与张×勾搭成奸后，经常借故对我毒打，百般虐待……两人又外逃以夫妻名义同居达一年之久。我爱人与张×的行为已构成重婚罪、虐待罪，恳请人民法院对他们依法惩处。""爱人"一词原意是情人或情夫（妇），1949年后风靡中国大陆，几乎涵盖了"丈夫""妻子""先生""太太"（"夫人"）这类传统称谓。近三十年来，随着"先生""太太"这些称呼的复苏，不少人已开始不用"爱人"指称配偶。其实"爱人"这个词语用在这类法律文书中，一不能准确反映彼此间的法律关系，其二对这种感情破裂、反目成仇的夫妻来说，还使人啼笑皆非。因此，在法律事务中，使用"丈夫""妻子"才能准确界定彼此的法律关系，而在"诉状""判决书"之类的诉讼文书中，在民事案中统一为"原告""被告"，在刑事自诉案中统称为"自诉人""被告人"等更能确切反映各自在本案中的诉讼地位。

2. 选用词语还必须区分其所指意义范围的大小。例如，若干年前某市中级人民法院在"渤海二号"钻井船因有关主管人员玩忽职守而发生翻沉事故后，对马××等4名被告人以渎职罪进行定罪量刑。由于渎职罪是一种类罪名，当时其中包括收受贿赂、泄露国家重要机密、玩忽职守、司法工作人员徇私舞弊等七种具体罪名。以此种类罪名无法对具体行为定罪量刑，即使勉强作出结论，也无从审察其定性、量刑是否准确。因此本案判决书无论在理由还是主文部分，都应该以"玩忽职守罪"来指称。

其实在法律文书词语中所指意义范围不一的例子很多，如“刑事处罚”与“有期徒刑”，“代理人”与“法定（指定、委托）代理人”，“法律责任”与“民（刑）事责任”，只有所选词语表达的意义范围大小恰当才能达到预期的表达效果。

（二）法律文书要求词语概念明晰

概念是反映事物本质属性的思维形式，它是人们通过实践，从对象的许多属性中，撇开非本质属性，抽出本质属性概括而成的。表达概念的语言形式是词或词组。在法律文书中，必然要包括众多的法律概念，法律的科学性和司法工作的严肃性决定了所有法律概念的明晰性。这就要求每个表示概念的词语具有精确、特定的内涵和外延。词语所反映的法律概念有两类：一类是专门用于诉讼和非诉讼法律事务范畴的，如“灭失”“脱逃”“标的”等；另一类是除法律活动外也用于其他社会活动领域，如“控告”“委托”“代理”等，但当它们用于法律事务时，则拥有特定的法学意义上的内涵与外延。例如，“控告”原是由控和告两个词根融合而成的联合式合成词。控的含义有二：一是据马瑞辰《毛诗传笺通释》引《韩诗》诠释为：控，赴也。二是指走告，赴告，如《诗·风·载驰》：“控于大邦。”告的含义是告诉、告知，当其通“鞫”，则有审讯定罪的含义，《礼记·文王世子》：“其刑罪则纤剸（túan，截断），亦告于甸人。”郑玄注：“告读为鞫，读书用法曰鞫。”因此，控告这个词在普通场合指的是一般的指控或上告，似乎与法律有点沾边，但没有明确、严格的内涵与外延。而作为法律概念的“控告”，其内涵是指向司法机关揭发犯罪分子及其犯罪事实，并要求依法处理的行为。它具有两个特征：①控告人是直接受犯罪行为侵害的人或其法定代理人；②控告者为了保护自身的权益而要求对犯罪者依法处理。“控告”这个概念的外延是：凡是具有控告的法律本质属性的一切行为，即任何地区任何个人或团体的一切控告行为均属之。作为法律概念“控告”与一般宽泛意义上的“控告”这一概念的内涵与外延显然是不一样的，前者具有特定的法学上的内涵与外延，从而通过“控告”这一词语显示了法律概念的明晰性。

二、法律文书词语的分类

法律文书对词语的运用极其广泛，为了研究的方便，我们将其分为法律术语、司法惯用语、文言词语和普通词语。对这几类词语分别进行梳理探讨，有利于进一步揭示法律文书语言的词语结构特点和运用规律。

（一）法律术语

法律术语又可分为两类：一类是专门用于法律事务领域的，如“（证据）灭失”“脱逃”“标的”“给付”“羁押”“训诫”“诉讼保全”“具结悔过”

等。由于这类词语专用于法律范畴，其他领域中不会出现。如“标的”一词，前文已出现过，其原意是箭靶子，后引申为目的、目标，五四运动前后尚作为普通词语使用，但目前已成为一个专用法律术语，意指法律行为所共同指向的对象，如民事案件中的“诉讼标的”，买卖合同中的“标的物”等。这类专用术语随着法律科学的发展，数量会越来越多，它们都有特定的确切含义和适用范围，必须通过深入持久的法律学习和司法实践去逐步掌握。另一类法律术语也兼用于其他社会事务，如“故意”“错误”“证明”“没收”“搜查”“事实”“识别”“委托”“代理”等，当它们用于法律活动时，有不同于这些词用于其他场合的准确内涵和特定的适用范围，不能随意引申或用其他词语去取代。如“故意”在一般场合作“有意识地”解，而在法律上则是刑事案件中行为人在犯罪时的一种心理状态。“故意”又可分为两种：直接故意和间接故意。“故意”在民法范畴中即指过错的一种形式，即债务人等明知其行为将侵害他人的权利而仍有意为之或听任损害的发生，即使没有具备刑事上的犯罪构成，仍应负赔偿的责任。与普通词语相比，作为法律术语“故意”的词性也有转化：一般场合用作副词，法律事务中则用作名词。因此，作为法律术语的“故意”，绝不能用“有意”“蓄意”“存心”等貌似相近的词语去替代。这一类法律术语数量繁多，要注意认真学习领会和洞悉掌握。

在法律文书中，有些相关的法律术语，貌似类同，但是一旦错用，其后果往往比一般场合用错词语要严重得多。司法实践证明，在运用法律术语时特别要注意划分下列的差异或界限：

1. 划清罪与非罪的界限。如“罪行”与“行为”，“前科”与“劣迹”，“逮捕”和“行政拘留”，“免除刑罚”与“无罪释放”，前者表示涉嫌犯罪或构成犯罪、有罪后者则意味着无罪。

2. 区分不同的罪名或案由。“盗窃”与“贪污”，“抢劫”与“抢夺”，“叛变”与“叛乱”，“故意杀人”与“故意伤害（致人死亡）”，“收受贿赂”与“商业受贿”均构成不同的罪名或案由。

3. 区分不同性质的案件。如“辩护人”与“代理人”，“停止执行”与“执行终结”，前者用于刑事案件，后者一般用于民事案件；“裁决”与“判决”，“警告”与“训诫”，前者用于治安管理案件，后者用于刑、民事案件。

4. 区分不同的审级或法律程序。“上诉”与“申诉”，“诉状”“上诉状”与“申诉状”，反映了审级的不同；“自诉”与“公诉”，“上诉”与“抗诉”，“判决”“裁定”和“调解”，则反映了法律程序上的不同。

5. 区分不同的适用对象、范围或被侵犯的不同客体。“询问”和“讯问”，“赡养”“扶养”和“抚养”，各自都有特定的适用对象；“公约”“条约”和

“和约”则各有不同的适用范围；“违约”“违法”与“犯罪”则反映了被侵犯客体的差异。

6. 区分行为的方式与程度。如“投案”“自首”与“坦白”，（共同犯罪中的）“共同”与“伙同”，“望风”与“接应”。

7. 区分侵权或犯罪行为影响的直接或间接。如“结果”与“后果”。“结果”指基于一定的原因最后达到的状态，“后果”指事件发生后产生的连锁反应，两者在一般的交际场合能够通用。但在法律文书中区分很严格：前者指侵权或犯罪行为造成的直接状态，后者指侵权或犯罪行为引起的连锁反应。

这类词语用混了轻则妨碍法律文书语言的准确性，重则影响诉讼和法律事务的顺利开展。

（二）司法惯用语

除了法律术语的大量使用外，法律文书语言中还有许多司法活动中惯于使用的词语，我们管它们叫作司法惯用语。司法惯用语又可分为四字词语、压缩语和某些文言词语。

1. 四字词语。四字词语是由四个音节构成的词语，是汉语词语结构的一种特殊形式，它具有言简意赅、结构紧凑、音节整齐、铿锵有力、富于声韵等特点。四字词语的适当运用，能够增强语言的表达效果。按其构成性质来看，四字词语又可分为两类：成语和非成语四字词语。

（1）成语。成语是熟语的一种。是一种习用固定词组，在汉语中一般都由四个字构成。组织多样，来源不一。有些可以从字面理解，如“风平浪静”“万紫千红”；有些要知道来源才懂，如“守株待兔”出于韩非子《五蠹》，“穷鸟入怀”（比喻处境困穷而投靠于人）出于《三国志·魏志·邴原传》。

法律文书语言中常用一些带有贬斥感情色彩的成语，对揭露犯罪恶意、表述情节手段和社会危害性、体现法律的尊严，有着特殊的表达效果，如“违法乱纪”“用心险恶”“居心不良”“买空卖空”“执迷不悟”“有机可乘”“造谣惑众”“招摇撞骗”“恬不知耻”等。

但法律文书语言中对用比喻夸张以达到形象生动的成语及含义古奥、难于理解或可作多种诠释的成语则是忌用的。如“桃红柳绿”“春光明媚”“秋高气爽”“塞翁失马”“君子好逑”“火中取栗”“城门失火”“朝三暮四”“邯郸学步”“买椟还珠”“煮鹤焚琴”“狐假虎威”“邹缨其紫”（喻上行下效，事出《南史》）之类的成语若用于法律文书则会使文书的内容含义不清、不符合法律文书语言准确、庄重等特定语体风格标准。

（2）非成语的四字词语。非成语的四字词语，按其性质来分，又可以是：①法律术语，如“侦查终结”“变更之诉”“数罪并罚”“诉讼时效”“监视居住”“法庭辩论”“法制宣传”等；②具有特定的法学含义或与诉讼和非诉讼法律事务关系密切，但尚不如法律术语那样稳固和融合的司法惯用四字词语。这类四字词语数量也很多。如“事实清楚”“证据确凿”“维持原判”“数额巨大”“手段残忍”“情节严重”等。他们具有特定的法学含义，但结构不如法律术语那样稳定，有些可用更换其中某个词的方法来表达不同的内容，如“证据确凿”——“证据确实”，“手段残忍”——“手段凶残”，“情节严重”——“情节恶劣”等。“足以认定”“判决如下”“供认不讳”“聚众越狱”“追捕归案”“捏造事实”等属于与诉讼活动关系密切，但还不像法律术语那样融合稳固的司法惯用四字词语。

成语和非成语四字词语的适当运用，在正确认定法律事实、论证法律责任，鞭笞犯罪行为、批驳无理要求、维护法制尊严等方面都能发挥一定的功效。例如：

林彪、江青两个反革命集团是相互勾结、相互利用的，他们有共同的反革命目的和共同的反革命活动。“文化大革命”的前五年他们勾结在一起狼狈为奸，进行篡党夺权、祸国殃民的罪恶活动，犯罪活动是纠缠在一起的、分不开的。例如迫害少奇同志，首先策划制造诬陷少奇同志材料的是林彪和叶群，后来江青直接控制专案组，滥捕无辜，刑讯逼供，诬陷迫害少奇同志。1971 年 9 月，林彪叛国外逃摔死后，江青反革命集团搜罗林彪余党，继续进行反革命活动。（《关于对林彪、江青反革命集团案审查情况的报告》[1]）

四字词语的运用，使语言铿锵有力，正气凛然，有力地揭发了林彪、江青反革命集团的严重罪行。

2. 压缩语。压缩语也称凝缩语或浓缩语，属于词语的凝缩结构。凝缩结构的使用，可以使语言精干练达，明晰利落，用较经济的语言材料，传递比较充分和完备的信息。例如：

“撬门行窃”语句为目的关系

“强奸未遂”语句为转折关系

“抢救脱险”语句为因果关系

“作案动机不明”语句为主谓关系

“医治无效死亡”语句为转折关系

“穿衣洗脸”语句为连贯关系

“相遇殴斗”语句为递进关系

诸如此类的压缩语在法律文书中颇为常见。压缩语字数并不固定，但以四

[1] 摘自《历史的审判》，群众出版社 1981 年版，第 14 ~ 15 页。文中着重号为引用者所加。

字、六字为多。词与词结构紧凑，语意集中、语气庄重，内部有极强的凝聚力和逻辑性。这种凝缩而成的压缩语，是在长期的司法工作和法律文书制作实践中形成的司法惯用语，应该认真学习和充分掌握。

（三）文言词语

此外，运用一些文言词语，使语言简洁有力，气氛庄严肃穆，是司法惯用语的又一种形式，这种文言词语司法惯用语的使用方式大体有如下几种方式：

1. 用言简意赅、富有生命力的文言词语替代现代汉语的同义词语（或同义结构）。

（1）用文言词替代现代汉语词组。如“被告人×××羁押于……”，其中“羁押”一词相当于“被关押”这一词组；“配偶”“子女”“父母”相当于“丈夫或妻子”“儿子与女儿”“爸爸与妈妈”。

（2）单音节文言词代替双音节的现代汉语词语。如“念”—考虑，“生”（父母）—亲生，“养”（子女）—领养，“处”—判处，“因”—因为，“而”—但是，“故”—所以。

（3）用文言虚词代替现代汉语介词、助词或代词等。如“于”—在，“为”—被，“将”—把，“其”—他（的）、她（的），“之”—的、他、她。

2. 用文言词作词素，构成新词。如“婚生”“非婚生”，“非法”“首要”“尔后”“予以”等。其中加“·”的语素均为文言词。

3. 利用文言词语组成特殊的结构形式。例如“以量刑畸重为由”，“非法所得”，其中“以……为”即“用……作为”是一种复杂的述宾结构，“所得”指“得到的财物”，相当于代词。

法律文书中文言词语的适当运用，可使语言形式简洁、含义丰富，显得更庄重练达，与诉讼及非诉讼法律事务十分适切。但是古奥陈旧、难以理解的文言词语及与社会主义法制和道德相去甚远的一些恭词、谦词及称呼则必须忌用。例如旧时书状中沿用的“法官大人台鉴”“洵属不当”，“饔飧不继”“桑间濮上”“令爱”“令尊”“鄙职”“拙荆”等，用在今天的法律文书中实属不当。另外有些文言词语的滥用反而造成语言累赘，含义不清，半文不白的文风损害了法律文书庄重、朴实的风格。例如“对此判决不能甘服”“讵料”“彼等向原告方求偿”，半文不白、不三不四，改成相应的现代汉语：“对此判决不服”“谁料”“他们要原告还债”反而语意准确，表述练达。可见，对文言词语的使用要注意适度、恰到好处，切忌误用和滥用。

（四）普通词语

除了法律术语、司法惯用语之外，法律文书当然也要大量使用普通词语。所谓普通词语指的是除法律活动外，其他语言使用领域也普遍使用的词语。那么，在法律文书语言中，对普通词语的使用，有哪些特点、规律和使用规范呢？

1. 要重视法律文书的语境赋予某些普通词语特殊的法律含义。某些普通词语，貌似平淡无奇，但用在法律文书中，受到特定语境的制约，竟成了决定罪与非罪、此罪与彼罪、情节轻重、量刑幅度大小或权利义务的确认、权利财产的予夺与决定当事人毁誉荣辱的关键。

例如，被告人王××追求本厂女工林××，遭林拒绝。后来被告人发现林与男青工史×交友，十分嫉恨，当即扬言要对林“毁容”以“雪耻”，并携磨快的尖刀，闯入林所在车间，将尖刀向林的面部刺去，致使林鲜血直流，因在场工人奋力制止，未造成更严重的后果。后法医鉴定：林面部、嘴角三处受伤，伤口最大处为6.5公分×5公分。被告人的行为，是“毁人容貌”还是“伤人容貌”？“毁”与“伤”虽仅一字之差，但影响到案件的定性与量刑。如果是“毁人容貌”，就应该按《刑法》第234条第2款的重伤罪处罚；如果是“伤人容貌”，根据本案实际结果，只能按刑法同条第1款的轻伤罪处罚。

在法庭辩论中辩护人与公诉人围绕着“伤”与“毁”两个词语展开了激烈的论辩。辩护人认为：毁人容貌，应该是毁了容貌，使其血肉模糊，面目全非，而本案林××被刺后，只是受了轻伤。被告人的行为是伤人容貌而不是毁人容貌，应按轻伤罪处罚。公诉人则诉称：被告人在“我要用刀子破她的相，使她终身受罪”的动机引发下，用刀刺伤其脸部，至今还有一条6.5公分×5公分的疤痕，毁损了被害人的容貌。按《辞海》诠释：“毁”的含义是“破坏；毁坏”。毁人容貌，不是单指“毁灭”人的容貌，同时也指面部的局部伤害。由于人的相貌对人的生活有重大影响，毁容损害的不仅是人的健康，而且同时损害了人的名誉、自由和幸福。因此，把被告人的行为作为“毁人容貌”的重伤罪来处罚是合理合法的。合议庭采纳了公诉方的意见。

本案中的“毁”与“伤”原本都是普通词语，其含义固然有异，但在一般交际场合用混了后果未必十分严重，而在本案的特殊语境中，它们被赋予法律含义，从而改变了原来的使用价值，竟成了对定罪量刑有举足轻重的词语。其实这种状况自古已然。例如，上文提到的“马驰伤人”与“驰马伤人”，“揭被夺镯”和“夺镯揭被”，看似相去不远，但恰恰是这一语言上的细微差别，造成刑狱诉讼结果的大相径庭。上文提到的张居翰在文书上改易一字而拯救千余无辜的史实也是一个典型案例。

在法律文书中，对这类改变了使用价值的普通词语，我们一定要从特定语境出发，反复斟酌、谨慎使用，绝不可掉以轻心。

2. 要划清词义范围。有些词，词义范围大小不同，有的指全体、有的指个别，有的指类属、有的指具体事物，要区别清楚、确切运用。例如："被告人盗窃车辆两辆"和"被告人盗窃桑塔纳轿车两辆"，意思是不同的，前者（车辆）是泛指，后者（轿车）是特指，范围不同。

3. 要区分词义的褒贬色彩。有些近义词表示的概念或指称的事物相同或相近，但其褒贬意义不同，要正确区分使用。如"顽固"与"顽强"，对罪犯只能用前者；称人物量词有"名""位""个"等，若对罪犯用表示尊敬的褒义词"位"，则使感情色彩阴差阳错。

4. 要区分语义轻重。有些近义词，语义有轻重之分，从而表达不同的意思。如"不好""很坏""恶劣"，其轻重就不同。又如"轻"和"轻微"用以指伤势或犯罪情节，对于被告人定罪量刑区分罪与非罪影响很大，前者构成犯罪，后者一般不认为是犯罪。

5. 要注意词语间的搭配。有些词含义虽近，但语法功能不同，只能与特定词语搭配。"深刻反省"，不能写作"深入反省"；"美满婚姻"不能写作"美丽婚姻"。

第二节 法律文书语言的句子

一、法律文书的句法结构

1. 多用并列结构。在法律文书语言的句子中，词与词并列、词组与词组并列可以充当句子的主语、宾语、状语、定语或兼语式谓语的"兼语"成分等，分句与分句并列构成并列式复句，以保证内容周遍，表述准确、严密。如：

例1，被告人张××、赵××、吉××、游××等13人，于2009年12月下旬起，伙同潘××、朱××、杨××、朱×芳等（另案处理），结成抢劫、盗窃团伙，在虹口区国际电影院附近，以及梧州路、胡家木桥等僻静处，大连新村、通州路等居民住宅区，持械上门抢劫4次，拦路抢劫24次，致1人死亡，2人受伤，劫得手机10部，手表14块，毛衣7件，人民币6700元，还有戒指，项链等物；并盗窃7次，窃得助动车5辆，以及现金4200元、衣服等物。

他们犯罪气焰嚣张，活动猖獗，为害一方，罪行、情节极为严重。

例1是一份《起诉书》中"犯罪事实"的总叙部分，其中"张××、赵××、吉××、游××等"，并列作主语；"潘××、朱××、杨××、朱××等"作状语；"抢劫、盗窃"作"团伙"的定语，"在虹口区国际电影院附近，以及……通州路等居民住宅区"并列成分作状语，"一人死亡，二人受伤"并列与前面动词“致”构成兼语式谓语，“手表14只……项链等物，自行车5辆……衣服等物”分别作“劫得”和“窃得”的宾语，“犯罪气焰嚣张，……情节极为严重”这一词组并列作“他们”的谓语。“被告人张××等13人持械上门抢劫4次……”和“并盗窃7次……”两句则是分句与分句的并列。

例2，被告人陈林对领导怀恨在心，有预谋、有计划地在光天化日之下将杜东风惨杀致死。犯罪手段极其残忍，犯罪情节极其恶劣，民愤极大，实属罪大恶极。(《××市中级人民法院刑事判决书》)

从例2也可以看出词组、分句并列结构的普遍运用。在法律文书中，并列结构不仅用来叙述事实（例1）、议论（例2），还广泛用于列述证据名称，列述判决书、裁定书、仲裁书的主文、裁决事项等。

2. 复杂同位成分的普遍使用。在一般文体中，同位成分一般都与中心词相接并且结构一般也并不复杂。例如：我们的首都，北京，是一个美丽的城市。而法律文书的句子内部常用句、句组甚至更大的语言单位构成结构复杂的同位成分。有时，同位成分与中心词之间距离又甚远。这种牺牲“可读性”的句法结构方式在法律文书语言中颇为常见，这与法律文书语言表述的严密和内容的周遍性很适切。如：

例1，……判决如下：

1. 准予原告瞿××与被告万××离婚；

2. 双方所婚生之子瞿××由瞿××抚养；

3. 学宫街63弄4号双方结婚用房归瞿××租赁居住；

4. 万××已取走的床上用品及衣物归万××所有。大橱、床、桌子、床头柜、三人沙发各一张（口）、椅子一对归瞿××所有；

5. 双方其余之诉不予支持。(《××市××区人民法院民事判决书》)

例2，我作为被告黄××的辩护律师……根据事实和法律，提出以下四点意见，请合议庭在对被告人黄×定罪科刑时加以考虑：

1. 被告人黄×未成年。……

2. 被告人黄×是投案自首的。……

3. 被告人黄×的罪行不适用“数罪并罚”。……

4. 被告人黄×犯罪性质属于故意伤害罪，不是故意杀人罪。……(《黄×杀人案辩护词》)

例1中并列的五条主文是“……判决如下”这句中宾语“下”的同位语，判决书的“判决如下”，其中“如”用作动词，“下”属方位词，用作名词，作宾语，并列的几条主文作为“下”的同位词。[1]。例2四条辩护理由本身内容也很繁丰，组成整篇文书的正文，却全都是前面一句宾语“四点意见”的同位语。这些并列同位成分与中心词“四点意见”又相距甚远。这种同位成分在其他文体中很难存在，但是在法律文书中为了表达的严密与准确，这种句法结构不但合理，而且必须。

二、法律文书的句式选择

从不同的角度出发，汉语有长句和短句、主谓句和非主谓句、整句和散句、紧句和松句等句式之分。对此，法律文书是怎样选择的呢？

（一）长句和短句，法律文书多用长句

长句和短句是相对而言的。一般来说，长句结构复杂、词语较多，结构层次也较复杂；短句的结构和层次较简单，词语较少。汉语用词序和虚词表示语法关系，句子一长，词语一多，词语的词序难以安排妥帖。因此，一般情况下多用短句明快有力地把意思准确地表达出来。然而，长句可以把丰富的内容在一个单句或复句中表达出来，语气连贯，条理清楚。因此，人们在多用短句的同时也兼用长句，“长”“短”交替使用。而法律文书因为普遍使用并列结构和复杂的同位成分，复杂的附加、修饰成分，句子一般都较长。法律文书的某些特定部分，如第一审“刑事判决书”首部的案由、案件来源、审判组织、审理方式及被告人和诉讼参与人等参加诉讼情况用几个长句规范地表述：

××××人民检察院以×检×诉〔〕××号起诉书指控被告×××犯××罪，于××××年××月××日向本院提起公诉。本院依法组成合议庭，公开（或不公开）开庭审理了本案。××××人民检察院指派检察员×××出庭支持公诉，被害人×××及其法定代理人×××、诉讼代理人×××，被告人×××及其法定代理人×××、辩护人×××，证人×××，鉴定人×××，翻译人员×××等到庭参加诉讼。现已审理终结。

此外，判决书的判决主文和上诉事项（即交待上诉权利、时限、上诉审法院等内容）各由一个长句构成。这种句式虽然很长，但都有固定格式，只要照格式拟写，一般来说不会产生错误。而在叙述案件事实、说明情况、论述理由时，由于情况千变万化，运用长句无章可循，因此失误较多。常见的问题有疏漏主语、偷换主语和句子不连贯等情况，使词不达意，义有两歧。有份离婚案“民事调解书”写道：

长期以来，男方对女方进行摧残和虐待，身心健康受到严重损害，长期不能上班，后来又提出离婚要求，最后精神失常。

〔1〕 参看吕叔湘主编：《现代汉语八百词》，商务印书馆1980年版，第441、493页。

这句长句由于中途缺主语和几次偷换主语，语义含混，使局外人不知所云。应改为：

长期以来，男方对女方进行摧残和虐待，使女方身心健康受到严重损害，长期不能上班，男方提出离婚诉讼又导致女方精神失常。

在使用这类长句，特别是事关多人时，行为主体和行为对象均需写明，不可省略。当再次提及这些人物或事件时还要写出全名（称）。在这方面，最高人民法院特别法庭审判林彪、江青反革命集团案中的法律文书值得我们学习。如：

1966年12月28日，张春桥为了镇压上海“工人赤卫队”群众组织，夺取上海市党政领导权，从北京打电话给他的妻子李文静，说：“胜利果实不能被赤卫队夺去，要告诉造反派不能置之不理。”李文静把张春桥的电话告诉徐景贤，徐景贤传达了张春桥的电话。在张春桥等的指使下，王洪文伙同打砸抢罪犯耿金章，组织一些不明真相的群众，攻打“工人赤卫队”，伤残91人，制造了康平路武斗事件。（《中华人民共和国最高人民检察院特别检察厅起诉书》）

除本案被告人外，还涉及其他人，罪行交错复杂，但“起诉书”多用长句叙述，所指清楚、表述严谨，使各被告人的犯罪事实清楚、罪责分明。

（二）主谓句和非主谓句

从句子的构成情况看，可以分为主谓句和非主谓句。主谓句由主谓词组构成。非主谓句由单个的词或非主谓词组构成，又可分为名词性非主谓句、动词性非主谓句、形容词性非主谓句和叹词句。法律文书的某些部分，因行为主体即制作文书机关，不言自明，习惯上也用非主谓句，如“起诉书”中的“检察查明”，“判决书”中的“经审理查明”“判决如下”“撤销××人民法院（201×）×刑初字第××号刑事判决”，“公证书”的“兹证明”等。但用于诉讼的法律文书的事实部分，“公证书”对具体法律行为、有法律意义的事实、文书的真实合法性及对证明事项的具体阐述，各种法律活动中对事实的追溯、陈述，又必须用主谓句，使事实清楚、法律责任或罪责分明，以杜绝一切歧义与混淆。

（三）整句和散句，法律文书一般用散句

“整”是整齐的意思，“散”是参差的意思。整句是句与句之间结构相同或相近，散句是句与句之间结构不同、长短不齐。整句有排比、对偶、相同位置出现某些相同词语等形式，这种句式有形式规整、音节匀称等特点，具有突出和强调语义的作用。一般情况下，多以散句为主，整、散结合使用，这样可以使语言生动活泼、气势贯通、节奏鲜明。法律文书有别于一般文体，它用于法律活动，不追求语言的艺术化，一般都用散句平实、准确地叙事达意。有的人在“民事诉状”一类的法律文书中写进排比、对偶或“打油诗”一类的整句，不但不够严肃，也是有悖于法律文书对句式的选择规律的。

（四）松句与紧句，法律文书多用紧句

句子的结构有舒缓与严紧之别。松句指结构舒缓的句式，紧句指结构严谨的句式。松句中一个或几个意思分几层说，或者反复地说，停顿较多，语势和缓。紧句中，几个意思集中在一起说，这样，句中有长定语、长状语，或者句中成分结合得紧，停顿较少或者不停顿，语势紧迫。法律文书要求语言准确、严谨和庄重以及交际的高效，因此多用语势紧密的紧句。有的法律文书句式松散，不合乎法律文书的句式要求。如一份杀人案《刑事判决书》证据部分写道：

上述犯罪事实由凶器七寸匕首一把所证实，凶器上血迹的血型与被害人血型一致，证人×××写出了书证，事实清楚，证据确凿。被告人对自己所犯罪行也作了交待。

这段“证据”在语法和内容上都没有错误，只是用来证明犯罪事实的各项证据（凶器、血痕鉴定、证人证言）各由一个分句来表述，各分句又结合得不够紧密，因而整段文字显得句式松散、内容琐碎。若将这段“证据”改为紧句并将文字作局部调整就可以使语言庄重、严谨。

三、法律文书的句类选择

因用途的不同产生的句子类别差异称为句类。句子的用途又是因说话人的目的而转移的。说话的目的大体上有四种情况：一是告诉对方一件事；二是向他人提出问题；三是向别人提出希望或请求；四是表达自己某种强烈的感情。与此相应，就产生了四种不同用途的句类，那就是陈述句、疑问句、祈使句和感叹句。法律文书的特定功能和法律文书语言的语体特征决定了法律文书语言有其特殊的句类使用频率和选择规律。

（一）陈述句

陈述句是以告诉别人一件事情为目的的句子，它是法律文书中使用频率最高的一种句子。法律文书中陈述句用于下列各种情况：

1. 用于叙述、回溯案情或有关的法律事实。如：“被告人××于201×年3月21日上午在其刑事拘留期间，在审讯室行凶殴打公安人员，夺门逃跑，被当场抓获。”

2. 说明案件的有关情况或证据情况。例如一件房屋租赁纠纷案在叙述案件事实之前，先简要说明该房屋的坐落、规格、产权归属，为该案的认定、判断提供依据：“本市毛家路317号砖木结构二层房系原告徐××在新中国成立前购置，该屋的二层厢房及楼下二间私房于社会主义改造时归公，其余部分仍属徐××所有。”

3. 界定法律属性或判断性质、情节及罪行轻重。如：“李××身为国家工作人员，却利用职务之便，收受贿赂，其行为触犯了《刑法》第385条之规定，构成受贿罪。”

4. 描摹人物形貌及案发现场、环境等。这种陈述句多在《通缉令》等文书中状摹案犯形貌，描摹刑、民案件的案发环境、现场痕迹及遗留物的性状、形态及对民事案件中产业坐落、规格等的界说。如《××案现场勘察笔录》对案发现场所遗足迹的描摹：“（现场有）布鞋足迹，足迹长26.5公分，前宽9.5公分，后宽7.8公分……至墓地草坪处消失。”

从陈述句的交际目的出发，又可以分为表肯定，即陈述某种事实客观存在的陈述句，和表否定，即陈述某种事实不存在的陈述句。在法律文书中，叙述事实，说明证据及案件审理情况和分析、认定案件性质、量刑幅度，多用表肯定的陈述句（有关例证如上述）。表否定的陈述句多用于“上诉状”“申诉书”“抗诉书”“辩护词”“答辩状”等申辩类法律文书对于原审判决或诉讼对方所持事实、理由等的否定与辩驳。刑事《判决书》事实部分的“被告人的辩解、辩护人的辩护”、民事《判决书》的“被告辩称”诸部分；各类“判决书”事实、理由部分对不实之词的否定、驳斥，亦多用表否定的陈述句。

例如，某《民事判决书》“被告辩称”部分写道：“父母所遗房屋早已拆除，现有房屋系由被告单独集资翻建，不同意分割房屋，愿意将父母所遗旧屋折价补偿原告。”

一份《刑事上诉状》的“上诉理由”写道：“如上所述，李××被伤害抢救无效死亡，并非由于上诉人的故意和过失所致，上诉人主观上是没有罪过的，所以不应负刑事责任。”

（二）疑问句

疑问句是向他人提出问题的句子。就其交际功能来分，又可分有疑而问和无疑而问两类问句。所谓有疑而问是确有疑问，提出问题后要求对方回答。例如：“被告人张××，3月1日下午你在哪儿？”这种问句多用于公安预审、法庭审判之类的司法口语，一般不用于法律文书。

无疑而问指的是说话人并无疑问，只是为了加强某种表达效果，肯定或否定某种事实而采用疑问句的形式，这种疑问句并不需要对方回答。无疑而问又可分为设问和反问两类。

设问一般用于承上启下，引起读者的注意。例如：“那么，本案的事实究竟是怎样的呢？”

反问又叫反诘，所要表示的是明确的肯定或否定，实际上是用疑问句表陈述，而比一般陈述句所表示的肯定或否定的语气要强得多。例如："难道被告不知道拒不交付货款是违反合同的行为吗?"（表肯定）"被上诉人谭××辩称：何××上述语句（指何××散发的书面材料中称谭××是'艺坛流氓''像旧社会的青洪帮'）哪一处有'与人为善''惋惜规劝'之意?"（表否定）

按制作主体的不同，法律文书可分为公安、检察机关和人民法院所制作的法律文书即司法文书，律师，公证、仲裁等机构及诉讼当事人等制作的其他法律文书。司法文书，无论认定事实、阐明理由和得出结论，都不适用设问与反问句，一般都用陈述句来表述，准确、严密之外还颇显庄重。设问句、反问句一般用于辩护词、代理词等律师工作文书，因为法律文书是律师进行法庭论辩的蓝本，需要用设问句的形式引起听众的注意，用反问句表示比陈述句更强的肯定语气。诉讼当事人撰写的诉状，上诉状、申诉书、答辩状等申辩类文书亦可用反问句加强语气，但设问句鲜见。此外，司法文书在引用当事人的原话时，例如《民事判决书》在法院认定事实之前的"原告诉称""被告辩称"和"第三人述称"的行文中亦可适当使用反问句。

若在司法文书中除引述当事人原话之外的本体部分不适当地用上设问、反问句，则违反了特定的语体规律。在其他法律机构和诉讼及法律活动当事人制作的法律文书中，设问、反问句也只能适度使用，不能像其他文体中那样普遍使用。

（三）祈使句

祈使句是向别人提出要求、命令或劝阻的句子。它的功能有三项：①表示禁止。如："禁止溺婴、弃婴和其他残害婴儿的行为。"（《婚姻法》第21条第4款）"结婚年龄，男不得早于22周岁，女不得早于20周岁。"（《婚姻法》第6条）这种祈使句一般用于禁止性规范的立法条款中，在法律文书中很少出现。②表示请求。如："请求法院判令被告返还原告贷款11.2万元"（《民事起诉状》）；"要求上诉法院撤销原判决，另行公正判决"（《刑事上诉状》）；"根据《刑事诉讼法》第172条之规定，特向你院提起公诉，请依法判决"（《起诉书》）。这种祈使句多用于诉讼当事人诉状、上诉状、申诉书，再审申请书的"请求事项"部分和"事实与理由"的结论部分，"起诉意见书"的"提出起诉意见的理由和法律依据"和"起诉书"的"起诉的要求和根据"部分的最后结论中。公检法等司法机关的《决定书》《裁决书》，人民法院的《判决书》《裁定书》和《调解书》等具有法律效力、体现法制权威性的文书则不用表示请求的祈使句。③表示命令。如"被告何××应停止侵害，并在××市作家协会范围内，以书面形式向金××赔礼道歉，为金××恢复名誉，消除影响。此项在判决生效10日内执行。”（某名誉纠纷案《民事判决书》主文。）由于人民法院的裁判文书依照事实和法律做出的裁决具有绝对的权威性和生效后以国家强制力保证其执行的最高法律效力，因此其主文往往用表示命令的祈使句来表述。而另一些法律文书，例如律师制作的《法律意见书》和诉讼各方当事人撰拟的各类书状则不宜使用表示命令的祈使句。

（四）感叹句

感叹句是抒发说话人某种强烈感情的句子。按其表述的感情来分，大体可分四类：

1. 表愤怒、斥责，如“你太不争气！”
2. 表愉快、欢乐，如“上海的迪士尼乐园终于建成啦！”
3. 表痛苦、惋惜，如“他死得太惨啦！”
4. 表惊讶、赞叹，如“他的琴弹得太棒了！”

由于法律文书以进行诉讼和处理各种法律事务为主旨，重在达意，不在传情；重在以理服人，不在以情感人，所以对蕴有较强感情色彩的感叹词有比较严格的限制，从而很少使用。有时在诉讼当事人撰拟的书状中为表示对违法犯罪行为或侵权行为给受害者或对方当事人带来的侵害表示反感、不满，偶一用之亦未尝不可。如“被告（身为处级干部，却与未婚女青年×××通奸，进而虐待、遗弃病妻及幼子）身上哪里还有一点国家干部和共产党员的味道”！（某离婚案《答辩状》）但是有的书状滥用感叹句，如某《民事上诉状》通篇充斥了对被上诉人及一审人民法院的指斥与责问：“这简直是白日做梦！”“法院太不公道、太使人失望！”如果上诉人确实有理，就应该通过摆事实、讲道理来阐明自己的观点。如若没有理由可说，用指斥与感慨来代替据事依法论理，则更是一种无理取闹的错误行为。

总之，法律文书有其特殊的句法结构及句式和句类选择标准。为了准确、熟练地制作各类法律文书，我们必须熟悉并掌握所有这些标准与规律。

第三节　法律文书语言的超句结构

一、要重视对语言超句结构的研究

法律文书语言不仅在词语运用，句法结构和句式、句类的选择方面有别于其他文体，在超句结构方面也有自己的特点。

传统语言学以句子为最大研究单位，后来这种观念已被突破。语义场[1]和话语[2]的研究，打破了以句子为最大语言单位的界限。国外有人提出要建立“话语语言学”（又称“大结构语言学”），指的正是超句结构的语言研究。我们进行某一社会领域的语言运用，其研究对象更不是字、词、句这一范围所能框得住的。因为人们运用语言进行交际往往是以话语中的一个完整片断即语段为单位的，书面语的语段则表现为篇章。

每一语段（或篇章）都有一定的语境。结合特定的语境、特定的上下文探讨词、句的结构和意义，往往会收到事半功倍的效果。所谓上下文，不仅指上下句，有时也指上下句群、上下自然段、上下层次（大段）等。请看一个文学作品的例：

老栓慌忙摸出洋钱，抖抖的想交给他，却又不敢去接他的东西。那人便焦急起来，嚷道：“怕什么？怎的不拿！”老栓还踌躇着；黑的人便抢过灯笼，一把扯下纸罩，裹了馒头，塞与老栓；一手抓过洋钱，捏一捏，转身去了。嘴里哼着说：“这老东西……”（鲁迅《药》）

文中带着重号的动词生动、确切地刻画了华老栓和“黑的人”刽子手康大叔的神态、动作。说这些词妥帖传神，是因为人物刻画完全符合两个人物的典型性格；而两个人的典型性格是在全文有关的叙述描写中表现出来的。如果离开了前后文的叙述描写，离开了两个典型人物的典型性格，怎么能判断这些词用得好还是不好呢？比如，怎么能解释为什么要用“摸”而不用“掏”，要用“裹”而不是“包”，要用“捏一捏”而不用“掂一掂”呢？可见，词语的运用离不开上下文，而这个上下文并不仅限于上下句。词语的锤炼是这样，句式的选择更离不开上下文。长句和短句、整句和散句、紧张句和舒缓句等，孤立地考虑，只能说这种句式有什么优点，有什么表达效果，那种句式有什么长处，有什么表达效果；但是说不清为什么用这种句式，或不用那种句式。要说清楚这个问题，非得摆到上下文中，从整段、整篇的表达效果来考察不可。另外，有些句式的表达效果并不仅仅局限在本句范围之内，只有联系上下文，放在一定的段落、篇章中才能表现出来。

总之，在语言运用中，词语、句子和超句单位都是不容忽视的。篇章结构、上下文构成特定的语境，对词语的运用还有制约作用。因此，在法律文书语言研究中，我们也一定要重视对篇章结构的考察。对法律文书语言篇章这一

---

〔1〕 语义场指几个意义有关联的词，出现在相似的上下文，如我读书（报、杂志……）中的阅读物名称。这种研究有助于揭示语言中词汇的语义结构体系。

〔2〕 通常指单个说话者传递信息的连续言语。

层次的研究，主要从其结构特点和结构方式两方面进行，此外对其超语言视觉手段也将进行初步考察。除了语言学、修辞学之外，我们还利用文章篇章学、信息论等学科的一些成果、方法与概念来进行这一项研究。

二、法律文书语言超句结构特点

（一）结构完整，条分缕析

法律文书语言的篇章首先要求结构完整、脉络清楚、条分缕析。结构完整指首尾圆合，线索连贯，过渡照应，没有主旨隐讳、缺头少尾、残缺不全的弊端；条分缕析指脉络明晰、排列有序、前后层次联系紧密、安排精当，没有颠三倒四、顾此失彼、松懈零乱的缺点。

为了保证表述内容的合法、有效、完整，从而具备预期的法律效力或法律意义，法律文书对篇章结构的完整性和连贯性要求极严格。如对一名被告（人）和单一案由的民事案件和刑事案件事实的叙述，要严格依时间序列进行。民事案件要顺次陈述发生纠纷的时间、地点、原因、情节及经过，当事人争执的焦点和实质性分歧；刑事案件要依次陈述时间、地点、动机、目的、情节、手段和结果七大要素。这些要素都不可或缺，陈述中必须排斥和摈弃倒叙、截叙、跨叙等一些常见于其他文体的表述方式。另外，每一类法律文书，都有其特定的结构要素及排列序次，每一结构成分又包括特定的事项，各事项都各有特定的法律意义，不能遗漏或错位，从而使诉讼案件或法律事务的准确处理有具体依据和切实保证。凡此种种，都说明了法律文书超句结构具有结构完整，条分缕析的特点。

（二）严谨无罅，详略得当

一般的文体中当然也应避免出现不妥帖的章句和语词，但即便存在某些可有可无却并无错误的词或句，结构不太精纯也还无关宏旨。为了适合特定题旨情境的要求，有的文体用一些松散的章句来表达特定的内容，有的反复使用同一词句、句群突出和强调某种信息，或渲染一种特殊的气氛。法律文书则不然，其特定功能决定它必须裁减一切“浮辞杂采”，做到“句有可删，足见其疏；字不得减，乃知其密”。这不仅要求法律文书词句精辟，更要求结构严谨，每一词语，每一句子、章节在整个文书中准确妥帖、各得其所。

在拟写法律文书时，有的人常把一些与诉讼或法律事务无关的事项或细节写入，如在“起诉书”“刑事判决书”犯罪事实部分写进被告人的认识问题及一般缺点错误等不属于犯罪的事实；在诉辩文书中，论辩一方或双方的表述游离案件主旨，都会使文书内容芜杂，结构松弛。这是一种倾向。另一种倾向是片面强调结构严密、内容简要而盲目地苟简。在拨乱反正、平反历史冤假错案时期有一份再审案“刑事判决书”只写申诉人“不服原判决向本院提出申诉”，没有具体翔实的申诉理由，根本无法反映原判是否合法合理，接着判决书又在不陈述经查实认定的事实和证据的情况下写道“本案原以反革命罪定性判刑不当”，并作出“撤销原判，宣告无罪”的判决。这种判决不符合法律规定，也难以使任何人信服。可见，法律文书在裁剪“浮辞杂采”使结构严密无罅的同时，还得注意详略得当，该详尽表述的内容不能苟简，要在言简意赅方面下功夫。在这方面，清代王又槐《办案要略·叙供》中一段话值得注意：

供不可多。多则眉目不清，荆棘丛生。……苟遇紧要关键处所，必须多句而始道得透彻者，则又不妨多叙。

这里说的虽然是“叙供”（向上司禀报受审者所供述的案情材料的一种文书）这种法律文书，但对详略关系处理的原则，对法律文书却是普遍适用的。

（三）条理贯通，逻辑性强

许多案件或法律事务头绪纷纭，内容繁复，文书中组织超句体时要紧扣主旨，对众多的材料作出合理的安排，使整个篇章结构前后连贯，语义进展符合逻辑顺序，首尾周密，无罅可击。

以有罪《刑事判决书》的主体部分来说，包括事实、理由和判决主文三部分，事实是构成刑事犯罪的事实，事实陈述完毕，还要概括、科学、全面地分析列述证据以证实这些事实的存在；理由部分，要针对本案的事实，援用最适切的法理、事理和法律条款来论证被告人犯了何罪、情节轻重，有否从重或从轻、减轻处罚的情节；主文就是对被告人的处罚结论，必须用明晰、具体的词语进行条断。制作判决书时，要求事实与证据之间，事实与理由之间，事实理由与主文之间互相配合，即存在必然的逻辑关系，不可互相脱节，甚至彼此矛盾。惟其如此，判决书才能达到惩处犯罪，不偏不倚，维护法律尊严、教育挽救被告人等目的。其他法律文书或法律口语也无不如此，如律师的《辩护词》的主体内容可分导论、正文（辩护理由）、结论三部分，各部分间语义必须互相连贯，配合周密，才能使论辩有力，达到维护被告人合法权益的预期目的。

（四）程式稳定，不容更易

语言表述具有特定程式。一般文体语言表述灵便自由，虽有一定的结构规律，但并没有固定的格式。法律文书却不然，它在长期的法律工作实践中，逐步形成一整套严格而特殊的程式，并要求人们遵循这些规格，不允许随意变更、自由创造。因此，法律文书既反对内容上因袭守旧，“千案一面”，又要求表现出每个案件的个性，可是在表述程式上却要求“千篇一律，千人一面”。

以一审“民事判决书”来说，标题、案号，首部的诉讼参加者（原告、被告、第三人、委托代理人等）的身份事项，案由、案件来源、审判组织和审判方式、审判历经的程序和过程、当事人及诉讼参与人到庭参加诉讼的情况，正文部分的事实、理由和判决主义，尾部交待上诉期限和上诉审法院，当庭宣判或签发“判决书”的日期、合议庭和书记员署名、加盖“本件与原本核对无异”章等都有特定的次序和严格的程式，稍有差池，便会影响“判决书”的法律效力和权威性。如漏盖“本件与原本核对无异”章，书记员署名移到制作“判决书”原本的日期之上，看似微不足道，然而却事关重大，因为正本不盖核对印章，就不具备与原本同等的法律效力，而把书记员署名上移与合议庭其他成员（审判长、审判员或人民陪审员）相连，则意味着书记员属于合议庭成员，而这都是违反法律规定的。此外，“民事判决书”许多部分还要使用特定的法律术语与固定句式，如第一审“民事判决书”按最高人民法院制定的“样式”，其首部，案由、案件来源、审判组织和审理方式等各项内容，必须写作：

……（写明当事人的姓名或名称和案由）一案，本院于××××年××月××日立案受理，依法组成合议庭（或由审判员×××独任审判），公开（或不公开）开庭进行了审理。……（写明本案当事人及其诉讼代理人等）到庭参加诉讼。本案现已审理终结。

法律文书语言篇章的程式化不仅反映在对案由、案件来源等事项的格式化表述中，更重要的是反映在正文中对“事实”“理由”“结论”等实体内容表述的程式化。

例如，按最高人民法院1999年4月6日确定、1999年7月1日起在全国施行的《法院刑事诉讼文书样式（样本）》规定：一审公诉案适用普通程序用《刑事判决书》“理由”部分，在“本院认为”之后，必须包括下列五个层次：①根据查证属实的事实、证据和有关法律规定，论证公诉机关指控的犯罪是否成立；②被告人的行为是否构成犯罪，构成什么罪；③是否应从轻、减轻、免除刑罚或者从重处罚；④对于控辩双方关于适用法律方面的意见，应当有分析地表示是否予以采纳，并阐明理由；⑤在“依照”之后写明判决所依据法律的条、款、项，若参照有关司法解释的，也要悉数引述，以充分列举判决的法律依据。按此程式1999年12月6日××市第二中级人民法院对日本籍被告人岩本××组织他人偷越国境案第一审《刑事判决书》“理由”部分行文如下：

本院认为，被告人岩本××在中华人民共和国领域内，分别向中国公民葛××、潘×提供变造的中华人民共和国护照，其行为构成了提供变造的出入境证件罪，依法应予处罚。被告人岩本××在向葛××、潘×提供变造护照的同时，虽还向葛、潘分别提供了飞机票，并陪同出境，但这些行为尚不属策划、联络、安排等组织他人偷越国境的行为。故公诉机关指控被告人岩本××犯组织他人偷越国境罪的罪名不当。被告人岩本××在日本国分别向中国公民吴××、徐××提供变造的中华人民共和国护照并代购飞机票的行为，亦构成提供变造的出入境证件罪。鉴于被告人岩本××系日本国公民，其在中华人民共和国领域外对中华人民共和国国家的犯罪，按照《刑法》规定，此项犯罪的最低刑在有期徒刑3年以下，故依法不适用《刑法》，对被告人岩本××的辩解及其辩护人的辩护意见予以采纳。为维护中华人民共和国国家对出入境证件的管理秩序，根据《刑法》第12条第1款、第320条及第8条、第35条、第64条之规定，判决如下：……

其实，不仅是刑、民事《判决书》，所有的法律文书语言都力求表述程式的稳定，以保证内容要素的完备，文书的规范、合法有效。对此，最高人民法院、最高人民检察院等国家最高司法机关及公安部都曾对有关法律文书的内容要素、表述程式和格式规范作过统一的规定。有些重要的诉讼文书（如《起诉书》《刑事判决书》《民事判决书》等）的内容与表述程序还在有关的程序法（如《刑事诉讼法》《民事诉讼法》等）中以立法的形式加以统一与规范。

可是在司法实践中，我们却发现有些法律文书不遵循统一规范，任意增损，变动特定项目，这种自拟格式往往由于项目重复或残缺，违反了特定的表述程式，使法律文书丧失了科学性和法律性，从而影响了其法律效力甚至使其违法。有的审判人员在宣判时只念“判决书”“正文”的“事实”“理由”和“判决主义”，甚至光宣布判决结果（主文），这说明他们没有认识到或忘记了法律文书每一部分所表示的法定诉讼程序和所包含的法律意义。凡此种种，都说明了有关人员对法律文书格式的固定性和表述的程式化特征还不够重视。

由于法律文书语言篇章具有严格的程式，制作文书时不仅要注意正文部分各项内容的完备和表述的规范，即使对标题、案号、日期等看来很细小的项目，也要严格按照特定的规格撰述，不能有任何疏忽；法律语体口语表述也要遵循特定的规程与模式，如“辩护词”“代理词”“公诉意见书”等诸多法庭演说的主体部分，都按“导言—正文—结论”的顺序进行，导言中还要依次交待与法律程序有关的特定事项。如果不遵循法律文书的程式化规律，则会妨碍法律活动的正常进行乃至损害司法机关的威信和法律的尊严。

（五）不得随意替换词语或改变句式

法律文书语言篇章表述程式稳定，不能更易还反映在每种法律文书的某一内容要素往往用大致固定的词语或句式来表述。

例如，在人民检察院《起诉书》中，在首部的“案由和案件的审查过程”和正文“检察机关审查认定的犯罪事实”之间，要用“经依法审查查明”等词语来过渡，“起诉的要求和根据”部分又用“本院认为”等词语作为起始用语。《民事判决书》、《民事裁定书》的“判决理由”“裁定理由”与判决、裁定“主文”之间必须用“判决如下：”和“裁定如下：”的固定短语来过渡。再如“案件审理终结”的“终结”，不能用“完结”“了结”“完毕”等词语去更换。在法律文书中这类词语很普遍，随意改易既违反了表述的程式化，也会损害相关事项特定的法律含义。

在各类法律文书中，用固定的文言句式表示特定法律含义的情况也很普遍。如《起诉书》尾部附项的“被告人×××羁押于××看守所”，人民法院第二审《判决书》《裁定书》尾部的“本判决为终审判决”“本裁定为终审裁定”；人民法院刑、民《判决书》《裁定书》《民事调解书》《支付令》等文书尾部的“本件与原本核对无异”等均属之。不能随意用其他语句去替代。

三、法律文书超句结构方式

为了完成实施法律的特定功能，法律文书的语言具有庄重、严谨、准确、严密、朴实等风格特色，与此相适应，法律文书语言在超句结构上具有一些特殊的手段。这里，我们借用文章篇章学的“头”“身”“尾”概念，探讨其安排照应上的一些特殊方式。

（一）开头提纲挈领，点明主旨

一些应用语体，常在语段开头处用极简要的文句说明表达的目的或结论，以引起有关人员的注意和重视。

法律文书语段的这种提纲挈领的开头法运用很普遍，如在调查案情的《询问笔录》中，调查人一开始向被调查者讲明调查的目的与宗旨；《公诉意见书》《辩护词》《代理词》等法庭讲演辞，常常在一开始点明讲演者对本案的基本观点或主要看法。如一份抢劫、杀人案的“公诉意见书”开头是这样的：

在刚才的法庭调查中，通过宣读证人证言、技术鉴定结论、现场勘查笔录，证人出庭作证，出示物证及讯问被告人，已清楚地证实本院起诉书中所指控的被告人王×、李××所犯的抢劫、杀人罪，事实清楚、证据确凿且犯罪情节极为严重。

各类法律文书运用这种方法开头的还很多。如人民法院《案件审理报告》，开头言简意赅地写明被告人姓名、案由、案件来源、审理情况和审理方式，使阅读者一开始就对案件的来龙去脉有一个明晰的了解。例如，民事起诉状的“诉讼请求”事项处于文书的开头，是原告人的目的和要求。《起诉书》《判决书》等程式更严格的法律文书首部的案由、案件来源及审理情况等事项，是整篇文书的眉目和提要。凡此种种，用的都是提纲挈领开头法。

（二）周身接榫，铸为一体

“接榫”指的是语义的过渡，法律文书语段的接榫有一些特殊性。语义接榫，也叫承接，若借用文章学的术语，一般语体中有正承、反承、顺承、逆承、断承、分承、总承、引承、原承等。法律文书多用顺承，也常用断承与引承。反承、逆承等接榫法在法律文书中罕见。

所谓顺承，就是顺着上文的意思进行承接。例如："关于离婚后家庭财产的分割，原告声称两边没有共同财产。被告在提交给美国××××法庭的诉状中也提出了同样的事实。因此双方在财产分割上不存在纠纷。各方现有财产分属各自所有。"

所谓断承，就是承接处即是论断处。这是法律文书非用不可的。这一方法的正确使用，可使之语言言简意赅、明朗决断。

所谓引承，就是在承接处引用他事或他文以得出自己的结论或引出自己的陈述。法律文书常常引用法律条文或法学理论来进行论断阐释，因此法律文书对引承也是非用不可的。

在法律文书中，断承和引承，往往密切结合、相辅相成。在表述中，两者既各自分明，又融于一体。例如：

本院认为，原审被告人贾××以暴力手段强奸妇女，其行为严重地侵犯了妇女的人身权利，构成强奸罪。一审判决和二审裁定认为属寻衅滋事、猥亵侮辱妇女罪，与本案事实不符，显系定性错误。根据《刑事诉讼法》第243条第3款之规定，特提出抗诉，请依法判决。（××省人民检察院《刑事抗诉书》）

所谓反承，就是反上段言语的意思进行承接。例如鲁迅《不求甚解》中有一段："文章一定要有注解，尤其是世界要人的文章。有些文学家自己作的文章还要自己来注释，觉得很麻烦。至于世界要人就不然，他们有的是秘书，或是私淑弟子，替他们来作注释的工作。然而另外有一种文章，却是注释不得的。"最后一句就是对上面话语的反承。

所谓逆承，就是在承接处用逆笔，宛若"逆水而上"。韩愈的《杂说·四》有一逆承传诵古今："世有伯乐，然后有千里马；千里马常有，而伯乐不常有。"

不难看出，恰当地运用顺承、断承和引承，可使超句体前后连贯、意义明晰、铸为一体。而反承、逆承之类的接榫法，比较曲折深奥，不宜用于力求简明、易懂的法律文书。

（三）结尾言止意尽，端庄有力

文艺语体话语的终结以言尽而意不尽、发人深思、回味无穷为追求目标。法律文书以准确为生命，必须做到言止意尽，不可有毫厘弦外之音，正如《易·系辞下》所云："辨物正言，断辞则备。"[1]法律文书语段的结尾，往往是依照法律对案件事实所下的论断（如报告文书、起诉书的结论，各类判决书的主文均属之）或是据事依法向司法部门提出的主张（如《诉状》《抗诉书》《辩护词》和《公诉意见书》等），都必须明晰、干练，切忌冗长拖沓，一语

---

〔1〕辨物正言：辨明事物，端正语言，指辞理正确。断辞则备：使文辞明断，语意完足。

多解，更不可采用感叹、谩骂或嘲讽等口气。如有一份离婚案《民事起诉状》结尾写道："以上各节，请法庭详加审查并请法院早日秉公判决，以解决本人倒悬之苦，本人当永世不忘恩典，来世做牛做马也定当思恩图报。"这种结尾试图引起法院的好感和同情，但结果可能适得其反。其实写作"为此，特向贵院起诉，请依法判决"，因其言止意尽，反显得庄重有力、合法得体。

四、法律文书语言的视觉手段

语言交际中的非语言因素已引起人们的重视，不过对法律语言进行超语言手段考察的著述尚不多见。其实对法律语言交际，就法律文书而言，对其进行超语言的视觉手段方面的考察，是很有意义的。因为法律文书以纸张（古代曾用竹简、绢帛等材料）等为信息的平面载体，通过诉诸人们的视觉传递信息，实现交际功能，所以除了运用斟酌词语、调配句子、谋章运篇等语言手段的同时，还必然会自觉或不自觉地调动某些视觉手段去补充、延伸语言手段。

（一）英美法律文书视觉手段的启示

英国早期的法律文书写在长宽均在2英尺以上的羊皮纸上，为了节约（羊皮纸价格昂贵），也为了防止增删词语等欺诈行为，法律文书在羊皮纸上写成囫囵的一大块，不分段落，没有首行缩写，不用标点，四周也不留任何空白。

造纸与印刷术由东方传入后，虽然文书的制作材料与手段有了改革，但法律文书在信息载体上的传统布局格式却仍沿袭下来。直到今日，许多法律文书仍不分段落，不用标点。那么，这样的法律文书又如何保证其准确性，使阅读者能正确理解、掌握与执行呢？那就只能借助视觉手段了。

事实上，英美法律文书早已形成一套有效的超语言的视觉手段，即在格局方面用文字的字体、形貌变化的方法来显示文书的结构、内容和逻辑上的关联性。比如文书制作者把他认为最重要一句的中心词放在开头，用粗歌德体书写以引起重视；将一些关联词如AND、NOW等用粗体字大写，以强调他们所联结的语言单位间的联系，便于人们了解文书的内部结构；将主要动词大写，以突出一些重要法律行为；又将涉案团体或个人一律大写（这些词并非专门名词，在其他场合无须大写）达到醒目和庄重的效果。

不过，合同、契约类的文书，因为他们通常包括数目较多的互相独立的条款，必须顺次罗列才便于参阅，因此，这类文书多采用字母或数码表明文书的几个部分或细目，但标点符号仍很少使用（有的文书中仅用冒号），甚至不用。目前种类繁多的商务文书也倾向于采用这种视觉格局。

法律文书语言以准确性为其首要特征。追求法律语言的准确是古今中外的司法官员、法律工作者的共同目标。但是，由于语言文字、政治法律制度和历史文化背景的差异（有时也与书写手段和书写工具有关），不同国家、不同时代的法律文书，达到法律文书语言准确的手段也各有自己的特色。英美法律文书语言有一系列特有的保证准确性的手段，视觉手段是其中之一。这些都可以作为我们研究汉语法律文书语言的借鉴。

（二）我国法律文书语言的视觉处理

我国法律文书语言篇章格局的视觉处理也有一些特色。例如，现行法律文书在信息的平面载体（纸张）上按内容分项排列，有较多的间隙，眉目清晰。句子内部和句与句之间，强调标点符号的规范使用。这样的格局，使文书（篇）内部的章、节、句之间的界限分明。这样的格局没有我国古代法律文书或某些国外法律文书“囫囵一块”所造成的视觉上的紧张感。

为了突出文书的主要内容，也采用了一些视觉手段。如《民事判决书》首部的“案由、案件来源、审判组织、审理方式等”一项最后以“本案现已审理终结”结束，然后另起一行制作“事实部分”，使这一重要内容“突兀而起”，引起读者的注意与重视。“理由”部分结束时写上“判决如下：”另起一段分项（一、二、三……）胪列判决主文，也是一种突出关键内容（判决结果）的视觉手段。此外，法律文书特别强调文字书写的准确、规范，除了注意不写错别字、不规范的异体字外，当前还要特别注意抵制繁体字的滥用。在文字书写中，还包括数字书写的规范化，按最高人民法院 1999 年制定下发的《法院刑事诉讼文书样式（样本）》的规定：各类文书除所引用法律条、款、项的序目数及文书落款处的年、月、日用汉字书写外，其余各处（如文书年度、编号等）均用阿拉伯数字书写。文书正文中涉及的物品数量和财物钱款数额用阿拉伯数字书写时，若逾万的，以万为单位，逾亿的以亿为单位，如 1.234 亿元人民币。这也是为了确保统一、规范、准确而运用的视觉手段。

在配置法律文书篇章总体格局时，除了考虑突出主要内容、增强文书的准确性外，还要适当兼顾整个文件布局疏密相间而不失稳妥、错落参差又不失规整，使文书兼具活泼清新和庄重朴实的心理印象。这些都值得我们在进一步改革法律文书内容与结构时加以考虑。

总之，在法律文书篇章的视觉处理上应考虑突出主体内容，确保其准确性，还要使整个文书庄重、朴实。我们应认真研究并总结视觉手段及其规律，并利用这些规律来提高法律文书语言的运用技巧。

【思考题】

1. 法律文书是司法公正的有效载体。为了实现司法公正，我们必须从哪些方面对法律文书语言和制作进行全面的改革和优化？

2. 法律文书的词语可分为哪些类别？每一类词语使用时都应当注意哪些方面？

3. 简述法律文书在句法结构、句式和句类选择方面的特点。

4. 法律文书的超句（篇章）结构有哪些特点？

练习与实践

第十章 弱势群体在法律前的不利地位及其语言权利和话语权利保护

第一节 语言权利和话语权利的充分享有是司法公正的前提

一、法律前不利地位的语言根源涉及语言权利和话语权利两个方面

John Gibbons 在其著述第六章“语言与法律前的不利地位”中，探讨了儿童、土著少数民族、受性侵害的妇女等弱势群体在法律面前处于不利地位的语言根源。[1] 作者认为，法律前的不利地位并非像某些人所想象的那样不是一个大问题。首先，如果我们不加警惕，法律有可能成为压迫人甚至迫害人的机器，而不是伸张正义和公平的工具。其次，相同对待并不等于公平对待。例如一个不会用法庭上所用语言表达的第二语者，若在法庭没有被提供翻译，即使受到的待遇与本族语者相同，但这对他/她显然是不公平的，因为他/她既无法明白那些法律程序，也无法陈述自己的理由和立场。对所有少数民族而言这一问题都不同程度地存在着。[2] 他的结论是：司法系统中语言运用的方式可以使那些历来权力较弱的人群或已处于不利地位的人群再次陷入不利地位，这些人群包括儿童，包括土著在内的少数民族，受教育较少者或社会经济地位低下者，失聪者及受骚扰的妇女。这种情况明显是不公平的，而不公正的法律只会成为压迫人的机器。这些人群所遭受的不利地位，有着较深的社会根基，仅仅依靠语言手段是无法消除的，但我们可以采取某些措施来改善这种情况。他曾经指出（Gibbons 1994：195）公正的待遇不同于同样的待遇，而是意味着认识到差异，并采取相应措施应对这些差异。[3]

我们认为，无论弱势人群的不利地位如何根深蒂固，既然语言构建了法律，法律和司法公正要由语言来承载，我们总可以也应该研究从语言的角度，

〔1〕 John Gibbons（2003），pp. 200～227.

〔2〕 John Gibbons（2003），pp. 202～203.

〔3〕 John Gibbons（2003），p. 227.

去改善和救济弱势群体在法律前的不利地位。综观法律前不利地位语言根源的成因，涉及语言权利和话语权利两个方面。《联合国宪章》等国际公约及多数国家的宪法与法律均赋予全体公民平等的语言权，同时各国法律、法规和公序良俗亦赋予每个公民平等的话语权。我们首先应当考虑各弱势群体在享受这些权利时遭遇哪些障碍，存在哪些差异，然后再考虑争取以何种相应措施去救济、去改善。

为此我们必须首先讨论语言权利及话语权利的概念并进而揭示各社会群体在享有这些权利时的差异，最后确定救济和改善的举措。

二、语言权利和话语权利

（一）语言权利

"语言权利"的概念肇始于18世纪末的西欧，至今已有两个多世纪的历史。语言权利最初包含两种意义，即在公共领域中承认单一语言制下的个人语言自由，或是认可、尊重、保障多种语言的使用自由。[1] 二战后，新建的联合国相继通过了《联合国宪章》（1945年）和《世界人权宣言》（1948），这两个文件以"平等与非歧视"为原则，立足于保护个人的人权和自由，有关语言方面的权利作为"平等与非歧视"原则的一部分，被载入这两个文件之中。其后，联合国又在《公民权利和政治权利的国际公约》（1960）、《在民族或种族、宗教和语言上属于少数群体的人的权利宣言》（1992），强调和细化了对少数人的权利，尤其是语言权利的保护，如肯定、确认与少数人语言相关的各项权利；要求缔约国用正向的支持措施以确保和推动少数人语言权利的享有和实现；阐述各国在制定相关政策、项目计划时，应考虑少数语言群体的合法利益。

目前，国内关于语言权利研究方面的著述尚不多，关于"语言权利"概念的表述有：①"语言权是公民、族群、国家及其他组织表述思想时选择和使用语言文字作为物质手段的权利"。[2] ②"围绕选择使用母语（本语言群体的语言）或其他语言形成的一系列权利。"[3] ③还有学者认为，"语言权利指人们对语言的使用、学习、发展和传播的权利，这一权利可以分解为'谁'、在什么'地域'和什么'领域'、使用和发展'何种语言'"，[4] 并进而阐述"语言权利的核心问题大体可归结为国家权力机构如何确定国家语言或官方语言，

---

〔1〕 肖建飞：《语言权利研究——关于语言的法律政治学》，法律出版社2012年版，第3页。

〔2〕 刘红婴：《语言法导论》，中国法制出版社2006年版，第24页。

〔3〕 郭有旭：《语言权利的法理》，云南大学出版社2010年版，第73页。

〔4〕 肖剑飞：《语言权利研究——关于语言的法律政治学》，法律出版社2012年版，第5页。

以及在公共领域中对少数民族语言的地位及作用作何种安排”。[1]

（二）话语权利

话语，按照《辞海》的诠释，是“指运用中的语言。其构造单位相当于句子或大于句子的言语作品”。“从对话片段到完整的长篇小说的超句语言结构”均属话语的范畴。话语权利是指个人和群体在立法、行政、司法、教育、公共传播和一切社会活动和工作领域中应特定题旨和情境的需求，在法律法规和公序良俗允许的范围内，进行言语表达的权利。话语权力是特定主体对其所享有的语言权利的具体实现和实施，而语言权利正是话语权利的依据和保障。

语言存在于形形色色、不计其数且灵动多变的话语之中，话语应当是交流互动的语言活动。行使话语权要兼顾表述的内容、方式和效果，特别要摸清受众的需求和心理特点。因此，话语权不仅是一种权利，一种义务，也是一种能力和责任，即让受众乐意接受并能共鸣和互动的能力和责任。在各类诉讼活动中，无论是法官、检察官、律师，还是被告人、原告、被告、证人，正确、有效地行使《宪法》和法律赋予他们的话语权利，是实现司法公正、社会公平正义的必由之路。

三、语言权利和话语权利的充分享有是司法公正的必备条件

国家法律的制定和实施，公民包括诉讼权利在内的一切权利的享有，包括向司法机构提供与己无涉案件证据的义务在内的一切义务的履行，无不通过语言去实现。公民和一切群体享有语言权利和话语权利这两种与语言相关的权利。任何个人或群体，如果不享有语言权利，那么在包括法律活动在内的一切公共事务领域的话语权根本无从谈起。如英国殖民者入侵大洋洲之后，无视当地土著的一切权利，剥夺了他们的财产、土地，把他们逼到天涯海角或者荒岛上，在英国人控制的政权机器中，他们被剥夺了包括语言权利在内的人权，又遑论什么话语权？近几十年来，澳大利亚政府反思了过去当地土著遭受的种种不幸，决定通过立法和司法恢复他们的某些权利（例如有限的土地所有权），应当说他们已开始享有语言权。但由于文化差异和土著英语等等方面的限制，使他们的话语权缺失或不完整。因此在诉讼等法律活动中处于很显著的不利地位。在这种情况下，法律和诉讼活动对他们来讲还是不公正的。

我们认为，公民和群体只有充分享有语言权利和话语权利，才有可能获得法律和司法的公平待遇。语言权利和话语权利的充分享有是司法公正、社会公平正义的必备条件。

---

〔1〕 肖剑飞：《语言权利研究——关于语言的法律政治学》，法律出版社2012年版，第159页。

第二节　我国宪法与法律对公民的语言权利和话语权利的保障

一、语言权利保障

为了保障各民族的语言平等和各民族（其实特指少数民族）的语言权利，我国《宪法》第4条和《民族区域自治法》第10条均有“各民族（都）有使用和发展本民族语言文字的自由”的规定。

在法律层面，我国已于2000年通过和实施《国家通用语言文字法》，规定普通话、规范汉字是国家通用语言文字，在全国范围内通用，包括民族自治地方和少数民族聚居地方。鉴于少数民族语言文字的复杂性和特殊性，少数民族语言文字的使用拟留待修改《民族区域自治法》时另作规定。[1]

新中国成立以来，对少数民族语言文字权利的保护始终十分重视，从20世纪50年代起，最高国家行政机关于1951年、1954年、1956年和1957年先后制定了4份规范性文件，以确定、组织和指导创制少数民族文字的工作，如1951年政务院下发《中央人民政府政务院关于民族事务的几项规定》，该规定第5条指出：“在政务院文化教育委员会内设民族语言文字委员会，指导和组织关于少数民族语言文字的研究工作，帮助尚无文字的民族创立文字，帮助文字不完备的民族逐渐充实其文字。”[2] 在1956年～1958年共新创和改进了19种少数民族文字（其中5种目前已停止使用）。此后，对维吾尔族、哈萨克族、凉山彝族，西双版纳傣族的文字也进行过改革。

在诉讼语言方面，我国《宪法》第134条对各少数民族的语言权利予以确定和特殊保障：“各民族公民都有用本民族语言文字进行诉讼的权利。人民法院和人民检察院对于不通晓当地通用的语言文字的诉讼参与人，应当为他们翻译。在少数民族聚居或者多民族共同居住的地区，应当用当地通用的语言进行审理；起诉书、判决书、布告和其他文书应当根据实际需要使用当地通用的一种或几种文字。”我国《刑事诉讼法》第9条、《民事诉讼法》第11条、《行政诉讼法》第9条都有内容相同的表述。可见，我国各民族公民享有的“用本民族语言文字进行诉讼”的宪法权利，已经通过刑诉法等基本法律的规定与实施，落实到刑事、民事、行政等各类案件的诉讼全过程。

---

〔1〕 肖建飞：《语言权利研究——关于语言的法律政治学》，法律出版社2012年版，第216页。

〔2〕 肖建飞：《语言权利研究——关于语言的法律政治学》，法律出版社2012年版，第207～208页。

二、法律话语权保障

我国《宪法》第35条规定："中华人民共和国公民有言论、出版、集会、结社、游行、示威的自由。"把言论自由与出版、集会等其他五大自由权利并列，作为我国公民基本政治自由的第一项权利。这是对每个公民在一切领域享有平等话语权利的根本保证。《宪法》在保障公民诉讼法活动中语言权利的同时，也对上述领域中公民享有的话语权利作了原则的规定。《宪法》第125条确定了我国司法体系中的审判公开原则和言辞辩论原则："人民法院审理案件，除法律规定的特别情况外，一律公开进行。被告人有权获得辩护。"

按照《宪法》的精神，我国各诉讼法以具体条文保证上述两个原则的落实，保证各方当事人享有充分的话语权利。如《刑事诉讼法》第33条规定：从侦查阶段开始，犯罪嫌疑人、被告人有权委托辩护人，同法第34条规定，对因经济或生理原因处于劣势以及可能被判处无期徒刑、死刑的犯罪嫌疑人、被告人，对他们的辩护权予以特别保护。同法第35条、36条对犯罪嫌疑人、被告人的辩护律师的职权及话语权予以规定。

在开庭审理中，法院遵循直接言辞审理原则，在各方当事人及诉讼参与人全体到庭的条件下，为了保障辩护律师的话语权，同法第37条、第38条、第39条、第40条、第47条，分别规定了辩护人在与在押嫌疑人的会见、通信权，辩护人查阅、摘抄、复制卷宗材料权，辩护人向办案机关申请调查取证权，辩护人向办案机关告知证据权，妨碍辩护人、诉讼代理人行使诉讼权利时的申诉、控告权等权利。在法庭调查，法庭辩论，最后陈述等各个阶段，均通过具体条文的规定，保证被告人、被害人享有充分的话语权。[1]

三、关于少数民族的语言权利的立法完善

我国《宪法》《民族区域自治法》和《国家通用语言文字法》把民族平等、语言自由作为一项根本的立法原则予以肯定，没有规定国语，只规定全国通用语和民族自治地方的通用语。两类通用语的提法确认我国所有语言及其使用主体一律平等，反映了人类先进文化的价值理念。我国各少数民族都不否认汉语是我国的国语，但法律不这样规定，这体现了对各个兄弟民族的尊重，也是我国保障各兄弟民族语言权利中的一个亮点。我国《宪法》《民族区域自治法》对少数民族语言的地位和使用作了原则规定，但至今还没有制定一部少数民族语言法。有学者认为，我国的语言立法方面面临着如下一系列的转变：从"行政管理法"向"权利保障法"的范式转换；从"民族"界定向"语言群

---

〔1〕参照本书第八章。

体”界定的转变;[1] 从“原则性和宣言性”规定向正当的决策程序和具体操作及救济制度的转变。[2]

制定和完善少数民族语言立法是我国民主法治建设和少数民族语言权利保障的必由之路，在该项立法中，必须解决如下问题：①厘清权利主体的定位。“少数民族”的界定无法概括语言群体的界限，应当与国际法律文件中的“少数语言群体”或“语言上的少数人群体”保持一致。②语言群体公共意识和意志的锻造和语言群体权利代表机构的正当性。由于少数民族语言社区与民族自治地方的行政区划界线不一致，作为少数民族自治机关的自治地方各级人大和政府，能否作为代表同一语言群体意志和行使群体权利的适格组织机构尚有异议。为解决语言社区与民族自治地方的行政区域不一致而给民族语文工作带来困难，我国已设有四个跨省区的民族语文协作组织。[3] 但此机构目前是政府部门的一个研究、议事和协调机构，并非语言群体的权利机构。这个问题的妥善解决尚有待时日。③正当的决策程序和操作规则。就少数民族语言文字的使用和发展方面的事务进行讨论、协商、规划和决策的正当程序和规程问题，实质性地影响到语言权利的行使。鉴于我国语文法的现状，即《宪法》和《民族区域自治法》的原则性和纲领性，民族语言文字专项法的阙如，正当程序和可操作性规则是少数民族语言权利保护中亟待解决的问题。

第三节　开展对弱势群体语言权利和话语权利保护的研究任重道远

我国幅员辽阔，人口数量庞大，各地方言、文化、经济发展差异很大。我国有55个少数民族，据2010年全国人口普查的统计结果人口为11 379万人，占全国总人口的8.49%。目前，少数民族约有6000万人使用本民族的语言，占少数民族总人口的60%以上，其中，约有3000万人使用本民族的文字。

由于少数民族的语言文字存在“一语多族”“一族多语”“一族多语多文”等各种复杂的情况，加上“少数民族语言文字法”这一专项法律的阙如，对语

[1] 我国对少数人地位的表述是“少数民族”，与国际法律文件中使用的“少数语言群体”的表述不一致。事实上，我国已正式确认的“少数民族语言”达百余种，远远多于“少数民族”群体数量的55个。普遍存在“一语多族”和“一族多语”现象。因此，如用“语言群体”来表述，更为科学。

[2] 肖建飞：《语言权利研究——关于语言的法律政治学》，法律出版社2012年版，第221页。

[3] 4个民族语文协作组织是：①蒙古语文协作小组；②东北三省朝鲜语文工作协作领导小组；③五省区藏族教育协作领导小组；④四省区彝文统一协作组。

言权利的权利主体的定位尚不清晰，语言群体公共意志的形式、适格群体权利的代表机构的产生尚需时日，《宪法》《刑事诉讼法》《民事诉讼法》《行政诉讼法》所规定的“各民族公民都有用本民族语言文字进行诉讼的权利。人民法院和人民检察院对于不通晓当地通用的语言文字的诉讼参与人，应当为他们翻译。”等诉讼中的语言权利的充分保护，会受到理念上、技术上种种因素的制约。这个问题的全面妥善解决，有待《少数民族语言文字法》制定后，在这一专项法律的视野下，统筹处理。但目前也不是无可作为，例如多民族或少数民族地区，可以有计划地培养和配置合格的法庭翻译。有了语言权利的保护，诉讼中的话语权利保护才会有切实的保障。当然，在保护“少数语言群体”在诉讼中的语言权利的同时，我们也要筹划对他们话语权利的保护。在这方面，我们要对少数民族在诉讼中的语言交际开展多学科的研究。在这方面，澳洲伊德斯（Eades）、沃什（Walsh）等学者通过对法庭话语的调查，发现由于文化的巨大差异，当地土著问话十分谨慎，常以间接方式提出话题，然后由互动对象自主地选择供对方乐意分享的信息；沉默常常是礼貌的回答；不使用具体数量来表示特定的时间及时间的推移，如此等等，于是他们的表述使他们在诉讼活动中处于很不利的地位。[1] 可见，因为文化等方面的差异，少数民族在法庭上不能充分或完全不能享有法律赋予的陈述、申诉、提问、举证、质证等方面的话语权利。

我国少数民族和“少数语言群体”的数量之多，恐怕在世界上也是独一无二的。我国语言的种类分属汉藏、阿尔泰、南岛、南亚、印欧五个语系，10多个语族，数十个语支。目前已识别出的语言共129种：其中汉藏语系76种，阿尔泰语系21种，南岛语系16种，南亚语系9种，混合语系5种，印欧语系1种，以及尚难界定合适语系的语言1种（朝鲜语）。文字包括方块汉文、阿拉伯文、拉丁文、梵文、斯拉夫文。目前我国正式使用的文字有28种，此外还有40种在民间自行使用的不完善或未规范推广的文字。[2] 我国少数民族在人种、文化、语言文字上的丰繁和差异不难想象。由于存在这些差异，他们在法庭语言交际中因语言问题在法律前处于种种不利地位，那是毫无疑义的！对于各“少数语言群体”的历史、文化、语言都应该一一开展过细系统的研究，才能为他们在法律事务中的话语权利保护提供参考依据。

在这方面，我国法律语言学者任重而道远。

除了少数民族、儿童、受侵害的妇女、聋哑人、第二语者之外，受教育较

---

〔1〕 John Gibbons（2003），pp. 206 ~ 208.

〔2〕 肖建飞：《语言权利研究——关于语言的法律政治学》，法律出版社2012年版，第204页。

少、社会经济地位低下或因职业关系对法律隔阂的各社会阶层，在法律前都处于不利的地位，造成他们不利地位的语言根源不容忽视。我们认为解决这些语言问题的钥匙是加强对弱势群体的语言和话语权利的保护。

因为在中国，此项研究在作者之前尚无先例，作者涉足这个问题的思考与调查，也只有两年多的时间。由于时间、精力和客观条件的限制，作者拟先对少年庭刑事案件被告人和受教育较少或因职业原因对法律隔膜者这两个群体法律前的不利地位及其语言权利、话语权利保护进行初步探讨。

第四节　少年庭刑事案件被告人语言、话语权利的保护

鉴于我国《宪法》第33条第3款明确规定“国家尊重和保障人权”，中共十八届三中和四中全会的决定相继提出“完善人权司法保障制度”和“加强人权司法保障”的决议，弱势人群在法律面前的不利地位以及他们的语言权利、话语权利的保护问题，已经成为我国在依法治国的语境下亟待解决且完全有条件解决的一个重要议题。

首先进入我们视野的，是人民法院少年庭刑事案件被告人的语言权利、话语权力保护问题，因为这部分人数众多，他们小小年纪不幸涉嫌犯罪，处境特别困难。我们以此作为一个起点，在取得经验之后准备逐一探讨其他弱势人群在法律面前的语言、话语权利保护问题。

一、刑事案件少年被告人在法律前的不利地位尤为突出

在中国，2013年末总人口统计数为13亿6072万，18岁以下人口约4亿，4岁~18岁约3亿3000万。少年刑事案件被告人数字庞大，30年来少年庭判处未成年犯150多万人。从1984年上海市法院率先设立少年刑事庭至今，由少年庭承担的抚养权、探望权、生命权、健康权、身体权等案件，所涉及的少年、儿童更是以亿万记。

中国开始设立少年法庭，经过30年的实践，已从最初的合议庭发展到独立建制的审判庭，从只审理未成年人刑事案件的审判庭发展到审理未成年人刑事、民事、行政案件的综合性法庭。截至目前全国少年法庭2300个（其中1246个仅仅是合议庭），其中少年刑事庭405个，综合庭598个。[1]

儿童与未满18岁的青少年心智不成熟、知识贫乏、语言能力低下。当他们面临关于抚养权、探望权、机动车交通事故责任、生命权、健康权、身体

〔1〕 载最高人民法院网，http：//www. court. gov. cn。

权、教育机构责任纠纷等案件诉讼时，因为可以由监护人或法定代理人代为参加诉讼，他们可以不出庭，因此他们本人可以幸免于因法律面前的语言不利而再次遭受损害的厄运。但是，当他们一旦涉嫌犯罪，按照我国《刑法》规定，已满14岁不满18岁的青少年必须交付法庭审理。以前，此类案件一律移送普通法庭审理，自1984年开始，在中国不少地区逐步建立了少年法庭，审理该年龄段的被告人。“未成年人刑事诉讼程序”已作为一种特别程序于2012年修订我国《刑事诉讼法》时作为专章载入该法典。目前，此种法庭已经由单一的少年刑事法庭发展为未成年人案件综合审判庭，审理涉及未成年人的各类案件。对于未成年人刑事案件被告人来说，除了未成年人共同的心理、知识、语言能力的劣势外，法庭的权力、权威对他们的压力更加明显。

在本文中，我们讨论的是14岁～18岁未成年人作为刑事案件的被告人/证人时所遭遇的不利地位及语言表现。他们的认知能力尚未成熟，其语言表达能力尚不足以有效地陈述事实。在中国独子化家庭中，这一年龄段的未成年人受到父母和祖父母两代人的呵护，平时他们与成人提供的照顾性语言环境相适应。在法庭上，由于交际的目的是解决法律问题，尽管人们注意到他们与成年人的差别，但碍于法律程序的设定等原因，无法完全提供未成年人发挥语言能力的环境。再加上由于涉嫌犯罪，受到拘押、逮捕等强制措施，会产生恐惧、孤立无助等心理状态，其不利地位的语言表现就更加明显。

为此，我们应当了解和研究，他们在法律面前的不利地位有哪些语言表现？为了实现真正意义上的法律公平（不仅是法律面前的平等对待），我国法院已经采取了哪些措施？还有哪些问题应当进一步解决？如何解决？

二、我国法院对少年庭刑事案件被告人已经实施的保护措施

（一）立法层面：《刑事诉讼法》“未成年人刑事案件诉讼程序”的制定

1. 方针：教育、感化、挽救的方针。

2. 原则：教育为主、惩罚为辅的原则。

3. 宗旨：充分保护未成年当事人的诉讼权利及其他相关的合法权益。

（二）组织保障

截至2014年5月28日，全国各级法院设立2300多个少年法庭，法官7400多名，书记员2700多名（据最高人民法院网）。

（三）具体手段

1. 心理干预工作机制。笔者调研过的设有少年庭的各级法院，均建有心理咨询室并针对未成年人被告建立了一整套积极的心理干预机制，主要措施有：①开庭前心理辅导，庭审结束进行访谈；②其他必要的心理咨询；③法官在庭审前进行社会调查，庭审后对被告进行回访，不断提升法官自身综合素质特别是法官心理学和法官情商的培养；④搭建 QQ 等网络社交平台，让法官与没有失去人身自由的未成年人随时随地轻松对话。

2. 圆桌法庭的设置。我们已参观过的少年庭都设有圆桌法庭，用以审理那些量刑可能在 3 年或 3 年以下而且涉案 3 个被告人或 3 个以下被告人的未成年人刑事案件，营造一个相对宽松的环境，以期缓解当事人紧张心理，真正落实教育为主、惩罚为辅的原则。

3. "合适成年人" 制度。合适成年人参与刑事诉讼制度是指公安机关、检察机关、法院讯问或审判涉嫌犯罪的未成年人时，如未成年人的法定代理人无法或不宜到场，应通知负有未成年人保护责任的机关、团体选派符合一定条件的成年人代表到场，行使法定代理人的部分诉讼权利，并履行监督、沟通、服务、教育等职责。

4. 庭审中对涉及诉讼程序等方面的法律术语予以通俗解释。例如，关于申请回避的权利，法官在宣布审判人员、书记员、检察官名单后普通的表述是："被告人、辩护人、法定代理人，根据《中华人民共和国刑事诉讼法》的规定，你对审判人员、书记员、公诉人享有申请回避的权利，你是否申请回避?" 在少年庭审理中法官这样表述："根据《中华人民共和国刑事诉讼法》的规定，你对审判人员、书记员、公诉人享有申请回避的权利，你是否申请回避?也就是说被告人、法定代理人、辩护人认为审判人员、书记员与本案有利害关系或者其他关系，在审理本案中可能会不公正、不公平，从而产生对被告人不利的结果，你们可以提出理由要求调换。"（包 × × 等寻衅滋事案，2014 年 8 月 15 日）

三、少年被告人语言、话语权利保护方面存在的问题及具体表现

（一）语言、话语权利意识的缺失

随着法制的恢复与健全，诉讼当事人逐步拥有知情权、陈述权、辩护辩论权等权利，但至今尚缺少完善的制度保障。其实，这些权利的获得，与诉讼当事人在法律面前是否享有与语言有关的权利息息相关。由于法官、检察官都还没有意识到当事人的语言方面的权利及其保护，未成年被告人由于心智不成熟等种种原因，更加缺乏语言方面的权利意识。

（二）综观众多案件的庭审笔录，在法庭上除有罪的供述外，被告人鲜有无罪或罪轻的辩解

被告人、辩护人没有充分行使语言权利的案例：

审：法庭调查结束，进入法庭辩论阶段。首先由公诉人发表公诉意见。

公：（从略）

审：被告人可以自行辩护。

被：没有。

审：法定代理人可以辩护。

法代：没有。

审：由辩护人为被告人进行辩护。

辩：对起诉书指控的犯罪事实和确认的罪名没有异议。对量刑发表如下意见：……马××是初犯、偶犯，是被他人引诱，认罪态度较好，犯罪时未满18周岁；到案后坦白交代。恳请法庭对其判处拘役。

审：公诉人是否需要答辩？

公：马××确实所起作用不大，……请法庭酌情考虑，虽是初犯，但不是偶犯，供述中也有两次参与，因证据不充分，但并不是不存在。

审：辩护人还有无新的辩护意见吗？

辩：没有。

（马××等贩卖毒品案，2014年××月××日）

在刑法上，“初犯”与“偶犯”是两个相近但有区别的概念，后者往往指偶然性的一次涉嫌犯罪，而前者与“惯犯”相对应，指的是以往没有犯罪记录，这次系首次涉嫌犯罪，但涉嫌犯此罪可能不止一次。公诉人指控：“马××……虽是初犯，但不是偶犯，供述中也有两次参与，因证据不充分，但并不是不存在。”根据刑事诉讼“重证据不轻信口供”的原则，任何事实，除法律规定无需证明的以外，均须以证据证明之。而这里公诉人却在没有证据的情况下，宣称被告人“不是偶犯”。对此指控，被告人显然无法正确应对，而辩护人也没有加以辩驳，以“没有（辩护意见）”应答法官的询问。

我国《刑事诉讼法》第193条第1款规定：“法庭审理过程中，对与定罪、量刑有关的事实、证据都应当进行调查、辩论。”同法条第2款规定：“经审判长许可，公诉人、当事人和辩护人、诉讼代理人可以对证据和案件发表意见并且可以互相辩论。”第1款规定了法院对事实、证据的调查权利以及控、辩双方的辩论权利，第2款则规定了控、辩双方开展辩论的具体途径。但通过对多份庭审记录的研判，我们认为少年庭的被告人及其辩护人在行使就案件事实提出意见并与控方展开辩论的权利方面还做得很不够。

（三）“最后陈述”阶段的阙如

《刑事诉讼法》第193条第3款规定：“审判长在宣布辩论终结后，被告人有最后陈述的权利。”最后陈述权是法律赋予刑事案件被告人在庭审阶段最后也是最好的一个自我辩护机会。庭审结束时的发言可以给合议庭留下深刻的印象并影响合议庭对审理结果的表决。正因为这样，《刑事诉讼法法法释〔2012〕21号》第235条又强调了这项权利的落实：“审判长宣布法庭辩论终结后，合议庭应当保证被告人充分行使最后陈述的权利。”然而，根据我们所见的庭审记录，在少年庭的审理中，没有被告人行使最后陈述权的记载。

（四）庭审笔录的过滤与加工“屏蔽”了被告人语言方面的真实状况

通过对若干案卷法庭审理笔录等文件的查阅，发现法庭上少年被告人对审判人员等的询问对答如流、干脆利落。如：

审：被告人叶××、包××、王×、刘××、李××，××市××区人民检察院的起诉书副本，你收到没有？什么时候收到的？

被告1：收到了。2014年8月25日收到的。

被告2：收到了。2014年8月25日收到的。

被告3：收到了。2014年8月25日收到的。

被告4：收到了。2014年8月25日收到的。

被告5：收到了。2014年8月25日收到的。

（叶××等聚众斗殴案，2014年9月22日）

审：被告人，对起诉书指控的事实，所列的证据有无异议？

被：无异议。

审：是否自愿认罪？

被：是的。

（马××等贩卖毒品案，2014年9月25日）

被告人的懵懂不解、迟疑不决、语无伦次及一些相关的语气词全部被过滤掉了。这正说明少年被告人在互动交际中大量的语言问题并未引起重视。

四、充分保护少年被告人语言、话语权利的若干举措与建议

（一）客观认识包括少年儿童在内的弱势人群在法律前的不利地位及其语言表现

如上所述，包括少年儿童在内的弱势人群在法律面前的不利地位显而易见，而作为刑事案件被告人的未成年人，面临检察机关的指控和法院的审判，精神压力很大，他们在法律前的不利地位就会更加突出。对此，我们应该有客观充分的认识。要有语言方面的权利意识，了解语言方面权利的重要性，洞察少年被告人的语言状况。这是保护少年被告人语言话语权利的前提和首要问题。

（二）把弱势人群特别是少年、儿童的语言、话语权利保护纳入完善人权司法保障和依法治国的视野，用立法、司法、行政等方面的举措加以落实

2014年10月23日通过的《中共中央关于全面推进依法治国若干重大问题的决定》之四“保障公正司法，提高司法公信力”之（五）“加强人权司法保障”有“强化诉讼过程中当事人和其他诉讼参与人的知情权、陈述权、辩护辩

论权、申诉权的制度保障”等阐述。建议把作为弱势人群的少年、儿童的语言方面的权利纳入加强人权司法保障的视野，用立法、司法制度、行政等多方面的举措予以落实，这也应当是全面推进依法治国方略的题中之意。

（三）对被告人进行语言辅导

可以在开庭前心理干预阶段与心理辅导同步进行，利用微信、QQ 等平台在法律咨询、聊天的同时进行语言辅导。

参与庭审的法官、检察官、辩护人、法定代理人、合适成年人用未成年人能理解的语言对被告人和少年证人进行法律术语、法律概念、审判程序等的解释。

（四）把保护少年被告人语言方面的权利作为少年庭法官业务学习和开展审判研究的一项内容，和对法官、法庭进行业绩考核的标准之一

建议最高人民法院司改办把对诉讼当事人的语言权利保护问题列项调查，俟条件成熟后将之纳入《人民法院第五个五年改革纲要（2019—2023）》，对当事人，特别是包括少年、儿童在内的弱势人群的语言、话语权利保护提出具体要求，并制定对法官、法庭进行业绩考核的标准与方法。

为了充分保护少年被告人及其他弱势群体语言方面的权利，法官自身的语言修养特别重要。二战后英国最大的法律改革家，前英国上诉法院院长阿尔弗雷德·丹宁爵士曾深有感触地说：“要想在与法律有关的职业中取得成功，你必须尽力培养自己掌握语言的能力。”〔1〕为了适应少年庭的审判工作，法官自身语言能力的培养与提高就显得尤为重要。

John Gibbons 关于“语言与法律前的不利地位 - 沟通桥梁的搭建”〔2〕的探索，为法律语言学确立了新的历史使命。作者在中国全面推进依法治国的语境下，开展弱势人群在法律面前语言、话语权利保护问题的研究。通过对少年庭刑事案件被告人状况的研究，我们认为我国已经从立法、司法等层面对他们的诉讼权利和人格尊严实行了特殊保护，一定程度上保护了他们在法律面前的语言、话语权利，但由于语言方面权利意识的缺失，对他们该项权利的保护还有待加强。少年庭刑事案件被告人语言、话语权利保护的探讨，仅仅是我们探索的第一步。我们希望，全国及世界各地的司法系统、法律人都能关注和研究这一课题，共同促进世界各国对弱势群体语言权利乃至整个人权的保护。

---

〔1〕［英］丹宁勋爵：《法律的训诫》，杨百揆译，法律出版社 2011 年版，第 2 页。

〔2〕John Gibbons（2003），pp. 162 ~200.

附　录

参考文献（按发表的时间先后顺序排列）

一、论文

Mark Brennan：“刑事法庭对儿童的交叉讯问：遭受攻击的儿童福利保护”，载 John Gibbons《语言与法律》（论文集），Longman1994 年出版。

Mark Brennan，“Cross - examining children in criminal courts：Child walfare under attack”，*Language and the law*，London：Longman，1994，Edited by John Gibbons.

作者 Brennan 采用美国社会语言学家 Labov 的方法，用语言分析方法找出儿童们对法庭语言不理解的原因，然后对这些儿童进行各方面的测试，最后证明他们对法庭语言根本不理解。因此，Brennan 的这篇文章很清楚地说明了法庭审讯儿童所用的语言，对儿童十分不利。（John Gibbons 1994，P195）

二、著作

John Gibbons：《法律语言学导论》，Blackwell 出版有限公司 2003 年版。

John Gibbons，*Forensic Linguisitics*：*An Introduction to Language in the Justice System*，Blackwell Publishing Ltd，Oxford，2003.

在该书第六章“语言与法律前的不利地位”（6. Language and Disadvantage before the law）“儿童”（childern）一节中引用前述 Brennan（1994）的调查结果，显示律师和儿童的言语交际完全失败，究其原因，在于提问的方式；人际权力和胁迫力的问题；语言的复杂性；专业术语和一些和不必要的复杂词汇的选用；律师常常索要儿童不能提供的关于时间和地点信息。（John Gibbons 2003，pp. 202 ~ 205）。

在该书第七章“沟通桥梁的搭建”（Bridging the Gap）一章中，提出通过信息（Information）、调解（Mediation）和修改法律程序（Modifying Leagal procedures）这四个途径去缓解导致法律前不利地位的语言问题。“信息”系指在澳洲许多司法管辖权内已以适合的方式引导律师如何与儿童互动；“调解”指的是当儿童受到询问时，邀请儿童法律顾问共同参与；“修改法律程序”则是指法律系统采取一系列的措施来应对庭审中的儿童，尤其是性骚扰中儿童的问题。（John Gibbons 2003，pp. 229 ~ 291）

第五节　受教育较少、社会经济地位低下或因职业原因对法律隔膜者群体的语言、话语权利的保护

受教育较少或社会、经济地位低下的平民百姓在法律面前的不利地位，自古已然，古今中外莫不如此。难能可贵的是，我国古代，已有一些比较开明的司法官员意识到这一点，李渔《文移部·词讼三·严饬听讼》中引用祖汉若那一段话，[1] 就是一个明证。他认为山乡百姓一旦涉诉，会处于十分不利的地位，他主张主事者必须仔细聆听，莫让弱势者沉冤莫白，甚至横遭灭顶之灾。

在吉姆·佩特罗等著作中指出“刑事错判存在于不同国家和不同司法体系之中。尽管世界各国在文化和刑事司法程序上有诸多不同，但导致刑事错判的原因大部分是共通的”。[2] 他们认为“监狱里的每个囚犯都会声称自己无罪”等八大司法迷信导致冤假错案发生。[3] 又称“证人的错误证言和嫌疑人的虚假供述是导致冤假错案的两大主因”。[4] 这些阐述应当说都是言之有理的经验之谈，但是从交往互动的角度看，错判的发生也存在不少语言方面的因素。

在该书第十三章“看似令人信服的证人”至第十四章“最后的陈述”中讲的是同一个案件，即 1988 年 5 月 29 日在美国西弗吉尼亚一家旅馆，一名正接受晚期癌症治疗的白种单亲妈妈受到抢劫和性侵害。侦查人员把一名受教育较少且没有职业的 25 岁黑人男子迈克尔·格林锁定为嫌疑人，侦查人员的诱供使被害人作出错误指认与陈述是导致错判的主要原因。但是，在庭审中，嫌疑人对众证人指证的抗辩是：“那些证人的陈述根本就不是事实；其他证人要么是弄错了一些事情，要么就是在说谎。”在法庭上，这样笼统抽象的回应根本无济于事！[5]

这个案件的 12 名陪审员经不起漫长的一周的“陪审”，每个人都希望结束

---

〔1〕参见本书第二章第三节。

〔2〕［美］吉姆·佩特等：《冤案何以发生——导致冤假错案的八大迷信》，范宁宁等译，北京大学出版社 2012 年版，第 1 页。

〔3〕［美］吉姆·佩特等：《冤案何以发生——导致冤假错案的八大迷信》，范宁宁等译，北京大学出版社 2012 年版，第 299 ~ 328 页。

〔4〕［美］吉姆·佩特等：《冤案何以发生——导致冤假错案的八大迷信》，范宁宁等译，北京大学出版社 2012 年版，第 3 页。

〔5〕［美］吉姆·佩特等：《冤案何以发生——导致冤假错案的八大迷信》，范宁宁等译，北京大学出版社 2012 年版，第 105 页。

这件事，回到家庭和工作中。唯一认为迈克尔·格林无罪的露西尔·波因德克斯特（Lucille Poindexter）是一位61岁的黑人妇女、退休的裁缝，也是7个孩子的母亲。她坚持认为嫌疑人是无罪的，但是当陪审团被迫返回作进一步审议时，她仍然无法说服其他人。她受教育较少，更没学过法律。由于没有其他选择，她最终让步了。[1]

在本案中，迈克尔·格林和部分陪审员均属受教育较少且社会经济地位低下者，在诉讼的语言交往互动中，都没能充分行使法律赋予他们的话语权（前者的辩护权，后者是审议中的发言权）。这也是造成这起冤案的主要原因之一。

在中国，受教育较少或社会经济地位低下，再加上因职业原因对法律隔膜者，是一个十分庞大的群体。他们在法律面前的地位如何？存在哪些问题，表现如何？

一、这个群体在法律面前不利地位的语言表现

（一）由于文化水平低或者对法律和诉讼常识一无所知，对法庭和有关诉讼程序难以理解

例如：

例1，审：被告人林某某，听清楚了没有？

被：听清楚了。

审：你对合议庭人员、书记员、公诉人是否申请回避？

被：好的。

审：是否申请回避？

被：那就通统回避吧。

审：被告人林某某，你知不知道什么叫申请回避？

被：我不懂啊！

审：不懂啊？本庭给你解释一下啊。所谓申请回避就是说……那么你申请回避不？

被：不申请。

例2，审：根据刚才法庭调查中双方的陈述和答辩，本庭归纳争议的焦点。双方对于这样一个事实是没有争议的，那就是原告和被告婚后经常争吵，3年前，即2011年3月至今年2014年3月，事实上已分居3年。对于这个情况，原被告双方有无异议？原告有异议没有？

原：啊，没有，没有。

---

[1] ［美］吉姆·佩特等：《冤案何以发生——导致冤假错案的八大迷信》，范宁宁等译，北京大学出版社2012年版，第113页。

审：被告有异议没有？

被：你说的我不明白。

审：就是说你与原告不和睦，搬开居住已经3年。是不是这么回事？

被：（……）。

（二）由于诉讼中各方的权力关系不对称，弱势者往往会被迫或被控制着说出一些他们并不认为真实的事情，或违心地承认某些“事实”

John Gibbons认为在司法界人士与大众的互动交际中，参与者之间的人际关系通过语言借以协调和体现。这类关系有两个主要轴心：权力（power）与团结（solidarity）。团结包括团体成员资格和人际感情。权力既包括个人日常互动过程中获得的对其他个体的权力，也包括社会权力，典型地表现在社会层级与社会组织结构中。[1] 在审讯和法庭等话语中，由于话语各方在社会地位、声望、法律诉讼知识、表述技巧等资源、能力方面的不均衡，因而出现了权力关系的不对称，表现为一方通过话语行为对另一方施加控制和支配。

例3，马××（1945年出生）故意伤害案，发生于2014年5月16日。S公司与L公司房屋租赁纠纷案正在审理中，双方因场地使用又发生纠纷，各方均有3人以上参与纠纷，发生肢体冲突乃至互殴，5月16日报案。6月10日L公司张××左肩部经司法鉴定为锁骨骨折构成二级轻伤，6月11日立案。侦查机关锁定S公司的临时工、小学学历的马××为嫌疑人，6月11日对其询问后宣布刑事拘留，7月17日逮捕。对马××询问及审讯共进行过7次：警方接报后的5月22日，对马××刑事拘留当天6月11日（两次），6月16日，7月2日，7月17日，8月8日。从第一次到第六次询（讯）问，马××都没有作出殴打张某某的供述。

如5月22日的询问笔录（片段）：

问：对方有几个人（参与）打（架）？

答：3名男子。

问：对方3名男子是如何打你的？

答：因为当时比较混乱，我也没注意对方怎么打我，其中之前用泥沙倒在我脚上的那名男子用脚踹了我的大腿。

问：当时你有无还手？

答：我没还手，我根本没有办法还手。

7月17日的讯问笔录（片段）：

问：马××，根据你的行为，经×××区人民检察院的批准，现对你执行

---

〔1〕 John Gibbons（2003），pp. 74～75。

逮捕，你知道了吗？

答：我知道了（签字、捺指纹）。

问：你是因为什么事情被执行逮捕的？

答：是因为涉嫌故意伤害被逮捕的。

问：你有没有实施该行为？

答：没有的，我没有动手打人的。

问：那对方年纪轻的男子伤怎么来的？

答：我认为不是我打的。

问：你到底有无违法犯罪行为？

答：我没有。

在马某某被执行逮捕的第21天，即8月7日，他向警方递交因家里妻子患病，但要照顾马某某高龄的母亲及岳父母3位老人，还要照看4岁的小外孙，情况十分困难，从而要求“从轻处理”的书面请求。于是在8月8日的讯问中，情况有了变化。请看当日的讯问笔录（片段）：

问：你是否认罪？

答：我认罪的。之前我没有好好交待，我现在想清楚了，我会好好配合你们公安机关把事情讲清楚的，希望能够得到宽大处理。

问：将你涉嫌犯罪的事情经过讲一下。

答：2014年5月16日上午8点多，我来到位于××新区××路6695号的S建材市场上班，过了一会，我们公司的龚老板跟我说今天对方的人可能要砌墙，让我去现场阻止对方砌墙。

问：你说的对方是什么身份？

答：我刚到这个公司上班7、8天，不清楚对方什么身份，我是听从老板的安排，他叫我过去我就过去了。

问：你们为何要站到对方砌的墩子上面？

答：因为我们公司与对方在租房的事情上有些矛盾和纠纷，所以我们站到对方砌的墩子上面，阻止对方继续砌墙。

问：继续讲下去！

答：这时，对方有一名男子走到我站的墩子下面，叫我下来，还用泥捅把里面的混凝土倒在了我的脚上和裤子上，倒完之后他顺手从地上拿起一块砖威胁我，让我下来。另一个墩子上还有我公司另一个老板张×海。对方见我不肯下来，三个人想把张×海从墩子上拉下来。我怕出事情，就从墩子上面下来，往张×海站的墩子那边走过去，准备劝说对方不要打架。这时，我看到对方那名年纪轻的男子从所站的一堆砖上跳了下来，打了张×海的肩膀一拳或一掌。

看到他们打架了，我就边走边说："你们怎么打人？你们不要打人！"

问：然后呢？

答：这时，对方一名小姑娘正用手机对着我的脸拍照，我就用手去拍那名小姑娘的手机，她的手机摔在了地上。对方那三名男子就转身走向我，其中一名戴眼镜的男子对着我说了声"给我打！"然后那三名男子就全部过来朝我拳打脚踢了。我就跟他们三个人扭打在一起了。这时，对方那名年纪轻的男子也和我们扭打在一起。在推搡扭打的过程中，对方那名年纪轻的男子摔倒在地上一堆砖中，随后我也摔倒在那堆砖块中。这时我听到那名还躺在那堆砖块中的年纪轻的男子用手捂着肩膀说："哎呦，我的肩膀好像脱臼了。"

问：当时在现场是谁先动手动打人的？

答：是对方那名年纪轻的男子跳起来打了张×海一拳或一掌。

问：张×海有没有还手打对方？

答：没有。

问：当时你是怎么做的？

答：我就过去拉对方的三个人，他们看到我打掉小姑娘的手机后，就一起过来打我，我和他们有了推搡动作。

问：当时你为何去和对方推搡、扭打？

答：因为他们打了我的老板张×海，我想去阻止他们的。

问：你有没有动手打对方的人？

答：因为对方过来打我，所以我就和对方的人推搡扭打在一起。

问：打完后，对方是否有人受伤？

答：对方那名年纪轻的男子说自己肩部受伤了。后来，我知道他是轻伤，左肩部骨折。民警给我看过那份伤势鉴定意见书，并叫我签字捺指印的。

问：他肩部的伤势怎么造成的？

答：是我们双方在推搡扭打的过程中，不知道怎么他就摔倒在地上的一堆砖块中受伤了。

问：根据我们调查的情况，当时在现场你和对方那名男子推搡扭打时，你用拳头打到过那名男子的左肩部，是不是这样？

答：因为是在互相扭打，所以我用手抓对方、挥打对方的动作是有的，具体打在对方什么部位我也不清楚。

8月29日，侦查机关把马××故意伤害一案移送检察机关审查起诉。"起诉意见书"认定："马××与被害人张××发生推搡扭打致使被害人张××因外伤致左锁骨外侧端骨折。经鉴定，张××的伤势构成轻伤。认定犯罪事实的证据是：被害人的陈述、证人孔××等人的证言，犯罪嫌疑人马××亦供认不讳。”

我们查阅了全部卷宗，对被害人的询问笔录中，并没有明确指控马××对他故意伤害的指控，证人孔××系对方公司的经理，而且也参与了群殴事件，其证言的证据力很弱。马××“供认不讳”指的显然是8月8日讯问中的供述。在该次审讯中，马××抽象承认其“有罪”，但细察全部讯问内容，他所做的仍是无罪的辩解。开始“认罪”，最后在反复诱导和隐含前提的强势提问下，承认“挥打对方的动作是有的”，但“具体打在对方什么部位我也不清楚”。他的初衷是想得到从轻处理，但事与愿违，他的“认罪”与“挥打对方”的供述被侦查机关作为“马××供认不讳”的依据，结果给他带来更不幸的牢狱之灾。同年10月25日，在马××的亲属为其支付足够赔偿金的前提下，马××被××××法院判处有期徒刑10个月，缓刑1年。当然6月11日至10月25日被羁押的时间可以折抵刑期，自判决生效后还要服刑5个月又5天。

（三）被害人会再次受到伤害

“法律程序对大多数人都是艰难的”。[1] 这可能会给各弱势人群带来痛苦。有的被害人受教育较少或受本身职业、阅历的限制，对法律隔膜，如果他们遭遇具有威胁性、予人压力的话语交往，最后的处理结果又与他们的期望大相径庭，他们会再次受到伤害。

例4，南××故意伤害案（南××，上海居民，1949年生）。被害人郑某某，珠宝鉴定师，新上海人，1970年生。

2012年9月7号上午，被害人开车回自己居住的小区，因细故与保安发生口角，并发展到肢体冲突。此时，被告人以被害人刚才与保安口角时影响其正常通行并致使其右手手臂被擦破为由，指责被害人，也发展到肢体冲突。最后，被告人挥拳致被害人左眼晶体半脱落、视网膜脱离等，后经鉴定为轻伤。鉴定意见形成后，2013年8月1日，被告人被刑事拘留。8月7号被取保候审。被害人因久候无消息，遂造访负责侦查的派出所。

问：你今天为何来派出所？

答：打伤我左眼的南某某，对我不但不赔偿和道歉，而且在小区里进进出出，神气活现。

问：对你有什么影响？

答：我和家人都感到安全没有保障，希望公安及时处理，还我一个公道。

问：你急什么？不要老盯着别人！你没错吗？告诉你：要处理的话，我要

---

〔1〕 John Gibbons（2003），p. 229.

对你们两人一起处理！

答：(——)

某某区人民法院于案发2年5个多月后的2015年4月24日作出一审判决，以“被害人到案后如实供述了自己的罪行，在庭审中自愿认罪，可以从轻处罚”为由，判处被告人有期徒刑1年，缓刑1年。但是判决罔顾《刑事诉讼法法释〔2012〕21号》第225条所规定的六种“影响量刑的情节”，如“⑤退赃、退赔及赔偿情况；⑥被告人是否取得被害人或者其家属的谅解”等。事实上，被告人对被害人因被伤害造成的数十万元经济损失分文不赔偿，在开庭前从未向对方道歉，被害人夫妇俩对此判决反映强烈，根本谈不上“谅解”。判决下达后，被害人依法向同级人民检察院提出抗诉请求以后，检察院以“原判事实清楚，量刑合法，并无不当”为由驳回被害人的请求。被害人因左眼几近失明并殃及右眼视力急剧下降，不能再做赖以为生的珠宝鉴定工作，又得不到应有的赔偿，还觉得被告人没有得到应有的惩罚，其内心的痛苦、不平可想而知。

在本案的侦查、审查起诉、审判和判决后申请抗诉阶段，被害人在法律前均处于不利地位，他不谙法律，无法应对侦查、检察机关的强势话语。法院也不尊重他本人及代理律师的抗辩。可见，本案的结果有一定的语言根源。

二、保护这一群体的话语权利，改善和救济他们在法律前的不利地位

（一）加强司法机关的法律监督[1]，落实《宪法》和法律赋予每个公民的诉讼权利和语言方面的权利

1. 检察机关的监督。我国《宪法》第129条规定：人民检察院是国家的法律监督机关。检察机关的监督是一种专门监督，即对有关国家执法、司法活动的合法性以及国家工作人员利用职务的犯罪及其他犯罪行为所进行的监督。这种法律监督与诉讼活动关系很密切，按照诉讼的性质，检察机关的监督分为三类：刑事诉讼监督、民事诉讼监督和行政诉讼的监督。

2. 审判机关的监督，也称人民法院的监督。人民法院的监督分为三类：①人民法院系统内的监督。最高人民法院监督地方各级人民法院和专门人民法院，上级人民法院监督下级人民法院的审判工作，最高人民法院对各级人民法院已经发生法律效力的判决和裁定，上级人民法院对下级人民法院已经发生法律效力的判决和裁定，如果发现确有错误，有权提审或指令下级人民法院再

---

〔1〕“法律监督”一词有广义、狭义的不同阐释。这里专指由特定国家机关依照法定权限和法定程序，对立法、司法和执法活动的合法性所进行的监督。因本节的着眼点是司法活动的合法与公正性，所以仅讨论检察机关和审判机关的监督。

审。各级人民法院院长对本院已经发生法律效力的判决和裁定，如果发现在认定事实上或者适用法律上确有错误，必须提交审判委员会处理。②人民法院对检察机关的监督。人民法院对人民检察院的监督是在分工负责、互相配合、互相制约的框架内进行的，在处理刑事案件的过程中，通过行使审判职权来实现。③人民法院对行政机关的监督。这种监督是通过依法审理与行政机关及其工作人员有关的刑事、行政、经济案件等，以判决、裁定的形式处理行政机关及其工作人员的违法、犯罪行为来实现的。

从案例3、4可以发现公安、检察、法院三机关互相配合有余、制约不力、监督缺位，这种状况在司法实践中并不鲜见。法院审判阶段以侦查、检察机关的结论性意见为依据，认为他们用套供、诱供获取证据等做法是无关紧要的细节问题。检察机关对法院的判决也极少依法抗诉。

检察机关、审判机关在进行法律监督，审查法院判决裁定、行政机关的（处罚、复议等）决定的事实认定、适用法律是否有误的过程中，要把当事人是否充分享有诉讼权利，语言权利和话语权利纳入监督的视野。当然，要真正做到尚有待时日。

（二）执法、司法机关要增强语言方面的权利意识，促进执法、司法公正与效率

要把当事人是否充分享有语言方面的权利纳入法律监督的视野，首先要提高执法、司法机关语言方面权利的保护意识。例如，对不通晓当地语言文字的少数民族案件当事人必须配备翻译人员，对聋哑人要配备手语翻译，以保障他们的语言权利。对没有诉讼能力的老人、小孩和无行为能力者，要为其确定法定代理人；对可能处以死刑、无期徒刑的刑事案件被告人，若其没有能力聘请律师，法院、检察院应当通知法律援助机构指派律师为其进行辩护，以保证他们的话语权利。对于话说到关键之处被对方律师打断或者迫于某种情势欲言又止的当事人，主审法官应当主持公道，允许或启发其把该讲的话讲出来或者讲完。这也是对当事人话语权利的一种保护。

（三）受教育较少或因职业原因对法律隔膜者群体的自我保护和救济

1. 学习法律常识，认知基本的法律术语。为了适应快速的社会变革和法治社会环境，这个群体要提高自身的科学文化水平，参加普法教育，掌握有关《宪法》和刑事、民事、行政诉讼的一些基本知识，对“开庭”“起诉”“公诉”“回避”“上诉”“申诉”“反诉”“合议庭”“法庭调查”“法庭辩论”“举证”“质证”“争议焦点”“最后陈述”等常用的法律术语有一个基本的认知。

2. 力所能及地掌握若干法庭话语策略。

（1）尽可能讲普通话，适当使用法律术语。杜克（Duke）的研究结果显示：那些能够成功使用正式语言的证人比那些不能使用正式语言的证人被评价为更具有说服力、更有能力、更合格和更有智慧。〔1〕彼得·蒂尔斯马（Peter M. Tiersma）亦认为：受教育较少以及社会经济地位较低的人，使用英语的地域或社会变体作证，由于他们的话语方式，可能会被判断为能力不足、缺少智慧和可信度。〔2〕作者在律师执业过程中，也屡屡感到面对讲普通话的法官、检察官，当事人若只会讲自己的方言，那肯定会影响自己话语内容被理解和被采信的比率。所以在中国的庭审语境中，作为原被告和证人，应当尽可能讲普通话。如果能有效地使用一些法律术语，那么其话语的可信度和说服力肯定会大大提高。当然，说正式标准的语言和使用法律术语应量力而行，要避免因过分追求正确而犯词汇、语法等方面的错误，造成交际障碍。

（2）突破诱导性问话的控制。诱导性问话是公诉人和律师常用的一种话语控制策略。诱导性问话就是问话本身包含信息，试图诱导答话人做出符合问话者意图的回答。诱导性提问的方式有三种：第一种是使用否定形式的一般疑问句，如："你难道不知道被害人（女）不满14周岁吗?"这种问话期待一种肯定回答。第二种方式是反义疑问句，如："你知道被害人不满14周岁，不是吗?"第三种是陈述句形式，句尾用疑问语调，如："你知道被害人还不满14周岁?"当事人可以据实对不利于己方的诱导性问话做出一定程度的抵制，如用"不知道"挫败提问方的控制，使对方无法得出对被询问者不利的结论。

（3）否定问话者的隐含前提，挫败其话语目的。在法庭话语中，法官、公诉人和律师的问话往往会带有隐含前提。例如：公：你从2013～2015年总共收受了多少贿赂？被：十多万。在上例中，公诉人的问话含有隐含前提："你收受了贿赂。"这种假设埋伏在问句中，成为答话者无可推脱的事实和前提。而答话者也正如公诉人所预期的，接受了这种假设。然而，事实上，答话者不必对那些隐含前提照单全收。当事人可以清醒地判断隐含前提的真伪和对己方的危害，对不真实的有害的前提予以否定，从而挫败问话者的话语目的。〔3〕

（4）巧妙应对强势方的打断控制。法官、公诉人等庭审强势者往往用打断的话语手段去控制原告、被告、证人等庭审的弱势者，但是弱势者也可以在不违反法庭纪律的前提下，巧用打断策略，积极地应对强势方的打断控制。例如

〔1〕参见李立、赵洪芳（2009），第360页。

〔2〕Peter M. Tiersma, *Legal language*, Chicago: the University of Chicago Press, p. 175.

〔3〕参见本书第六章法律语言交际（下）第一节。

当对方律师发问，而当事人明白对方律师想要得到什么回答时，可以打断他，主动回答。这样可以搅乱对方律师的问话策略，也给法官留下自己积极配合庭审的印象。而假如对方律师试图通过问话控制当事人作出最简要的回答，则他（她）也要争取做出叙述性答话，讲出相关事实和意见。这样，对方律师会不断地通过打断来限制他（她），则会给人留下该律师企图掩盖某些证据或事实的印象。

（5）抵制和消弭强势一方的“再阐述”策略。再阐述（Reformulation）是强势者一方常常使用的一种话语策略，把当事人或证人答话中提供的信息加以解释、归纳和强调，用他们自己的话语形式构建适合于他们的事实或推断。当强势一方以产生或强调不利于另一方当事人的信息为目的进行再阐述时，该当事人可以对此阐述进行抵制和否定，用自己的话语构建更符合事实的对自己有利的事实或证据，以消弭强势一方“再阐述”策略对自己的危害。

【思考题】

1. 根据你的司法实践或亲见亲闻，举例说明司法系统中的语言运用的方式可以使处于不利地位的人群再次陷入不利地位。

2. 少年庭刑事案件被告人在法律前的不利地位有哪些语言表现？应当怎样改善和救济？

3. 受教育较少、社会经济地位低下的群体在法律前的不利地位有哪些语言表现？应当怎样改善和救济？

第十一章
法律翻译

第一节 法律翻译概述和法律翻译的原则

一、法律翻译概述

（一）法律翻译的缘起与现状

法律翻译作为跨文化、跨语种的法律语言交际，在中国的法治进程中发挥了重要作用。早在清初就出现了零星的法律翻译活动，但法律翻译的第一次完整实践是1864年对《万国公法》的翻译[1]。此后，通过大量的法律翻译活动，中国不断学习、借鉴国外先进的法律制度、法治理念，逐步建立起中国自身的法制体系。随着“一带一路”发展战略的提出，中国不断推进多方位的对外交流活动，既学习国外的先进理念，也推广中国的优秀经验，让中国文化“走出去”。相应地，随着经济、贸易、法律、文化等对外交流地不断深入与拓展，法律翻译的地位与作用也将更加突出。

据统计[2]，中国大陆的翻译服务企业已达5287家，2014年中国翻译产业的规模估计已达2300多亿[3]，但是翻译工作的人才缺口高达90%，法律翻译等专业文字翻译人才的缺口更大[4]。为满足市场对法律翻译专业人才的迫切需求，广东外语外贸大学等不少高校逐步设立了翻译硕士专业，培养法律翻译专业人才。作为一个朝阳产业，法律翻译的前景无比光明，但是它仍然处于发展期，学术界和实务界对法律翻译的原则、内容、译员的培训及其职业道德等问题尚未达成一致意见。因此，法律翻译从业人员有必要先了解法律翻译领域

---

〔1〕何勤华：“法律翻译在中国近代的第一次完整实践——以1864年《万国公约》的翻译为中心”，载《比较法研究》2014年第2期。

〔2〕中国翻译协会：“中国翻译服务业分析报告2014”，载中国翻译协会网，http：//www. tac - online. org. cn/ch/tran/2015 - 04/21/content_ 7846167. htm，最后访问时间：2016年2月16日。

〔3〕郭亚莉：“浅析我国翻译产业发展现状及前景——以湖北省翻译产业为例再调查”，华中师范大学2015年硕士毕业论文。

〔4〕董晓波：《法律文本翻译》，对外经经济贸易大学出版社2011年版，第1页。

的相关知识，为日后从事法律翻译实践活动打下扎实的基础，推动法律翻译事业的健康有序发展。

（二）法律翻译的前景

法律翻译是不同语言、法律体系间进行交流的重要桥梁和纽带。随着全球化的快速发展，法律翻译的地位和作用日益凸显。目前，法律翻译和法律翻译研究正处于深入发展阶段，研究的重点集中在法律翻译的形式与内容、原则与方法以及法律译员的素质与道德准则等方面。

本章主要以英汉法律翻译为例进行讨论，随着对外法律交流的不断推进，汉语与其他语种之间的法律翻译需求也日益增长。以广东省为例，各级法院审理的涉外案件涉及世界上近百个国家和地区，案件审结数量年均近五千宗〔1〕。这些案件审理都需要法律翻译，但需求较大的马来语、乌尔都语、韩语等小语种翻译中有资质的屈指可数〔2〕，给案件的审理工作带来了很大的困难。因此，在关注英汉法律翻译的同时，也需要展开相关研究，储备合格的多语种法律翻译人才。

二、法律翻译的原则

法律翻译涉及法律语言学、翻译学和法学三大学科，并从这三个学科里汲取有用的理论养分。在翻译领域，诸多翻译专家都提出过自己的翻译原则，如严复的“信、达、雅”、林语堂的“忠实、通顺、美”、傅雷的“重神似而不重形似”、钱钟书的“化”境以及美国翻译家尤金·奈达（Eugene A. Nida）的动态对等或功能对等等。但上述原则并非针对法律翻译而言的。随着法律翻译的发展，学界逐渐开始探索法律翻译的原则，涌现了一批具有影响力的理论思想，包括法律对等原则、语用对等原则、法律交流原则、静态对等原则以及法律文本类型理论。值得注意的是，这些原则大都基于某一些特定类别的法律文本提出，如法律对等原则主要侧重于双语或多语地区的立法文本翻译，而语用对等原则主要是针对法庭口译。这些原则是否同时适用于法律书面语篇、口语语篇的翻译还有待系统的理论探索与实践检验。

（一）法律对等原则

早期的法律翻译侧重于书面逐字直译，以保证法律文本的原有面貌。但是，随着时间的推移，逐字直译的弊端不断暴露，学者们开始探索更加灵活实用的翻译原则，并把译文在目的语文化中的效果作为衡量译文质量的一个重要

---

〔1〕“广东高院：实施‘精品战略’情况汇报”，载中国涉外商事海事审判网，http：//www.ccmt.org.cn/shownews.php？id＝15169，最后访问时间：2016年3月8日。

〔2〕外国人犯罪课题组：“外籍犯罪嫌疑人刑事诉讼权利保障研究”，载《华东政法大学学报》2012年第4期。

标准。到了20世纪90年代，Susan Sarcevic出版了专著《法律翻译新探》，率先提出了法律翻译是“法律机制内的交际行为”[1]的重要思想，并提出了法律对等原则（legal equivalence）。

Sarcevic认为，法律翻译存在问题的根源在于对法律文本的逐字翻译，因为体现法律文本的形式“应由立法实践，而非语法规则来决定”[2]。法律翻译人员要进行恰当的翻译并成功实现法律翻译的目的，就必须首先分清楚文本中句子的功能及作用，究竟是指导性功能还是强制性要求。法律翻译的主要任务是让译文实现在原语环境下同样的法律效果，包括“语义对等（equal meaning）和效果对等（equal effect）”[3]。同时，“效果对等优先于语义对等”[4]，而这两者的对等又“从属于目的对等（equal intent）”[5]。也就是说，Sarcevic提出的法律对等原则包括目的对等、效果对等以及语义对等。其中，效果对等是最根本的原则，而语义对等是实现效果对等的主要方式和途径。在语义对等和效果对等不能兼顾的情况下，应优先保证效果对等。

（二）语用对等原则

基于对澳大利亚法庭口译实践的研究，澳大利亚的Sandra Hale（2004，2010）提出了语用对等（pragmatic equivalence）原则。她认为，语用对等原则是指在法律翻译的过程中，既要重视词义的对等，更要重视原文和译文在相同语境中语用效果的对等。

Hale[6]认为，语言是一种金字塔结构，可分为三层，其中词语最底层，句子在中间层，语篇在最上层。对这三层的翻译可以采取三种方法，分别是逐字的（literal）、语义的（semantic）和语用的（pragmatic）翻译。而要实现翻译的真实、准确、完整，就必须采取自上而下的方式，先从语篇的层面理解语言的真实意图，在翻译过程中保证语用效果的对等。当然，语言对等原则并不意味着不重视其他语言形式的对等。语用对等是词义、句式以及其他非语言因素共同作用的结果。各种原则之间存在着复杂的关联关系，而不能把这些原则割裂开来。

例1

Spanish sentence: A la niña la mordió el perro.

---

[1] Susan Sarcevic, *New Approach to Legal Translation*, Kluwer Law International, 1997, p. 55.

[2] Susan Sarcevic, *New Approach to Legal Translation*, Kluwer Law International, 1997, p. 137.

[3] Susan Sarcevic, *New Approach to Legal Translation*, Kluwer Law International, 1997, p. 72.

[4] Susan Sarcevic, *New Approach to Legal Translation*, Kluwer Law International, 1997, p. 73.

[5] ibid.

[6] Sandra Beatriz Hale, *The discourse of court interpreting: Discourse practices of the law, the witness, and the interpreter*, John Benjamins Publishing, 2004, pp. 5 ~ 7.

Lexical translation (literal, word - for - word): To the girl it (feminine) bit the dog.

Semantic translation: The dog bit the girl.

Pragmatic translation: It was the girl that was bitten by the dog.[1]

(Hale 2010)

上面这个例子能够比较清晰的说明语用对等原则在翻译中的实际应用情况。第一个译文采用的是逐字翻译的方法，完全没有传递出原文的内容，这样的翻译只能叫"死译"，是失败的。第二个译文传虽然传递了原文的基本信息，即"有一只狗咬了一个女孩"这个基本事实，却无法传递原文旨在强调"被狗咬的是这个女孩"的意图，因而也是失败的。第三个译文真正理解了原文的信息内涵，并为了实现语用对等而采用强调句式和被动语态进行翻译，实现了强调的目的。尽管这个译文没有采用与原文相同的主动语态，但从信息和语用意图传递的角度看，该译文完全实现了原文的意图，因而是成功的翻译。

（三）法律交流原则

法律翻译的主要目的在于帮助不同语言使用者跨越语言的障碍，促进法律交流。因此，杜金榜提出了法律交流原则[2]，包括语言从法原则、存异求同原则、比照补足原则，为我们在法律交流的大背景下考察、研究法律翻译提供了宏观指导。兹分述如下：

1. 语言从法原则。语言是法律的载体。当目的语无法对等表达源语的意义时，需要优先考虑原语的法律精神及目的语中法律的概念和主张，而不是过分强调语言的制约作用。

2. 存异求同原则。由于法律体系的不同，法律术语或法律概念不对等是法律翻译中经常遇到的问题。但只要法律翻译能够实现法律交流的目的，在法律交流的过程中有所差别也是可以接受的。

3. 比照补足原则。在法律交流中，当一方的法律体系缺乏某种法律概念时，简单地引入或新造词语是无法实现交流目的的。可以用目的语中已有并为人们所熟知的相近法律概念进行比照，并加以辅助性的解释，基本反映出这一陌生概念的大致内涵，从而实现法律交流的目的。例如，"律师"在英国就细分为 barrister 和 solicitor。而中国没有这样的区分，但可以通过对比、补充，相

---

[1] Sandra Beatriz Hale, "The need to raise the bar: Court interpreters as specialized experts", in Malcolm Coulthard & Johnson Alison ed., *The Routledge Handbook of Forensic Linguistics*, Routledge, 2010, pp. 440 ~ 454.

[2] 杜金榜："法律交流原则与法律翻译"，载《广东外语外贸大学学报》2005 年第 16 期。

应地翻译为“出庭律师”“事务律师”。

（四）静态对等原则

静态对等原则是李克兴[1]相对于尤金·奈达的动态对等或功能对等[2]而提出的一种翻译原则，其主要目的是尽可能地消除译者的个人情感和语言偏好对译文产生的影响，使原文和译文实现质、量、（文本类）型上最大限度的统一，使译文能够经受得起回译的考验。

李克兴认为，法律文本的译文与原文的对等是极为严格的，是全方位的[3]，因此更适用于静态对等原则。静态对等原则不是直译，更不是逐字翻译，而是要求“深层意思、表层意思、语言结构、风格、格式与原文完全对等”[4]。唯有如此，才能让专业的读者看到译文后就能马上联想到原文的句式、词汇，还可以将译文基本回译成原文。

但是静态对等原则的使用是有条件的，包括：静态的语言、严格的翻译原则、单一的读者群、文本的信息型、语言的模式化和格式化[5]，这是因为：①制作法律文书的人员都经过严格训练，大多数文书都严格遵循一定的规范，几乎不使用修辞手法；②法律语篇要求法律词汇具有单义性和一致性，这使译文显得更加刻板和模式化，为静态对等创造了条件；③法律翻译人员以法律人士为主，译文需忠于原文，体现原文的法律意图并让法律专业人士理解；④法律的权威性要求法律翻译必须按信息型文本进行处理，使译文与原文的信息从质、量到型完全对等，这只能依靠静态对等翻译；⑤法律语言具有模式化和格式化的特点，句式结构比较单调，有利于静态对等翻译[6]。

（五）符合原文的文本类型原则

每一种文本类型都有其特定的语用意图或特定的文本功能，因此，在翻译实践中采取何种翻译策略取决于待译文本的类型。受德国功能学派理论思想的影响，Sarcevic 认为法律文本属于一种“特殊的文本”，法律语言的主要功能就是“规范”（regulatory）和“提供信息”（informative）[7]，前者是规定性的，后者是描写性的，并据此功能把法律文本分为三大类：主要是规定性的文本（primarily prescriptive）、主要是描写性但也有规定性成分的文本（primarily de-

[1] 李克兴：“论法律文本的静态对等翻译”，载《外语教学与研究》2010 年第 1 期。

[2] Eugene A. Nida, *Toward a Science of Translating*, Brill Academic Publishers, 1964.

[3] 李克兴：“论法律文本的静态对等翻译”，载《外语教学与研究》2010 年第 1 期。

[4] 李克兴：“论法律文本的静态对等翻译”，载《外语教学与研究》2010 年第 1 期。

[5] 李克兴：《高级法律翻译与写作》，北京大学出版社 2013 年版，第 13～17 页。

[6] 李克兴：“论法律文本的静态对等翻译”，载《外语教学与研究》2010 年第 1 期。

[7] Susan Sarcevic, *New Approach to Legal Translation*, Kluwer Law International, 1997, p. 6.

scriptive but also prescriptive）以及纯描写性的文本（purely descriptive）[1]。

李克兴、张新红则提出，法律文本的主要功能是呼吁和规范，提供信息只是它的各种次要功能之一[2]。他们将法律文本分为两类：主要功能是规定性的法律文本和主要功能是规定性的但也有描写性成分的法律文本[3]。这种分类与 Sarcevic 的前两种分类大致相同，但认为 Sarcevic 的第三种类型（如法律论文）因为其主要功能不是规范人们的社会行为，因而该划入其他文本类型当中。李克兴、张新红（2006：11）认为，法律文本的类型一旦确定，其用语、用句和篇章结构的特点也就逐步显现。只有正确把握法律文本类型的特点，翻译人员才能了解原语文本的总体意图和功能，从而选择最优的翻译策略。

第二节　法律翻译的内容

从狭义上讲，只有涉及具有约束力的法律文本的翻译才是法律翻译，如法律、法规、合同等的翻译。从广义上讲，法律翻译包括与法律相关的各种文本的翻译。本章所指的法律翻译是广义上的法律翻译。根据形式不同，法律翻译可以分为书面语篇的法律笔译和口头语篇的法律口译两大类。

一、法律笔译

法律笔译是法律翻译的主体，主要包括三大类：法律法规、国际公约、合同等具有约束力的法律文本的翻译；起诉状、答辩状、庭审笔录、判决书等司法文书的翻译；法学著作的翻译。其中，法律法规、国际公约、合同等法律文本的翻译需求最多，影响力最大，研究成果也最为丰富。

（一）具有约束力的法律文本翻译

法律法规、国际公约、合同等法律文本的主要功能是规定性的，旨在明确当事方的权利和义务，规范、约束当事方的行为，具有模式化和格式化的特点，句式结构比较单调[4]。然而，这类法律文本在词汇、句式、篇章等方面仍然具有自身的特点，翻译的时候需要遵循已有的范例，确保用语、风格的同一性、连贯性。

法律文本中的法律术语具有单义性，即每个术语只能表示一个特定的法律

---

〔1〕 Susan Sarcevic, *New Approach to Legal Translation*, Kluwer Law International, 1997, p. 11.

〔2〕 李克兴、张新红：《法律文本与法律翻译》，中国对外翻译出版公司 2006 年版，第 10 页。

〔3〕 李克兴、张新红：《法律文本与法律翻译》，中国对外翻译出版公司 2006 年版，第 11 页。

〔4〕 李克兴："论法律文本的静态对等翻译"，载《外语教学与研究》2010 年第 1 期。

概念。具有多种含义的词汇，在进入法律文本成为法律术语后，只能保留一个义项。英语法律术语还具有成对出现的特点，往往是两个词义相互矛盾的术语共同构成一组法律概念。法律英语文本也经常使用古旧词汇，例如 whereas（considering that 鉴于），hereinafter（later in this…在下文），stare decisis（遵循先例）、in rem（对物权）、prima facie（据初步印象的），以及法语词汇，例如 action（诉讼）、attorney general（首席检察官）。此外，法律英语文本也频繁使用普通词汇但采用其法律语境下的意义，例如 damages（损害赔偿金）、serve（送达），以及使用双联词或三联词，以便更加全面地表达一个概念，例如 null and void（无效）、right，interest and title（权益）。在翻译这些术语的时候需要查阅相关的字典、词典，不可望文生义。

在句法方面，法律语篇以陈述句为核心，以祈使句和疑问句为辅助，以体现法律语篇的明确指向性[1]。法律语句以长句为主，大量使用并列和同位语结构，以保证语句表述的严谨准确。此外，法律语句中还存在大量程式化的句式，在翻译过程中必须遵循惯例，以确保法律语篇的统一性。李克兴、张新红就在《法律文本与法律翻译》中总结了法律英语十大句型及其翻译方法[2]。

除了常用句型外，法律文本通常具有程式化的表达，主要包括立法文本的颁布段落、合同的首部以及不可抗力、仲裁等条款。例如，汉语立法文本的颁布段落通常载明该法律、法规、规定或规则通过的时间、机构以及开始实施、生效的时间，需要按照已有的规范翻译。

例 2

原文：	译文：
中华人民共和国道路交通安全法 （2003 年 10 月 28 日中华人民共和国第十届全国人民代表大会常务委员会第五次会议通过，中华人民共和国主席令第八号公布，自 2004 年 5 月 1 日起施行）	Law of the People's Republic of China on Road Traffic Safety (Adopted at the Fifth Session of the Standing Committee of the 10th National People's Congress of the People's Republic of China on October 28, 2003, promulgated by Order No. 8 of the President of the People's Republic of China, and effective as of May 1, 2004)

〔1〕 杜金榜：《法律语言学》，上海外语教育出版社 2004 年版，第 105 页。

〔2〕 李克兴、张新红：《法律文本与法律翻译》，中国对外翻译出版公司 2006 年版，第 103～150 页。

再如，由于合同的普遍性和重要性，合同翻译也往往成为律师事务所以及翻译公司重要的业务来源，一般都遵照基本的格式制作。

例 3

原文：	译文：
本合同于____年____月____在（签约地点）由按（国家名称）法律组建成立的、营业地点在（公司地址）的__A__公司（以下称作甲方）和按（国家名称）法律注册成立的、营业地点在（公司地址）的____B____公司（以下称作乙方）共同签订。	THIS CONTRACT, made and entered into in (place of signature) the (this/ on) ____th day of (month), (year), by and between (name of one party), a corporation duly organized and existing under the laws of (name of country) with its domicile at (address) (hereinafter referred to as party A), and (name of the other party), a corporation duly incorporated and existing under the laws of (name of country) with its domicile at (address) (hereinafter referred to as party B).

在上例中，"由""签订"虽然有多种表达方式可以选择，但是译者往往会根据约定俗成的程式化表达，选用双联词 by and between（由）、made and entered into（签订）翻译，确保合同用语准确和规范。再如，"referred to… below"虽然可以传递"以下简称"的字面意义，但是译者一般会按照惯例，采用拉丁语 hereinafter 增加该文本的庄重气氛。

加拿大魁北克地区实行双语立法，联合国、欧盟、国际电信联盟（ITU）以及瑞士等国际组织和国家实行多语立法。在这些地区或组织，不同语言的立法文本具有同等的法律效力。因此，正如 Sarcevic（1997：24）提倡的，为了确保法律对等，最好实行立法者与翻译者共同立法（co－drafting）[1]。相比之下，翻译后的中国的法律法规等立法文本只具有参考作用。尽管如此，全国人大法工委、国家法制办以及地方法制办都会组织专门的翻译力量进行翻译，或集结成册定期发布，如《中华人民共和国法律（英文版）》《中华人民共和国涉外法规汇编（中英文对照）》等，或在官方网站发布单行本译文。因此，除非是官方授权翻译，法律翻译者自行翻译的立法文本是无法被认可的。

相比之下，合同是平等主体的自然人、法人、其他组织之间设立、变更、

---

〔1〕 Susan Sarcevic, *New Approach to Legal Translation*, Kluwer Law International, 1997, p. 24.

终止民事权利义务关系的协议，具有民间性、普遍性。因此，合同翻译的需求也更大。关于合同翻译，市面上有不少专著，比较有影响力的有《鏖战英文合同：英文合同的翻译与起草》[1]《国际商务合同翻译教程》[2]《国际商务合同的文体与翻译》[3] 等。此外，其他专著，如《英汉法律翻译案例讲评》[4]《英文合同阅读与翻译》[5]《商务英语合同翻译与写作》[6] 等也对合同翻译进行了不同篇幅的介绍与分析。

（二）司法文书翻译

随着涉外案件数量的增多，起诉书等司法文书的翻译业务也不断增加并日益受到重视。目前，除了部分涉及法律翻译的专著的部分章节介绍司法文书的翻译外，还缺乏专门探讨司法文书翻译的专著。这可能是因为这类文本的翻译一般由法院统一招标后交付具有相应资质的翻译公司翻译。没有法院的委托的译者翻译的译文无法被采纳。

《法律文本与法律翻译》[7] 和《英汉法律翻译案例讲评》[8] 对司法文书翻译有比较全面的介绍，主要包括起诉书、答辩状、上诉状和判决书等司法文书在我国和英美国家的翻译处理方法，内容深入浅出，实践性和操作性都很强，是学习司法文书翻译的重要参考。

此外，《法律英语写作教程》[9]《英美司法文书写作》[10]《法律英语：中英双语法律文书制作》[11] 等教程也对常见法律文书进行了介绍，对于熟悉司法文书的特点以及后续的翻译可以起到一定的参考作用。

（三）法律学术翻译

法学专著的主要目的在于传授知识，但在英美法系国家，法学论著也有可能成为法的渊源而具有约束力，因此，应该把法学专著的翻译纳入法律翻译的范畴。法律学术著作不同于一般的法律文本，是在“法律学科的学术交流语境

[1] 王相国：《鏖战英文合同：英文合同的翻译与起草》，中国法制出版社2014年版，第48~363页。
[2] 兰天、屈晓鹏：《国际商务合同翻译教程》，东北财经大学出版社2014年版，第91~265页。
[3] 刘庆秋：《国际商务合同的文体与翻译》，对外经济贸易大学出版社2011年版，第99~152页。
[4] 李克兴：《英汉法律翻译案例讲评》，外文出版社2011年版，第129~206页。
[5] 刘川、王菲：《英文合同阅读与翻译》，国防工业出版社2010年版，第3~12页。
[6] 张林玲：《商务英语合同翻译与写作》，机械工业出版社2009年版，第2~11页。
[7] 李克兴、张新红：《法律文本与法律翻译》，中国对外翻译出版公司2006年版，第397~423页。
[8] 李克兴：《英汉法律翻译案例讲评》，外文出版社2011年版，第79~128页。
[9] 徐章宏：《法律英语写作教程》，对外经济贸易大学出版社2007年版，第13~195页。
[10] 马庆林、谢立新：《英美司法文书写作》，中国人民法学出版社2009年版，第81~216页。
[11] ［美］陶博：《法律英语：中英双语法律文书制作》，复旦大学出版社2004年版，第109~358页。

下"[1]产生的，其内容以法律为基础，但一般没有法律文本的效力和约束力，因此在内容和形式上相比其他法律文本具有更大的自由度，例如格式上没有特殊的规定和限制，用词上不存在格式化的要求等。有学者就将法律学术语言的特点概括为"词汇丰富性、语言灵活性、语体风格专业性"[2]。

鉴于上述法律学术著作的语言特点，法律学术翻译与一般的法律文本翻译有所区别。首先，法律学术著作必然涉及理论问题，因此对所涉理论问题的研究是翻译的基础。法律学术著作的翻译在相当程度上是对著作文本及其语境进行理解和阐释的过程[3]。其次，法律学术著作阐释的是法律科学，而法律科学是由术语和逻辑编织起来的"意义之网"[4]，因此术语的翻译是法律学术著作翻译的重点和难点。对法律学术著作中术语翻译的要求与一般法律文本的要求是一致的，在目的语有对等表达的情况下应尊重约定俗成的固定译法，在没有对等表达的情况下应尽量通过适当的表达传递真实、完整的法律内涵。最后，法律学术著作具有作者个性化的语言风格。因此在翻译过程中除了遵循法律翻译的基本要求外，还应尽可能地体现出作者的个性特征。

二、法律口译

法律口译从形式到内容与法律笔译均有着较大的差异。如前所述，法律口译的内容包括法庭口译、法律会议口译以及报警电话、警察询问、律师会见委托人等法律语境下的口译。其中，法庭口译集中体现了法律口译的特点。

法庭口译（court interpreting）也叫庭审口译（forensic interpreting）。如果有一方当事人不会说或说不好法庭所用语言时，就需要用到法庭口译。法庭口译可以按翻译内容的完整性分为全文翻译和摘要翻译（summary interpreting）[5]。两者均可适用于法庭口译，但以全文翻译为主。美国联邦法院就通过法案的形式要求法庭口译必须完整准确，不得进行修饰和省略。

法庭口译还可以根据不同的工作形式进一步细分为同声传译（simultaneous interpreting）、连续传译（consecutive interpreting）、视译（sight interpreting）和耳语翻译等。同声传译是指与说话人几乎同步的、不间断的口译行为；连续传译是等讲话人将相对完整的意思表达完后再进行翻译；视译是将阅读到的书面材料口头译出的翻译活动。在美国、澳大利亚、英国等国家和我国香港地区，法庭口译以同声传译、连续传译和视译这三种形式为主，而在中国大陆，法庭

---

[1] 刘红婴：《法律语言学》，北京大学出版社2007年版，第184页。

[2] 刘红婴：《法律语言学》，北京大学出版社2007年版，第188～189页。

[3] 郑戈："法律学术翻译的规范"，载《北大法律评论》1999年第1期。

[4] 郑戈："法律学术翻译的规范"，载《北大法律评论》1999年第1期。

[5] 李克兴、张新红：《法律文本与法律翻译》，中国对外翻译出版公司2006年版，第435页。

口译一般为连续传译和视译两种形式。

与普通口译相比，法庭口译涉及因素更复杂、承担的法律责任更大、翻译过程中自由发挥的余地更小，因而对口译员的要求也更高。例如，美国国会和许多州议会都通过法律的形式对口译员的资格、责任、地位、角色等进行了规定，要求必须保持中立、公正、和当事人无利害关系等[1]。此外，翻译的准确性以及工作过程中的保密性也应该是口译员必须坚守的工作准则。

与法庭口译相比，对其他法律语境下的法律口译的研究很不够，在实践中也出现了各种各样的问题。例如，英国警察在接到报警电话后如果认为报警者的英语水平不足以表达其想法时，会借助语言线（LanguageLine，官方网址是 www. languageline. co. uk）的电话翻译服务[2]。语言线旨在通过提供多种语言的 24 小时电话翻译服务，帮助警方、医疗机构等克服沟通过程中的语言障碍。因此，英国警察可以佩戴双重模式对讲机，遇到英语水平不够的报警者时，直接与语言线对接，由语言线的口译员提供口译服务。这一技术上的变革在一定程度上保障了母语为非英语的语言使用者的权利，让口译服务更及时、更便捷，但是也面临不少问题。其中，口译工作高度依赖于实时变化的语境，但是缺少了不管是真实的还是通过视频获取的面对面交流的机会，口译员就无法获取各种非语言的提示信息，因而无法提供准确的口译服务。

此外，法庭以外的口译活动往往因为缺乏统一的监督与管理等原因，质量难以让人满意。Krendens & Morris 发现，在英国，不少警察询问的口译业务外包给了翻译公司[3]。而翻译公司提供的口译员往往没有相应的口译资格认证，有些甚至还有犯罪前科。这些问题都亟待业界和学界共同努力加以解决。

第三节 法律译员的素质

法律翻译在法律活动中所处的重要地位及其多学科性特点决定了法律译员必须具备较高的素质：不仅要具备较强的双语转换能力，而且要对两种法律体

---

〔1〕 杜金榜：《法律语言学》，上海外语教育出版社 2004 年版，第 161 页。

〔2〕 Krzysztof Kredens & Ruth Morris，"Interpreting outside the courtroom：'A shattered mirror?' Interpreting in legal Contexts outside the courtroom"，In Malcolm Coulthard & Johnson Alison ed.，*The Routledge Handbook of Forensic Linguistics*，Routledge，2010，p. 46.

〔3〕 Krzysztof Kredens & Ruth Morris，"Interpreting outside the courtroom：'A shattered mirror?' Interpreting in legal Contexts outsid the courtroom"，In Malcolm Coulthard & Johnson Alison ed.，*The Routledge Handbook of Forensic Linguistics*，Routledge，2010.

系下的法律专业知识有足够的了解。优秀的法律译员要以自身精深、广博的法律知识并凭借高超的语言能力为委托人提供适切的翻译服务。当然，其中良好的体质、智力以及道德修养也是必不可少的。

一、双语能力

双语能力是翻译能力的基础和核心。翻译是一项高度复杂的行为[1]。作为法律翻译人员，既需要熟练掌握母语的法律表达，又要能像了解母语一样了解待翻译的语言，这本身就是非常困难的。而且，熟练掌握两种语言并不必然意味着能够实现这两种语言之间的高效转换。也就是说翻译中的双语能力不仅仅是两种语言的独立应用能力，还包括这两种语言的对应转换能力，而这需要经过专门的训练。

二、法律知识

法律翻译入门时的最大难题就是不熟悉法律词汇、法律概念，导致翻译工作无从下手。最有效的解决方法是学一些基础的法律专业课程，熟悉常用的法律专业词汇及其基本概念，了解法律运作的基本原理和程序等。当然，这只是入门时的基本要求。要成为一名优秀的法律译员，还必须深入理解两种法律体系的精神实质和内涵，理解相关立法的目的和意义，认识到两种法律体系的差异，并具备用目的语体现原语法律意图，实现法律交流的能力。

三、职业道德

随着法律翻译职业化，法律译员必然要遵循一定的职业道德规范。“欧洲法律译员协会”（EULITA）就规定，法律译员必须遵循中立、保密、公平等道德规范[2]。

中立和保密原则对法律译员，尤其是参与法庭口译、提审口译等口译工作的法律译员尤为重要。在口译活动的准备过程中，法律译员有可能从法院、检察院和双方律师手中获取许多案件材料（包括隐私）。法律译员必须严格遵守保密原则，不能将信息透露给对方当事人或案外人。此外，法律译员也应该遵循利益冲突规避原则，主动放弃参与和已受理案件当事人有利害关系的相关法律翻译活动。

---

[1] Sandra Beatriz Hale, “The need to raise the bar: Court interpreters as specialized experts”, in Malcolm Coulthard & Johnson Alison ed., *The Routledge Handbook of Forensic Linguistics*, Routledge, 2010, p. 441.

[2] European Legal Interpreters and Translators Association (EULITA): “Code of Professional Ethics”, 载 EULITA 官网，http: //www. eulita. eu/sites/default/files/EULITA - code - London - e. pdf，最后访问时间：2016 年 2 月 18 日。

四、沟通合作能力

法律翻译不是单纯的翻译行为，更多的是原语法律环境与目的语法律环境之间进行沟通的桥梁。要让法律翻译走出学术研究的金字塔，参与到更多的司法实践活动当中去。法律翻译作为桥梁和纽带，译员是活动双方重要中间人，其沟通合作能力也就显得尤为重要。

除了传统的人与人之间的沟通外，还要有效地与其他机构进行沟通，让警方、法院、检察院等司法实践部门了解、认识、认可和接纳法律翻译工作。还要积极培育法律翻译市场，推动法律翻译行业的健康发展。在这方面，澳大利亚的 Sandra Hale 培训法官和英国的 Kate Haworth 培训警察的事例就是一个良好的示范。

第四节　法律译员的培训

法律翻译的发展有赖于人才的培养。一名合格的法律译员不光要经过语言的训练、法律知识的学习，而且必须经过专门、系统和严格的法律翻译训练，熟练掌握法律翻译技能，如翻译前的准备技巧、笔记和记忆辅助技能、不同翻译方式的应用技能。只有经过充分的技能培训，才能成为一名合格的法律译员。

一、机构

随着全球化的不断深入，国家间的交往日益频繁，对法律翻译人才的需求也日趋迫切，法律译员的培训也很受重视。在国际上，一些专门的法律译员培训计划已得到政府和民间组织的有力支持[1]。在国内，法律译员的培训目前主要以高等院校的法律翻译专业为主。就社会培训机构而言，比较有代表性的有北大英华公司推出的涉外律师实务培训等。法律译员的培训市场还有待进一步培育和发展。

二、教材

近年来，国内外出版了多种法律翻译研究著作，如 Susan Sarcevic（1997）的《New Approach to Legal Translation》、李克兴、张新红（2006）的《法律文本与法律翻译》等，但其多是对法律翻译的理论研究，真正针对法律译员的培训教材还不多见。除了由广东外语外贸大学主编的教材《法律口译教程》[2]

---

〔1〕 杜金榜：《法律语言学》，上海外语教育出版社 2004 年版，第 165 页。

〔2〕 杜碧玉主编：《法律口译教程》，对外经济贸易大学出版社 2006 年版，第 32 ~ 223 页。

外，我国仅在法庭口译方面引进了《法庭口译导论》[1] 和《法庭口译实务》[2] 作为外教社翻译硕士专业系列教材的一部分[3]。两书皆围绕法庭口译实际操作和应用技能展开。其中，《法庭口译导论》是首本不针对特定国家的司法系统的法庭口译教材，因而是法庭口译人员培训的普适性教材；《法庭口译实务》则阐述了口译员在包括法庭在内的各类法律情境下的工作情况和工作方法。

三、资格认证

法律译员的培训必然涉及资格的认定和水平的评价问题。目前，世界各国在这方面采取的方式各不相同，概括起来可以分为两类：一是推出专门的法律英语证书，如国际认可度较高的 TOLES、ILEC 和 LEC；二是将法律翻译融入翻译水平测试当中，如澳大利亚的 NAATI、加拿大的 CTTIC、美国的 ATA、英国的 DipTrans 和中国的 CATTI。但目前尚无法律翻译的单一资格认证。

TOLES（http：//www. toleslegal. com/）全称为法律英语水平测试（Test of Legal English Skills）。该测试从 2001 年开始运营，由欧洲律师语言机构 GLE（Global Legal English Ltd.）会同英美资深的法律实务专家共同开发，主要面向非英语国家考生。TOLES 2006 年进入中国，2007 年在中国内地举行了首次考试，目前每年在北京、上海、广州、重庆等地分别举行 3 次。TOLES 采用了分级制，包括初级（TOLES Foundation）、中级（TOLES Higher）和高级（TOLES Advanced）。考生可以根据自己的水平自由选择适合自己的考试等级，而且可以多次参加同一级别的考试以取得更好的成绩。TOLES 的最大特点是其实务性，尤其重视写作和阅读能力，其备考教材紧贴实际应用领域，关注的核心始终集中在合同法、公司法等部门法当中。

ILEC（http：//www. cambridgeenglish. org/exams/legal/）全称为国际法律英语证书（International Legal English Certificate）。该证书由剑桥大学考试委员会 ESOL（English for Speakers of Other Languages）与欧洲律师语言学家协会（Trans Legal）共同开发，专门针对非英语系国家考生，重点考察在商事、经济领域法律英语综合应用能力。ILEC 设立于 2006 年，2008 年正式进入中国。与 TOLES 不同的是，ILEC 证书没有初、中、高级之分，考生通过考试后即获得一个统一的 ILEC 认证证书。ILEC 最大的特点是其学术性，对听说读写 4 个方面的应用能力均有考察，特别是口语是 ILEC 考试的特有内容。根据最新公

---

〔1〕［美］Holly Mikkelson：《法庭口译导论》，上海外语教育出版社 2008 年版。

〔2〕［美］Alica B. Edwards：《法庭口译实务》，上海外语教育出版社 2009 年版。

〔3〕曹嬿："法庭口译的话语：法律、证人和译员的话语实践"，载《英语研究》2013 年第 3 期。

告，ILEC 考试将在 2016 年 12 月进行最后一次考试，以后将不再进行。官方推荐的最佳替代方案是参加“剑桥英语—高级”证书（Cambridge English: Advanced, CAE）的考试。

LEC（www. lectest. com）全称为法律英语证书（Legal English Certificate），是“法律英语证书全国统一考试”的认证证书。该考试由中国政法大学和北京外国语大学共同推出，自 2008 年首次考试以来，目前每年举行两次，已在北京、上海、广州、重庆、杭州、济南、武汉、西安、保定、株洲、南宁、郑州等城市设立了考点。LEC 考试在很大程度上借鉴和参考了美国律师资格考试，在题型和考察内容上与美国的律师资格考试相近，同时又结合中国的实际增加了法律英语翻译测试，是唯一由国内机构推出的法律英语专业认证考试。

NAATI（www. naati. com. au）是澳大利亚对翻译资格进行认证的一个官方机构，其全称是 The National Accreditation Authority for Translation and Interpreters。该机构成立于 1977 年，其宗旨是为不同程度的翻译人员设立一个专业的标准，创立一个全国性的注册和认证系统。NAATI 认证是翻译专业在澳大利亚的唯一官方认证，其资格考试分为笔译和口译两个部分，每个部分又具体细分为 4 个不同层次，分别为笔译部分的辅助专职笔译员（Paraprofessional Translator）、专业笔译员（Professional Translator）、高级笔译员（Advanced Translator）、资深笔译员（Advanced Translator - Senior）以及口译部分的辅助专职口译员（Paraprofessional Interpreter）、专业口译员（Professional Interpreter）、会议口译员（Conference Interpreter）、资深会议口译员（Conference Interpreter - Senior）。现在在中国进行考试的为笔译资格认证考试（Translator）。此外，NAATI 认证资格考试并不是获取 NATTI 认证的唯一途径，完成 NAATI 认可或指定的澳洲相关机构或大学的学习课程或者取得 NAATT 认可或指定的海外机构/大学的相关专业的学历和证书也可获得 NATTI 资格认证。

CTTIC（http: //www. cttic. org）是加拿大翻译、术语和口译委员会（Canadian Translators, Terminologists, and Interpreters Council）的简称。该机构成立于 1970 年，其宗旨是在加拿大全境制订和推动统一的、专业化的翻译标准，以实现高质量的语言和文化交流，是加拿大官方认可的标准制订机构。该机构的资格认证主要有三种形式，分别是学历认证（On Dossier Certification）、导师认证（Certification by Mentorship）和考试认证（Certification Examinations）。其中，考试认证除了每年一次的通用翻译资格考试（Translation Exam）外，还包括不定期举行的法庭口译资格考试（Court Interpretation Exam）。法庭口译资格考试包括语言技能评估、法律术语和程序、连续传译、模拟庭审等多个模块。目前，CTTIC 资格认证考试尚未进入中国。

ATA（http：//www. atanet. org/）是“美国翻译者协会”（American Translators Association）的英文缩写。该协会目前已拥有超过1100名成员，遍布全球90多个国家。ATA同样提供翻译资格认证，包括从英文翻译为其他语种以及从其他语种翻译为英文。但考试难度较大，整体通过率低于20%[1]。而且其资格认证考试的程序较为复杂。首先必须成为ATA的会员并符合一定的条件才能申请进行考试。即使考试通过，也必须始终是ATA的会员并符合其继续教育的要求，认证资格才能一直有效。

DipTrans（http：//www. ciol. org. uk）是“The Diploma in Translation”的简写。此项认证是英国“皇家特许语言家学会”（Chartered Institute of Linguists，CIOL）于1989年推出的全科性质的翻译资格证书，同时也是英国国家教育权威部门Ofqual（The Office of Qualifications and Examinations Regulation）核准的学分制框架内硕士研究生级别的学位证书考试，被誉为国际翻译界的“金文凭”。Dip Trans考试共包括3部分，均为笔译，其中第3部分就是从自然科学、社会科学、法律这三类题材的文章中选取一类进行翻译。目前，Dip Trans考试已经进入中国，考试中心设在上海。

CATTI（http：//www. catti. net. cn/）是“全国翻译专业资格（水平）考试”（China Aptitude Test for Translators and Interpreters）的英文缩写。此项考试由中国人力资源和社会保障部推出，中国外文局翻译专业资格考评中心具体负责实施，已经正式纳入国家职业资格证书制度。CATTI包括笔译和口译两个部分，具体又分为四个等级，包括资深翻译；一级口译、笔译翻译；二级口译、笔译翻译；三级口译、笔译翻译。除资深翻译外，各级别资格认证均通过考试的形式进行。除英语外，CATTI还包括日、俄、德、法、西、阿等语种，各语种、各级别均设口译和笔译考试。

【思考题】

1. Sandra Hale（2010）认为，要提高法庭口译的质量，除了提高法庭口译员的素质外，我们还需要来自各方的努力与配合。你是否赞同她的观点？为什么？

2. 目前，学界对法律翻译的原则还处于讨论阶段。请结合具体的例子分析法律对等原则、语用对等原则、法律交流原则、静态对等原则以及法律文本类型理论的优势与不足。

---

[1] “A Guide to the ATA Certification Program”，载ATA官网，http：//www. atanet. org/certification/aboutcert_ overview. php#1，最后访问时间：2016年2月14日。

3. 长期以来，法学专著被认为是非法律文本的翻译。你是否同意这种观点？为什么？

4. 请翻译下面这段合同：

本合同于2010年8月2日在瑞典哥德堡（Gothenburg）由按中华人民共和国法律组建成立的、营业地点在浙江省杭州市滨江区江陵路1760号的浙江吉利控股集团有限公司（以下称作甲方）和按美利坚合众国法律注册成立的、营业地点在 the American Road, Dearborn City, the State of Michigan, the U. S. A. 的福特汽车有限公司（Ford Motor Company Ltd.）（以下称作乙方）共同签订。

第十二章
法律语言（学）教学与培训

第一节　我国大陆地区法律语言（学）教学与培训

一、法律语言（学）教学与培训

法律语言学研究的逐步发展必定会促进相关教学的开展。与之相适应，相关教学会对法律语言学研究会起到传播和促进作用。研究与教学相辅相成，互相促进。目前，我国越来越多的大学正在逐步开展法律语言学教学活动。在世界上，许多国家和地区的大学和学术机构都设有语言与法律以及包括法庭口译在内的法律翻译课程。法律语言学教学正在以其独特的作用显现出良好的发展势头，专业设置和教学模式也渐趋体系化。

国内的法律语言学者因专业背景的差异具有不同的研究旨趣和内容。汉语界的学者创建了本土法律语言研究系统，对法律运作所依赖的语言进行研究，具有法律语言研究的实质。英语界的学者受西方语言学、法律语言学影响，偏重于对法律运作过程中的语料进行语言学分析，具有语言学研究的实质。所有这些都反映在相关的教学方面，故分别叙述。此外，还有一些法学学者对法律语言也显示出浓厚的兴趣，并在教学和研究方面做出了努力，因其实质属法学研究，故在此不做叙述。

（一）汉语界

汉语界的法律语言教学肇始于20世纪70年代末、80年代初，随着我国法制建设的开始，“法律语言”这一术语开始在我国出现。随着我国法治进程的深化。更多的人意识到法律语言的重要性。1985年，中国政法大学的语文教学增加了《法律语言》课程，试图让语言教学贴近立法和司法等法律活动。

该课程旨在使学员掌握法律语言的运用规律和运用技巧，在实践中有能力解决法律工作中遇到的各种语言问题。其教学内容不仅涉及法律语言的用字、用词、用句以及立法和司法语言的表达技巧等，而且在教学方法方面进行了有益的探索，除常规的第一课堂教学外，还有第二课堂：旁听法院庭审、视听资料演示和模拟法庭教学。该课程还有系列配套教材《法律语言概论》《法律语言概论思考练习与参考资料》和庭审视听资料系列。在当时这是高等政法院校语言教学中的一次突破[1]。

同时，在中国政法大学王洁还开设了《演讲与论辩艺术》选修课。课程内容包括司法谈话、询问（讯问）语言、庭审语言等，其同名教材于1992年出版[2]。该校孙懿华曾开设《法律语言学与语言应用》本科课程。教学内容有法律法规语言的含义、特征及使用规则；法律文书语言表达的特点、规律、规范性；司法问话、法庭辩论语言表达的规则、技巧。

华东政法大学潘庆云于20世纪80年代初、中期先后开设《法律口才学》《法庭论辩学》《法律语言交际学》等法律语言课程，以其撰述的《法律语言艺术》《法律语体探索》《跨世纪的中国法律语言》等著作为教材。教学对象为全日制本科、双学位、硕研及成教系列的二本等学生。他在2002年访问香港期间应邀在受辖于特区高等法院的司法人员培训委员会对法官、律师、警官、律政司官员等举办“中国法律语言与司法公正”的专题讲座。潘氏的《跨世纪的中国法律语言》一书1997年出版后，上述培训委员会长期用以作为其培训学员中国法律语言运用能力的必备教材。

20世纪80年代后期，研究法律语言的人逐渐多了起来，论著与论文相继出版、发表，学术研究呈现了三个特点：“研究遍及法律语言各领域，论著数量繁多”；“内容纵横古今中外，不受时空限制”；“吸取其他学科养料，研究方法不拘一格”。[3] 在开创时期，中国法律语言学者潘庆云、华尔赓、周广然、孙懿华、姜剑云、王洁、刘愫贞、陈炯、彭京宜、余致纯、李振宇等，发表与出版了为数众多的论文和著作，为中国的法律语言研究奠定了坚实的基础，取得了前所未有的成绩，许多研究内容具有超前性和前瞻性。

上述研究成果对法律语言教学有很大的促进作用，对法科学生的专业发展产生了积极影响，提高了专业教学的实践性。不仅如此，这些成果还促使英语界和法学界开始关注与研究法律语言的学者，并通过各种渠道逐步渗透到相关的课堂教学之中，例如许多学校的英语专业法律翻译教学在立法文本汉英互译等方面就借鉴了上述成果，以此改进了教学效果，提高了教学质量。

汉语界的法律语言教学以教材建设先行，具有代表性的教材有《实用法律口才学》（邓天杰主编，高等教育出版社1991年版）、《法律语言概论》（华尔

---

〔1〕 华尔赓、孙懿华、周广然：“高等政法院校语言教学的新突破”，载《政法教育研究》1994年第4期。

〔2〕 根据王洁教授提供的“学术简历”写述。

〔3〕 潘庆云：《法律语言艺术》，学林出版社1989年版，第34～36页。

赓等，中国政法大学出版社 1995 年版）和《法律语言学》（孙懿华等，中国政法大学出版社 1997 年版），司法部教育司组编的高等学校法学教材《法律语言学教程》（王洁主编 1997 年版）。这几部教材对我国的法律语言学教育产生了积极影响，并发挥了一定的作用，其奠基作用不容忽略。

然而，我们也应看到，法律语言教学发展道路是坎坷不平的，业绩并不突出。究其原因：一是因为法律语言作为一门课程并未受到普遍的重视；二是因为继 20 世纪八九十年代出版的教材之后，多年来没有再出版能反映国内外最新研究动态、与时俱进的新教材。至今多数政法院校和法律院系不再开设这门课程，仅有个别院校坚守着这块阵地。

除上述本科阶段的情况之外，法律语言研究方向的研究生教育已经风起云涌，态势良好。近年来，法律语言学这门交叉学科发展迅速，相关教学取得了难能可贵的成绩。语言届和法学界（尤其是法理学）等领域越来越多的学者致力于法律语言学研究，取得了明显效果。法律语言学作为硕士研究生专业研究方向有了很大的进展。例如，江西农业大学法律语言学研究所设立硕士研究生层次的法律语言学研究方向。在教学与过程中，该专业注重理论联系实际，利用专业知识积极服务于地方法务工作，从而为培养法学复合型人才做出了应有的贡献。中国政法大学人文学院，在法学理论专业下设立法律语言学硕士研究生方向，在学术研究与学科建设上，重视人文学科与法学学科的结合，在全国产生了一定的影响，该研究方向培养了多批法律语言学人才。西北政法大学法学理论的导师在原有的法学理论硕士专业的基础上增设法律语言研究方向，并于 2008 年开始招收法学硕士研究生，吸纳本校语言类学者刘愫贞和刘蔚铭为该研究方向的硕士生导师。该研究方向共培养了四届法律语言学硕士研究生，但随后由于各种因素停止招生。

总而言之，无论本科阶段还是研究生阶段，学习与研究法律语言有着重要的社会意义。市场经济和法治社会所要求的高水平的法律人才必须掌握法律语言。因为法律语言凭借其规则操纵着法律这部机器，使其顺利地调整着各种法律关系。倘若法律从业人士不遵守这种语言规则或者不懂这些语言规则，那么法律这部机器的运转就会出现严重故障，法治社会就无从谈起，公平正义更是无稽之谈[1]。

（二）英语界

1993 年，西方依托于 IAFL（The International Association of Forensic Lin-

---

〔1〕刘蔚铭：“语料库与法律语言规范化——来自法律实践中的多维思考”，载《浙江工商大学学报》2010 年第 3 期。

guists）的法律语言学（Forensic Linguistics）作为一门学科正式诞生[1]。这引起中国学者的密切关注。二十余年来，中国学者不仅在介绍、研究和对外交流方面，而且在教学方面做出了不懈的努力，取得了较好的成绩。

IAFL 概念下的法律语言学在国外诞生不久，以英语界为主的学者对此作出了积极的反应。他们在密切关注法律语言学的发展动态的同时积极参与法律语言学国际重大学术活动与研究。吴伟平的《法律语言学：会议、机构与刊物》的论文，在第一时间宏观介绍了法律语言学创建的经过及学术研究等情况[2]。他的著作《语言与法律——司法领域的语言学研究》详尽介绍了法律语言学的形成与现状、学科分类、语音识别、录音会话分析、法庭翻译、语言证据、研究方法等，进一步传播了法律语言学研究动态[3]。林书武的《一种法律语言学杂志创刊》概略介绍了《法律语言学——话语、语言与法律国际杂志》（*Forensic Linguistics——The International Journal of Speech*, *Language and the Law*）的概况[4]。与此同时，庞继贤的《语言学在法律中的应用：司法语言学》通过案例展现了法律语言学在司法实践中的应用方法[5]。潘庆云（1997）指出：1993 年 7 月在德国波恩举行的第一届国际法律语言学会议意味着法律语言研究已经取得了一门独立学科的身份，人类对法律语言的研究已经进入一个新纪元[6]。潘庆云作为中国本土的法律与法律语言研究者，高度评价了 IAFL 成立后西方法律语言学发生的巨大变革：无论是研究团队、研究的广度与深度、研究方法的科学性均呈蓬勃向上的态势，使该学科成为一门成果丰硕、令世人瞩目的独立学科。[7] 同时，他积极引进、借鉴西方法律语言的成果与方法，用以促进中国法律语言学的研究和教学。

随后，国内其他学者陆续发表文章和出版著作，继续介绍西方法律语言学的研究动态并表述自己的学术观点，为法律语言学在中国的发展奉献出自己的才智。杜金榜的《从目前的研究看法律语言学学科体系的构建》从基本理论的角度探讨了法律语言学的研究对象与内容、法律语言学学科构建的理论原则以

〔1〕 IAFL 是 The International Association of Forensic Linguists 的缩写形式，中文是“国际法律语言学家协会”或“国际法律语言学家学会”。

〔2〕 吴伟平：“法律语言学：会议、机构与刊物”，载《国外语言学》1994 年第 2 期。

〔3〕 吴伟平：《语言与法律——司法领域的语言学研究》，上海外语教育出版社 2002 年版，第 1 ~ 169 页。

〔4〕 林书武：“一种法律语言学杂志创刊”，载《国外语言学》1996 年第 1 期。

〔5〕 庞继贤：“语言学在法律中的应用：司法语言学”，载《外国语》1996 年第 5 期。

〔6〕 见潘庆云，《跨世纪的中国法律语言》，华东理工大学出版社 1997 年版，第 4 页。

〔7〕 潘庆云：《中国法律语言鉴衡》，汉语大词典出版社 2004 年版，第 125 ~ 136 页。

及法律语言学的研究方法等，为法律语言学的基本理论建设作出了努力[1]。他的著作《法律语言学》对法律语言学研究涉及的诸多因素进行了初步的整理，同时阐述了对未来发展的思考和展望[2]。刘蔚铭的著作《法律语言学研究》综合中西法律语言学研究实践，对两者进行了比较研究。他的《关于 Forensic Linguistics 的中文名称问题》从法律语言学的中文译名出发，探讨了法律语言学在国外的起源，引入中国后中文译名所遇到的困境，以及法律语言学的本质属性[3]。2002 年，他创建了法律语言学研究网，及时介绍英美等国的研究现状和动态。胡志清的《司法语言学及司法语言学家的四大专家领域》探讨了法律语言学在语音、语体、话语结构和意义四个方面的研究状况[4]。廖美珍的《国外法律语言研究综述》专门介绍了英美法律语言研究[5]。

在随后的十余年里，国内越来越多的学者围绕法律语言学发表了大量的专题性学术论文，出版了不少的学术专著，翻译了诸多国外法律语言学著作。杜金榜、廖美珍、刘蔚铭、张新红、袁传有、余素青以及张丽萍等一批学者对西方法律语言学进行了详尽研究，内容涉及法律语篇分析、法庭交互、法官语言、作者识别、语言证据、警察语言、法律翻译和法庭口译、法律语料库建设、难民庇护寻求者的语言分析等。这些研究为我国的英语法律语言学教学奠定了基础。

在人才培养方面，广东外语外贸大学率先启动。该校在外国语言学与应用语言学硕士与博士点中设立了法律语言学专业研究方向，于 2002 年开始招收博士研究生，迄今已培养出了一大批专业人才。在杜金榜的指导下，袁传有、张丽萍、孙利、钟彩顺、黄永平、陈金诗、赵军峰、徐优平、李跃凯、张少敏等，他们的博士论文扩展了法律语言学的研究领域，其中有的已经作为专著正式出版。该专业研究方向的建立使 IAFL 概念下的法律语言学正式在我国落户。

该研究方向培养目标明确，课程设置比较完善，至今已经形成了一个由教授、副教授及博士组成的学术梯队，从而成为国内一个培养法律语言学专门人才的基地。

廖美珍曾于 2004 年开始在中国政法大学法理学专业中招收法律语言与法

---

〔1〕 杜金榜："从目前的研究看法律语言学学科体系的构建"，载《现代外语》2000 年第 1 期。

〔2〕 杜金榜：《法律语言学》，上海外语教育出版社 2004 年版，第 1～44 页。

〔3〕 刘蔚铭：《法律语言学研究》，中国经济出版社 2003 年版。刘蔚铭："关于 Forensic Linguistics 的中文名称问题"，载《外语教学》2003 年第 5 期。

〔4〕 胡志清："司法语言学及司法语言学家的四大专家领域"，载《当代语言学》2002 年第 2 期。

〔5〕 廖美珍："国外法律语言研究综述"，载《当代语言学》2004 年第 1 期。

律逻辑研究方向博士研究生，培养了一些以法学为背景的法律语言学人才。目前，他在华中师范大学外国语学院招收语用学和话语篇章分析学博士生，据悉其中也包括法律语言学的教学内容，培养有法律语言学专长的人才。

1993年至1994年间，原司法部所属5所政法院校相继成立“法律外语系”（现为“外国语学院”）。对于这类学院而言，法律英语和法律翻译是其强项，而在语言学教学方面则综合实力不强。然而，这类学院自始至终都在积极寻求发展机遇。例如，西北政法大学法理学教研室曾经增设法律语言研究方向的法学硕士生，培养了四届研究生，教学内容涉及国外法律语言学。华东政法大学外国语学院，在法学理论专业的基础上增设法律语言学研究方向硕士点。该学科于2014年获得校级重点学科建设资格，并获得上海市教委专项学科建设经费。

还有一种法律语言学培养的方式是依托某个导师个人的专长。例如南京师范大学外国语学院董晓波为翻译系英语专业本科生开设《法律文本翻译》，为英语语言学硕士生开设《法律语言学》课程。他指导的硕士生中以法律语言学作为其毕业论文选题。

英语界的法律语言学缘起于IAFL概念下的法律语言学，至今还属于“弱势学科”，并没有坚实的基础。此外，英语界的法律语言学教学最大问题是如何真正洋为中用，亦即如何本土化。教学要发展，必须立足本土，才能走向未来。法律语言学教学必须植根于其所处的社会文化和法律体系之中。缺乏本土依托的法律语言学教学不会持续久远，也不会产生应有的社会价值。立足本土研究，学习与借鉴国外先进理论和研究成果才能为中国法治建设添砖加瓦。关注并解决我国法律实践中的现实问题是中国法律语言学的出路，当然也是法律语言学教学的出路。

二、法律英语教学

法律英语是在政法院校和法律院系中普遍开设的法律语言类课程。不仅如此“许多高校的法律专业、外语专业，甚至国际贸易、国际金融等专业都相继开设了法律英语课程。其中有些高校还在此基础上设立法律英语专业，单独招收本科生与研究生”[1]。同时，还有一些社会机构长期举办各类法律英语培训班。在社会普遍重视英语的背景下，法律英语教学持续走红。

在本科阶段，法律英语课程分为两大类：一是为法律专业学生开设的法律英语；二是为英语专业学生开设的法律英语。法科学生的法律英语往往又称“专业英语”或“专业外语”，让学生在学好专业的基础上再力争通晓专业英

---

〔1〕 韩永红：“试论法律英语教学的定位”，载《南方论刊》2009年第3期。

语。英语专业的法律英语又可细分为两种情况：一是个别外语院系因专业方向涉及法律而开设的法律英语课程；二是政法院校的外国语学院或为法律英语专业的学生开设的法律英语课程。第一种情况是在全部课程中加入一门法律英语课程。这类学生往往也学一点法律，他们的特点是对语言的掌握胜于对法律的掌握，但是法律英语往往也是他们的难关。第二种情况比较复杂，因为这里是专门培养法律英语人才的地方。在这里，学生在打好语言基本功的同时要学习一定量的法律课程，然后再学习法律英语。在此，法律英语作为一门课程设置，还与英美司法文书、法律英语写作、听说和翻译等相关课程配套，形成了课程群组合。尽管如此，由于课时限制和学生的认知能力有限，这样的课程设置结果是，学生的法律英语往往不过关。

之所以产生这种困窘，主要原因在于法律英语不是法律和英语简单的叠加。法律英语如何与基础英语、法律课程结合？它们之间如何匹配融合？法律英语教学如何解决学以致用这个最关键的问题？这些都是目前亟待解决的问题。要真正做到英语技能和相关法律知识的真正结合是成功进行法律英语教学的关键。

此外，法律英语教材也存在诸多问题。其中最主要的问题是多数教材被编成了普通的阅读教材。这些教材往往从国外法律教科书等书面材料上面摘取某些段落，进行汇集，然后配上一些解释、生词表和练习就大功告成。这类教材所提供的课文语料之间缺乏必要联系，仅仅是阅读材料的简单堆积与拼凑，原因是没有掌握法律英语不同于普通英语的学习规律。近年编写的一些法律英语教材在一定程度上逐步修正这个缺陷。这些教材以英美法律制度为主线，充分注意到了课文之间在内容上的有机联系，整个框架就像一部英美法律概论。学生在学习语言的同时，可以学到比较系统的相关法律知识。但是这种课程设计，又与法律专业的“双语课程”发生重叠。法律英语课程应当注重对诉讼和非诉讼法律事务中英语的运用规律及语言特点的系列加以发现、发掘和归纳，培养学生对涉外法律事务的处理能力。

法律英语教学应确定正确的教学目标，建立完善的课程体系，开设对应的配套课程，如法律笔译、法律口译、英语法律文书、法律英语文体、法律英语修辞、英语立法语言研究、英语法律术语研究以及英美法律制度与文化等，编写出高质量的教材，建设一支高质量的教师队伍。总之，只有明确法律英语课程的教学目的，探索法律英语教学规律，不断解决教学中出现的问题，逐步建立完善的教学体系，法律英语教学工作才能真正做好。

随着法律英语教学的发展，法律英语（法律翻译）硕士研究生教育应运而生。2004 年，西南政法大学外语学院开始招收外国语言学及应用语言学硕士研究生，主攻英汉对比法律语言学和法律英语翻译理论与实践两个方向。其中，后一研究方向研究英汉、汉英翻译的各种理论和实践问题，特别注重研究英汉法律语用和语篇翻译，寻求英汉法律语言的可转换性和发展要素，重点培养实际翻译能力。2011 年西南政法大学外语学院开始招收翻译专业硕士，除法律翻译外，相关的课程还有法律英语、英汉对比法律语言学、法律法规翻译、法律文书翻译、法学学术文献翻译、法律术语翻译等。其整体学科水平在全国同类专业中处于领先地位。

广东外语外贸大学高级翻译学院的“英语笔译”专业招收法律翻译硕士研究生。该专业的主要教学内容有中外翻译理论概论、法律语言与法律文本、法律翻译史、法律翻译的理论和方法等。学生通过学习，能够从翻译学、对比语言学、法学、社会学和认知科学等角度对汉英法律语言和法律文本的翻译进行比较深入的研究，为从事法律语言研究和法律翻译研究与实践打下坚实的基础。广东外语外贸大学高级翻译学院的法律翻译教育在语言学理论和翻译理论方面具有优势，教学方法比较灵活，教学实践活动丰富多彩。

中国政法大学外国语学院在英语语言文学专业下设翻译理论与实践方向硕士点，同时，语种也增加了俄语、法语和德语，设立俄罗斯法律翻译、法语法律翻译和德语法律翻译研究方向。这些专业方向旨在培养传承中西文化，语言基础扎实、知识结构完善、具有跨文化交流能力的“外语 + 法律”的复合型人才。

在 2014 至 2015 年间，法律翻译教育迎来了良好的发展契机。据国务院学位委员会下发相关通知（学位〔2014〕14 号），中国政法大学、华东政法大学和西北政法大学的外国语学院同时成为新一批获准培养翻译硕士（MTI）专业学位研究生的高校外语院系〔1〕。对于上述外国语学院来说，法律翻译就是其主要研究方向。它培养能适应全球经济一体化及提高国家国际竞争力的需要，适应国家社会、经济、文化建设需要的高层次、应用型、专业性法律笔译人才。翻译硕士教育重视实践环节，强调翻译实践能力的培养，因此教学模式和方法灵活多样，强调研讨式、项目翻译式、口译现场模拟式和实训教学等模式，强调学生学习的自主性和教学的互动性，强调法律翻译实践能力的培养和法律翻译案例的分析，以加强学生技能的训练。此外，还要求导师加强自身的

---

〔1〕 翻译硕士专业学位的英文名称为“Master of Translation and Interpreting”，英文缩写为 MTI，是我国目前 20 个专业学位之一，是为适应社会主义市场经济对应用型高层次专门人才的需求，国务院学位委员会批准设置的翻译硕士专业学位。MTI 分为全日制和在职两种，也有的学校叫秋季班和春季班。和学术型研究生的培养目的、培养路径、评估模式不同，MTI 研究生的培养体现了职业化的特点。

翻译实践能力，并聘请实务部门的翻译人员或译审，请他们参与实践教学等环节。

不难看出，外语院系和法学院系本科阶段主要以法律英语为主，而研究生阶段主要以法律翻译为主。法律翻译专业研究生教育是我国翻译专业硕士研究生教育的一个重要组成部分，在改革开放日益深入的背景下具有广阔的应用前景。

此外，全国法律英语翻译大赛、法律英语证书考试和法律英语演讲比赛先后出现。这些竞赛和考试推动与促进了法律英语和法律翻译教学。

“华政杯”全国法律英语翻译大赛始于2010年，参赛院校逐年增多。第一届参赛院校32所；第二届41所；第三届47所；第四届77所；第五届91所，其他单位22个；第六届参赛院校69所，其他单位24个。受到《文汇报》《法制日报》《中国社会科学报》《新民晚报》《英语世界》等报刊的关注。此大赛的组织规范严谨，承办单位除华东政法大学外，还有全国翻译专业学位（MTI）研究生教育指导委员会和教育部高等学校翻译专业（BTI）教学协作组；协办单位有商务印书馆《英语世界》杂志社；历届颁奖嘉宾与评委多达50人左右，均是来自海内外的知名专家学者。

目前国内有三大法律英语证书考试，即法律英语证书（LEC）全国统一考试、法律英语水平考试（TOLES）、剑桥法律英语国际证书考试（ILEC）。LEC始于2008年，全称 Legal English Certificate，即法律英语证书，是我国国内的法律英语证书考试，旨在为从事涉外业务的企业、律师事务所提供招募国际性人才的客观标准，同时督促国内法律从业人员提高专业英语水平。LEC的题型和内容与美国的律师资格考试相近，同时还增加了法律英语翻译测试。其他两类证书考试都来自国外。TOLES始于2001年，全称 Test of Legal English Skills，即法律英语水平考试，系一国际性法律英语证书考试，意在通过法律英语的测试核查考生对英美法民商事部门法知识的掌握，以满足律师和法律系学生等测评个人法律英语水平的需要。它作为世界上第一个国际法律英语水平考试，具有一定的国际权威性。2008年，TOLES被首次引入中国后受到了广大法律英语爱好者的关注。ILEC始于2006年，全称 International Legal English Certificate，即剑桥法律英语国际证书考试，旨在考察证书申请人在法律领域运用英语的能力。

此外还出现了一些有关法律英语的教学教研活动，例如，全国高等学校大学法律英语课程设计与教学方法研修班，吸引了不少高校教师参加。该研修班为培养法律英语专业人才，提高法律英语教师教学能力做出了努力。还有，全国法律英语大赛分法律英语论文和演讲两项，为法学专业学生搭建了展现法律英语能力的平台。所有类似的活动对法律英语和法律翻译教育都有一定的促进作用。

总之，法律英语教学方兴未艾，但法律英语教学尚有漫长的艰难之路要走，需要解决教学中存在的许多问题。这就要求管理者、教师和社会力量共同努力，以取得更好的的成绩。

第二节　我国港澳台地区的法律语言（学）教学

我国港澳台地区的法律语言学教育以香港城市大学和中文大学较为突出。IAFL 编制的法律语言学课程名录曾收录城市大学的相关课程计划。

在香港城市大学的翻译及语言学系，自 20 世纪 90 年代就设有硕博层次的语言与法律（Language and Law）研究方向和法律语境下的语言（Language in Legal Settings）课程。其中，“法律语境下的语言”旨在帮助学生探究语言、社会和法律之间的相互关系，法律语境下语言的机制，以及语言与法律的社会语言学问题。通过学习与研究，学生能够解释语言的基本特征和功能以及法律如何通过语言发挥作用；能够描述和解释与语言和法律有关的社会语言学主要问题、与香港法律双语制有关的社会语言学问题。另外还要写出长达十页的与香港有关的语言与法律方面的研究论文。

此外，该大学的翻译及语言学系还设置“法律翻译”（Legal Translation）和“高级法律翻译”（Advanced Legal Translation）课程。法律翻译课程旨在帮助学生理解和探讨翻译的性质和翻译的方法，培养学生对被翻译法律文本的分析能力和评判能力，使他们学会清晰地描述翻译的一般性质和法律翻译的特点，学会用应用语言学方法分析和翻译各种类型的法律文本，学会应用法律翻译的原则和技巧处理法律翻译问题、处理晦涩难懂的法律文本翻译中存在的微妙和复杂问题。另外，还强调法律翻译为地方服务、注重香港语境下的法律翻译问题。该校法律与语言的课程由冼景炬教授主讲[1]。

香港中文大学的新雅中国语文研习所（New Asia - Yale - in China Chinese Lanugage Center, CLC）设置了一门“生活中的语言与法律”（Seminar in Language and the Law: Revelation from Cases）课程，其主旨是通过实际案例的分析和讨论，让学生更清楚地了解语言在法律和其他正式场合中所能起到的独特作用，语言和法律与我们日常生活的密切关系。本课程附有详实的教学计划和必

---

〔1〕程乐、宫明玉：“法律语言教育与理论研究”，载《政法论坛》2016 年第 1 期。

读书目，学生可以从中了解到当代法律语言学的主要内容，还可以读到当代著名法律语言学家的经典论著，从中获益。

香港城市大学的维杰·巴蒂亚（Vijay Bhatia）和曾在香港浸会大学和香港大学任教约翰·吉本斯（John Gibbons）两位外籍学者为香港的法律语言学教学做出了显著贡献。还有一些港澳台学者也在从事法律语言学和法律翻译的教学并推动其相关研究。例如，香港理工大学的李克兴教授的“法律翻译”等应用型翻译科目，积累了丰富的教学经验并逐渐形成了一套系统的应用翻译理论。香港浸会大学的梁倩雯在法庭口译方面有丰富的实践经验和研究心得。她所提出的许多问题，诸如译员中立性、道德操守、话语权力、表达质量等，都值得口译学习者认真思考。另外，香港大学的吴雅珊、台湾健行科技大学的胡碧婵、台湾华梵大学的邱盛秀、曾经在澳门理工学院就职的林巍、曾经就职于香港中文大学，现就职于澳门大学的李德凤等，他们都潜心研究法律语言学和法律翻译，并在教学中奉献自己的聪明才智，留下了自己的学术印迹。

香港的法律语言学和法律翻译教育对英语和汉语这两个领域同样重视，值得大陆同行借鉴并改变目前大陆有关院校课程设置较为单一的弊端。在香港，开设法律翻译课程的还有公开大学和香港中文大学，在此不一一枚举。

第三节　国外法律语言学教学

1993 年，IAFL 宣告成立后，法律语言学（Forensic Linguistics）教学发展速度很快。本节将对其概况、课程设置和课程内容进行探讨。

一、概况

1993 年，全世界只有约十余所大学开设语言与法律课程。在随后的二十余年中，法律语言学教学在 IAFL 的影响下得到长足发展。根据 2001 年 IAFL 网站所列语言与法律以及法律口译课程名录（Courses on Language and the Law and Legal Interpreting），开设相关课程的大学和其他相关组织机构已经近 70 余家。其中，开设语言与法律课程的大学有约 25 所；开设法律口译课程的大学和其他相关组织机构 40 余家。根据 2003 年 2 月 25 日的统计，开设语言与法律课程的大学新增 3 所，另新增法律口译机构 1 家。至此，由 IAFL 统计的开设语言与法律课程的大学达到了 28 所；开设法律口译课程的大学和相关机构达到了 46 个。分布情况见下表：

表 12-1 世界各国法律语言（学）教学机构分布情况表

国家	语言与法律课程	法律口译课程
澳大利亚	1	2
中国（港、台）	2	
芬兰	1	
日本	1	
肯尼亚	1	
马尔他	1	
南非	1	
英国	6	37
爱尔兰		1
美国	14	6
总计	28	46
	74	

从表中可以看出，这些大学和相关组织机构遍及欧洲、美洲、澳洲、非洲、亚洲的十个国家和地区，但数量最多的是在美国和英国。我国的广东外语外贸大学和香港城市大学亦名列其中。由于以色列当时正在进行学术联合抵制运动（Academic Boycott），德国当时未主动提供具体信息，美国西北大学（Northwestern University）的朱迪思·利维（Judith Levi）于2001年8月退休而中断课程，因此上述统计未将其纳入其中。

另外，需要注意的是，有些大学同时开设语言与法律及法律口译课程。IAFL名录将其分开归类处理。例如，澳大利亚的西悉尼麦卡瑟大学（University of Western Sydney Macarthur）就开设这两门课程，被分别归入这两门课程的名录之中。从表中的数字看，法律口译课程更多，而且主要集中在英国。这是因为英国有一项公职服务口译文凭制度（Diploma in Public Service Interpreting，DPSI）。相关大学通常提供一年的口译课程，考核合格的学生有资格申请注册全国公职译员名册（National Register of Public Service Interpreters），并且可以选择在地方政府部门工作或从事英国法及苏格兰法的口译工作。这些大学的授课语言种类繁多，有阿尔巴尼亚语、阿拉伯语、俄语、西班牙语、土耳其语、乌尔都语、法语、德语、印地语、意大利语、波兰语、古吉拉特语、法尔西语、旁遮普语、葡萄牙语、孟加拉语以及我国的粤语等25个语种。根据IAFL名录的统计，这类大学有29所。这就是法律口译课程数量更大的原因。

除DPSI之外，在英国还有一些大学和组织机构提供英国手语（British Sign

Language，BSL）口译课程，帮助解决聋哑人在法务中的交际问题。在美国和加拿大也有此类口译课程，有一百多所大学提供美国手语（American Sign Language，ASL）口译课程，不过 IAFL 名录没有详细反映。其实，“法律口译”不仅包括各种自然语言之间的转换，亦应包括手语的交际。

从 IAFL 名录看，当时全世界已有七十余所大学和相关组织机构开设法律语言学相关课程，但总数还不算太多。法律语言学毕竟是一门专业性很强的交叉学科，上述的发展速度已足以说明该学科存在的必要性和发展潜力。

其实，IAFL 名录并非十分全面和周详，而且其网页更新速度缓慢，后来干脆停办了。

世界上还有许多开设法律语言学课程的大学和相关组织确实并未被主动收录其中。例如英国的一家法律语言学研究所（Forensic Linguistics Institute）提供不同层次的法律语言学远程在线课程，并且颁发证书和文凭。这些课程得到了英国开放和远程学习质量委员会（Open and Distance Learning Quality Council，ODLQC）的认证。又如美国的罗彻斯特大学（Rochester University）语言学系提供名为“语言学与法律”（Linguistics and Law）的课程。此外，有的大学还提供专门用途的语言课程，如美国的哥伦比亚大学（Columbia University）就为来自国外的律师、法学院教授及学生等提供为期三周的法律英语（English for Law）强化课程；意大利语言学院（Italian Language School）开设被称为“法律意大利语”（Italian for Law）的课程。

无论从 IAFL 名录，还是从实际存在的法律语言学有关课程，都显示了法律语言学的教学状况。法律语言学的应用性和实践性，使该学科充满活力，具有美好前景，但又任重道远。

二、课程设置和教学内容

英语法律语言学滥觞于 20 世纪 60 年代的英国，约 40 年后在伯明翰大学发展壮大。由于马尔科姆·库特哈德（Malcolm Coulthard）的影响，伯明翰大学的法律语言学教育蓬勃发展，为英国培养了许多硕士和博士层次的法律语言学人才。他的学生珍妮特·科特里尔（Janet Cotterill）将法律语言学带到了卡迪夫大学语言与交际研究中心（Centre for Language and Communication Research，Cardiff University），使其在那里开花结果。那里的法律语言学教学还吸引了两名后起之秀——克里斯·赫弗（Chris Heffer）和弗朗西丝·洛克（Frances Rock），使卡迪夫大学成为法律语言学教学的重镇。

卡迪夫大学的法律语言学研究方向有“硕士”和“文凭”两种形式，注重各种法律语境下的语言理论和分析技能以及专家证言的评价，培养学生运用语料库分析法律程序中口语和书面语的能力，如紧急求助电话、警察询问、庭审互动和司法裁判等；口语和书面语的调查数据分析技能，如讲话人识别等。具体的课程内容采取模块的方式，有关法律语言学的模块有：法律程序中的语言、法律程序中语言学专门技能和法律语言学科研项目。

由蒂姆·格兰特（Tim Grant）主持的阿斯顿大学法律语言学中心（Centre for Forensic Linguistics，CFL，Aston University）的法律语言学教育分为本科和研究生两个层次。本科阶段首先培养学生对法律语言学的兴趣，随后再教授法律语言和作为证据的语言。研究生阶段培养与实际工作结合的法律语言学实践应用以及语言调查和证据收集能力。除此之外，CLF 还提供互联网在线专业教育和培训。这样，法律语言学的本科——硕研——短期培训和在线教育“三点一线”，比较系统。

法律语言学的课程设置因校、因组织机构而异，其中，有短期的培训课程，亦有本科直至硕博研究生层次的课程。这些课程通常由与语言有关的院系开设，也有的和法学院系合作开设，或由与法律有关的院系开设。就授课对象而言，通常是语言类学生，亦有法律类学生。例如，由马尔科姆·库特哈德（Malcolm Coulthard）于 2000 年创建的“法律语言分析国际暑期学校”（International Summer School in Forensic Linguistic Analysis）提供为期五天的法律语言学课程，采用真实语料讲授法律语言的性质、作者识别、版权的语言问题、剽窃与检测和法律言语科学等理论问题。该暑期学校每年都要邀请法律语言学知名学者和实务人员授课，广东外语外贸大学的学者们曾经出席在英国举办的第十届 IAFL 大会后，参加了该暑期学校的学习。

马尔他大学（University of Malta）和南非大学（University of South Africa）的教学情况：前者由法学院开设课程面向法律类本科生；而后者则由语言学院和法学院合作，为法庭口译学士学位学生开设语言类课程和法律类课程。

在课程内容方面，国外的大学和相关组织机构往往以狭义法律语言学为主，提供与司法实践有密切联系的实用性课程。但他们在具体内容的选定上还是有不同的侧重。例如，伯明翰大学（University of Birmingham）侧重话语分析；西悉尼麦卡瑟大学（University of Western Sydney Macarthur）侧重翻译；普林斯顿大学（Princeton University）侧重法律语言本身。

这些大学和组织机构的具体课程内容还涉及书面语作者识别（其中包括剽窃鉴定、自杀遗言、恐吓信）、话语分析（主要研究司法程序中的会话分析、法庭叙述等）、面向非专业人员的法律文本（如警察告诫、临时禁令、给陪审团的指示等）、笔迹分析（如伪造签名和伪造笔迹等）、司法程序中的口译（如法庭口译等）、语音识别（如讲话人识别、耳闻证人证言评价、非言语语音识别等）。

上述课程内容以司法程序为背景，以案例教学为手段，以法庭语言和庭外程序语言为重点，注重课程的实用性和应用性。从语言的角度整合上述零散的课程内容，可以归类为五大类别：语音分析、语体分析、话语分析、语义分析和法律翻译。这五大类别可以统领狭义法律语言学所有课程内容，同时亦构成该课程内容的主体或主流。

除此之外，还有些学校的课程内容注重对语言本身的研究。例如加利福尼亚大学圣地亚哥分校（University of California，San Diego）的“法律与语言”课程侧重的是文本的歧义与模糊、传闻证据、法律语言的隐喻、法律用语等内容。在这里，法律语言的用词、句法结构等语言特征的内容成为重点。再如普林斯顿大学（Princeton University）的课程，将重点放在了法官语言、法律语言和简明英语运动等研究上，探讨法律语言的概念、历史以及和普通语言的关系等问题。

此外，在课程内容方面还有一个不容忽略的项目，即“课后阅读”。课后阅读是一个重要的教学环节，它不仅可以扩展学生的视野，而且可以巩固与提高课堂所学，解决课堂上没有涉及或没有解决的问题。重视课后阅读的学校往往从两方面入手：其一，提供参考书目，要求学生阅读书目所列著作；其二，案例选读，通过对语言学家作为专家证人参与审理的案例以及其他方面的案例研究，提高解决问题的能力。这些阅读材料阅读完后在课堂上都要按计划逐一讨论，以解决案例阅读和著作选读过程中所出现的问题。

最后，还有一所大学不容忽略。这就是芬兰的莱普兰大学（University of Lapland）的法律语言学课程。这所大学的课程有自己的个性。1996 年夏，芬兰法律语言学协会（The Legal Linguistics Association）就在这里诞生。在芬兰，法律语言学的英文名称为 Legal Linguistics。事实上以这个英文名称表示法律语言学最为贴切，但可惜的是，Legal Linguistics 并未被广泛应用与接受，最后定名为 Forensic Linguistics 或 Language and the Law。这可能与法律语言学初建时的侧重有关。该校为期一个学期的课程共分四大部分：①概论、②形态学、③词汇与语义学、④比较翻译。第一部分是课程的概况；第二部分讲授词形的派生变化和拉丁语词根在法律英语中的作用；第三部分讲授英语与芬兰语法律概念对应词语的比较方法，同时利用欧盟法律 CELEX 数据库分析英语法律术语的专门意义和普通意义；第四部分围绕芬兰语、英语和法语文本的欧盟文件，提供芬兰语译英语和芬兰语译法语的课程。从上述课程设置看，芬兰莱普兰大学的法律语言学课程和司法实践无直接联系，只是对法律语境下的英语、芬兰语和法语进行纯语言的研究。这和在我国目前较为流行的“法律英语”的情况比较相似。根据 IAFL 的课程名录，莱普兰大学已增加了 Forensic Linguistics 内容，并增加了研究生层次的课程，除英语、芬兰语和法语外，还增加对瑞典语的研究。然而，随着时间的流逝，目前这所大学的法律语言学课程和芬兰法律语言学协会似乎已经销声匿迹了。

三、值得我们借鉴之处

国外法律语言学的产生得益于法律实践的推动。20 世纪 60 年代至 90 年代，法务界开始向语言学界求助。律师以及司法人员在犯罪调查及庭审等方面遇到诸多语言问题，不得不寻求语言学家的帮助，而且，这种需求与日俱增。语言学和法律的联姻使语言学家开始对语音分析、话语分析、法庭口译，作者鉴别、法庭给陪审团的指示、诽谤、商标侵权等诸多方面问题进行研究。

国外法律语言学以语言的法务应用起家，这在专业教学中也得到了充分体现。其教学目标、课程设置、教学方法以及师资配置都与法律实践紧密相连，旨在培养应用型专门人才。由于法系差异的影响，中国的法律语言学教学目前尚未摆脱“唯语言学理论”的羁绊，其课程设置、教学方法和师资配置距法律实践的需求差距巨大。我们应借鉴国外法律语言学教学经验，注重应用性和实践性，力求教学研究和法律实践对接，培养学生在法律实践中的语言分析能力。此外，我们还应从中国的实际出发，立足本土资源，增强法律语言学的实用性。中国法律语言学教学的出路在于关注并解决现实问题，为全面推进依法治国，实现司法公正与效率、社会公平正义做出应有的贡献。

【思考题】

1. 我国汉语界和英语界法律语言（学）教学与培训各有什么特点和局限性？

2. 我国港澳台地区的法律语言（学）教学取得了哪些成果？对我们有什么启示？

3. 国外法律语言学教学的产生和发展得益于法律实践的推动，对我们有什么借鉴意义？